国家社科基金后期资助项目
出版说明

　　后期资助项目是国家社科基金设立的一类重要项目,旨在鼓励广大社科研究者潜心治学,支持基础研究多出优秀成果。它是经过严格评审,从接近完成的科研成果中遴选立项的。为扩大后期资助项目的影响,更好地推动学术发展,促进成果转化,全国哲学社会科学工作办公室按照"统一设计、统一标识、统一版式、形成系列"的总体要求,组织出版国家社科基金后期资助项目成果。

全国哲学社会科学工作办公室

国家社科基金
GUOJIA SHEKE JIJIN HOUQI ZIZHU XIANGMU
后期资助项目

自然与律法

迈蒙尼德《迷途指津》解读

Nature and the Law:
A Reading of Maimonides' *Guide of the Perplexed*

张缨 著

上海三联书店

《迷途指津》……本身就是一座森林，一座被施了魔法的森林，因而也是一座令人着魔的森林：它令眼目喜悦。因为生命树令眼目喜悦。

列奥·施特劳斯（Leo Strauss）

序

　　在犹太教传统中,迈蒙尼德(1135/8—1204)是一位具有承前启后意义的中世纪思想巨匠。他的地位犹如中国儒家统绪里的朱熹(1130—1200):既是传统的集大成者,又是面向未来的创新者。《迷途指津》是迈蒙尼德的晚期著作,它既像一部**解经作品**(其中包含了大量对圣经措辞和圣经寓言的释义),又像一部**哲学论章**(书中高度肯定哲学智慧与哲学论证方法,同时也讨论了诸多科学和哲学问题)。从其文学特征看,《迷途指津》是一部期待索隐的论章:虽然题为"迷途指津",作者自己却在"卷一导言"里声称,他写这本书的目标是"让人瞥见真理,随即再度将真理隐匿起来,这样做是为了不致违背人不可能违背的神的目的,神的目的是使那些真理——尤其对理解上帝必不可少的真理——向俗众隐匿"。因而,《迷途指津》在讨论各种论题时总是呈现分歧乃至对立的意见,而迈蒙尼德本人的观点则隐身于这些互相矛盾的论断中。为此,《迷途指津》的谋篇布局充满玄机,作者故意将关于同一论题的讨论散布于不同章节,期冀有心的读者自己将那些草蛇灰线——他称之为"章回标题"——串接起来。显然,这种种修辞方式给读者理解《迷途指津》带来特殊的困难。

　　《迷途指津》给自己设定的目标有两组,一组是"解释出现在预言书里的［多义或含混］措辞的含义"以及"解释出现在先知之书里的极为晦涩的寓言",另一组是"在尽可能的限度内,解释开端论(ma'ăśēh bərēśît)和神车论(ma'ăśēh merkābāh)"。"开端论"和"神车论"是传统犹太教对《创世记》记载的世界的开端和先知以西结(字面上)"关于上帝的视像"(visions of God)的称呼,这两者被视为最高也最隐秘的关于上帝的知识。《迷途指津》的两组目标相互交织。看上去,第一组目标的意图在于克服上帝有形体论,用寓意式解经化解掉《圣经》里对上帝的拟人化描述,第二组目标则在于说明"开端论等于自然科学"及"神车论等于神的科学";然而,深入考察可以发现,相当程度上,前一组目标服务于后一组目标。

　　《迷途指津》讨论了诸多论题,诸如上帝无形体、上帝的本质和属性、创世、预言和神意,以及最核心也最隐秘的"开端论"和"神车论"。本书借迈蒙尼德笔下的"自然"概念来理解《迷途指津》,以此为主线来探究上述论题,进而展现迈蒙尼德此论章内含的自然与犹太律法之间——或更准确地说——哲学与犹太律法之间的张力甚至对立。

本书各章写成于不同时期,对各论题的考察或有深浅繁简的出入。部分章节曾在国内外不同期刊上发表,成书时有不同程度的修订,对这些期刊及其编辑,笔者深表谢意。

多年来,笔者从施特劳斯的迈蒙尼德论著中获益丰厚。附录一是施特劳斯提出的《迷途指津》的谋篇(plan),这是施特劳斯为《迷途指津》的读者提供的"阅读纲要"。这份纲要出自其长文"如何着手研读《迷途指津》"(How To Begin To Study *The Guide of the Perplexed*),此文可谓施特劳斯一生研读《迷途指津》的智慧结晶,是理解《迷途指津》的最佳指南。然而,由于此文践行了迈蒙尼德的笔法,故其本身也像《迷途指津》那样分散线头、点到即止。附录二尝试从此文的"文学特征"、核心主题及施特劳斯借迈蒙尼德"超越摩西的进步"提出的哲学式进步观等方面解读这篇长文。

在研读迈蒙尼德及其《迷途指津》的长路上,本书呈现的只是眼力所及的部分美景,不足及错误之处,敬祈读者指正。

目　录

引言　何来迷途、如何指津？

一　迈蒙尼德及其著述

对犹太人而言，拉比迈蒙之子摩西（Rabbi Moses ben Maimon，缩写为RMbM）——在犹太人之外的世界他以拉丁名 Moses Maimonides 著称——首先是个伟大的拉比（rabbi），其次才是《塔木德》经师（Talmudist）、医生，乃至哲人。Rabbi 一词直译意为"我的老师"，是犹太人对有学养者——尤其是博学的律法学者——的尊称。迈蒙尼德 1138 年出生于科尔多瓦（Cordoba）穆斯林统治下的柏柏尔人阿尔莫拉比图王朝（the Berber dynasty of the *Murā-biṭūn*，拉丁名 Almoravids）。① 科尔多瓦是当时欧洲最大的城市，而科尔多瓦所在的安达卢西亚（Andalusia）在 9-11 世纪是穆斯林治下的学问和经济中心之一，产生了所罗门・伊本・迦比洛尔（Solomon Ibn Gabirol，1021—1058）、犹大・哈列维（Judah Halevi，1075—1141）及亚伯拉罕・伊本・以斯拉（Abraham ibn Ezra，1089—1164）等著名犹太思想家。安达卢西亚当然也是伊斯兰思想家们的摇篮，迈蒙尼德钦服的伊本・巴嘉（Ibn Bajja，1085—1138）博学多才，既是诗人和音乐家，又是天文学家、植物学家、医药家和物理学家。伊斯兰世界鼎鼎大名的亚里士多德派哲人伊本・鲁什德（Ibn Rushd，拉丁名 Averroes［阿威罗伊］，1126-1198）还是迈蒙尼德的科尔多瓦同乡。迈蒙尼德在安达卢西亚的学问环境下成长，一生都自称"安达卢西亚人"。

迈蒙尼德十岁时，另一部柏柏尔人入侵科尔多瓦，建立了阿尔莫哈德王朝（the Muwaḥḥidūn，拉丁名 Almohads）。阿尔莫哈德王朝对非穆斯林的迫

① 以下迈蒙尼德生平，参考 Joel L. Kraemer, *Maimonides：The Life and World of One of Civilization's Greatest Minds*（New York：Doubleday，2008），23-68；Sarah Stroumsa, *Maimonides in His World：Portrait of a Mediterranean Thinker*（Princeton and Oxford：Princeton University Press，2009），8-12；Moshe Halbertal, *Maimonides：Life and Thought*（Princeton and Oxford：Princeton University Press，2013），7-91。

害迫使迈蒙尼德及其家族离开科尔多瓦。在安达卢西亚的其他地区和马格里布(Maghrib)度过了十来年的流亡生活后,迈蒙尼德全家于1160年移居菲兹(Fez)。五年后,迈蒙尼德及其家人前往十字军控制的巴勒斯坦,不久,他们又离开巴勒斯坦,并最终定居于法提玛王朝统治下的埃及城市福斯塔特(Fustat)。迈蒙尼德家族原本依靠其弟弟大卫经商来维持,然而,大卫不幸于1177年在商旅中溺亡印度洋,此后全家靠迈蒙尼德行医谋生。在埃及,迈蒙尼德成为埃及和叙利亚苏丹萨拉丁(Salatin)家族的御医。正是在埃及期间,迈蒙尼德撰著了《重述托拉》(*Mishneh Torah*)和《迷途指津》(*Guide of the Perplexed*)两部中世纪犹太教巨著。1204年12月12日,迈蒙尼德在埃及福斯塔特逝世。

自犹太人失去国土、被迫散居世界各地,历代的拉比们就承担起了守护祖传的启示律法的职责,他们不仅是《托拉》(Torah,即摩西律法)的继承者和传递者,也是其解释者。起初,律法的授受由教师们(即拉比)向其学生口传,后来随着犹太人生存条件的恶化,历代口传的《托拉》诠释不得不以书面形式保存下来,以免《圣经》传统随着散居和母语的逐渐失去而湮灭。

据传在公元2世纪初,具有大卫王室血统的拉比犹大(Judah ha-Nasi[字面义:王子犹大])主持编撰了被后世称为"口传律法"的《密释纳》(*Mishnah*),几个世纪以后,包括《密释纳》在内的口传律法及其注疏《革马拉》(*Gemara*)被汇编为《塔木德》(*Talmud*)。尽管《密释纳》及《塔木德》的编订者们按宗教礼仪和日常生活的不同方面对其著作加以分类,但由于其中收录了历代拉比对同一主题的不同的甚至相互冲突的意见,因此,后世的犹太人要运用这些经典来指导自己的生活,仍需教师(拉比)的解释和引导。

作为中世纪最博学亦最有影响力的犹太律法学者,迈蒙尼德23岁开始撰写《〈密释纳〉义疏》(*The Commentary on Mishnah*),7年后完成此书时,他不过才到而立之年。[②]此后十年,迈蒙尼德致力于以一己之力整理编订犹太教全部成文与口传律法,正是这部煌煌十四卷名为《重述托拉》的法典奠定了他在犹太民族历史上举足轻重的地位,使他成为先知摩西之后最重要亦最权威的犹太教师。

对后世学人(尤其是犹太教之外的学人)来说,迈蒙尼德《重述托拉》之后的另一部大作——《迷途指津》[③]——或许更有吸引力。这本书是迈蒙尼德

---

② 见Joel L. Kraemer,*Maimonides*,164。

③ 《迷途指津》以犹太-阿拉伯语(Judeo-Arabic)撰写,这是一种以希伯来语字母标示的阿拉伯语,原名*Dalālat al-ḥā'irīn*,学界更常用的是该书的希伯来语译名 *Moreh Nevukhim*。此书名有几种英译:Michael Friedländer出版于19世纪末的三卷本题为"The Guide(转下页)

专门为他的学生拉比约瑟夫（Rabbi Joseph ben Judah，亦有学者作 Joseph Ibn Shim'on）和"像他［原文为"你"］这样的人"所写（献辞书，4/4），也就是说，它预设的读者面要狭窄得多。因此，无论从体裁还是从论述方式上看，《迷途指津》都大不同于面向全体犹太教信徒的《〈密释纳〉义疏》和《重述托拉》。④本章意在探寻并简要勾勒《〈密释纳〉义疏》与《迷途指津》之间不同的写作对象和写作方式，进而更好地了解迈蒙尼德《迷途指津》一书的意图和旨趣。

二　迷途之一：信仰要则与自然知识的冲突

顾名思义，"迷途指津"意在为"迷途者"发现迷津、指点出路。尽管迈蒙尼德在正文起始处就声称，他的《迷途指津》致力于"真正意义上的律法学"（卷一导言，5/5），但长久以来，这本书一直都被绝大多数学者视为他的

（接上页）of the Perplexed"（London：Trübner & Co.，Kudgate Hill，1885），该译作的第二版去掉了大量译者注释，标题被改成"The Guide *for* the Perplexed"（London：G. Routledge & Sons，Ltd.；New York：E. P. Dutton & Co.，1904）；目前最受好评的 Shlomo Pines 英译本的标题是 *The Guide of the Perplexed*（Chicago，London：The University of Chicago Press，1963），个别学者认为，更恰切的英译应为"The Guide *to* the Perplexed"，参 Heidi M. Ravven，"Some Thoughts on What Spinoza Learned from Maimonides about the Prophetic Imagination，Part I：Maimonides on Prophecy and Imagination，" *Journal of the History of Philosophy* 39.2（2001）：193n3。另参 Josef Stern，"Introduction" to *Maimonides' Guide of the Perplexed in Translation：A History from the Thirteenth Century to the Twentieth*，eds. Joseph Stern，James T. Robinson and Yonatan Shemesh（Chicago and London：University of Chicago Press，2019），1-32。《迷途指津》中译见傅有德、郭鹏、张志平译（济南：山东大学出版社，2007/1998）。

本书下引《迷途指津》，随文注明引文卷次、章节及中译本（在"/"前）和 Pines 英译本页码（在"/"后）。如无特别说明，《迷途指津》引文里，方括号［］中的文字为英译者所加，大括号{}中文字乃笔者为顺通文意而酌加，楷体部分原文为希伯来语（通常为需要解释的《圣经》措辞、《圣经》引文或拉比文献引文）；其他引文里，笔者为顺通文意而酌加的文字用方括号［］表示；引文及正文里的**粗体部分**是笔者所加的重点。《迷途指津》中的《圣经》引文据《迷途指津》文本，其余《圣经》文本的中译参照和合本，偶有修改。

对《圣经》中上帝的圣名 YHWH，本书作"圣主"。本书出现的哲学概念及术语，一般附上 Pines 英译本或其他文献中的译名，专题讨论的《迷途指津》文本，所附原文为用拉丁字母转写的犹太-阿拉伯语（以下简称"阿语"）或希伯来语（以下简称"希语"）。

④　参 Shlomo Pines，"The Philosophical Purport of Maimonides' Halachic Works and the Purport of *The Guide of the Perplexed*，" in *Maimonides and Philosophy：Papers Presented at the Sixth Jerusalem Philosophical Encounter，May 1985*，eds. Shlomo Pines and Yirmiyahu Yovel（Dordrecht：Martinus Nijhoff Publishers，1986），1。

哲学著作。⑤对一般的读者而言,更首要的问题是搞清何为迈蒙尼德所谓的"迷途"以及这"迷途"由何而来。

要了解迈蒙尼德心目中"迷途"的由来,或许首先需要考察的是《迷途指津》的写作对象或者说讲述对象⑥——拉比约瑟夫——具有何种特征。从全书起始的"献辞书"(Epistle Dedicatory)中可以得知,约瑟夫出生于异国,曾远道而来向迈蒙尼德求教,他在迈蒙尼德指导下依次学习过数学、天象学、逻辑学。在信中,迈蒙尼德称赞他的学生约瑟夫"具有强烈的探寻欲"并"渴求{认识}思辨事物",而且"心智卓越、思维敏捷"。约瑟夫的品性和学识表明,他正是迈蒙尼德可以向之"揭示预言之书的奥秘"的恰当人选(献辞书,3/3)。当约瑟夫表达了希望进一步学习有关"神的事务"(divine matters)的"额外知识"后,迈蒙尼德发现,约瑟夫已从"其他人"那里对这个主题略知一二,并由此产生了"迷惑"和"惊愕"。鉴于约瑟夫已经离开迈蒙尼德,无法亲炙师门,迈蒙尼德遂决定,为"你以及那些类似你的人——无论他们的人数多么稀少"——写作此书(献辞书,3/4)。

"献辞书"表明,《迷途指津》并非一本写给所有人的书,甚至,也不是写给所有能阅读的人,而是只针对那些有理解力,既熟悉犹太律法,又已经具备初步的自然科学基础,还对思辨问题(即哲学和神学问题)有兴趣的读者。那么,何以像约瑟夫这样的人会对有关"神的事务"的主题感到迷惑?

对照一下迈蒙尼德在《〈密释纳〉义疏》(以下简称《义疏》)中为犹太人提出的关于律法或信仰的"十三项根本原则"(13 fundamental principles/ articles of faith,或译"十三信仰要则"),多少能给我们一些启迪。在疏解《密释纳·论议事会》"第10章"(Sanhedrin, Chapter X)⑦的"导言"部分,迈蒙尼德提出了对后世犹太教影响深远的"十三项根本原则"。简单说,这些"信仰要则"包括:相信——(1)创世者存在;(2)创世者不可分,他是一;(3)上帝无

---

⑤ 在这一点上,施特劳斯(Leo Strauss)或许是当代学者中极少数例外之一,他在"《迷途指津》的文学特征"(The Literary Character of the *Guide for the Perplexed*)一文中指出,迈蒙尼德的《重述托拉》和《迷途指津》都是律法学著作,前者致力于"一般意义上的律法学",后者致力于"真正意义上的律法学",两者的区别在于,"一般意义上的律法学关注人应当做什么,而真正意义上的律法学关注的则是人应当思考和相信什么",换言之,《重述托拉》"处理律法学的实践部分",而《迷途指津》"处理律法学的理论部分"。见 Leo Strauss, *Persecution and the Art of Writing*(Glencoe, Illinois: The Free Press, 1952),39。中译见施特劳斯,《迫害与写作艺术》,刘锋译,北京:华夏出版社,2012,32。另参施特劳斯,"迈蒙尼德《知识书》疏释"(Notes on Maimonides' *Book of Knowledge*),张缨译,收于《柏拉图式政治哲学研究》,北京:华夏出版社,2012,257-258。

⑥ 《迷途指津》以第二人称单数写作,具有口传特征,某种程度上可以视之为一部书信体作品。

⑦ 此章亦被单独称为 Ḥeleq[希语 *heleq* 意为"份额"],个别版本作"第11章"。

形体;(4)上帝是最初者(或"先在者");(5)上帝值得得到崇拜、赞美和服从;
(6)人类中有个别人拥有过人的本性和完美性,他们能接受理智的形式(the
form of intelligence),与能动理智(active intellect)联结,从能动理智的流溢
中接收预言,这样的人即先知;(7)我们的导师——先知摩西——是最高等级
的先知,上帝从全人类中拣选了他,并直接向他讲话;(8)《托拉》来自天上;
(9)摩西律法永不会被废除,上帝不会另降新的律法,也不会对之有所增减;
(10)居高者(按:即上帝)知晓人们的行动,不会忽略他们;(11)居高者会奖励
《托拉》诫命的奉行者,亦会惩罚违背禁令者。人的最大酬报是来世,最大惩
罚是开除出教;(12)弥赛亚将会到来,但不要猜测他到来的时间;(13)死者复
活。[8]可以看到,这十三项根本原则的前5条事关上帝的本性,后面8条则涉
及律法、预言、奖惩(来世)、复活等人事。在列举并简释这13条要则之后,迈
蒙尼德说,一个人只有确立起对这些信条的确信,才能进入以色列人的共
同体。[9]

不止一位学者指出,迈蒙尼德提出的信条具有浓厚的哲学色彩——"上
帝是一""上帝无形体"这样的说法不仅明显有别于《托拉》的字面含义,而且
与迈蒙尼德的哲学前辈们的意见一致。[10]不过,这并不意味着迈蒙尼德有意
用哲学命题和哲学思辨来教导犹太人——恰恰相反,他的13信条的核心意
图是为全体犹太人确立稳固的信仰。有关上帝的信条看似抽象,实则目的在
于去除民众心中任何一丝偶像崇拜的冲动。

在涉及人事的信条中,有关奖惩和来世的那则(即第11则)颇引人瞩目,
因为,在疏解《密释纳·论议事会》第10章的"导言"的开端,迈蒙尼德曾花很
大篇幅讨论来世和奖惩问题,他在那里反对将奖惩与遵循律法相联系,因而
看上去与第11则信条有所出入。

"导言"起始,迈蒙尼德就复述先贤们在《密释纳》里有关来世问题的言
论,随后,他郑重其事地指出,他认为有必要说一下对于犹太人的信仰来说极
为重要的一些原则,因为,有学识的"神学家们"关于什么是好处、什么是坏处

---

⑧ 这里的概述引自 Joel L. Kraemer, *Maimonides*, 179-181。另参 J. Abelson, "Maimonides on
the Jewish Creed," *The Jewish Quarterly Review* 19.1(1906):47-56。Abelson 此文除了开头
的"导言"(页 24-27)外,是对迈蒙尼德《〈密释纳〉义疏》中疏解《论议事会》第10章"的全文
英译(页 28-58)。相关英译亦参 Maimonides, *Commentary on Mishnah*, Helek: Sanhedrin,
Chapter X, trans. Arnold J. Wolf, in *A Maimonides Reader*, ed. Isadore Twersky(Spring-
field, NJ: Behrman House, Inc., 1972), 417-423。

⑨ J. Abelson, "Maimonides on the Jewish Creed," 57.

⑩ 参 Shlomo Pines, "The Philosophical Purport of Maimonides' Halachic Works and the Purport
of *The Guide of the Perplexed*," 2-3。另参 Joel L. Kraemer, *Maimonides*, 181。

众说纷纭,使大众陷入巨大的困惑中。迈蒙尼德列举说,有些人认为,最大的好处是进入伊甸园;第二类人相信,最大的好处是弥赛亚到来后的日子;第三类人觉得能从死亡中复活是最大的好处;第四类人认为,"我们"能从遵循律法中获得诸如财富、众多子女、健康、长寿等等此世的益处;第五类人是前几类的综合,认为进入伊甸园、弥赛亚降临和死后复活都是好处。在迈蒙尼德看来,极少有人认真思考和关注来世问题,也少有人区分可欲的目标与达成目标的手段之间的差异。无论俗众还是有学识者,大家所问的都是这样的问题:死者复活时是否穿着衣服,是否会穿他们被埋葬时穿的同一件衣服,诸如此类。⑪

接下来,迈蒙尼德话锋一转,讲了一个具有比喻色彩的故事。故事以一个孩子从小到大学习《托拉》的过程为线索:读书是苦事,启蒙老师起初用糖果等作为奖励鼓励孩子好好学;孩子渐渐长大,糖果已经无法吸引他时,老师遂用新衣新鞋来诱导他继续努力,继而又用请客吃饭乃至成为拉比或断案者(judge)来刺激学习……如此这般的教育方式在迈蒙尼德看来很成问题,虽然这样的教育也能使人掌握《托拉》的知识,但学习者的动力却来自《托拉》之外,也就是说,学习者既不是为《托拉》本身而学,也不是为求知而学,而是为了那些外在的物质利益而学,迈蒙尼德认为,这完全是本末倒置。⑫

迈蒙尼德讲这样一个故事,首先自然是要表明,为获取外在的利益(奖励)而学习《托拉》是不对的,因为《托拉》就是真理,学习并遵行其教导是每个以色列人义不容辞的职责。其次,迈蒙尼德用故事的形式讲这样的道理,也是因为在他看来,普通人欠缺理智,想象力发达,⑬对这样的人无法用推理论证的方式来跟他们讲理,拿故事作比喻可以激发人的想象力,使他们易于理解。最后,也最重要的是,他要借这个故事说明大多数人在来世问题上陷入的歧途:如前所述,许多人认为,《托拉》所教导的复活、来世和弥赛亚的降临之所以值得信仰和期待,只是因为它们能带来各种外在的好处。迈蒙尼德借用犹太先贤的话指出,"一个人应为了真理本身的缘故而信仰真理",⑭这样的断言表明,不应该为了获得来世的奖励而遵循律法,它甚至暗示,尽管复活、来世等等都是好的,但它们不是对奉行律法的奖励。

---

⑪ 参 J. Abelson, "Maimonides on the Jewish Creed," 29-31。

⑫ J. Abelson, "Maimonides on the Jewish Creed," 31-32.

⑬ 迈蒙尼德对作为人的认识官能的理智与想象力的区分及其相互关系的讨论,详参《迷途指津》卷一 73 章,197-199/209-212。

⑭ J. Abelson, "Maimonides on the Jewish Creed," 33. 可以说,这是一种哲人的观点,在《理想国》里,苏格拉底曾表示,正义之所以是好的,既因为它本身,又因为它的后果。见柏拉图,《理想国》(358a),王扬译注,北京:华夏出版社,2012,43。

尽管迈蒙尼德在此对犹太教信仰者提出了"为《托拉》本身的缘故而学习《托拉》"的高要求，但他非常清楚，"要每个人都做到这一点有多难"——"因为人只做那些能带来益处或避免损失的事"，对这样的人，怎能要求他们"既不害怕上帝的惩罚也不期待祂的奖励而学习《托拉》"？⑮　因此，他再次借用先贤的意见指出，

> 为了让普通人确立起他们的信念，先贤们**允许**他们怀着对奖励的希望做有益的事，怀着对惩罚的恐惧避免做恶事。先贤们用这样的想法鼓励他们，使他们的意见牢牢地扎根，直到最后，他们中有才智者开始理解并知晓真理是什么，什么是最完美的行为模式。⑯

这段话再清楚不过地说明，何以理智上不认同"奖惩"之外在效用的迈蒙尼德，最终还是将"信仰居高者会奖励《托拉》诚命的奉行者，亦会惩罚违背禁令者；人的最大酬报是来世，最大惩罚是开除出教"作为犹太教的核心信条之一。因为，《〈密释纳〉义疏》是为所有犹太人所写的书，所以，迈蒙尼德要照顾到那些普通人的习性，他们惯于将实在的利益作为自己行动的驱动力，只有用实在的"好处"满足他们，用实在的"坏处"警戒他们，才能使他们奉守《托拉》的诚命。

回到我们的问题。约瑟夫显然不是迈蒙尼德眼中的"普通人"，作为后者的学生，他显然知晓十三项根本原则，与此同时，他也在迈蒙尼德指导下学习了数学、天象学、逻辑学等科学。信仰要则中的部分信条——尤其是死者复活的信条——显然有违于自然知识，因此，约瑟夫很自然会因两者之间的冲突产生困惑。

三　迷途之二：推理证明方法的误用

不过，从《迷途指津》本身的角度看，约瑟夫的"迷惑"不仅从犹太教信仰传统与自然知识的可能冲突而来，也来自不同的理性立场之间的扞格。还是从"献辞书"中的一句话开始——在提及约瑟夫向自己要求一些"额外知识"

---

⑮　J. Abelson, "Maimonides on the Jewish Creed," 33-34. 为方便理解，略去附注，本书用"祂"表示引文中指向犹太教上帝的代词。

⑯　J. Abelson, "Maimonides on the Jewish Creed," 34.

时,迈蒙尼德写道:

> 你要我向你讲清涉及神的事务的某些事情,向你传授思辨神学家
> 们(*mutakallimūn*)在这方面的意图,并让你知晓,他们的方法是否可以
> 得到证明,若是不能,这些方法属于何种技艺。(献辞书,3/3-4)

为什么约瑟夫会想要了解"思辨神学家们"论及"神的事务"时的"意图"?
从此段的上下文看,正是其他人向约瑟夫传授的思辨神学家们的意见,造成
了他的困扰。那么,谁是那些"思辨神学家",他们持有怎样的神学意见?

Mutakallimūn[思辨神学家们]是阿拉伯语 *kalām* 的分词复数形式,⑰
在中世纪伊斯兰教语境中,*kalām*[卡拉姆]被用来指各种思辨神学(伊斯兰
教或称"教义学")学派,*mutakallimūn* 即这些学术分支的代表人物的称谓。
兴起于 8 世纪的穆泰齐勒派(Mu'tazila)是卡拉姆的一支,其拥护者力图将伊
斯兰教的教理体系建立在理性基础上。后起的艾什阿里亚派(Ash'ariyya)则
认为,过分强调理性的地位不会像穆泰齐勒派所说的那样加深信仰,反而可
能危害信仰,甚至导致以理性取代信仰。迈蒙尼德指出,犹太教中颇有些学
者采纳了穆泰齐勒派的立场和观点,但几乎没有人采纳艾什阿里亚派的意
见,在他看来:

> 这不是因为他们偏爱前者{指穆泰齐勒派}的意见甚于后者{指艾
> 什阿里亚派},而是因为他们已然接纳并采用了前一种意见,并认为它是
> 一件由证明加以证实的事情(a matter proven by demonstration)。
> 对我们民族中的安达卢西亚人(Andalusians)来说,他们中的所有人
> 都坚持哲人们的断言,倾向于他们的意见,只要这些意见不会摧毁律法
> 的根基(the foundation of the Law)。(卷一 71 章,167/176-177)。

以上两段文字表明,尽管犹太教中的"思辨神学家们"像他们的穆斯林先
驱一样热衷于"由证明来证实",但迈蒙尼德显然将他们与真正的"哲人"区别
开。在迈蒙尼德看来,伊斯兰思辨神学家们确立起种种神学"前提"
(premises),是为了用于巩固自己的信仰并拒斥那些会摧毁其教法的意见(卷

---

⑰ *kalām* 原义为"言辞"或"话语",穆斯林学者用该词来翻译希腊文中的 logos,由此引申出蕴
含在 logos 一词中的其他含义如"理性""论证"等。*kalām* 后来也指特定的学术流派或分
支。见 Harry Austryn Wolfson, *The Philosophy of The Kalam* (Cambridge, Massachusetts:
Harvard University Press, 1976), 1.

一 71 章, 167-168/177)。迈蒙尼德承认, 他们的最高目标——避免哲人们的意见摧毁律法的根基——与他自己的目标一致, 然而, 他们将所有信仰建立于证明的"前提"上的做法却遭到迈蒙尼德的强烈质疑。

迈蒙尼德认为, 思辨神学家们的大多数"前提"和"方法"破坏了哲人确立的自然知识, 他指出,

> 他们{引按: 思辨神学家们}{提出}的每一个前提——除极个别例外——都与人们感知到的存在物的{自然}本性(the nature of that which exists)相悖, 以致种种疑虑因他们而起。(卷一 71 章, 173/183)。

这句话显然可以更好地帮助我们了解约瑟夫的困惑的来源。从这里我们可以推知, 思辨神学家们的某些"前提"或"方法"与约瑟夫已经或需要进一步掌握的"存在物的(自然)本性"或曰自然知识产生了冲突。显然, 思辨神学家们对理性和推理证明的滥用危害到哲学的根本——对万物的自然本性的探究。这里我们遇到了理解《迷途指津》的一个关键词——"自然"或曰"本性"。这里的"自然"指内在于存在物、使之是其所是并区别于他物的不易的特性。对迈蒙尼德来说, 正是关于存在物本性的知识, 构成了我们的确定的知识, 而惟有这样的知识, 才能将人引向关于上帝的更高的知识。在《迷途指津》里, "自然"或曰"本性"直接指向哲学, 是哲学的"面具", 应当作为"哲学"的替代概念来理解。

迈蒙尼德随后尤其提到, 部分思辨神学家用推论的方式证明世界由上帝在时间中创造即从无中创造, 但恰恰在这个问题上, 迈蒙尼德严词拒斥他们的"方法"。他非常明确地指出, "如果一个人宣称他要证明一个观点, 却使用强辩式论证(sophistical arguments), 在我看来, 此人并没有加强他有意要证明的观点, 反而是削弱了它, 并且**敞开了攻击这个观点的道路**"(卷二 16 章, 271/293)。可见, 受到思辨神学危害的不仅是哲学, 而且也是其试图证明的信仰, 因为人们一旦认识到某证明的前提不成立, 或证明方法不正确, 那么, 该"证明"所要确立的论点或者说信仰也就变得可疑。在迈蒙尼德看来, 并非所有信仰都可以由理性推理加以证明, 创世问题尤其如此(卷一 71 章, 170/180)。

在《迷途指津》卷二 22 章讨论世界究竟由上帝从无中创造(律法的观点)抑或世界是恒的(亚里士多德等哲人的观点)这个论题时, 迈蒙尼德指出, 对于诸天体(the heavens[或: 诸天])究竟是创生的抑或恒在的这个问题, 无论律法的观点还是亚里士多德的观点都无法得到证明, 因而两者都只能作为假设存疑, 要在两种都无法证明的对立意见之间作出选择, 应当选择疑问

较少的那种。他表示亚氏的观点"疑问较多且对应当持有的上帝信仰有害",故律法的观点较为可取(页 295/320)。对此,迈蒙尼德进一步指出,在亚里士多德的意义上相信世界是恒在的将"从根本上摧毁律法"(卷二 25 章,302/328),换言之,他认为信仰世界的受造对维护律法而言是最为根本的要求,在这一要求面前,哲学或者说理性需要却步。尽管在这个问题上迈蒙尼德有意维护律法,可正如后文的讨论所示,这绝不意味着他试图"调和"哲学与律法。

四 因"材"指津

对迈蒙尼德来说,最高的"道"既是显明在《托拉》中的真理,也是哲人的自然之知,在这两者中,前者在实践上具有更高的地位。作为一位拉比,他既有义务向普通人传授《托拉》,也乐于为约瑟夫这样有哲人潜质的青年解开"迷津"。对于这两类本性不同的人,迈蒙尼德采用了不同的方式施教:[18]对普通人,他用故事来向他们说明道理,但并不用最高的道理来要求他们,他为他们建立最根本的信仰法则,为整部《密释纳》及其中字词提供正确的释义,解除他们因其中的不同意见导致的困惑;[19]对约瑟夫这样好学深思的青年,他向之解释"预言书(books of prophecy)中某些{多义或含混}措辞的含义"以及"出现在先知之书(the books of the prophets)内、但未在其中得到明确指认的极端隐晦的各种寓言(parables)"(卷一导言,5-6/5-6)。换言之,《迷途指津》的目标在于用含蓄的方式,借助思辨方法揭示《圣经》的"奥秘"。

对迈蒙尼德来说,《圣经》最大的"奥秘"当然与上帝有关:上帝如何创造这个世界?如何统驭这个世界?更进一步说,上帝以怎样的方式存在?甚至——祂究竟是否"存在"?就《迷途指津》而言,首当其冲的问题是:上帝有怎样的"形象"?祂如何跟先知们"说话"?为了回答这些问题,更确切地说,为了以非传统的方式回答这些问题,迈蒙尼德需要一种特殊的修辞,让不同层次的读者能获得他们各自所需的"指津"。

---

[18] 参 Josef Stern,"Maimonides on Education," in *Philosophers on Education*:[*New*] *Historical Perspectives*,edited by Amélie Oksenberg Rorty(London,New York:Routledge,1998),111。

[19] 关于迈蒙尼德写作《〈密释纳〉义疏》的全部意图,见 *Maimonides' Introduction to His Commentary on the Mishnah*,translated and Annotated by Fred Rosner(Northvale,New Jersey,London:Jason Aronson,Inc.,1995),109-111。

第一章 《迷途指津》的"谋篇"——特殊导言

从谋篇看,迈蒙尼德的《迷途指津》分为三卷,每卷都始于一句题记:*bə-šem YHWH 'ēl 'ôlām*[凭圣主——世界的神——之名]。各卷题记之后都有一篇无名的"卷首导言"。比较特别的是卷一的开头部分:"卷一导言"之前有一篇"献辞书",交待《迷途指津》的读者对象;"卷一导言"之后则有一篇"本论章指南"(*waṣīyyat hādihī al-maqālah*;Instruction with respect to This Treatise),预告《迷途指津》的方法。在"本论章指南"之后,有一篇迈蒙尼德自己明确称之为 *muqaddimah*[前言/导言]的短章,他在其中讨论了出现于不同书本中的自相矛盾的原因,并向读者宣告《迷途指津》中各种自相矛盾的原因。

此外,《迷途指津》一共有 178 章,其中卷一 76 章,卷二 48 章,卷三 54 章。从这个章回结构看,位于全书中心的是卷二 13 章,该章论述的是关于"世界恒在"或"世界从无中创造"的三种意见(律法的意见、柏拉图的意见、亚里士多德的意见)。某种程度上,"创世"抑或"恒在"这个问题可谓《迷途指津》的中心问题,因为迈蒙尼德说,信仰世界恒在将摧毁律法的根基,[①]因而对创世的信仰自然就与律法的成败息息相关。不过,在迈蒙尼德自己对《迷途指津》的写作目的的几次说明中,他从没有提到"创世"问题。

《迷途指津》的"谋篇"独具特色。在"题记""本论证指南"和"前言"之外,迈蒙尼德还设置了一种特殊的修辞:在正文里用"前言"或"注意"引出的"特殊导言"。[②]这些"特殊导言"对于理解《迷途指津》全书或某重要论题的结构和要旨往往起到点睛作用。

---

① 迈蒙尼德,《迷途指津》卷二 25 章,302/329。
② Steven Harvey 曾撰文讨论迈蒙尼德各种著作中的"导言",对《迷途指津》中的"导言",他的讨论仅限于各卷题记,"献辞书",及各卷的"卷首导言"。见 Steven Harvey, "Maimonides and the Art of Writing Introductions," *Maimonidean Studies*, vol.5, eds. Arthur Hyman Alfred Ivry(New York: Michael Sharf Publication Trust of Yeshiva University Press; Jersey City, NJ: Distributed by KTAV Pub. House, 2008), 85-105, 96-104.

一 "题记"：ʾēl ʿôlām 中的模棱两可

《迷途指津》的题记——bə-šēm YHWH ʾēl ʿôlām［凭圣主——世界的神——之名］——出自《创世记》21 章 33 节，是亚伯拉罕对上帝的呼告。在《创世记》各译本中，ʾēl ʿôlām 都被诠译为"永生的神"，英译则往往作［the］everlasting God（KJV，ESV 等），这是因为希伯来语 ʿôlām 在《圣经》里的确指"永恒"，但在后世的拉比文献里，该词逐渐意指"世界"。《迷途指津》的英译者皮纳斯（Shlomo Pines）将此短语译成 In the Name of the Lord，God of the World。按 Pines 自己的说法：

> 经过某种犹豫，我对אל עולם［ʾēl ʿôlām］采用的翻译乃出于一种愿望：始终如一地保持遮遮掩掩［暗示性］的［翻译］方法。因为，尽管很清楚，迈蒙尼德暗地里（in petto）想说"此世之神"（God of the World），但更有可能的是，他意识到，那些有点希伯来语和圣经知识的未经启蒙的读者会把这个词理解为：恒在之神（God of Eternity）。（Shlomo Pines 致 Leo Strauss 书信，1956 年 9 月 10 日）③

皮纳斯的意思是，迈蒙尼德很可能在 ʾēl ʿôlām 这个表述里包含了某种意味深长的模棱两可。因为，God of Eternity［恒在之神］这种读法会让人联想到"世界是恒在的"这种哲人的观点，在位于《迷途指津》中心的卷二 13 章，迈蒙尼德将这种观点归于亚里士多德，却将柏拉图说成是"世界从质料中被造"这种观点的代表（卷二 13 章，262-263/282-284）。然而，在论及"世界恒在"与律法的关系时，他表示，"依据第二种意见——即柏拉图的意见——相信［世界］恒在，……这种意见不会摧毁律法的根基"（卷二 25 章，303/328），他由此悄悄地将柏拉图和亚里士多德归入倡导"世界恒在"的同一阵线。④ Pines 看出迈蒙尼德在题记里暗地里想要传达的讯息，并将这个讯息体现在他的译文里。

迈蒙尼德选择《创世记》里亚伯拉罕对上帝的这句呼告作为《迷途指津》的

---

③ 见 Joel Kraemer and Josef Stern，"Shlomo Pines on the Translation of Maimonides' *Guide of the Perplexed*，" *The Journal of Jewish Thought and Philosophy*，Vol.8，13-24；22。

④ 当然，他还是指出柏拉图与亚里士多德对天体的不同理解，在柏拉图那里，"天体"像地上（月下）事物一样，"受制于生成与衰朽"（卷二 25 章，303/328）。

题记,同样体现了他对这位圣经先知的理解。在专门讨论"预言"的那章,我们会从先知亚伯拉罕如何认识上帝的角度,进一步解读迈蒙尼德的这句题记。

二 卷首导言:《迷途指津》的目标

《迷途指津》分为三卷,每卷正文之前各有一篇"导言",对这几篇"导言",迈蒙尼德并未加以命名——他没有称之为"前言"(muqaddimah)。⑤在这些"导言"里,迈蒙尼德反复强调,他写作此部论章(maqālah,treatise)的目的,是通过解释《托拉》和先知书里具有歧义的措辞和各种寓言,"揭示《托拉》的秘密",为读者指点迷津。这些"导言"往往也对全书或各卷的内容加以或明或暗的提示,因此其重要性不言而喻。

此外,《迷途指津》开头还有几篇特别的类似导言的短章。作为题记的几行诗句之后,"献辞书"是其中的第一篇。从这封书信里,读者可以得知,迈蒙尼德《迷途指津》的写作和讲述对象是他的学生——拉比约瑟夫,这个学生天资聪颖,热爱思辨事物,曾在迈蒙尼德指导下循序渐进地学过数学、天象学和逻辑学。离开老师以后,约瑟夫向迈蒙尼德写信表示,他还渴望探究有关神的事物。然而迈蒙尼德发现,他的学生受到那些一知半解者的误导,迷上了伊斯兰思辨神学家们(mutakallimūn)的思想及其论证方法,进而陷入了困惑和惊愕中。迈蒙尼德决定为他的学生约瑟夫和像他那样的人写这本"迷途指津",帮助他们认识恰当的方法,从而建立确定的知识和真理。

《迷途指津》卷一之前——或者更确切地说,全书之前——的"导言"可以说是整部书最重要的"导言"之一。在其中,迈蒙尼德不仅明确了他写作此书的目标,而且交代了他的特殊的写作方法,并为后文埋下种种草蛇灰线,留待悉心的读者慢慢发现一条又一条由语词架构的隐秘线索。正是在这篇"导言"里,迈蒙尼德指出:

---

⑤ 阿拉伯语词 muqaddimah 原意指"摆在前面的东西",可以译作"前言"(preface),往往也译作"导言"(introduction);该词也指逻辑学中的"前提"(premise)。参 Hans Wehr, *A Dictionary of Modern Written Arabic*, 4th edition, ed. J. Milton Cowan(Ithaca, N. Y.:Cornell University Press),750。本章仅对事关"导言"的各种措辞给出《迷途指津》的原文犹太-阿拉伯语(Judaeo-Arabic)原文,其他术语仅标示英语作为参考。关于《迷途指津》的"导言"以及犹太思想家对这种文体的运用,参 Steven Harvey, "The Author's *Haqdamah* as a Literary Form in Jewish Thought." In *Medieval Jewish Philosophy and Its Literary Form*, eds. Aaron W. Hughes and James T. Robinson(Bloomington, Indiana:Indiana University Press, 2019), 133-160,143-144。

本书的第一个目标,是解释出现在预言书(*kutub al-nabawī*;the books of prophecy)里的某些措辞的含义。这些措辞中,有些是多义的(equivocal[或:有歧义的])⋯⋯另一些是衍生词(derivative)⋯⋯还有一些是模棱两可的词(amphibolous),亦即有时人们相信它是单义的(univocal),有时则当它是多义的。让这些措辞的整体对俗众或初学思辨者来说变得可理解,并非本书的目标⋯⋯本书的目标在于真正意义上的律法的科学。(卷一导言,5/5)

本书还有第二个目标:亦即解释出现在先知之书(*kutub al-'anbiyā'*;the books of the prophets)里的极为晦涩的各种寓言(阿语 *mitāl*,parables),这些寓言{在先知之书里}并没有明确地被等同为寓言。因此,无知者或掉以轻心者可能会认为,这些寓言只有一种外在的含义,而没有内在的含义。(卷一导言,6/6)

这两段简短的引文清楚表明,《迷途指津》是一部着眼于解释《圣经》里"有歧义的"措辞及其中的寓言的犹太解经作品。但是,从迈蒙尼德对此论章的目标——"真正意义上的律法科学"——的强调,读者可以看出,这绝非一部寻常的解经作品。在迈蒙尼德看来,对《圣经》里的多义词和带有寓意的故事理解不当,会造成律法研习者的极大困惑。他继而指出,"开端论"(希伯来语 *ma'ǎśeh bərēśît*)等于自然科学,"神车论"(希伯来语 *ma'ǎśeh merkābāh*)等于神的科学[或形而上学]。⑥借犹太先贤的话语,迈蒙尼德表明,"神车论甚至一个人也不能教,除非此人既有智慧,又有能力凭自己理解,即便如此,也只能传达给他章回标题(*chapter headings*)"(卷一导言,7/6)。换言之,关于神的知识非但不能公开传授,连私相授受也要对传授对象精挑细选。迈蒙尼德进而表明,他会遵循先贤的教诲,在《迷途指津》里**以分散和无序的方式**处理各种论题:

因为我的目标是让人瞥见真理,随即再度将真理隐匿起来,这样做是为了不致违背人不可能违背的神的目标(divine purpose),神的目标是使那些真理——尤其对领会上帝(His apprehension)必不可少的真理——向俗众(the vulgar)隐匿。(卷一导言,7/6-7)

---

⑥ *ma'ǎśeh bərēśît*(Pines 英译本转写为 *ma'aseh bereshith*,译作 the Account of the Beginning)的字面含义为"开端的作品",*ma'ǎśeh merkābāh*(Pines 英译本转写为 *ma'aseh merkabah*,译作 the Account of the Chariot)的字面含义为"{神}车的作品"。

这段话对理解《迷途指津》整体的修辞至关重要。迈蒙尼德告诉他的读者,他的论章的确要传授真理,可他既不会清晰的方式,也不会用有序的方式来讨论各种论题。如同犹太先贤,他认为人的理解力有高下之分,真理——尤其是涉及抽象问题的科学或神学真理——不适合大多数人。然而,书本是向所有识字的人开放的知识载体,为了避免误导不适合那种知识的人,迈蒙尼德决定用特殊的修辞方式来写作此论章,让不同层次的读者能获得属于他的理解力的不同层次的领悟。

随后,迈蒙尼德继续借犹太先贤的话语表示,对解释自然事物(natural matters)他会采取同样的方式,亦即他不会清楚明白地详述自然事物的原理,"因为在这些[自然]事物与神的科学之间有紧密的关联,它们同样属于神的科学的秘密"(卷一导言,7/7)。这句话告诉我们,在《迷途指津》里,"神的科学"不仅仅是关于上帝的知识,而是也包括关于自然的知识,因为在迈蒙尼德看来,惟有经由自然科学,人才能通达神的科学。

三 "本论章指南":《迷途指津》的方法

"献辞书"和卷一"导言"之后,是一篇迈蒙尼德称之为"本论章指南"(*waṣīyyat hādihī al-maqālah*;Instruction with respect to This Treatise)的短文,在其中,他嘱咐读者留意他所写的每个词,因为——

本论章的遣词绝非随意选取,而是带有高度的准确性和极度的精确,小心避免疏于解释任何隐晦的观点(本论章指南,15/15)。

这句话同样值得引起读者的高度重视。《迷途指津》深浅间杂、疏密交织、诸见纷呈,还布满"陷阱"和暗示,既像一座巨大的迷宫,又像一幅被打散的细碎繁复的拼图。迈蒙尼德用这句话提示读者,若在此论章里乍眼看到以作者的名义自相矛盾之处,或是看到"疏忽",不要轻易放过,若是遇到不明白的,也不要轻易放弃——《迷途指津》没有闲笔。

继而,迈蒙尼德点明,一个对思辨一无所知的"初学者","可以从此书的某些章回受益",而一位投身律法又心怀迷惘的"完善者",则"可以从此书的所有章回里受益"(本论章指南,16/16)。在这个地方,迈蒙尼德澄清了他在"献辞书"里没有明言的东西:会遭遇迷惘的,恰恰是既投身犹太教律法、同时又对思辨事物感兴趣的人。换言之,引发迷惘或困惑的是律法与哲学思辨之间的冲突。

位于"本论章指南"之后的,是全书正文之前可称为"第四篇导言"的"真正导言"——所谓"真正",是因为迈蒙尼德自己明确称之为 *muqaddimah*[前言/导言]——为了区分其他的"卷首导言",我们称它[本论章]前言"。在这篇"前言"里,迈蒙尼德列举了造成任何文本中的自相矛盾(contradictory)或对立主张(contrary statements)的七种原因。他特别指出,出现于《迷途指津》里的自相矛盾,分别属于其中第五种和第七种——问题是,如果仅第五种和第七种原因跟《迷途指津》相关,他列举其他那些原因究竟要说明什么?

仔细读过所有原因后,读者或许可以察觉,其余的原因都并非真正意义上的"自相矛盾":要么文本里事实上只有一个主张得到认同,其对立主张并不真正成立(第一、二、四种原因),要么所谓矛盾出自对两种不同寓言的字面理解产生的冲突(第三种原因),又或者,有些文本中的相互对立的主张根本就是作者的疏忽造成的(第六种原因),不会构成理解文本的障碍(前言,19-20/17-18)。通过这样的排除法,迈蒙尼德借正文之前最后的场合既提醒又告诫读者,《迷途指津》虽以"解惑"或"指点迷津"为己任,但它本身像谜一样,充满自相矛盾的主张,是一部隐晦之作,需要读者怀着思想侦探般的智慧、勇气和耐心,克服重重困难,企及最终的理解。

四 "特殊导言"的位置

《迷途指津》除了位于各卷卷首的显著"导言"外,还有一些隐匿在正文内部的"特殊导言"。从卷一73章到卷二9章的短短十三章之间,出现了3篇或被称为"前言"(*muqaddimah*)或被称为"注意"(*tanbīh*)的"插曲"(以下统称"特殊导言")。[7]卷一73章,在讨论伊斯兰思辨神学家们为论证世界的被造性而提出的十二种前提的第十种时,迈蒙尼德特别提醒大家"注意"后面论述的内容;此外,在卷二2章和卷二9章的正文里,迈蒙尼德以未必引人注意的方式分别插入了一篇简短的"前言"。

从形式上看,这些"特殊导言"显然是对论述过程的一种打断,从而使得"特殊导言"前后的内容有某种落差;从内容上看,这些透着玄机的导语往往

---

[7] 《迷途指津》另一篇出现在正文的"前言"位于卷三41章(页512/560),该章讨论的是涉及惩罚的圣经诫命,另一篇插入正文的"注意"出现于卷三51章(页572/621)。限于篇幅,本章的论述仅限于卷一73章和卷二2章中的两篇"特殊导言"。

是一种指导方针,引领着悉心的读者走向对此书的真正理解。从卷一73章到卷二9章的这几篇"特殊导言"相对集中,反复阅读可以发现,它们围绕的是同一个论题,即上帝的存在、单一性和无形体性(incorporeality)(卷一71章-卷二12章),而紧随其后的问题是:世界究竟是被造的还是恒在的(卷二13-24章)。⑧

1 思辨神学的错误(卷一71-76章)

就主题而言,卷一73章连同之前的两章一起构成了《迷途指津》整个第二部分的引子。卷一71章是《迷途指津》第二部分的开端,⑨迈蒙尼德在其中首先简要总结了科学知识在犹太教中式微的内外原因,⑩进而提到伊斯兰思辨神学各派对首要的神学问题——上帝的存在——的论证。对迈蒙尼德来说,伊斯兰思辨神学的重要性在于:一方面,其中的穆泰齐勒派(the Mu'tazila)是晚近几个世纪犹太教某些学术领袖(诸如伽翁们

⑧ 参 Leo Strauss,"How To Begin To Study *The Guide of the Perplexed*," in Moses Maimonides, *The Guide of the Perplexed*,§1,xii/140-141。施特劳斯这篇文章最初于1963年作为迈蒙尼德《迷途指津》Shlomo Pines 英译本的导言之一发表(xi-lvi);此文的前17段后以"On the Plan of *The Guide of the Perplexed*"[论《迷途指津》的谋篇]为题出现于 *Harry Austryn Wolfson Jubilee Volume*(Jerusalem:American Academy for Jewish Research,1965)。施特劳斯1968年将此文修订版收入其文集 *Liberalism Ancient and Modern*(New York and London:Basic Books,140-184)再版,修订版对全文17段之后的段落划分作了极大调整。本书引述此文时,将分别给出施特劳斯在本文1963年初版与1968年再版中的段落及页码,如"§26/30,xxxi/161"指1963初版第26段,页xxxi 及1968年再版第30段,页161。此文中译《如何着手研读〈迷途指津〉》(张缨、庄奇译)见刘小枫编《法拉比与迈蒙尼德:施特劳斯文集卷三》(北京:华夏出版社,2023),300-356。关于此文的研究,参 Steven Lenzner,"Leo Strauss and the Problem of Freedom of Thought," Ph. D. dissertation(Harvard University,2002);Mathew Joel Sharpe,"'In the Court of a Great King':Some Remarks on Leo Strauss' Introduction to the *Guide for the Perplexed*,Part 1," *Sophia* 50(Jan.2011):141-158;Mathew Joel Sharpe,"'In the Court of a Great King':Some Remarks on Leo Strauss' Introduction to the *Guide of the Perplexed*,Part 2," *Sophia* 50(March 2011):413-427;Aryeh Tepper,*Progressive Mind*,*Conservative Politics*:*Leo Strauss's Later Writings on Maimonides*(Albany:New York:State University of New York Press,2013);Warren Zev Harvey,"How to Begin to Study Strauss's 'How to Begin to Study the *Guide of the Perplexed*," in Charles H. Manekin and Daniel Davies,eds.,*Interpreting Maimonides*:*Critical Essays*(Cambridge:Cambridge University Press,2018),228-246;Ying Zhang,"The Guide to *The Guide*:Some Observations on 'How To Begin To Study *The Guide of the Perplexed*," *Interpretation* Vol.46,Issue 3(Summer 2020):533-563。亦参本书附录二:"施特劳斯如何识读迈蒙尼德的《迷途指津》"。

⑨ Leo Strauss,"How To Begin To Study *The Guide of the Perplexed*,"§1,xii/140,§40/52,li/179.

⑩ 卷一34章是对该问题的详尽讨论。

［Gaonim］)⑪及卡拉依派（Karaites 或 Qaraites)⑫思想的重要源头（卷一71 章,166-167/176-177)；另一方面,思辨神学家们自称学习并使用希腊哲学的证明方法来论证各种神学问题,但恰恰其方法在迈蒙尼德看来大成问题,因为他们不像哲人那样,使证明的前提符合"存在物之所是",而是"为了给一种特定意见的正确性提供证据,考虑如何让存在物是其所是"（卷一 71 章,168-169/178)。在"献辞书"里,事实上迈蒙尼德已经表达了对拉比约瑟夫这样好学的犹太青年沉溺于思辨神学的担心（页 4/4)。可以说,很大程度上,《迷途指津》是为了廓清伊斯兰思辨神学——尤其是其中打着理性旗号的穆泰齐勒派——的不良影响才写的。

（1）思辨神学家的诸前提

因此,在卷一 73 章,迈蒙尼德逐一考察思辨神学家们由以建立其论证的各种前提,试图通过揭示其前提的荒谬,来说明其论证本身的站不住脚。迈蒙尼德首先指出,思辨神学家们内部在方法和意见上尽管也有分歧,但他们普遍共享十二种前提,它们分别是:

第一个前提:确立原子的存在。第二个前提:真空的存在。第三个前提:时间由瞬间（instants)组成。第四个前提:实体（substance［英译按:直译"原子"])不能免受大量偶性的影响。第五个前提:我将要描述的诸偶性（'arāḍ,accidents)靠不能免受其影响的原子来维系其存在。第六个前提:一种偶性不能在两个时间单位里持存。第七个前提:习性的状态（the status of habitus)即它们的匮乏的状态,且前者｛习性｝和后者｛其匮乏｝都是实存的偶性,都需要一个动力因（efficient cause)。第八个前提:所有实存事物中——他们｛引按:思辨神学家们｝的意思是,所有被造事物中——除了实体和偶性,别无它物持存,自然形式（natural form)同样也是一种偶性。第九个前提是:诸偶性并不相互支持［英译按:指一种偶性并不内在于另一种偶性］。第十个前提:不应该认为,一事物的可能性建立在实存事物（that which exits)与心灵再现（mental representation)的相关性中。第十一种前提:就无限的不可能性而言,无

---

⑪ 希伯来词 gāôn（复数 gǝôn îm)本意为"卓越",Gaon 是 6—11 世纪巴比伦塔木德学院院长的尊号。伽翁们通常被视为律法学权威。

⑫ 卡拉依犹太教（Karaite Judaism)是犹太教内部教派之一,与拉比犹太教（Rabbinic Judaism)相反,卡拉依派仅承认书写律法即《圣经》之权威,否认口传律法的权威地位,同时,卡拉依派坚持要从字面上去理解《圣经》。

限究竟是现实存在、潜在存在还是以偶然方式存在,并无区别;我的意思是说,那些无限事物的同时实存(simultaneous existence)之间并无区别,或者说,它们的存在(their being)据信是实存者(what exists)与因偶然方式成为无限的不再实存者构成的。他们说所有这样种类的无限都不可能。第十二个前提在于,他们说各种感官会犯错,它们疏于对许多对象的领会,出于这个理由,不应诉诸感官带来的判断,它们也不应以绝对方式被视为证明的原则。(卷一 73 章,183-184/194-195)

从这些前提涉及的概念可以很清楚地看到,思辨神学家们据以建立其论证的前提绝大部分涉及亚里士多德哲学的诸范畴:实体以及种种偶性。此外,按迈蒙尼德的排列顺序,对思辨神学家们而言,首要的前提是原子、真空的存在以及时间由瞬间构成这三者。在随后对每一前提及其后果的进一步辨析中,迈蒙尼德指出,按思辨神学家们的看法,世界作为整体由不能再分的微小粒子即原子构成,个别物体因这些彼此无分别的粒子的聚合而生成,物体的衰朽则由粒子的分解带来。问题是,思辨神学家们同时相信,粒子不拘囿于其实存,上帝按其意愿持续不断地创造它们,因而,它们的寂灭(annihilation)同样有可能。迈蒙尼德指出,把思辨神学家们的头三个前提放在一起看,可能得出极荒谬的结论,比如,如果同时从微粒存在和时间由瞬间构成的角度看运动,没有一种运动比另一种更快。如果把关于粒子的意见坚持到底,则思辨神学家们不得不否认数量(quantity)是偶性的一种,因为他们所谓的原子不拥有数量。正如《迷途指津》的英译者皮纳斯敏锐指出的,"隐含在这之中的是对任何自然秩序的拒斥",因为思辨神学家们,尤其是其中的艾什阿里亚派坚持,"上帝的全能没有可构想的限度,不可能受制于任何法则"。⑬

迈蒙尼德认为,对伊斯兰思辨神学而言,最主要的命题是他所列举的前提中的第十项。他解释说,这个前提意味着,思辨神学家们相信,"一切可以被想象的东西对理智来说都是可接受的(admissible)"(卷一 73 章,194/206)。与此同时,他们一致认同,"同一地点、同一瞬间,两个相反的东西的聚合(coming-together)是不可能的,不会成真,也不能得到理智的接受"。同样被他们认为理智不可能接受的还有:实体没有任何偶性而存在,偶性不附着于任何基质(substratum)而存在,或者实体和偶性相互转化,等等(卷一 73 章,195/207)。

---

⑬ Shlomo Pines, *Studies in Islamic Atomism*, trans. from German by Michael Schwarz, ed. Tzvi Langermann(Jerusalem: The Magnes Press, The Hebrew University,1997),1-2.

迈蒙尼德承认,思辨神学家们认为不可能的事情的确无法由心灵来再现。"但是",迈蒙尼德指出,

> 哲人们说过,当你称一事"不可能"时,那是因为它不可被想象,当你称一事"可能"时,因为它可以被想象。因此,在你看来可能的事只是从想象力的角度而非从理智的角度看是可能的。(卷一73章,195/207)

这里的"你"指的是与哲人持对立意见的人,而思辨神学家们正是那样的人,他们认为,能够被想象的东西就是可能的,无论实存事物是否与其一致,反之,一切不能被想象的就是不可能的。迈蒙尼德指出,这个前提只有在前九个前提都成立的条件下才成立,也正因此,思辨神学家们才求助于前面的九个前提。

(2) 理智与想象力

接下来,迈蒙尼德讲述了一场争辩,这场争辩发生在一位思辨神学家与一位哲人之间。这位思辨神学家问哲人,何以铁极其坚硬、结实,且为黑色,而奶油极其柔软、松散,而且是白色的。哲人告诉他,每个自然物体都有两种偶性,一种涉及该物体的质料,比如颜色,一种涉及该物体的形式,比如软或硬,这就造成了铁与奶油之间的截然反差。思辨神学家反对哲人的观点,他认为,形式本身是一种偶性(前提八),不同物种的实体之间并无差别,因为所有存在物由无差别的原子构成(前提一)。此外,所有偶性都具有相同地位,即便某种偶性使实体具有特殊性,也不意味着这种偶性使其他偶性处于次要地位,因为一种偶性不能成为其他偶性的基质(前提九)。迈蒙尼德指出,思辨神学家由此认为,他所希望建立的前提都是成立的,从中得出的结果就是,铁与奶油具有同样的实体,而且这实体跟各种偶性的关系也完全一样,不存在特定的实体与某特定偶性之间更为匹配这样的事。整个这一套前提最终会得出的结论是"人不比一只甲虫在智性上更适于认知(to cognize)"(卷一73章,197/页209)。

正是在这里,迈蒙尼德突然插入一个词:*tanbīh*[注意]!然后指向此书的读者:"要知道(*i'lam*),你这研习此书的人"——这里凸显的强调显得无与伦比。通常,当祈使式动词 *i'lam*(英译为:know)出现在《迷途指津》中时,那是作者迈蒙尼德要求读者引起注意的地方,类似的祈使词还有"听着"(*isma'*,listen)以及"想一想"(*fa-ta'ammal*,consider)。现在,迈蒙尼德不仅要求读者了解他即将要说的内容,而且要求读者特别"注意"这些内容,可见,这是非常

重要的地方。

出现在这里的"注意"紧接着上述极为荒诞的结论,即按照思辨神学家们的种种前提,人跟甲虫在理智的认知上并无区别。迈蒙尼德首先指出,想象力存在于大部分生物中,尤其对有完善心脏的动物,因此人之有别于其他动物不是因为人具有想象力,而恰恰是因为人具有理智。

> 理智区分合成事物、辨别其各部分并对其进行抽象……正是藉助理智,普遍事物能跟个别事物相区别,而除了藉助普遍性,没有任何证明得以成立。同样,藉助理智,本质的谓项(essential predicates)得以从偶然的谓项(accidental one)中辨析出来。这些行为都不属于想象力。(卷一73章,197/209)

在迈蒙尼德看来,想象力借各种感官来认识事物,无法像理智那样进行区分、辨析和抽象。但另一方面,想象力有一种虚构能力,可以设想马头带羽翼的人,尽管现实中这样的人并不存在。但迈蒙尼德同时指出,想象力并不能摆脱质料带来的局限,也就是说,想象力无法设想非质料的精神事物,所以"在想象力中不可能有批判式的检审(critical examination)"(卷一73章,198/210)。

接下来,迈蒙尼德用"听着"加上"要知道"的双重强调提醒读者:数学教会我们,前提对于建立真实的证明多么重要。有时候,凭想象力无法设想或以为不可能的事或物,经过证明(demonstration)可以"确立为真"或"能够存在"。另一方面,迈蒙尼德指出,想象力认为必然的事物,也可以经证明证实其不可能——比如,可以设想上帝有形体,或祂是"某物体内的一种力"(a force in a body)。对想象力来说,不存在无形体的存在者,但迈蒙尼德恰恰极力主张,上帝是无形体的(卷一73章,199/210-211)。迈蒙尼德指出,能够认识到什么是必然的、可接受的、不可能的,或可辨别的,这样的能力不是想象力。他解释说,不要以为思辨神学家们没有意识到这一点,他们完全知道光凭想象力无法确立真理,正因如此他们才要求助于前面九个前提,为的就是有能力"藉助它们来确立第十个前提——即他们想要宣称可接受的那些想象之物的可接受性"(卷一73章,199/211)。

随后,迈蒙尼德说:

> 想一想,你这进行思辨者(thou who art engaged in speculation),感知一下(perceive),一种深刻的思辨的方法已然兴起。(卷一73章,199/211)。

这句话不仅使用第二人称祈使句式,而且,"你这进行思辨者"是《迷途指津》里又一个引起注意的表述,两者叠加的效果是双倍的强调,这整个表述实际上是在召唤此论章的"讲述对象"——约瑟夫及其同类——召唤他们留意"一种深刻的思辨的方法"。至于迈蒙尼德心目中"深刻的思辨的方法"究竟是什么,他在这个接近尾声的"特殊导言"里没有明言。针对"心灵的再现"究竟是理智引发的再现还是想象力引发的再现,他只说希望"我们有能力对凭理智来认知与凭想象力来认知作出区分"。不过,在此章最后,他又返回哲人与"律法遵循者"(the adherent of the Law)的争辩:哲人认为,"实存事物"(that which exists)才是辨析必然性、可能性和不可能性的起点;律法遵循者则回应道,"我们"的争辩围绕的正是这一点,因为"我们"认为,实存事物是意志的产物,并非"必然的结果"(卷一73章,199/211)。在这里,"意志"显然指上帝的意志,而"必然"则指向"自然的必然"。也就是说,在对世界的理解上,哲人的出发点是事物成其所是的自然,而律法遵循者的出发点是世界的被造性或者说上帝的任意的意志——这其中已经隐含了迈蒙尼德即将讨论的问题:世界究竟是恒在的抑或被造的。

(3) 推理证明的前提:实存事物

在随后的几章里,迈蒙尼德先是给出了思辨神学家们对创世的证明(卷一74章),接着是他们对上帝的单一性(unity)的证明(卷一75章),卷一的最后一章是思辨神学家们拒斥上帝有形体的证明(卷一76章)。在论述这些证明时,迈蒙尼德清楚地揭示了与这些证明及其方法相关的前提,也就是他在卷一73章里详述的那些前提。读者可以留意到,特别在论及建立在第十个前提之上的有关上帝的无形体性的证明方法时,迈蒙尼德指出,这个证明比之前的证明"更无力"(feebler)(卷一76章,217/229)。

在卷一最后,迈蒙尼德又一次使用祈使语气说,

> 想一想,你这进行思辨者,要是你偏爱对真理的探寻,弃绝激情、{弃绝}对权威的盲从、{弃绝}对你所习惯尊崇的事物的恭顺,你的灵魂就不会受这些进行思辨的人们的错误引导……因为他们就像逃出炙烤进入火海的人。因为他们认为,藉助那些前提,可以论证世界是在时间中被造的,可他们由此废除了存在的本性(the nature of being),改变了天与地的原初特性。其结果是,他们并没有证明世界在时间中被造,而且还摧毁了我们有关神的存在、其单一性以及其无形体性的证明。因为,只有通过证明才能使所有这一切变得清楚明白,而证明只能从实存事物的

持久本性——即那种可以通过感官和理智看见和领会的本性——中得出。（卷一 76 章,218/230-231）

这段卷一尾章的总结陈词事实上呼应了卷一 71 章,迈蒙尼德在那里已经指出真正的哲人与伊斯兰思辨神学家们在论证方法上的差异:哲人的出发点是自然事物的本性,而思辨神学家们的出发点是必须得到信仰的各种律法或教法的信条。这段话表明,迈蒙尼德在卷一 73 章(页 199/211)提到的"深刻的思辨的方法"绝不可能是思辨神学家们的方法,只能是哲人的方法。这里值得留意的是,进行"思辨"并不能担保对正确的思辨方法的运用,迈蒙尼德显得是在告诫他的讲述对象:不要像那些进行思辨的人那样,从信仰出发确立证明的前提,那样做既无益于信仰,又毁了证明方法。

在卷一最后,迈蒙尼德说,他接下来要考察哲人们进行论证的前提,以及哲人们有关上帝的存在、单一性和无形体性的论证——他解释说,"为他们计,我们将承认(grant)世界是恒在的[这个主张],尽管我们自己不相信这一点"。继而,他保证说,"我将向你表明我们自己的方法"(卷一 76 章,218/231)。

2 《迷途指津》的意图(卷二 1-2 章)

在卷二正文前的"导言"中,迈蒙尼德一口气列举了为确立上帝的存在、单一性和无形体性由哲人们提出的二十五个前提(卷二导言,221-224/235-239)。如《迷途指津》英译者皮纳斯所言,没有任何现存的证据表明,迈蒙尼德之前有任何人曾提出过这个数量的前提(卷二导言,221/235,注 2)。对照卷一 73 章思辨神学家们的那些前提,可以发现哲人们的前提基本上都是亚里士多德及其追随者提出的。其中有些前提跟思辨神学家们相似或一致,有些则大相径庭。

在列举哲人们的前提之前,迈蒙尼德指出,"所有这二十五个前提都经过论证,关于它们在任一点上都没有丝毫疑问"——显然,这样的肯定是他不曾给予思辨神学家们的。值得注意的是,迈蒙尼德接下来强调,"我们要承认他们的一个前提,因为正是通过这个前提,我们探寻的目标将得到论证;这个前提即世界是恒在的"(卷二导言,221/235,参页 226/239-240)。遍览所有二十五个哲人的前提,其中并没有"世界是恒在的"这一条。而在列举完二十五个前提之后,迈蒙尼德再度回到"世界是恒在的"这个前提,这一次,他明确表示,这是亚里士多德的观点,他进而提出,还有"第二十六个前提,即时间和运动是恒在的、永久的,在现实中存在的"(卷二导言,225/240)。

迈蒙尼德指出,"亚里士多德持续不断地想要确立这个前提的真实性",

但"**我似乎**认为(*wa-yabdū lī*),亚里士多德并没有为肯定这个前提而建构一个论证,对亚里士多德来说,{运动是恒在的}这个前提最恰当也有最大的或然性(most fitting and the most probable)"(卷二导言,225/240)。迈蒙尼德告诉他的读者,在这个问题上,亚里士多德的继承者和注疏者们与思辨神学家们形成了截然对立的观点:前者认为运动是恒在的这个前提是必然的,也就是说,不仅可能,而且已经得到论证;后者则竭力说明其不可能性。迈蒙尼德说,他本人的观点介于两者之间:他认为运动的恒在既非必然,也非不可能,而是可能的——他的言下之意是,他跟亚里士多德本人观点一致。不过,在提到他所认为的亚里士多德的观点时,迈蒙尼德用了一个表示不确定的"似乎"(*yabdū*),没有把话说满。最后,迈蒙尼德指出,他这篇导言的"意图"既非解释或质疑亚里士多德的论点,也非提出自己有关创世的意见,而是"为我们的三个问题"——亦即上帝的存在、单一性和无形体性——"限定这些前提的范围"(卷二导言,226/241)。

卷二的第 1 章,迈蒙尼德以紧凑又清晰的方式,借他所概述的哲人的种种前提,提出了有关上帝的存在、单一性和无形体性的论证。此章结尾,他预告说,接下来他要概要地讨论他此前答应的"我们的"方法(卷二 1 章,235/252)。

卷二第 2 章以这样一组或此或彼的对立选择开启:

> 第五种物体,亦即天球(the sphere),要么受制于生成与衰朽(generation and corruption)——在这种情况下运动也同样要受制于生成与衰朽——要么,如对手{哲人}所言,不受制于生成与衰朽。(卷二 2 章,235/252)

可以说,迈蒙尼德在此接续前述思辨神学家们与哲人之间的对立意见,将他们的论争从证明上帝的存在、单一性和无形体性扩展到世界的起源这个问题上。世界究竟是上帝在时间中创造的还是恒在的,这个问题与天球是否受制于生成与衰朽息息相关:按亚里士多德的看法,各种天体恒常进行圆周运动,不受制于生成与衰朽,其运动来源于"第一推动者"(the Prime Mover)。[14]接下来,迈蒙尼德表明,无论沿着这组对立的哪一方,都可以论证

---

⑭ 在迈蒙尼德列举的哲人的二十五个前提中,有关"第一推动者"的前提被列为第二十五个,他称之为"首要的前提"(capital premise)。见《迷途指津》,卷二导言,224/239。亚里士多德在《形而上学》1072b 讨论了这个"不动的推动者"。

上帝的存在:倘若天球受制于生成与衰朽,那么,使它从无到有的必定是上帝,因为只有上帝才能使事物从无到有;另一方面,倘若天球不受制于生成与衰朽,那么,必定有一个原因(动力因)推动它进行恒常的运动,这个原因不会是一个物体也不会是某物的一种力,而只能是上帝。

乍一看,迈蒙尼德自己给出的关于上帝存在的证明显得天衣无缝,如他自己所言,无论世界是恒的或由上帝所造,两者都能成为上帝存在的论据。也就是说,不管世界是否有一个时间上的开端,上帝始终存在。问题是,这两种证明的有效性是不相当的,因为两者由此出发的前提大相径庭。⑮迈蒙尼德自己曾经强调过,只有从实存事物出发的前提才是可取的,"只有上帝才能使事物从无到有"是一个信念或者说是本身有待论证的命题,因此,将之作为论证的前提之一,按迈蒙尼德本人的原则是有问题的。

无论如何,迈蒙尼德接着说,他还将解释哲人们有关分离理智(*aql mufāraqa*;separate intellect)的论证,并将之与律法的根基之一——天使的存在——联系起来。行文至此,迈蒙尼德郑重其事地说,在展开这些论述之前,他有义务交代一份"前言",他异乎寻常地担保说,这篇前言"像一盏灯一样,会照亮这部论章作为整体的隐藏特征——对之前各章与之后各章都是如此"(卷二 2 章,236/253)。这样一句话会让人眼前一亮,对习惯于小心翼翼在黑暗中探寻真相的《迷途指津》的读者,这句话既让人兴奋,同时也让人疑窦丛生:为什么这篇极为特殊的"前言"会放在这样一个位置?它真的能"照亮"那些隐藏的谜团么?就算能的话,它本身又能在多大程度上被解密,或者说,得到充分理解?

这篇"前言"不像卷一 73 章的"注意"那样长。迈蒙尼德仍然用"要知道"开头,他接连用两个否定句表示,他写作《迷途指津》的"目标"**既非**"撰写自然科学",或"按某些教义来概述与神的科学有关的各种概念,或证明已经得到证明的东西",**亦非**对各层天球的特性及其数量进行概要描述。他说,早有人就这些论题写过恰切的著作,且就算他们在个别主题上写得没那么恰切,他本人也无法就此做得更好。他指出,他已经在卷一的"导言"里说过,他写作此书的"目标",是解释律法的难点,并揭示那些难点的隐含意味的"真相"

---

⑮ 关于迈蒙尼德的这个论证,详参 Josef Stern, *The Matter and Form of Maimonides' Guide* (Cambridge,MA:Harvard University Press,2013),151ff。Stern 指出,迈蒙尼德这两个论证中的上帝概念并不相同:从天球受制于生成与衰朽这个前提得出的是律法的上帝,而另一方得出的则是哲人那里作为神的第一推动者。见前揭,154。

(true reality)。这些话并没有什么特别,但接下来有两段话⑯确实与众不同:

> (1) 因此,如果你感知到我论及如何确立分离理智的存在或天球的数量及其运动的原因,或是我论及探究质料与形式概念的真相,又或论及神的流溢以及其他诸如此类的概念,你不应当认为——这想法也不应出现在你身上——我的意图仅仅是探究那个〈特定的(particular)〉⑰哲学概念的真相。……我只是有意提到那样的事物,对它们{引按:那些事物}的理解可能阐明律法的某些困难;事实上,通过我所概述的一个概念的知识,有许多结合被解开。(卷二 2 章,237/254)

在上面的这段话里,迈蒙尼德提醒他的读者,当他在书中讨论各种哲学概念时,他不是要进行对特定问题的哲学探究。这句话可以有几层意思。首先,迈蒙尼德借这个接近全书中心位置⑱的"特殊导言"再次明确,《迷途指津》不是一部哲学著作——至少,从作者意图上说,它并不是——无论它看上去多么像哲学论著。实际上,迈蒙尼德在这个地方说这段话,首先恰恰是因为,围绕这一章的前后若干章(从卷一 74 章到卷二 4 章)里,没有出现一处圣经引文,更是绝不见拉比文献的踪影。⑲这说明,哲学讨论是这个部分的要旨,但迈蒙尼德通过这段话提醒读者,他无意于进行哲学思辨,他的核心关注还是解决哲学思辨与律法诉求之间的冲突这个困难。其次,虽然原文里并没有"特定"这个词,但英译者添加的这个词帮助我们理解到,对具体的哲学前提、概念或证明进行孰是孰非的判断,也不是迈蒙尼德所关心的。这样说可以引出两种可能的考量:其一,**迈蒙尼德或许借此暗示,他对各种证明的判断并非全都严格而公允**;其二,**迈蒙尼德关心的是作为整体的哲学,而非某个或某几个具体的哲学概念或证明**。再来看前述引文之后的一段话:

---

⑯ 下面两段话在 Pines 英译文中属于同一段落,犹太-阿拉伯语原文和伊本·提邦(Samuel ibn Tibbon)的希伯来文译文则有不同的分段。本章作两段处理,只是方便论述。

⑰ 这里原文并不跟 particular 这个词直接对应的阿拉伯语,故这里用尖括号表示。英译者用 particular 使这里的文意显豁。

⑱ 《迷途指津》全书的中心位置,一般认为在卷二 13 章。参《施特劳斯论迈蒙尼德》(*Leo Strauss on Maimonides,The Complete Writings*)一书编者 K. H. Green 的"编者导言"(Editor's Introduction)。需要说明的是,Green 尝试指出,卷二 15 章才是《迷途指津》真正的中心章(前揭,26,注 19)。究竟孰是孰非,还有待有心的读者自己去探究。

⑲ 其实,跟前面几十章相比,卷一 71-73 章也仅有极少量圣经和拉比文献引文,而且,这些引文只是充当论述哲学概念或前提的佐证,并非解释的对象。见卷一 71 章,166/175-176;卷一 72 章,180/192;卷一 73 章,192/203。

（2）……无论你在哪一章里发现，我的论述着眼于解释已经在自然科学或神的科学{或作：形而上学}中得到证明的一件事，或是着眼于解释已经显现为最恰当地去相信的意见，或者着眼于解释已经在数学上得到解释的一件事——要知道，那件特定的事必然成为一把钥匙，{有助于}理解某个要在预言书里发现的东西，我指的是其中的某些寓言和秘密。我何以提到、解释、阐明那件事的理由，将会在为我们获取神车论或开端论的知识中被发现，或者，将会在为涉及预言概念的某种根基提供的解释中被发现。（卷二 2 章，237/253）

如果说上述第一段话再次明确了《迷途指津》的写作意图，那么第二段话就是真正意义上的"指点迷津"。迈蒙尼德知道，他的书写得晦涩难懂，如他自己在"卷一导言"和"本论章指南"里所说，他**有意选择**如此散乱繁复的笔法。但他答应过读者，他会提供"章回标题"，像这样的"特殊导言"，正是最明确的"章回标题"，或者如他自己前文所言，是一盏照亮隐藏的线索，进而启蒙心智的"明灯"。

在第二段里，迈蒙尼德事实上告诉读者，他讨论哲学概念绝非随意偶然，而是有针对性——他的真正目标是借这些概念来揭示预言书里那些难解的寓言的秘密，而这些秘密尤其涉及"开端论"和"神车论"。迈蒙尼德说，这件他所讨论的"事"（'amr）会成为一把理解先知书秘密的钥匙（miftāḥ）——在本书后面章节的论述中，我们可以看到，围绕卷二 2 章前后的理论和概念探究确实构成了理解"开端论"和"神车论"的钥匙。那么，他的这篇"特殊导言"，也是一把钥匙吗？可以说：是，又不是。说"是"，因为循着其中提供的线索和光亮，那些足够智慧和耐心的人将有能力凭自己去发现迈蒙尼德尝试揭示的部分预言书的秘密；然而，绝非所有人都能找到那些线索的线头，遑论按图索骥地打开一把又一把锁。

五　从"自然"出发

《迷途指津》卷二 2 章的"特殊导言"对理解整部论章的意图具有重要的意义。这篇"特殊导言"告诉我们，《迷途指津》并非一部典型的哲学著作，且不谈其头七十章里的绝大部分都是词典释义式的解经，即便在其最有哲学味道的部分——讨论各种前提、概念、证明的部分，按迈蒙尼德自己的说法，他的出发点也不是探究哲学或自然科学问题本身。

然而,这绝不意味着,迈蒙尼德不关心哲学或者说不认真对待哲学。恰恰相反,《迷途指津》对哲学的推崇可谓无以复加:卷一第 1 章,迈蒙尼德指出,上帝以之为"形象"造人的那个东西是人的"自然形式"即"理智"(页 22/22);紧接着在第 2 章,他指出,伊甸园里亚当吃禁果前后具有的知识的不同在于,前者是通过理智辨别真假的知识,后者是辨别好坏的知识,"属于广为接受的事物"(页 25/24 以降),这两种知识孰高孰低,一眼便知。与此同时,《迷途指津》所设想的人的最高的完善,不是德性的完善,而是理智的完善(参卷三 18 章,433/475-476;卷三 51 章,575/624-625)——几乎可以说,《迷途指津》从头到尾都在礼赞哲学。对迈蒙尼德来说,哲学有其自身的尊严,并不仅仅是思辨神学家们拿来证明神学命题的工具。尽管迈蒙尼德本人也运用哲学方法来证明上帝的存在、单一性和无形体性,但如他自己强调的,**他是从自然事物或曰实存事物出发来进行论证**,因而他的方法最大程度担保了证明本身的真实性和有效性。另一方面,当遇到特别困难的问题——诸如世界由上帝从无中创造抑或世界恒在的问题及有关上帝的知识这样的问题——迈蒙尼德坦承,人类理性有其限度,这些问题暂时无法用证明方法明确其结论,只能择取其中最有可能性的选项。[20]

在卷二 2 章的"特殊导言"里,迈蒙尼德继"卷一导言"之后再次强调,对"开端论"和"神车论"的解释是《迷途指津》的首要目标,在此,与这两者相提并论的是"预言"和"[人]关于神的知识",这意味着,在某种意义上,迈蒙尼德将这四者视为《迷途指津》致力探究的最重要的论题——或者用他的话说,这四者是《托拉》最大的奥秘。迈蒙尼德借对思辨神学家的方法的批判,暗示他的读者,只有从自然存在物出发,才能找到理解这些论题的钥匙。

---

[20] 参《迷途指津》卷二 22 章,294/295;卷三 21 章,441/485。

第二章 上升：《迷途指津》的开端
（兼论迈蒙尼德的自然概念）

一 上帝的"形象"与人的"自然形式"

　　《迷途指津》给绝大多数读者的第一印象是：这是一部解经著作。如哈伊曼(Arthur Hyman)所言："《圣经》在迈蒙尼德思想中占有核心地位。"①迈蒙尼德自己也说，他写作《迷途指津》的目标是为了"解释预言书里的某些措辞"以及"先知之书里极为晦涩的各种寓言"(卷一导言，5-6/5-6)。作为一部解经著作，《迷途指津》的正文始于对一系列出现在《圣经》中的措辞的词典式的注解，迈蒙尼德认为，这些词对于正确理解《圣经》具有特别重要的意义。

　　在《迷途指津》开篇，最先得到解释的希伯来词是 *ṣelem*［形象］和 *dəmût*［样式/相像］——这两个词出现在《创世记》1 章 26 节："我们要照着我们的形象、按着我们的样式造人。"在迈蒙尼德看来，*ṣelem* 这个词并不像通常认为的那样指"某物的形状和外貌"，而应被诠译为**自然形式**(natural form)。他进一步解释说，"自然形式"即"某物藉以构成为一个本体并成其所是的那个概念"。与此相应，迈蒙尼德指出，此节中 *dəmût* 应从概念角度而非可见的外形角度来理解(卷一 1 章，23/21-22)。接着，他以这两个词出现在《圣经》其他书卷或章节中的含义为例，说明他的解读较之对它们的字面理解是更合理的。在第 1 章最后，迈蒙尼德小结道：

　　　　正是由于这事，我指的是，由于神的理智与人相联结，所以才有关于后者的这种说法，即他｛人｝"照着上帝的形象并按着祂的样子"｛所

---

① Arthur Hyman，"Maimonides as Biblical Exegete，" in *Maimonides and His Heritage*，edited by Idit Dobbs-Weinstein，Lenn E. Goodman and James A. Grady(Albany：State University of New York Press，2009)，2.

造｝,而不是说,上帝——愿祂得享尊荣——是个物体且有形状。(卷一
1章,23/23)

换言之,照迈蒙尼德的说法,人所分有的上帝的"形象"和"样式"不是别的,而
是使人与其他所有生灵相区分的**理智**,这是人的最高的自然禀赋。随着对
《创世记》第一章所言上帝的"形象"和"样式"的诠释,迈蒙尼德开启了他的
《迷途指津》之旅。学过哲学的人不难发现这种解释里面所包含的亚里士多
德式概念。不过,对绝大多数12世纪的犹太人来说,这种释读看上去会显得
奇怪,因为它在圣经解释中引入了某种对拉比犹太传统来说极为陌生的异教
因素。那么,何以迈蒙尼德要将异教概念引入犹太传统? 在他如此解释的背
后,有怎样的目的和用心呢? 有一件事很清楚,迈蒙尼德在此使用了一种寓
意式解经法。在迈蒙尼德看来,《圣经》的真实意图或隐含意图,在很多地
方——尤其在那些出现"有歧义的措辞"和"寓言"的地方——并不在于文本
的外在含义或字面含义,而是落实于其内在含义或比喻含义中(卷一导言,5-
13/5-12)。

仔细阅读《迷途指津》卷一第1章可以察知,迈蒙尼德一方面强调人所拥
有的上帝"形象"乃是人被赋予的"理智",另一方面,他力图借此纠正很多人
心中的错误观念,即上帝是有形体的存在者。正如施特劳斯(Leo Strauss)所
言:"《迷途指津》的首个主题是上帝的无形体性(incorporeality)。"[2]对迈蒙尼
德而言,上帝的无形体性是《托拉》教导的三个最根本的原则之一,位列其前
的是上帝的存在和上帝的单一性。在后来成为犹太教法典的《重述托拉》
(*Mishneh Torah*)中,迈蒙尼德明确指出:

> 《托拉》和先知书都清楚表明,神圣的那一位(the Holy One)(愿祂
> 蒙福)并非一个肉身(a corporeal body),正如经上所说:"因为圣主——
> 你们的上帝,他在天上亦在地下。"[3]而一个身体不可能[同时]在两个
> 地方。[4]

---

② Leo Strauss, "Introduction to Maimonides' *The Guide of the Perplexed*," in *Leo Strauss on Maimonides*: *The Complete Writings*, edited with an introduction by Kenneth Hart Green (Chicago, London: University of Chicago Press, 2013), 448.

③ 此句《圣经》引文混合了《约书亚记》2:11和《申命记》4:39。

④ Moses Maimonides, *Mishneh Torah*, Introduction and "Book of Knowledge," trans. by Ralph Lerner, in Ralph Lerner, *Maimonides' Empire of Light*: *Popular Enlightenment in an Age of Belief* (Chicago, London: University of Chicago Press, 2000), 142.《重述托拉》用希伯来语写作,"作为托拉之根基的律法"(Laws concerning the Foundations of the Law) (转下页)

　　初看之下,上帝的无形体性这个原则显得与很多《圣经》措辞相悖——《圣经》里不时出现"上帝的脚"(出 24:10),"上帝的手指"(出 31:18),"上帝的手"(出 9:3)等等表述。照迈蒙尼德的说法,这些措辞无非是"替代圣名的比喻式表达",其作用是为了帮助"没能力认识物体之外的任何事物的人"更好地理解《托拉》的教导。⑤对迈蒙尼德而言,由于人类心理总是有崇拜偶像的冲动,而种种偶像总是以"各种形象"出现,因此,确立上帝无形体性的原则对根除偶像崇拜这个犹太教的首要之罪具有重要意义。

　　另一方面,恰如施特劳斯敏锐指出的:"对上帝的有形体性的信仰是《圣经》与哲学发生冲突的主要原因之一。"⑥在迈蒙尼德的时代,《托拉》的教导与哲学的教导之间出现的张力正是引发像拉比约瑟夫这样的犹太教弟子心中困扰的最大问题,而《迷途指津》正是为约瑟夫和他的同类而写(献辞书,3-4/3-4)。然则,如果被造的人一开始就拥有理智,那么何以人还要被禁止吃知识树的果子? 更重要的是,如果迈蒙尼德对"上帝形象"的解释成立,吃了知识树上的禁果以后,人又获得了怎样的知识? 这些问题正是迈蒙尼德在《迷途指津》的第 2 章致力于解释的。

二　真假与善恶:两种知识

　　《迷途指津》卷一 2 章始于一个有学问的人向迈蒙尼德提出的异议。在阐明这个异议之前,迈蒙尼德解释说, ʼĕlōhîm 这个"有歧义的词"⑦在"你们便如ʼĕlōhîm,能知道善恶"(创 3:5)中,既非指神,亦非指天使,而是像《托拉》的阿拉米语译者翁格洛斯(Onqelos)诠释的那样,意指"城邦的统治者们"(rulers governing the cities)(卷一 2 章,24/23)。对普通读者而言,这个插曲会显得有点奇怪: ʼĕlōhîm 这个词很晚才出现在伊甸园故事里,为什么迈蒙尼德要从对这个的词的说明开始解读这个故事? 尽管 ʼĕlōhîm 这个词作为引文的确两次出现在迈蒙尼德解读伊甸园故事的卷一第 2 章,但在这两处

(接上页)是《重述托拉》第一卷《知识书》的第一篇。方括号中文字为英译者所加。见摩西·迈蒙尼德,《论知识》,董修元译(济南:山东大学出版社,2015),10。

⑤　Moses Maimonides, *Mishneh Torah*, Introduction and "Book of Knowledge," 142;摩西·迈蒙尼德,《论知识》,10-11。

⑥　Leo Strauss, "Introduction to Maimonides' *The Guide of the Perplexed*," 449.

⑦　尽管ʼĕlōhîm 是一个复数名词,但这个词在《希伯来圣经》里通常指创造天地万物的"上帝"(或"神"),有时候在《圣经》里这个词也指"天使(们)"。

引文里，⑧'ĕlōhîm 都不具有"城邦统治者们"的含义，因此，这一释义在迈蒙尼德对伊甸园故事的解读里并没有得到任何明确的共鸣。不过，熟悉迈蒙尼德笔法的读者知道，这样的布局在《迷途指津》里比比皆是。正如迈蒙尼德自己在"卷一导言"里指出的，他这本书绝非以明显有序的方式揭示《托拉》的"秘密"。恰恰相反，他遵循拉比们的教导，将各种主题打散，交杂着编织在一起——如他所言，"**我的目标是让人瞥见真理，然后再度将真理隐匿起来**"（卷一导言，7/6-7）。就此而言，《迷途指津》就像一堆被打散的拼图碎片，等着读者自己将它们一块一块耐心地拼接连缀起来，从而形成一幅完整的拼图。

基于《圣经》经文，那位异议者认为，人在吃了知识树上的果子以后被赋予的区分善恶的能力是理智，亦即"人所独有的最高完善"，这是"存在于我们身上的最高贵的特性"。至于说，为何人在不服从上帝的诫命之后会被赋予完善，这位异议者只是回应道，这种事情并非绝无仅有，也有人先前犯了大罪，后来变形为星星，升到天上（卷一 2 章，24/24）。

在迈蒙尼德看来，《圣经》文本的意图恰与那位异议者的意见相反。⑨接续《迷途指津》第 1 章对上帝形象的诠读，迈蒙尼德指出，亚当"在不服从之前已经被赋予……理智"，他的理由是，诫命只可能给予具有理智的生灵。他接着说，借助这种理智的完善状态，人得以区分真与假（truth and falsehood）。可是，在吃了知识树上的果子之后，人却丧失了他的完善亦即这种区分真假的知识或能力，取而代之的是，人获得了另一种知识——区分好与坏（fine and bad［或：善与恶］）的知识。按迈蒙尼德的说法，"好与坏……属于被认知为广为接受的事物（the things generally accepted），而非由理智来认知的事物"（卷一 2 章，24/24）。这里，"区分好与坏（或善与恶）的知识"与"区分真与假的知识"，完全可以对应于柏拉图那里的"意见"与"知识"：严格而言的"知识"具有普遍性，而"意见"总是跟某个具体时空相联、跟某个共同体相关。

对于两种知识间的区别，迈蒙尼德进一步阐释说：

> 人凭其理智知道真与假的差异；这对所有可知事物有效。与此相

---

⑧ 两处引文其一出自《诗篇》8 章 6 节："你［上帝］造他比 Elohim 略微小一点"；另一出自《创世记》3 章 5 节："你们将如 'ĕlōhîm，能知道善与恶。"迈蒙尼德引用后面一句时，重点在与"知道真与假"相对的"能知道善与恶"。因此，这里并非对前文提及 'ĕlōhîm 时将之解释为"城邦统治者"的一个呼应。见《迷途指津》卷一 2 章，25-26/25。

⑨ 斯特恩（Josef Stern）分析了那位"有学问的人"所犯的"三个错误"以及迈蒙尼德如何从三方面来教育他。参 Josef Stern, "Maimonides on Education," in *Philosophers on Education：Historical Perspectives*，ed. Amélie Oksenberg Rorty（London，New York：Routledge，1998），109-111。

应,当人在其最完善和卓越的状态中,与其天生禀赋和他拥有的理智认
识能力相应——因为经上说:"你造他比 ʾĕlōhîm{通常译作"上帝/神"}
微小一点"[诗 8:6]——他无论如何没有那种官能,去处理对广为接受
的事物的考量,他也不能领会它们{那些广为接受的事物}……然而,当
他不服从{上帝的诫命},并且倾向于他的想象力和享乐于肉体感官的欲
望——就如经上所言:"那树好作食物,也悦人的眼目"[创 3:6]——他
就受到惩罚,被剥夺了那种理智的领会(intellectual apprehension)。他
由此不服从那由于他的理智而加于他的诫命,开始被赋予领会广为接受
的事物的官能,他开始汲汲于判断事物是好是坏{或:是善是恶}。(卷一
2 章,25/25)

在这里,迈蒙尼德明确指出,分辨好坏的知识低于分辨真假的知识。
换言之,亚当在违背上帝禁令之后所发生的状态变化是一种**贬抑而非提
升**。对伊甸园故事的这样一种解释"显然解决了一个迷津",即由那位异议
者提出的"不服从之后人更完善"造成的困惑,"但它可能引发其他的迷
津"。⑩

伯格(Ronna Burger)观察到,在上面这段话里,迈蒙尼德异乎寻常地以
字面含义来解读"那树好作食物,也悦人的眼目"这句话。也就是说,孜孜于
考证《圣经》字句的隐喻含义或比喻含义的迈蒙尼德,在这里把男人与女人所
吃的果子当作一个"真实的果子"(real fruit)而非比喻意义上"知识的果
子"。⑪更令人震惊的是,迈蒙尼德引述经文时,似乎有意省略了此节的后半
句——"且是可喜爱的,能使人有智慧"(创 3:6b),而恰恰是在这里,经文交
代了禁果之诱惑力的"决定性特征"。⑫

为什么迈蒙尼德要刻意省略对吃禁果的行为至关重要的这半句话? 甚
至还罕见地以字面方式解释那个果子? 可以想见,迈蒙尼德这里有意带出
"想象力"(imagination)这种次于"理智"的认识能力,以便契合低于"分辨真
假的知识"的"分辨好坏的知识"。⑬但这还不是他这样做的全部理由,甚至不

---

⑩　Leo Strauss, "Introduction to Maimonides' *The Guide of the Perplexed* ," 451.

⑪　Ronna Burger, "Maimonides on Knowledge of Good and Evil: *The Guide of the Perplexed* I
　　2," in *Political Philosophy Cross-Examined: Perennial Challenges to the Philosophic Life* , edi-
　　ted by Thomas L. Pangle and J. Harvey Lomax(Palgrave Macmillan, 2013), 87.

⑫　Ronna Burger, "Maimonides on Knowledge of Good and Evil: *The Guide of the Perplexed* I
　　2," 86.

⑬　在《迷途指津》卷一 73 章,迈蒙尼德详述了"想象力"及其与"理智"的区别。见《迷途指津》,
　　197-199/209-212。参本书第一章相关讨论。

是主要的理由。照伯格的说法,《圣经》原文隐含的意思是,促使女人⑭违背上帝的第一个诫命的最重要因素是"对智慧的渴望"(the desire for wisdom),而迈蒙尼德通过省略"禁果的这个特征",恰恰隐藏或至少是模糊了《圣经》对人类渴求智慧的不信任"。如果说对智慧的渴求正是哲学的题中之义,那么,迈蒙尼德刻意隐藏的可以说就是"《圣经》与哲学的最深层的冲突"。⑮

伯格的解读的确令人信服地回答了迈蒙尼德省略半句经文的用心。不过,她没有继续追问下去的是:《托拉》的第一个诫命要求人回避的是"分辨善恶的知识",照迈蒙尼德的说法,这种知识并非最高的知识,那么,这种"分辨善恶的知识"怎能代表哲人所追求的知识? 在这里,我们可能需要换一个角度来思考这个问题。严格来讲,有关**什么是善**或**什么是正确的生活方式**的知识,正是古典哲人们追问的主题——迈蒙尼德对此当然心知肚明,就此而言,分辨善恶的知识当然属于哲人追求的知识。另一方面,如果将《创世记》3 章 6 节视为整体来读,不难看到这句话与古典意义上的智慧的关联——"**悦人眼目**"的对象恰恰是**求知欲望**的对象,"少了它们,**理论**(*theoria*)便无从理解"。⑯就此而言,伯格的观点——迈蒙尼德没有完整引用《创世记》3 章 6 节是有意隐藏哲学与《托拉》之间的最深冲突——颇有说服力。无论如何,在这一章里,通过肯定分辨真假的知识的至高地位,迈蒙尼德含蓄地表达了他对哲学的偏爱。值得留意的是,这种意味深长的偏爱出现在《迷途指津》的第 2 章。⑰

迈蒙尼德对伊甸园故事的解读其实还有另一个问题,如果按上帝"形象"创造的人起初被造得很**完善**,具有理智的领会,这样的人何以会受制于想象力和感性欲望从而违背禁令呢? 受制于想象力和感性欲望的人与具有最高理智的人,这两种形象反差极大,似乎很难共存于一人身上,迈蒙尼德不会没有考虑到这一点。为什么他坚持对伊甸园故事作如此的解读? 这个问题的答案可能出现在《迷途指津》卷三 8 章,迈蒙尼德在那里指出,事物的衰朽(corruption)来源于具有生灭性的"质料",与恒久持存的"形式"无关,他说:

---

⑭ 有意思的是,在迈蒙尼德此章对伊甸园故事的整个解读中,完全没有出现女人和蛇的形象,仿佛吃禁果完全是男人(亚当)一个人所为。

⑮ Ronna Burger, "Maimonides on Knowledge of Good and Evil: *The Guide of the Perplexed* I 2," 87.

⑯ 迈尔(Heinrich Meier),《论哲学生活的幸福——卢梭系列遐想的思考两部曲》(*Über das Glück des philosophischen Lebens: Reflexionen zu Rousseaus Rêveries*),陈敏译(北京:华夏出版社),97.

⑰ 在后文里,迈蒙尼德如此重申这个观点:"仅有真理能取悦祂[上帝]……且只有虚假之事惹他愤怒。"见《迷途指津》卷二 47 章,373/409。

人对其造物主的认识、他对每一可知事物的心灵的再现,他对其欲望和愤怒的控制,他对何所应趋及应避的思虑,所有这些都是其形式的产物。另一方面,他的饮食、交配、他对这些事情的激情般的欲望,以及他的愤怒和所有在他身上发现的坏习惯,所有这些是其质料的产物。这一点很清楚,而按神的智慧所设定,质料的存在不可能离开形式,且任何这类形式的存在也不可能离开质料,因而,人的高贵形式——如我们[在卷一1章]已解释过的,那正是"上帝的形象和祂的样式"——必然紧系于泥土般的、混浊且黑暗的质料,正是这质料使人有每种不完善和衰朽;祂容许它——我指的是人的形式——拥有对质料的权能、主宰、统治和控制,以便降伏质料,制服它的冲动,将它带回尽可能最好最和谐的状态。(卷三8章,394/431-32)

从这段话可以看到,迈蒙尼德并不认为被赋予理智完善的人毫无堕落的可能,只要人拥有质料即身体,那么他就会有属于身体的感官欲望。虽然控制感官欲望需要靠理智,可判断行动的好坏得失并不系于分辨真假的知识中,而是系于分辨善恶的知识中——因为,照迈蒙尼德的逻辑,我们只能说,"违背禁令不好",而不能说,"违背禁令不真"。就此而言,迈蒙尼德的解读或许隐含了这样的意思:尽管伊甸园里的人拥有上帝赋予的理智即分辨真假的能力,但由于他同时拥有质料性的身体,因而容易受制于身体的需求乃至欲望,从而违背上帝的禁令。[18]

《迷途指津》头两章以一种相互补充和呼应的方式,为《迷途指津》整本书定下了一个调子。第1章的目的是为犹太教信仰的三个最根本的问题(即上帝的存在、单一性和无形体性)中最棘手的那个无形体性问题,确立一个坚实的立足于《圣经》的基础。"上帝是无形体的"这一主张之所以最难让人接受,一方面自然因为普通人习惯于形象思维,很难设想无形体的存在者,另一方面,或许是更重要的方面在于,《圣经》里充满表示上帝"有身体"的措辞!迈蒙尼德试图从上帝借以造人的"形象"和"样式"这两个关键词入手,打破人们惯常的对上帝的认识。为此,他必须从对那些涉及上帝"有形体"的词作非字面的合理解释。将人所分有的上帝"形象"解读为人的"自然形式"即"理智",可以说是迈蒙尼德在犹太律法与哲学之间架设的一座沟通之桥。当然,这并

---

⑱　这当然并不意味着,在伊甸园的男人和女人缺乏关于好与坏的自然意识,即缺乏关于快乐与痛苦的意识,事实上,他们知道知识树上的果子"好作食物",且"悦人的眼目"。见 See Leo Strauss, "How To Begin To Study *The Guide of the Perplexed*," §20/22, xxvii/155-156。

不意味着，他试图"调和"甚或"融合"律法与哲学之间的张力乃至对立。

如果说，卷一1章的立足点在确立律法的一个重要的根基，那么第2章显然在为哲学张目。**求真**一向是哲人的志业，迈蒙尼德通过对伊甸园食禁果故事的某种寓意解读，使有关人的"堕落"的叙事蕴含了一种关于人的完善的全新主张：人的最高完善在于理智德性的完善（知真假）而非道德德性的完善（知善恶）。由于违背上帝的禁令偷食禁果，人失去了上帝造人之初赋予人的**那种至高的理智的**完善。尽管如此，人并非因而一无所有，他获得了辨别善恶或好坏的次好的知识，为离开伊甸园以后的群体生活做好了准备：毕竟，有关好坏或善恶的知识是政治生活的必需知识，[19]而"统治者"（'ĕlōhîm）亦是这种新的人类生活亦即政治共同体的生活的必需。至此，我们方才可以理解，迈蒙尼德在《迷途指津》第2章开头看似突兀地将《创世记》3章5节里出现的'ĕlōhîm一词解释为"人类统治者"，究竟有何深意。

从其解读的《圣经》文本来看，《迷途指津》的头两章刚好对应于《圣经》的头三章，某种程度上或许可以说，这样一种"从头开始"暗含了《迷途指津》力求"从头到尾"全面解释《圣经》的意图。《迷途指津》的开端表明，哲学——或者说哲人欲求的真知，在迈蒙尼德心目中具有无可替代的至高地位。

三　迈蒙尼德的自然概念

在对《迷途指津》各论题作逐一解读之前，我们当先考察一下对我们的解读至关重要的迈蒙尼德的自然概念。就像在中文里那样，一般我们译作"自然"的希伯来语 ṭeba' 或犹太-阿拉伯语（Judeo-Arabic）ṭabī'ah 在迈蒙尼德那里都是多义词。ṭabī'ah［自然］在《迷途指津》里既指作为整体的自然世界，[20]也指各种存在物的固有本性，[21]它还指在"作为整体的世界底下运作"并"将世界的各部分彼此联结起来"的力（force）（卷一72章，177/188），进而，在迈蒙尼德看来，**自然律乃是一种必然律**（law of necessity）（卷二23章，297/322）。

"自然"一词的这些内涵彼此密切相关。对迈蒙尼德而言，每一种存在物由于其［自然］本性而成其所是，多种多样的存在物构成整个自然世界；进而，

---

⑲　参 Robert D. Sacks, *A Commentary on the Book of Genesis* (Lewiston, NY: The Edwin Mellen Press, 1990), 37.

⑳　例如，见《迷途指津》卷二23章，296/322 等。

㉑　例如，见《迷途指津》卷二4章，238/255；卷二17章，272-276/294-298 等。

自然存在物遵循自然的必然律。阿拉伯语的自然一词 ṭabī'ah 是动词 ṭaba'a 的同根词,这个动词的基本含义是"盖上[章]、印上、铭刻",它的被动态 ṭubi'a 意为"具有一种自然的禀赋或性情"(a natural aptitude or disposition)。㉒表示"自然"的希伯来语 ṭeba' 也有同样特征,其同根动词 ṭāba' 指"盖[章]、铸[币]"等。换言之,在希伯来语和阿拉伯语语境中,"自然"一词的本义来自"被铭刻的",也就是说,一个存在物的内在或固有的[自然]本性起初来自一个外在的力。在迈蒙尼德那里,这层含义当然得到了体现。例如,在解释《创世记》1 章 28 节"人要管理海里的鱼等等"时,迈蒙尼德指出,"这句话并非意指人是为了统领其他生灵而被创造的,而只是要说明由上帝(愿祂得享尊荣)铭刻于人身上的人的[自然]本性"(卷三 13 章,414/454)。

这种犹太-阿拉伯式的"被铭刻"意义上的"自然"概念跟《托拉》以及《可兰经》教导的创世原则若合符节,但跟希腊人理解的哲学式的"自然"概念截然相反。表示"自然"的希腊词 physis 的动词形式 phyō 意指"生出、产生",继而意为"成长"。㉓亚里士多德在《物理学》里曾说:

> 存在事物中,有些依据自然而存在,其他的凭藉其他原因而存在;依据自然的是动物、植物以及纯粹物体,诸如地、火、气、水;所有这些显然都不同于不依据自然而合成的事物。因为,这些事物中的每一种都在自身中有运动和静止的因由(source),[这因由]要么在适当的位置上,要么通过生长和收缩(shrinkage)。㉔

按亚里士多德这位在迈蒙尼德心目排头号的哲人的说法,"自然"在这里被界定为某些存在物产生的原因或"起源",㉕这种原因使这些存在物得以**凭自身**移动或生长,且这种原因与其他存在物得以产生的原因完全不同。亚里士多

㉒　参 Hans Wehr, *A Dictionary of Modern written Arabic*, 551-552。

㉓　Henry G. Liddelland and Robert Scott, *A Greek-English Lexicon*, revised by Sir Henry S. Jones, with the assistance of Roderick McKenzie, with a revised supplement(Oxford: Clarendon Press, 1996), 1966.

㉔　Aristotle, *Physics* 192b8-16, Bk II, Chapter 1, trans. Joe Sachs, *Aristotle's Physics, A Guided Study*(New Brunswick, NJ: Rutgers University Press, 2011), 49.

㉕　希腊语 physis 的含义之一是"起源",因此,在解释亚里士多德《物理学》的这个片段时,海德格尔指出,"从一开始,φύσις[自然]就在'起源'(Ur-sache)的意义上被当作原因(αἴτιον-αἰτία)"。见 Liddelland and Scott, *A Greek-English Lexicon*, 1964; 及 Martin Heidegger, "On the Essence and Concept of Φύσις in Aristotle's *Physics B, 1*," trans. Thomas Sheehan, in *Pathmarks*, edited by William McNeill(Cambridge: Cambridge University Press, 1998), 188。

德对"自然"的这个界定极为深刻地影响了迈蒙尼德。在亚里士多德那里,月下世界的存在物都依据"自然"而存在和运动,这"自然"指存在物所固有的、使某物成其所是的"本性",这样的本性是恒常不易的。当迈蒙尼德在《迷途指津》里断言——亚里士多德关于月球之下直至地心的所有事物的论述都无疑是正确的(卷二 22 章,295/319),他首先指的就是亚里士多德对事物之自然或本性具有"必然性"的这种理解。

从以上词义辨析可以看到,表示"自然"的犹太-阿拉伯语 *ṭabī'ah* 本义为**"受外力铭刻"**,而表示"自然"的希腊词 *physis* 则意为"运动和生长的**内在动因**",这种由词源出发的意义上的差异使迈蒙尼德的自然概念有一种表面上的张力。尽管如此,在讨论"神迹"时,迈蒙尼德指出,一旦上帝创世时将一事物的自然本性"盖印于"该事物,则其本性不会再改变。㉖就此而言,人们可以说,迈蒙尼德的自然概念与古希腊的哲学式自然概念更趋一致。在后面章节的论析中,我们会看到,迈蒙尼德对"开端论""神车论"乃至"预言"和"神意"等问题的解释,无不建立在这样一种哲学式的自然概念之上。更重要的是,迈蒙尼德跟古希腊哲人一样同意,"自然"是一个区分性的概念:"自然"不仅与"律法或礼俗"(*nomoi*)相对,也有别于"技艺"(art)——无论是神的技艺或人的技艺。㉗换言之,依据或凭借自然之物有别于依据律法或凭借技艺之物。

《迷途指津》里下面这段关于"自然"的描述或许可以展示这个概念在迈蒙尼德那里的微妙性和复杂性:

> 这就是"自然"(*al-ṭabī'ah*)的含义,据说{自然}有智慧,会统驭,凭一种类似于工匠的技艺(*bi-ṣinā'ah ka-l-mihnī*,by means of an art similar to that of a craftsman)照料各种动物的生成,也照料它们的维系和持存——{既}通过生成形式性的力,它们是诸存在物{得以存在}的**原因**,也{通过}营养性的力,这是{各种动物}尽可能维系其存续的原因。预期如此的是**神的律令**,从这律令中,这两种活动以天球为中介得以产生。(《迷途指津》卷二 10 章,253/272)㉘

㉖ 《迷途指津》卷二 29 章,316-317/344。

㉗ 见 Aristotle, *Physics*, Bk II, Chapter 1, 193a15-16。另见 Leo Strauss, *Natural Right and History*(Chicago and London, The University of Chicago Press, 1953), 81ff。中译见《自然权利与历史》,彭刚译(北京:生活·读书·新知三联书店,2003),81 以降。

㉘ Shlomo Pines 对此段的英译如下:This is the meaning of "nature," which is said to be **wise**, having **governance**, **caring for** the bringing into existence of animals by means of (转下页)

乍一看,我们可能会有点困惑,迈蒙尼德在这里对自然作了人身化的描述,自然"凭一种**类似于工匠所有的技艺**照料各种动物的产生",而在《迷途指津》的其他地方,他非常肯定地说过,"自然的作为不同于工匠的技艺(al-ṣinā'ī)"(卷三 23 章,451/497)。其实,一旦我们留意到"类似于"(ka-)这个小词,这种困惑或许就能解开,因为在迈蒙尼德的措辞里,"类似于"是一个表示比喻的词。也就是说,与这个词相关的描述不必从字面上去理解。迈蒙尼德在这段话最后提到的两种"活动"是"生成"(generation)和"维系"(preservation)。就在这段话之前,迈蒙尼德指出,引发这两种活动的四种力跟引起天球(spheres)运动的四种原因相关。㉙

同样在这段话里,迈蒙尼德将自然概念与"统驭"(tadbīr,governance)联系起来,而"统驭"在《迷途指津》里常常用作"神意"('ināyah,providence)的同义词。㉚另一方面,迈蒙尼德在将自然人身化的同时,似乎也将它神化(deified)了,也就是说,迈蒙尼德在这段话里用一种比拟的方式表明,自然"像神一样"凭其智慧照料各种存在物的生成和维系。然而,我们也不妨倒过来想,这样说的时候,迈蒙尼德可能也将上帝"自然化"了。这个印象并非空穴来风,在讨论上帝的"好意的狡计"(gracious ruses)的那章的开端,迈蒙尼德直接将"神的行动"等同于"自然的行动"(《迷途指津》卷三 32 章,477/525)。从另一方面看,恰恰由于迈蒙尼德模糊了神性事物与自然事物的界限,他才可能在揭示托拉中最隐秘的"神车论"的奥秘的同时,不曾真正违背禁止传授"神车论"的拉比教导。

(接上页)**an art similar** to that of **a craftsman**,and also **caring for their preservation and permanence** through the bringing into existence of formative forces,which are the cause of their lasting for whatever duration is possible. What is intended hereby is **the divine decree**(or:divine thing) from which these two activities derive through the intermediary of the sphere.(*Guide* II 10,272;粗体重点为笔者所加)

㉙ "因此,天球的运动由四种原因造成,且从该运动中有四种一般的力作用于我们。如我们已解释过的,这些力是使无机物、植物灵魂、动物灵魂和理性灵魂得以产生的力。"迈蒙尼德,《迷途指津》卷二 10 章,252/271。

㉚ 迈蒙尼德,《迷途指津》,卷一 40 章,88/90;卷一 72 章,181-182/193;卷三 23 章,451-452/496-97。参 Leo Strauss, "How To Begin To Study Maimonides' *Guide of the Perplexed*," §25/29,xxxii/160; Josef Stern, *The Matter and Form of Maimonides' Guide of the Perplexed*(Cambridge:Harvard University Press,2013),252-257。尽管在《迷途指津》,*tadbīr*[统驭]有时候可以被当作 *'ināyah*[神意]的同义词,但两者还是不能相等同。见 Leo Strauss, "How To Begin To Study *The* Guide of the Perplexed," §29/38,xxxix/167。某种程度上或许可以说,在《迷途指津》里,迈蒙尼德用"统驭"来描述"自然"的运作,从而"自然"对应于神性"理智",而"神意"则联系到"创世""神迹"等,进而来自神的"意志"。

第三章　上帝(不)是什么？

一　《圣经》的上帝 vs.哲人的神

迈蒙尼德的《迷途指津》要解决的一个重要问题是：上帝是什么？对熟读《圣经》和《塔木德》的传统犹太人而言，"上帝是什么？"不是一个问题。然而，对于既熟读《圣经》和《塔木德》又研习哲学的犹太人而言，"上帝是什么？"开始成为一个问题：《圣经》里这位创造了世界、向先知们说话、给以色列先祖亚伯拉罕、以撒、雅各应许、帮助以色列民族建国、却又向以色列民族发怒并摧毁其国家的圣主，是有形体的么？祂是慈爱、正义、有智慧并且全能的么？换言之，《圣经》的上帝跟祂所创造的世界及这世上的人具有怎样的关系？上帝是否像哲人所说，是一个完善的从而不动的存在者？

迈蒙尼德当然不是第一位追问"上帝是什么？"的犹太思想家。在《迷途指津》里，迈蒙尼德提出了一种对犹太教传统而言极为激进的上帝属性说（doctrine of divine attributes）。他认为，除了"上帝存在""上帝是一"以外，我们不能用任何肯定的措辞形容上帝的本质，《圣经》里称上帝是"正义的"或"慈爱的"等等，这些都只是在言说上帝的"行动"而绝非上帝的本质。对迈蒙尼德来说，上帝的本质首先是纯粹的理智，他赞同亚里士多德的观点，认为上帝"既是理智，也是凭理智进行认知｛或：智思｝的主体，以及凭理智被认知｛或：智思｝的客体"（卷一68章，154/163）。

迈蒙尼德在这个问题上与犹太传统格格不入的立场，一方面使他甚至生前即成为一个有争议的思想家，[1]另一方面，也构成理解他的思想的一个关

---

[1]　值得一提的是，迈蒙尼德逝世不到三十年，《迷途指津》即在蒙彼利埃（Montpellier）遭到焚毁。见 Daniel Jeremy Silver, *Maimonidean Criticism and the Maimonidean Controversy：1180-1240*（Leiden：E. J. Brill, 1965），148-198。关于迈蒙尼德生前及逝世后引发的犹太教内部的争议，参 Nina Caputo, "The Maimonidean Controversy," in *Nahmanides in Medieval Catalonia：History，Community and Messianism*（Notre Dame, Indiana：Notre Dame Press, 2007），19-51。

键环节。

二 无形体的上帝

1 《圣经》中的"拟人"上帝

《圣经》开篇,上帝以言辞创世——"上帝**说**:'要有光',就有了光"(创世记 1:3);在六天的创世之后,上帝将"那人安置于伊甸园","**吩咐**他,**说**:'园中各样树上的果子,你可以随意吃,只是分别善恶树上的果子,你不可吃'"(创世记 2:16-17)。可以说,从一开始,《圣经》里的上帝形象就是"拟人的":像人一样,上帝会"说话",会"发布诫命"(吩咐),能"用土塑造田地各样走兽和空中各样飞鸟"(创世记 2:19),并且上帝会"行走"(创世记 3:8)。

"说话"是上帝最经常的举动:上帝向亚当说话,向该隐说话,向挪亚说话,向亚伯拉罕、以撒和雅各说话,向摩西说话,向撒母耳、大卫、所罗门说话,也向各时代的先知们说话。除此以外,《圣经》里的上帝还能"看":上帝"看光是好的"(创世记 1:4),"看人在地上罪恶很大"(创世记 6:5),"看见以色列人"(出埃及记 2:25)。当然,除了"说"和"看",上帝也会"听":"上帝听见童子[引按:以实玛利]的声音"(创世记 21:17),"上帝听见他们[引按:以色列人]的哀声,就想起他与亚伯拉罕、以撒、雅各所立的约"(出埃及记 2:24),"上帝听见就发怒,极其憎恶以色列人"(诗篇 78:59)。甚至,上帝还能"闻":"圣主闻那[燔祭的]馨香之气,就心里说:'我不再因人的缘故咒诅地,也不再按着我才行的,灭各种活物了'"(创世记 8:21)——这句话里,与"心里说"相应的是一种想法或心意的**改变**。

在《圣经》里,上帝能"说""看""听""闻",当然也会有用于"说""看""听"乃至"尝"和"闻"的"器官":"眼""耳""唇""鼻"等。[②]如果说,"鼻中起火"那样的说法更像一种比喻,那么,说上帝"用眼观看",祈求上帝"侧耳倾听"等等,看上去未见得是比喻。在各种"感觉器官"之外,《圣经》里的上帝还像人一样有"手"有"脚",其中最栩栩如生的不啻是这句"圣主在西乃山和摩西说完了话,就把两块法版交给他,是上帝**用手指写的**石版"(出埃及记 31:18)。在所有动物里,只有人有手,并且有思想、能说话,就身体而言,还有什么比"手指"更像人的?

---

② 例如:《约伯记》11:5;《诗篇》11:4;《列王纪下》19:16;《耶利米书》17:4,等等。

除了各种与身体及器官相关的措辞,《圣经》中的上帝还像人一样有各种感受。上帝不但会"后悔造人在地上,心中忧伤"(创世记6:6),祂甚至还会"嫉妒",在西奈山上,上帝向以色列人宣告的"十诫"的第二诫是:

> 不可为自己雕刻偶像,也不可做什么形像,仿佛上天、下地和地底下水中的百物。不可跪拜那些像,也不可事奉它们,因为我圣主——你的上帝是嫉妒的上帝。(出埃及记20:4-5)
>
> 不可敬拜别神,因为圣主——祂的名是嫉妒,祂是嫉妒的上帝。(出埃及记34:14)

"十诫"位于摩西律法的开端,是每一位律法奉行者都熟读能诵的,因此,"圣主是嫉妒的上帝"可谓在以色列人人皆知。当然,这"嫉妒的"上帝,既会因以色列人拜偶像而发烈怒,也会对信奉他、遵循其诫命的人施慈爱。③

既然上帝像人一样会说话也有各种感受,那么祂当然也会"动",在《圣经》叙述者以及先知们的视像里,上帝"行走""站立""坐在宝座上""上升"并"下降",看上去就是一个身体性的存在者。

然而,从"十诫"开始,摩西律法就激烈地反对偶像崇拜。按迈蒙尼德的说法:

> 律法作为整体的第一个意图就是终止偶像崇拜,就是抹去其痕迹及一切与之纠缠在一起的东西,甚至是{抹去}关于它的记忆和一切会施行这类作为的人——诸如,交鬼者、行巫术者、使人经火者、占卜者、观兆者、用法术者、行邪术者、用迷术者、过阴者——并警告不要行任何与他们的作为类似的事,更重要的是,警告不要重复后者{的作为}。《托拉》文本明确写明,所有对他们眼中的诸神的崇拜以及所有接近他们的方式,对上帝来说都是可恨且可憎的。这一点记于祂的言辞中:因为,圣主所恨的每一件可憎恶的事,他们都向他们的神做了[申命记12:31]。(卷三29章,471/517)

迈蒙尼德深知,要确立对圣主乃独一真神的信仰,摩西律法的第一要务就是禁止并废除任何意义的偶像崇拜。这段话里提及的施行偶像崇拜的人接近数十种,在《托拉》或摩西律法里,最集中提及这些人的有两处:

---

③　例如:《出埃及记》34:5-7。

你们要归我为圣,因为我——圣主是[神]圣的,并叫你们与万民有分别,使你们作我的民。无论男女,是交鬼的或行巫术的,总要治死他们。人必用石头把他们打死,罪要归到他们身上。(利未记 20:26-27)

你们中间不可有人使儿女经火,也不可有占卜的、观兆的、用法术的、行邪术的、用迷术的、交鬼的、行巫术的、过阴的。凡行这些事的都为圣主所憎恶;因那些国民行这可憎恶的事,所以圣主——你的上帝将他们从你面前赶出。(申命记 18:10-11)

可以说,迈蒙尼德在《迷途指津》卷三 29 章提及的各种施行偶像崇拜的人,都来自这两段《托拉》文本,尤其是《申命记》18 章里的这段。这两段话极为清楚地表明:上帝憎恨偶像崇拜者,因此,摩西律法禁止偶像崇拜,进而,以色列人与其他民族的区别就在于弃绝偶像崇拜,只敬拜以色列的圣主。可是,尽管"十诫"的头两诫都在强调对以色列上帝的独一崇拜,或者说,都在反对偶像崇拜,可摩西律法事无巨细、面面俱到,《申命记》18 章的那段话也不过是无数律例中的一条,迈蒙尼德凭什么说,"律法作为整体的第一个意图就是终止偶像崇拜"?

摩西律法禁绝偶像崇拜的决心和力度,事实上可以从摩西带领以色列人出埃及不久后的"金牛犊事件"看到。[4]上帝在西奈山上向以色列人宣告"十诫"之后,以色列人"又吃又喝",甚为高兴。上帝吩咐摩西去上帝那里(西奈山上)领受律法和刻有"十诫"的法版,然而,摩西"在山上 40 天",迟迟不下山,以色列民即在摩西的哥哥亚伦组织下汇集金饰,为领他们出埃及地的圣主铸了一个金牛犊神像。摩西下山得知后大发烈怒,不仅砸碎了法版,还以圣主的名义让利未人击杀自己的兄弟邻舍,共计约三千人。事后"圣主降瘟疫给[以色列]民众,因为他们同亚伦做了牛犊"(出埃及记 32:35)。从这个事件的起因看,以色列人铸金牛犊的目的是向以色列的上帝献祭,因为领袖摩西迟迟未从西奈山下来,以色列人不知其下落,想为摩西和自己祈求平安,换言之,金牛犊代表的不是任何别神,而恰恰是圣主。然而,禁拜偶像的诫命针对一切自然或人造的偶像,无论那偶像代表的是谁。

"金牛犊事件"的影响远不止以色列人当下受到的惩罚。在重申律法的《申命记》里,摩西叙述了他对金牛犊的处置:"我把那叫你们犯罪所铸的牛犊用火焚烧,又捣碎磨得很细,……我就把这灰尘撒在从山上流下来的溪水中"(申命记 9:21)。不仅如此,在《圣经》里,"金牛犊事件"在以色列历史上一再

---

[4]　"金牛犊事件"见《出埃及记》32 章。

被提及,作为后世君王崇拜偶像、犯下重罪、王国倾覆的预奏。《列王纪上》记载了另一起"金牛犊事件":所罗门死后,以色列民众不堪其子罗波安的沉重欺压,拥立耶罗波安为首领,逃离罗波安的统治,由此,大卫建立的统一王国分裂为耶罗波安统治的北国以色列与罗波安统治的南国犹大,为了安定民心,不让他的人去耶路撒冷的圣殿献祭,从而回归犹大王罗波安,耶罗波安铸造了两个金牛犊,"一只安在伯特利,一只安在但"(列王纪上 12:28-29)。铸造金牛犊后,耶罗波安对民众所说的话跟当初以色列人面对亚伦所造的金牛犊时所说的一模一样。可以说,从《圣经》的角度看,《出埃及记》里的"金牛犊事件"是耶罗波安铸造金牛犊的伏笔。⑤与当初的以色列人一样,耶罗波安将这两个金牛犊视作以色列上帝的代表来向之献祭和崇拜,然而,"这事叫民众陷在罪里",非但如此,"这事叫耶罗波安的家族陷在罪里,甚至他的家族从地上被除灭了"(列王纪上 13:34)。⑥可以说,按《圣经》的叙事,北国以色列覆亡的种子在耶罗波安铸造金牛犊时就已埋下。

两次"金牛犊事件"及其后果清楚表明,《圣经》禁止偶像崇拜的态度是一贯而彻底的。迈蒙尼德当然深知这一点。他还知道,《圣经》对上帝的拟人化描述若是完全从字面上去理解,会跟严格禁止偶像崇拜的摩西律法的核心要求发生冲突。或许正是出于这个理由,迈蒙尼德在《迷途指津》的第一个部分,致力于确立上帝的无形体性,也就是说,他力图表明,上帝非但在任何意义上都没有可见的外形,而且没有任何类似人类之喜怒哀乐的感受,《圣经》里出现的所有用于上帝的"拟人化"描述的措辞,都不能从字面上去理解。

---

⑤ 本节对"金牛犊事件"的分析完全建立在《圣经》正典文本的基础上。实际上,对于《出埃及记》32 章、《申命记》9-10 章以及《列王纪上》12 章里提及的两次"金牛犊事件"的成文先后及依存关系,学者们有不同的意见,例如,Van Seters 就认为,《出埃及记》里的"金牛犊事件"立足于《列王纪上》耶罗波安造金牛犊的"史实",他的理由是,在同时出现于两个文本中的"这就是领你们出埃及地的神"(出 32:4;王上 12:28)这句话里,"领"(he'ĕlû)是一个使动态的第三人称复数动词,对应的 'ĕlōhîm[诸神]也是复数,这种复数形式只有用在耶罗波安铸造金牛犊的事件里才合理,因为耶罗波安造了两个金牛犊。见 John Van Seters, The Penta-teuch: A Social-Science Commentary(Sheffield: Sheffield Academic Press, 1999), 148。

⑥ 关于耶罗波安及其后裔的命运,见先知亚希雅对耶罗波安的妻子所发的神谕(《列王纪上》14:5-11),以及以色列国被亚述所灭的遭遇及《圣经》作者对此的解释(列王纪下 17:6-23)。有关耶罗波安与"金牛犊事件"的学术研究,参 Ralph W. Klein, "The 'Sin' of Jeroboam," in Golden Calf Traditions in Early Judaism, Christianity and Islam(Leiden: Brill, 2019), 26-35。在 Klein 看来,是那些出身南国犹大、书写了《申命记》及包括《列王纪上下》在内的"前先知书"的"申命派史家"(the Deuteronomistic historians),从自身的立场出发将耶罗波安及其铸造金牛犊的行为描述为"罪大恶极",而在以色列的传统中,或许曾有一支对亚伦及他所造的金牛犊持肯定意见(p. 33)。

2 上帝无"感知"

从《迷途指津》第一章起,迈蒙尼德就开始确立上帝无形体这个原则。正如前一章的讨论所示,在《迷途指津》的开端,迈蒙尼德用词典释义的方式表明,《创世记》1 章 26-27 节出现的 ṣelem[形象]和 dəmût[样式/相像]两个词都是多义词,当它们用于上帝时,并不表示任何可见的"形象"和"样式/相像"。他随后指出,人所分有的上帝的"形象"是人的"自然形式"即人的"理智",人与上帝的"相像"也只能从"理智"角度得到理解。与这样一种解读相应,在《迷途指津》第二章,迈蒙尼德进一步表明,亚当吃了禁果以后失去的是分辨真假知识的能力,他获得的是能力是低一级的"分辨善与恶的知识"的能力。可以说,《迷途指津》的这个开端为整部论章确立了两项原则:一方面,迈蒙尼德将关于真假的科学知识置于关于善恶的"广为接受的意见"之上,从而在哲学上将"理智"确立为衡量知识的最高标准;另一方面,他从律法角度出发,极其坚定地强调上帝不具有形体。

(1)"看"

针对《圣经》里关于上帝的大量拟人化描述,迈蒙尼德的第一步是否定上帝具有任何意义上的"感知"。在所有的感觉中,"看"跟可见的"形象"关系最密切,所以迈蒙尼德就从表示"看"的各种希伯来语措辞开始他的讨论。他指出,希伯来语 rā'ōh[看, to see]、habbît[观看, to look at]以及 ḥāzōh[见到, to vision]这几个不定式动词都与视觉相关,三者也都有其比喻的意义:rā'ōh "在比喻的意义上指理智的把握",habbît "以比喻的方式使用时,指心智转向对某物的沉思,直至把握它",而 ḥāzōh 则跟先知的"视像"(ḥāzôn, vision)相关,它在比喻的意义上指"心的领会"(the apprehension of the heart)(卷一4 章,29/27-28)。

就一般而言的"看"与上帝的关系而言,在《圣经》里,上帝既是人"看"的对象,也是"看"的主体,比如"上帝看它是好的"(创世记 1:10, 12, 18 等)。在迈蒙尼德提到的三个希伯来词中,只有 rā'ōh 用于上帝的"看",正因如此,迈蒙尼德说,当这个词用于上帝时,必须"从比喻的意义上"去理解,而且他将此比喻意义解释为"理智的把握",从这里我们可以看到,《迷途指津》甫一开始,迈蒙尼德就不断将上帝与"理智"相联,换言之,从一开始,他就在为自己对上帝的真正理解埋下伏笔。

当上帝作为"看"的对象时,rā'ōh[看到]、habbît[观看]与 ḥāzōh[见到]这三个词都会被用到,按迈蒙尼德的说法,当这些词用于上帝时,当然都需要从其比喻意义上去理解。在《迷途指津》卷一4章，迈蒙尼德似乎对 *rāʾōh*［看到］、*habbîṭ*［观看］与 *ḥāzōh*［见到］的比喻意义作出某种区分：前两个词都与理智或心智的"把握"相关，迈蒙尼德甚至强调说，"所有"涉及上帝的 *rāʾōh* "都指理智的领会，绝非眼睛的看，因为眼睛只能领会形体"；另一方面，*ḥāzōh* 所代表的无关视力的"看"则出自"心的领会"。那么，要如何理解这里所说的"心"呢？

在卷一39章，迈蒙尼德专门释义了表示"心"的希伯来词 *leb*，在列举了 *leb* 这个词在不同语境下的不同含义后，他专门指出，当律法要求人"用全心爱上帝"（申命记6:5）时，"心"代表的是"人的身体的所有力量的来源"（卷一39章，86/89），可见，如此理解的"心"在迈蒙尼德那里不具有理智的地位。那么，我们是否可以由此说，*ḥāzōh* 所表示的"看"的比喻意义并不具有理智的高度呢？

在解释以上帝为对象的 *rāʾōh*［看到］的比喻意义时，迈蒙尼德所举的例子之一是西奈山上的场景："他们看到以色列的上帝［出埃及记24:10］"，而在解释以上帝为对象的 *ḥāzōh*［见到］这个词的比喻意义时，他提到的例句是同一场景中的后面一句"他们见到（*yeḥĕzû*）上帝［出埃及记24:11］"（卷一4章，28/28）。难道这两次"看"有不同的比喻意义？或者说，在都以上帝为对象时，迈蒙尼德有没有在这两个动词之间作出区分？

要更好地理解迈蒙尼德对这两个词的解释，首先必须了解他所引述的《出埃及记》文本的全貌：

> 摩西、亚伦、拿答、亚比户，及以色列长老中的七十人，都上了［西奈］山。他们看到（*yirʾû*）以色列的上帝，祂脚下仿佛有平铺的蓝宝石，如同天色明静。祂的手不加害在以色列的尊者身上。他们见到（*yeḥĕzû*）上帝，他们又吃又喝。（出埃及记24:10-11）

返观《迷途指津》可以发现，《出埃及记》24章的10节与11节出现的表示"看"的两个动词的根动词都在《迷途指津》卷一4章得到解释：前者是 *rāʾōh*，后者是 *ḥāzōh*。有意思的是，在接下来的那章，迈蒙尼德回到了《出埃及记》里的这两节：

> 以色列的尊者［出埃及记24:11］太过于草率了，他们竭力思索，获得了领会，但这领会是不完善的。因此经上这样说他们：他们看到以色列的上帝，祂脚下有，等等［出埃及记24:10］；而不仅仅是：他们看到以色列的上帝。因为这些言辞只是有意呈现对他们的看的行为的批评，而

非描述他们的看的方式。由此,他们只是因其领会采用的形式某种程度上涉及{上帝的}形体性(corporeality)而遭到指责——他们还没有企及完善就匆匆忙忙,过于草率,所以必然如此。(卷一 5 章,31/30)

在这段话里,迈蒙尼德没有对《出埃及记》24 章 10 节与 11 节里表示"看"的两个动词作出区分:他用出现在 11 节的"以色列的尊者"作为第 10 节里的动词 yir'û[他们看到]的主语,从而暗示这两个表示"看"的动词的行为具有相同的性质。看上去,这完全符合《出埃及记》文本的原义,因为 11 节的"以色列的尊者"原本就指代 10 节的"他们"即"摩西、亚伦……及以色列的长老"的全部。与此同时,迈蒙尼德用"以色列的尊者[24:11]"作为"看到[24:10]"这个动词的主语也意味着,在他看来,以上帝为对象的"看"的行为,无论所用动词是哪一个,性质上没有差别。

我们的这个推论在《迷途指津》卷二得到印证——在讨论"预言"所发生的"梦境"(halôm)和"视像"(mar'eh 及 ḥāzôn)时,迈蒙尼德明确指出:

ḥāzôn[视像,vision]源自 ḥāzōh[见到],mar'eh[视像,vision]源自 rā'ōh[看到],ḥāzōh 和 rā'ōh 具有相同的含义。⑦(卷二 43 章,358/391)

也就是说,当先知宣称他们"看到"涉及"预言"的各种"视像"时,用 ḥāzôn 还是 mar'eh 来表示那个"视像"并没有分别,因为,表示"视像"的两个名词所源出的根动词 ḥāzōh[见到]和 rā'ōh[看到]含义相同。由于在《圣经》里,先知"视像"的内容常常包含上帝,我们因此有把握说,当上帝成为"看"的对象时,ḥāzōh[见到]和 rā'ōh[看到]没有差别。

回到《迷途指津》卷一 5 章的引文,迈蒙尼德在那里说,以色列的尊者对上帝的"领会"不够完善,他的理由是,他们的领会"某种程度上涉及{上帝的}形体性",因为在《出埃及记》的相关文本中,以色列的尊者"看到"上帝"脚下仿佛有平铺的蓝宝石","祂的手不加害在以色列的尊者身上[出埃及记 24:11]"。尽管迈蒙尼德在后文对出现在《圣经》里的"上帝的脚"和"上帝的手"作了寓意化的解释,⑧可他仍然在卷一 5 章表示,《出埃及记》文本提及"以色列的尊者看到"上帝的"脚"和"手"是对他们的一种批评,说得确切些,这种批

---

⑦ 在《迷途指津》以及《圣经》的英译本里,一般而言,与先知预言相关的语境中,无论 ḥāzôn 还是 mar'eh 都被译作 vision,和合本则将这两个词译成"异象",考虑到这两个词表示先知的无论真幻的"所见",酌译为"视像"。

⑧ 见《迷途指津》卷一 28 章、46 章等。

评针对的是他们的认识能力的不足。

从卷一 4 章到卷一 5 章以及与之相应的卷二 43 章,迈蒙尼德两次解释 *rā'ōh*[看到]和 *ḥāzōh*[见到]时的差异很容易被忽略,尤其是,这种差异围绕着与上帝有关的"看"。如前所述,一方面,在卷一 4 章,*rā'ōh*[看到]和 *ḥāzōh*[见到]的比喻意义得到不同的解释,*rā'ōh* 被解释为"理智的把握",而 *ḥāzōh* 的比喻意义则不具有理智的高度;另一方面,从卷一 5 章和卷二 43 章看,"*rā'ōh* 和 *ḥāzōh* 含义相同"。进而,在卷一 4 章,迈蒙尼德强调,*rā'ōh*[看到]这个词涉及上帝时——包括"他们看到以色列的上帝[出埃及记 24:10]"——"全都指理智的领会,绝非眼睛的看,因为眼睛只能领会形体",而到了卷一 5 章,他又明确说,这同样的"他们看到以色列的上帝"所"获得的领会……是不完善的",因而"遭到指责"——如果这一"看到"真的指理智的领会,怎么会不完善甚而受到批评和指责呢? 这其中的矛盾要如何来理解?

从某个角度看,这其中的关键在于,究竟谁是"看"的主语或者说主体。如前所述,当"上帝"作为主语时,《圣经》里与之相配的"看"只有 *rā'ōh*,这就迫使迈蒙尼德必须将 *rā'ōh* 的比喻意义解释为"理智的把握",因为对迈蒙尼德来说,上帝不具有任何意义上的形体,上帝是理智存在者,上帝的"看"必须被理解为"理智的把握"。然而,结合卷一 5 章与卷二 43 章的相关论述,我们可以说,在迈蒙尼德看来,当 *rā'ōh* 和 *ḥāzōh* 的主语是人而"看"的对象是上帝的时候,两者的含义相同。这意味着,先知在"视像"中"看到上帝"所隐喻的"领会"不具有理智的高度,某种程度上可以说,这种"看"是想象力的产物。[9]这其中的理路在我们讨论迈蒙尼德对"预言"的解释时会更充分地加以展开。

毫无疑问,在《迷途指津》卷一 4 章和 5 章,通过词典式释义和思辨式论述,[10]迈蒙尼德要澄清的是,用于上帝的"看"——无论上帝是"看"的主语还是宾语,都不具有字面上的真实性,因为上帝是无形体的。无论如何,在《迷途指津》最初的几章里,我们已经可以看到迈蒙尼德的笔法:他如何不经意地自相矛盾,又如何为后续的论述埋下伏笔。

(2)"说"

在《圣经》里,涉及上帝有形体的言论可能更多出现在"上帝说"的表述中。"上帝说,要有光,就有了光"(创世记 1:3),"上帝说,诸水之间要有苍穹"

---

⑨　关于这一点,见《迷途指津》卷二 36 章,341/370。

⑩　关于《迷途指津》第一部分中"词典式释义"与"思辨式论述"两种进路的交替,参 Leo Strauss, "How To Begin To Study *The Guide of the Perplexed*," §§19-21/19-25, xxiv-xxix/152-158。

(创世记 1:6),"上帝说,地要生出青草",等等——从一开始,世界的创造就离不开上帝的言说,更何况上帝几乎对《圣经》里所有重要人物都"说过话"。迈蒙尼德如何来处理"上帝说"呢?

迈蒙尼德直至《迷途指津》卷一 65 章,才从词典释义的角度讨论《圣经》里跟"说"有关的两个希伯来词 dibbûr[讲话,speaking]和'ǎmîrāh[说话,saying]的多义性。不过,此前在卷一 46 章,他已经非常明确地表示,将身体器官归于上帝都是比喻的说法,目的是借此表明上帝的行动;而上帝的特定行动也是一种比喻,目的是为了表明上帝的某种完善。他接着指出:

> 例如,一个眼睛、一只耳朵、一只手,一张嘴,一条舌,都是以比喻的方式归于上帝,目的是通过这种方法,视力、听力、行动和言辞可以得到表示。可是,视力和听力以比喻的方式归于祂,其着眼点在于表明一般而言的领会('idrāk,apprehension)。(卷一 46 章,96/99)

迈蒙尼德在这里归纳的与上帝的拟人特征有关的官能和活动是"视力、听力、行动和言辞",在后文中,他进一步根据这四者,将归于上帝的各种身体器官分为四种:一种是"着眼于指表示生命的、进行局部位移的器官",一种是"表示领会的感觉器官",一种是"表示行动的抓握的器官",还有一种是"表示流向先知们的理智流溢的言辞的器官"(卷一 46 章,96/100)。这里的要点是,在迈蒙尼德看来,上帝的言辞乃是流向先知的一种理智的流溢。然后,迈蒙尼德提道:

> 所有这些比喻式感觉包含的**指导**,意在为我们确立如下信仰:有一位有生命的存在者,祂是位施动者,祂造就了祂自身之外的一切,此外,祂能领会祂自己的行为。当我们开始阐述对{上帝}诸属性的否定时,我们将表明,所有这些如何可归结为一个概念,即关于上帝(愿祂得享尊崇)之本质的概念。(卷一 46 章,96/100)

这里提到的"指导"的含义,迈蒙尼德曾在此章开头解释过。卷一 46 章伊始,迈蒙尼德就提醒读者,他之前曾指出,"导向某一事物的知识的**指导**"与"对那事物的本质和实质的真实性的**探究**"之间有"巨大的差异"。在这段话里,他将《圣经》描述上帝的"感觉"的各种"比喻式"措辞与"指导"相联,就是为了表明,这些措辞并不能导向真正的关于上帝的知识,它们的作用只是为人确立关于上帝的信仰。由此可以推论,在迈蒙尼德那里,信仰与知识之间有巨大的差异。在上述引文里,迈蒙尼德第二次提到对上帝诸属性的否定。在《迷途指津》第一次提到上帝的诸属性要以否定方式来理解时,迈蒙尼德说,"存在"(阿语 wuǧūd)这个词用于上帝与用于其他事物时,其含义不同(卷一35章,78/80)。而在这里,迈蒙尼德说,《圣经》用比喻的方式将种种"感觉"归于上帝,是为了让人们去信仰一位有生命、能行动,并且能够领会或曰理解自己的行为的上帝。这不能不让人对何为"上帝的存在"心存疑虑。无论如何,这些都是在为他在后文专题讨论上帝的"无属性"进行铺垫。

在卷一46章,迈蒙尼德进一步指出,所有的身体器官都具有相同的地位,它们都是"灵魂的各种行动所需要的",就人而言,感觉器官、移动器官和劳作的器官是为了衣食住行等延续生命的活动,而上帝绝无"延续其存在或改善其环境"的需求,因此,

> 上帝没有器官,就此我指的是,祂不是一个有形体,祂的行为通过祂的本质而非通过一个器官来施行。(卷一46章,98/102)

接下来,迈蒙尼德借先贤的说法澄清,

> 对我们所暗示之物的完整的言辞是他们在《大创世记》(Bereshith Rabbah)里的言辞,他们说:先知们的能力伟大;因为他们将创造者比作一种形式。因为经上说:在宝座的样式(dəmût,likeness)上,仿佛有人的外形(mar'eh,appearance)的样式[以西结书1:26]。他们由此清楚地表明,所有的先知在预言的视像里领会到的都是被造的形式(created form),上帝是这些形式的创造者。而这是正确的,因为**每一种想象的形式都是被造的**。(卷一46章,99/103)

这段话里首先需要解释的是"被造的形式",迈蒙尼德用这个词表示上帝之外的事物,也就是说,所有的先知,当他们宣称自己在"预言的视像"里"看到"上帝,他们看到的只是被"比作上帝"的某种"形式"。之所以要用"形式",因为迈蒙尼德坚持上帝无形体,故而他不可能将任何质料性存在归于上帝。更重要的是,在这里,迈蒙尼德借肯定先贤的意见,看似不经意地将先知们在"预言的视像"里看到的"形式"说成是"想象的形式"。这段话事实上也印证了我们上一节的推论,即当以上帝为"看"的对象时,无论用哪个动词,其含义都相同,因为这些"先知的视像"都可谓是"想象的"。⑪

---

⑪ 在本书第七章"预言及其真实性",我们会对这一点作更深入的考察。

现在让我们来看看迈蒙尼德对上帝之"言"的解释。在卷一 65 章,他专门解释了"讲话"和"说话"这两个词的歧义性:

> 本章的目标是确立,讲话(*dibbûr*,*speaking*)和说话('*ǎmîrāh*,*saying*)这{两个}词是有歧义的,两者都用于指由舌头所言述的——如经上说:摩西讲[出埃及记 19:19];且法老说[出埃及记 5:5]——它们也都指未经言述的、由理智所再现的诸概念,如经上说:于是我在心里说[传道书 2:15];于是我在心里讲[传道书 2:15];而你的心将要讲[箴言 23:33];我的心对你说[诗篇 27:8];而以扫在心里说[创世记 27:41]。这种含义很常见。这两个词还用来表示希望,如这节:他{巨人的一个儿子以实比诺}说要杀了大卫[撒母耳书下 21:16]。这就好像说,他希望杀了他,也就是说,他满脑子都是此事。由此:难道你说要杀我[出埃及记 2:14],对此的解释和意思是:你想要杀我么? ⋯⋯(卷一 65 章,149/158)

这段话里有几个要点。首先当然是关于"讲话"和"说话"两个词的三种不同含义,我们再次看到,在这三种含义里,迈蒙尼德为"理智"层面的认识留下空间,这一点跟他对表示"看"的两个动词的解释一样。其次,从迈蒙尼德不加区分同时论述这两个词中,我们可以推断,如同 *ḥāzōh*[见到]和 *rā'ōh*[看到],*dibbûr*[讲话]和 '*ǎmîrāh*[说话]这两个词含义相同。[12]实际上,在此章最后,迈蒙尼德的确表示,"在希伯来语里,说话和讲话具有相等同的含义"(卷一 65 章,150/159-160)。

在上述引文之后,迈蒙尼德亮明了解释这两个词的真正用意:

> 在**说话**和**讲话**这{两个}词用于上帝的所有情形中,它们都在后两种含义上使用。我指的是,它们的使用都要么指意志和意愿,要么指由来自上帝的理解力所把握的一个概念,在这种情形中,它究竟是通过一个被造的声音而得知,还是通过预言的某一种方式而得知,都无关紧要。这两个词绝不会指祂(愿祂得享尊荣)用字母的响声和声音讲话,也绝非

---

[12]　这一点可以从迈蒙尼德对《传道书》2 章 15 节的引用中得到印证:

于是我在心里说(*wə-'āmartî*):愚昧人所遇见的,我也必遇见,我为何更有智慧呢? 于是我在心里讲(*wə-dibbartî*),这也是虚空。

此节中的"于是我在心里说"和"于是我在心里讲"显然是一种同义反复。

指祂(愿祂得享尊荣)拥有一个概念可以印入其中的灵魂,就好像在祂的本质之外还会有一个概念附加其上那样。(卷一65章,150/158-159)

由于《圣经》里出现了太多"上帝说"或"上帝讲",迈蒙尼德必须澄清在他看来这些表述的真正含义是什么。他指出,来自上帝的"言说"要么表示上帝的意愿,要么表示来自上帝的某种"理智所再现的概念",或者说,只能通过理智得到领会或理解的概念。对这种"概念",迈蒙尼德进一步解释说,它要么"通过一个被造的声音"、要么"通过预言的某种方式"为人所知,但他认为,究竟哪种方式无关紧要。这里我们可以看到,这两种途径恰恰是人们通常认为"听到"上帝的"言说"的途径。至于说"预言的某种方式"究竟指什么,迈蒙尼德后面会解释,在他看来,预言都是"在视像中"(ba-mar'eh)以及"在梦境中"(ba-ḥalôm)获得的,几乎没有例外。⑬

为什么迈蒙尼德要说,从哪种途径得知上帝的言辞无关紧要呢?他在上述引文的后面两句作了解释:因为,首先,上帝不会用发出声音的方式"说话",他之前解释过,上帝没有任何器官,从而上帝没有嘴、唇、舌等等发声器官;⑭其次,上帝没有概念可以刻印其上的灵魂,也就是说,来自上帝的概念并非外在于或附着于上帝,而是上帝本质的一部分。从《圣经》文本来看,上帝的各种言辞要么是人直接"听到的",要么是通过先知的"视像"或"梦境"获悉的,但这些途径在迈蒙尼德看来都不是传达上帝的意志或表示来自上帝的概念的"真实途径",故而,他在这里表示,哪种途径无关紧要。

有意思的是,迈蒙尼德没有为"讲话"和"说话"表示"由来自上帝的理解力所把握的一个概念"提供任何一个《圣经》中的例证。相反,他对这两个词用于上帝时表示"意愿和意志"的情形给出了很多例子。迈蒙尼德解释说,某个谁"意愿"某事总是要么指这个谁做了他意愿的事,要么指这个谁命令别的谁去做这件事,就此而言,用于上帝的"命令"都是将上帝比作人的比喻说法,这些"命令"指的是上帝意愿的事情的发生。随后,他进一步表明:

在开端论(ma'ǎseh bərēšîṯ)中发生的祂说,祂说的所有情形,指的都是祂意愿或祂想要。这一点已经由某个人[Pines英译按:或某些个人]而非我们说得很清楚了,而且早已广为人知。对此的证明——我指的是,祂的说话(sayings)都只是在行使意志而非讲话(volition only and

⑬ 《迷途指津》卷二36章,341/370。参本书第七章"预言及其真实性"的相关解读和讨论。
⑭ 参《迷途指津》卷一46章,98/100-101。

52

not speech)——在于这事实,即言辞只能诉诸接受相关命令的存在者。由此,《圣经》有这样的说法:诸天藉圣主的话语而造[诗篇 33:6],这句可类比于同节的另一句:万象藉祂口中的气(*rûaḥ*)[而造],其中的意图是指明,诸天通过祂的意图和意志(through His purpose and will)而生成。我们中间的闻名的知识人(men of knowledge)没有不知道这一点的。我不需要表明,在希伯来语中,说话('*ămîrāh*)和讲话(*dibbûr*)具有相同的含义,正如这节经文所表明:它{这块石头}听到了圣主所讲(*dibber*)的所有的话('*imrê*[*YHWH*])[约书亚记 24:27]。(卷一 65 章,150-151/159-160)

这段话首先回答了每个读者都会关心的问题:在创世时,上帝的"言说"意指什么? 迈蒙尼德的答案是:那是上帝的"意图和意志"的比喻式说法。换言之,上帝并不是像人那样,用嗓子发出声音的方式"说话",而是用"意愿"使"诸天"等等事物生成。在这里,*ma'ăśeh bərēšît* 某种程度上可以从其字面上理解为"开端的作为"(the work of the beginning)。其次需要留意的是,迈蒙尼德在这里指出,真正的"言辞"只能诉诸可以接受言辞的存在者,从希腊哲学的视角看,所谓"可以接受言辞的存在者"必定是理智存在者,人当然是这样的存在者,可他这个断言显然排除了人——他引述的《诗篇》33 章 6 节指向的是"诸天"和天上的"万象",就此而言,他显然在暗示,"诸天"乃是理智存在者。[15]此外,这段话预示了他关于"见到和看到具有相同的含义"这个论断(卷二 43 章,358/391)。

在上面这段引文里,最重要的是这句——"我指的是祂的种种说话都只是在行使意志而非讲话"。《迷途指津》的英译者皮纳斯(Shlomo Pines)在这里为"祂的种种说话"添加了一个注解式插入"在创造世界时"(at the creation of the world),看上去,这个插入是为了呼应迈蒙尼德引用《创世记》第 1 章和《诗篇》33 章 6 节所指涉的"创世"这个背景,这个插入也有可能是为了区分上帝创世时的"言说"与他对先知们的"言说"。然而有可能,这里的插入并无必要。迈蒙尼德或许恰恰是要借这句话来表示:上帝的言辞都仅仅是上帝意志的体现,其中不存在理智的成分。在《圣经》里,上帝言辞的主要内容是上帝的种种诫命,在迈蒙尼德看来,除了"十诫"的头两诫,"其他诫命都属于广为接受的意见",[16]也就是说,"十诫"中的其他诫命都**不属于**确定的、可证明

---

[15] 关于作为"理智存在者"的"诸天",详见本书第五章:"神车论"与"神的科学"。
[16] 《迷途指津》卷二 33 章,336/364。关于这一点,详见本书第七章相关论述。

的、具有普遍性的知识,更何况摩西律法的其余部分? **很大程度上可以说,迈蒙尼德在这里用"开端论"带出的,不止是"上帝说"带来的"十诫"的开端,也指向"上帝说"带来的摩西律法的开端。**⑰

(3)"听"

如前所述,除了"看"和"说",《圣经》里还出现了上帝的"听"和"闻",甚至,上帝不仅像人那样有"手""手指"和"脚",还有"心""舌""胃""肠"等等"内脏器官"。对所有这类文字,迈蒙尼德当然统统视作比喻来处理,以便杜绝对上帝有形体的想象或信念。

在《迷途指津》卷一45章,迈蒙尼德专门讨论了表示"听"的希伯来语 šāmōaʻ。他指出,这个词有三种含义,其一即"听",其二为"接受",其三指"科学和知识"——在此意义上,"听到"意味着"知道"。正如他解释其他希伯来语措辞那样,解释"听"也是为了说明当"听"用于上帝时,究竟什么意思。按迈蒙尼德的说法:

> 当动名词 šəmîʻāh[听]跟上帝相联,且其外在含义为上述第一种含义的"听"时,它表达的是属于第三种含义的领会这个概念。由此:圣主听到[民数记11:1];因为圣主听见你们的怨言了[出埃及记16:7]。在所有这些片段里,{听}都意指科学的领会。然而,若是文本的外在含义是第二种,那么,它表达的是,上帝(愿祂得享尊崇)对向祂祈祷的人的祈祷的回应或是不回应。由此:我当然会听到他的哀声[出埃及记22:22];我会听,因为我是有恩慈的(gracious)[出埃及记22:26];圣主啊,求你侧耳而听[列王纪下19:16];圣主却不听你们的声音,也不向你们侧耳[申命记1:45];就是你们多多祈祷,我也不听[以赛亚书1:15];因我不听你的[耶利米书7:16]。这样的用法很常见。(卷一45章,93-94/96)

迈蒙尼德在这里对用于上帝的"听"的解释原本并不出人意料,真正令人惊讶、进而值得深思的是他为此就《圣经》文本所举的例子。在迈蒙尼德看来,"听"用于上帝要么表示上帝在科学或曰理智层面的领会,这一点契合他对上帝本性的理解;要么,它指上帝对"人的祈祷的回应或不回应":他为第二种含义所作的引证多达六句,然而从这些文本及其上下文可以看到,其中至少有一半展现的是上帝对人的呼告或祈祷的"不回应"!

---

⑰ 关于"开端论"与摩西律法的关系,详见本书第四章,第二节"'开端论'与西奈启示"。

这里,前两句引文出自摩西律法,具体说,它们属于上帝"亲自陈述"的《约书》(the Book of Covenant)。[18]这两句引文展示的是要求人照料孤寡妇孺的具体律例,也就是说,上帝答应袖会"倾听"陷于危难困苦中的人的呼求,无论该怎么理解"上帝亲口向摩西讲述"这些律例,这些要求都可以说体现了上帝的"意志",并得到了摩西律法的担保。然而,迈蒙尼德所列举的后面四句引文里,只有犹大王希西家面临亚述的侵略时向上帝的祈求得到了上帝的积极回应(《列王纪下》19章),其余例证无不表达了上帝面对祈祷的"不回应"。可见,早在摩西时代,上帝就不是仅仅"有恩惠的",从《律法书》到《先知书》,上帝"不回应"以色列人的呼求远远多于袖回应他们的次数。

对上帝"不回应"人的祈祷,当然可以有不同的解释,一种是像《圣经》文本所表示的,以色列人因为拜"偶像"激怒了上帝,从而遭致上帝的惩罚,就此而言,可以说"不回应"是一种出自上帝的惩罚。但是,迈蒙尼德并没有将上帝的"不回应"与上帝的惩罚相联系,实际上,他在这段引文之后根本没有解释上帝何以"不回应"人的祈祷。对上帝的"不回应",另一种可能的解释是,上帝太过完满,人的呼求对祂来说实在微不足道:就《迷途指津》而言,这样一种解释并非无中生有。[19]无论如何,在《迷途指津》卷一45章,在解释"听"这个词的比喻用法时,借助这些《圣经》中的例证,迈蒙尼德暗中提醒读者,上帝常常"不回应"亦即"不听"人的祈祷。[20]

在《迷途指津》里,除了否认上帝具有"看""说""听""闻"等类似人的感觉,迈蒙尼德还坚决拒斥上帝能够"行走""站立""上升""下降"乃至"居住"等动作,从而进一步通过否定上帝的"行动"来否定上帝有形体论。

(4) 上帝的"居所"

在《迷途指津》的词典释义章里,迈蒙尼德花了大量笔墨来解说"下降""上升""站立""过来""出去""经过""坐下"等动词的歧义性,当然,这些词典

---

[18] 见《出埃及记》24:7:"摩西又将约书念给民众听。"现代学者也将《约书》(出埃及记20:23-23:33)称为《约法典》(the Covenant Code)。见 John Van Seters, *A Law Book for the Diaspora: Revision in the Study of the Covenant Code* (Oxford, Oxford University Press, 2003), vii。

[19] 例如,借亚里士多德的主张,迈蒙尼德指出:"上帝不会希望也不可能去意愿与现存事物不同的事。这不会增加祂的完善,反而或许某种程度成为一种缺陷。"见《迷途指津》卷二22章,294/319。

[20] 蕴含在这种"不回应"背后的问题——上帝是否知晓每个个体的境遇,或者说,上帝是否拥有关于个别事物的知识,跟"神意"问题密切相关。相关讨论请参本书第六章"神意与上帝的知识"。

释义章的重点永远是,当《圣经》将这些动词用于上帝时该怎么去理解。在迈蒙尼德的解释里,所有这些动词都仅仅在比喻的意义上用于上帝。例如,他会说,yəšîbāh[坐着,sitting]这个词用于上帝时,比喻上帝的"稳定的、不变的状态",qîmāh[起立,rising]虽然是 yəšîbāh 的反义词,可一旦用于上帝,也要在比喻的意义上将该词理解为上帝的法令的稳定性和有效性,[21]如此等等。这里,我们择取迈蒙尼德对 šākôn[居住、留驻]的解释来考察他如何处理《圣经》归于上帝的各种"运动"(motion)。

在《摩西五经》的《出埃及记》里,上帝要求摩西和以色列人为祂建造圣所(希语 miqdāš),这个圣所被称作"帐幕"(希语 miškan)。从《出埃及记》文本对建造"帐幕"的材料、尺寸、内外设置等巨细靡遗的描述看,帐幕里有约柜(Ark of covenant)——即摆放摩西从上帝那里取来的写有"十诫"的法版的柜子,有摆放陈设饼的桌子,以及带有七个灯盏的灯台(mənôrāh)等等。[22]上帝对摩西说得很清楚:"让他们为我造圣所,使我可以住在(šākantî)他们中间"(出埃及记 25:8)。可以看到,译作"帐幕"的希伯来语 miškan 本义为"居所",它源自表示"居住""定居"的动词 šākan(不定式 šākôn)。因此,从一开始,建造"帐幕"的目的就是为了在人间给上帝一个"居所"。按现代《圣经》学者卡苏托(U. Cassuto)的看法,"帐幕承担了······上帝临在于"以色列人这样一个**有形的**(tangible)象征功能"。[23]这句话非常形象地表明,即便"帐幕"是一个象征,它也是一个让以色列人相信上帝会随时"降临"他们的"有形的象征"。

在《迷途指津》里,迈蒙尼德专门解释了 šākôn[居住、停留]在《圣经》中的用法。他指出,除了通常表示"居住"的含义外,šākôn 还在比喻的意义上使用,比如"愿云停驻(tiškon)其上"(约伯记 3:5)。在迈蒙尼德看来,这里的"停驻"以比喻的方式指"一物依附于另一物的持久",这里的"物"并非"生灵",而"停驻"所在也并非某个"位置"(place)。他继而指出,

> 正是在这后一种比喻的意义上,这个动词〈šākôn〉以比喻的方式被用于上帝(愿祂得享尊崇)——我指的是,用于祂的居所(阿语 sakīnah,Indwelling)或曰祂的神意(阿语 'ināyah)的持久:它们可能以持久方式存续于无论什么位置,或神意可能持久地存续于无论什么事物。由此经上说:圣主的荣耀留驻[出埃及记 24:16];我要住在以色列的后裔中间

---

[21] 迈蒙尼德,《迷途指津》卷一 11-12 章,38-40/37-39。

[22] 详见《出埃及记》25-27 章。

[23] Umberto Cassuto, *A Commentary on the Book of Exodus*, trans. by Israel Abrahams(Jerusalem: Magnes Press, 1967), 319.

［出埃及记 29∶45］;及住在荆棘中的祂的好意［申命记 33∶16］。在｛经文｝出现的指涉上帝的每种情形中,它都被用于指在某个位置的祂的居所——我指的是被造的光——的持久,或者说,就某个特定事物而言神意的持久。每个片段都应当依据其上下文来理解。(卷一 25 章,56/55)

在这段话里,迈蒙尼德首先明确表明,动词 šākôn 仅仅在比喻的意义上用于上帝,这一点显然跟他一再强调上帝无形体相关。因为在普通人的设想中,若是上帝像人或动物一样会"留驻"、会"住在人中间",那么上帝应该是有形体的。正因为要消除上帝有形体的思想,迈蒙尼德必须否定这类《圣经》言辞在字面上的真实性。其次,迈蒙尼德这里将归于上帝的"居所"与上帝的"神意"相联,显然别有深意。[24]按施特劳斯的说法,"《[迷途]指津》的典型特征在于,在书中,作为神学论题的 Shekhinah 为'神意'(providence)所取代,而'神意'某种程度上又为'统驭'(阿语 tadbīr,governance)所取代"。[25]施特劳斯这个精妙的洞见让我们认识到,在《迷途指津》里,如果说"神意"指来自上帝的保护或照料,那么,Shekhinah 的"上升"或"下降"分别指上帝对以色列的保护与祂对这种保护的取消——或者说对以色列的惩罚。[26]至于"统驭",这个概念在《迷途指津》里总是跟"自然"概念密切相关,简单来说,可以将它理解为神的理智对自然秩序的统驭。[27]

在上述引文里,迈蒙尼德还表明,上帝的"居所"是"被造的光",也就是说,他反对拉比们将"居所"等同于上帝的临在或曰显现这种说法,[28]而是指出"居所"乃"被造物",更重要的是,他将"居所"这个词原本空间性的含义转换为时间上的"持久",从而消除了空间性的上帝的"居所"或"临在"所蕴含的上帝有形体论。有心的读者会发现,在此章,迈蒙尼德一次也没有用到希伯

---

[24]　关于作为神学概念的"Shekhinah［居所］"与"神意"之间的密切关联,另见《迷途指津》卷一 27 章,在那里,迈蒙尼德称 Shekhinah 为"神意的行动"(58/57)。

[25]　Leo Strauss, "How To Begin To Study *The Guide of the Perplexed*," §25/29, xxxii/160. 关于施特劳斯所说的这两种"取代"的含义,进一步参本书附录"施特劳斯如何识读迈蒙尼德的《迷途指津》"中的相关论析。

[26]　关于作为神学概念的"Shekhinah［居所］"与"上升"和"下降"的关联,参迈蒙尼德,《迷途指津》卷一 10 章,37/36。

[27]　参迈蒙尼德,《迷途指津》卷二 4-11。

[28]　例如:见《密释纳·祖辈训言》(Mishnah, Avoth)3∶2:"若是两个人坐在一起,有《托拉》的言辞在他们之间［说着］,那么,正是 Shekhinah 居于他们中,正如经上说:'于是那敬畏圣主的人们彼此说话,而圣主留意倾听,且有纪念之书在那敬畏圣主、思及祂名的人面前书写'［玛拉基书 3∶16］。"在这里以及其他拉比文献中,Shekhinah 表示"上帝的临在",甚至就代指"上帝"。见 *The Mishnah*, trans. Herbert Danby(Peabody, MA: Hendrickson Publishers Marketing, LLC, 1933),450。

来词šəkînāh,凡提及"[上帝的]居所"这个概念,他使用的都是阿拉伯语sakīnah,这意味着,他有意避免去冒犯那个间接指称上帝的希伯来词:šəkînāh。稍后,迈蒙尼德进一步借归宗者翁格洛斯(Onqelos the proselyte)在翻译《圣经》时尽量消除上帝有形体论的努力来说明,每当《圣经》里出现上帝的"运动",翁格洛斯都将之表达为某种"被造之光"的显现,迈蒙尼德随即点明,这种"被造之光"即"Shekhinah 或神意的行动"(卷一 27 章,58/57)。

从以上论析我们可以看到,在《迷途指津》里,迈蒙尼德藉词典释义方式,对《圣经》中大量出现的上帝有"器官"、有"感知"、有"运动"的措辞进行寓意化解释,以便彻底消除上帝有"感知"和"运动"这样的印象,进而消除对上帝的拟人化理解。就彻底消除"拟人的"上帝这点而言,迈蒙尼德还需要面对的是《圣经》所描述的上帝的愤怒、后悔等等"感受"。

3 上帝无"感受"

在《迷途指津》里,迈蒙尼德对上帝无"感受"(infiʿāl,affection)* 的讨论是演绎式的:他先从理论角度表明,上帝不受制于任何感受——或者说,上帝不受任何影响,"因为感受是一种变化,而祂……不会被变化触及"(卷一 35 章,78/81)。随后,他才讨论和解释《圣经》中表示上帝的感受的措辞及其含义。

如果说,"上帝无形体"跟禁止偶像崇拜的律法禁令紧密相关,还比较容易理解,那么,"上帝无感受"则显得有些不近人情:若是上帝不会生气发怒,人为什么要服从律法、"敬畏"上帝?何况,如迈蒙尼德所言,《圣经》里有大量描述上帝感受的措辞。我们来看看他是怎么着手讨论这个问题的:

> 要知道,如果你考虑一下《托拉》的整体和所有先知之书(the books of the prophets),㉙你会发现,这样的表达——烈怒(hărôn ʾap̄)、愤怒(kaʿas)和嫉妒(qinʾāh)——都无例外地用于跟偶像崇拜相关的事情。你还会发现,这样的表达——上帝的敌人或敌对者或憎恨者——都无例外地用来指偶像崇拜者。(卷一 36 章,79/82)

显然,迈蒙尼德这里说的那些措辞,在《圣经》里都用来表达上帝的"负面感

---

* 这个概念指上帝不受祂之外的事物的影响和触动,亦可译作"情感"。

㉙ 这里值得留意的是,迈蒙尼德对《托拉》与"先知之书"作出区分,从而使我们获悉,"先知之书"不包括《托拉》亦即"摩西五经"。

受"。某种程度上可以说,在《圣经》里,上帝的"负面感受"远比"正面感受"出场更多,在此,迈蒙尼德首先将上帝的这些"负面感受"归结为对偶像崇拜及从事偶像崇拜的人的"反应"。接下来,他有点出人意料地讨论起"偏离真理{或'真实'}的"几种途径,他说:

> 有人相信坐着的萨伊德(Zayd)站着,这不同于有人相信火在气之下或水在地之下或地是平的以及诸如此类的事。这第二种对真理的偏离不同于有人相信太阳由火构成或天球构成一个半圆以及诸如此类的事。同样,这第三种对真理的偏离不同于有人相信天使们会吃会喝以及诸如此类的事。最后,第四种对真理的偏离不同于有人相信并非上帝的某个事物应当得到崇拜。因为,无论何时,与伟大者相关的无知(ignorance)与不忠信(*kufr*, infidelity)——我指的是与其存在得到牢固确立的那位{存在者}相关的{无知与不忠信}——它们较之与较低等级的某位{存在者}相关的{无知与不忠信}具有更严重的后果。关于不忠信,我指的是相信一个不同于其实际所是的事物;关于无知,我指的是对有可能知晓的事物的无知。(卷二36章,79-80/83)

在这段话里,迈蒙尼德列举了四种"偏离真理"的样式,我们可以看到,这些"真理"有些涉及自然科学,比如究竟火在气之下或之上、水在地之上还是之下、太阳是否由火构成,这需要自然科学的知识,而另外的"真理"诸如天使是否能吃会喝、上帝之外是否别有神明,则涉及神的科学。进而,迈蒙尼德在这里对"无知"与"不忠信"作出区分,这个区分容易让人想起他在《迷途指津》第2章对"关于真假的知识"与"关于好坏(或善恶)的知识"的区分。他在这里列举的四种"真理",实际上也可以按"无知"或"不忠信"的标准来加以区分:跟"火在气之下"以及"太阳由火构成、天球是半圆"这样的错误相关的是"无知",而跟相信"坐着的萨伊德站着"以及"天使会吃会喝"相关的则是"不忠信"。

迈蒙尼德接下来指出:施行偶像崇拜的人并没有假设,除了偶像没有神,他们也不会真的把金属铸造、石头或木头雕刻的偶像当作上帝本身,不会真的认为那个偶像"统驭着诸天与地",相反,他们将偶像视为自己与上帝之间的一个中介来崇拜。迈蒙尼德转而引用先知们的言辞——"各族(*haggôyīm*)的君王啊,谁不敬畏你? 等等[耶利米书10:7]"及"在各处,人必奉我的名烧香[玛拉基书1:11]"——说明《圣经》就此"明确指向第一因(the First Cause)"(卷二36章,80/83)。这两句引文彼此的共同之处以及它们与"第一因”之间的关联值得推敲一下。让我们看看《耶利米书》第 10 章和《玛拉基书》第 1 章各自的文本：

> 圣主如此说：
> 你们不要效法各族的行为，
> 也不要为天象（'ōṯōṯ haš-šāmayim）惊惶，
> 因各族（hag-gôyīm）为此事惊惶。
> 因民众的风俗是虚空的；
> 因一棵树在树林中被斧子砍伐，
> 在匠人手中被造。
> ……
> 圣主啊，没有如你的！
> 你本为大，你的名伟岸有力。
> 各族的王（meleḵ hag-gôyīm）啊，谁不敬畏你？
> 因敬畏你本是合宜的，
> 因为在各族所有的智慧人中（û-ḇ-ḵol ḥakmê hag-gôyīm），
> 在他们的王国中，
> 无人如你。
> ……
> 惟圣主是真神，
> 是活的神，是永远的王。
> 他一发怒，大地震动，
> 他一恼恨，各族（gôyīm）都担当不起。（耶利米书 10:2-3，7，10）

> 万军之圣主说：从日出之地到日落之处，我的名在各族（baggôyīm）中必尊为大。在各处，人必奉我的名烧香，……因为我是大君王，我的名在各族中是可畏的。这是万军之圣主说的。（玛拉基书 1:11，14）

从迈蒙尼德这两句引文的上下文可以看到，首先联结两者的是 gôyīm［各族、各国、外邦］这个词：以色列的上帝同时也是世上万族万民的上帝。其次，这两句引文所处的语境都表明："上帝乃真正的、永远的君王"，由此，"敬畏上帝"成为两位先知共同的要求，而与这个要求同时强调的正是对偶像崇拜的激烈反对。进一步看，《耶利米书》第 10 章所针对的特定的"偶像崇拜"是"为天象（或"诸天的征兆"）而惊惶"，先知教导说，"诸天"不是人事的幸运或不幸的决定者,圣主才是。对迈蒙尼德来说,就万事万物的存在皆有"原因"而言,上帝是"诸天与地"的"创造者",而"诸天与地"构成了可见世界的整体,就此而言,上帝乃是"第一因"。就"上帝是什么?"这个问题而言,将上帝理解为"第一因"非常重要,因为只有将上帝理解为如其所是的世界的"起因",才能真正否定上帝有形体、有感受。

回到迈蒙尼德对《圣经》里描述的上帝的"烈怒"等等负面感受的讨论。他指出,"尽管那些不忠信者相信神的存在,可他们对偶像的崇拜致使他们应得毁灭"。这是因为,偶像崇拜者们将惟独保留给上帝的得到崇拜和赞颂的特权给了属于上帝之外的某物,这就导致大众不再相信上帝的存在。"因为大众把握的只是崇拜的行动,而非通过崇拜行动而获得的受崇拜者的意义或其真正实在。"(卷二 36 章,81/84)显然,迈蒙尼德认为崇拜上帝本身无可厚非,然而进行崇拜这种活动的目的在于认识上帝的真正实在,即祂是"第一因",然而,"偶像崇拜"不仅不能让大众认识上帝的本质,还会使他们陷入"错误意见",误导他们不再相信上帝的独一存在。迈蒙尼德继而指出,

> 那个不相信上帝存在、或者相信有两个神、或上帝有形体、或上帝受制于感受、或将某种缺陷归于上帝的人,……毫无疑问比认为偶像乃是中介者或偶像能行善或作恶的偶像崇拜者更值得谴责。与此相应,要知道,你就是那个人哪——当你相信上帝有形体的教义或相信某一种身体的状态属于祂,你就激起了祂的嫉妒、愤怒,点燃了祂的烈怒之火,你就远比一个偶像崇拜者更是上帝的一个憎恨者、一个敌人以及一个敌对者。(卷二 36 章,81/84)

迈蒙尼德在这里对通常意义上的偶像崇拜者与真正的偶像崇拜者作出区分。通常的偶像崇拜者相信上帝存在,他们或许也相信上帝是独一的,他们甚至可能相信他们所拜的偶像乃是上帝与人之间的中介,只不过,他们认为被崇拜的偶像或偶像背后的神具有"行善或作恶"的能力,也就是说,有能力对人施加"奖赏与惩罚"。然而,迈蒙尼德眼里可以被称为"上帝的敌人"的人除了偶像崇拜者以外,更是那种不相信上帝存在和上帝单一性的人,也更是那种相信上帝有形体且上帝受制于感受的人,一言以蔽之,更是那种缺乏关于上帝的真正知识的人。在这段话里,迈蒙尼德实际上悄悄地将"真正的偶像崇拜者"从"进行偶像崇拜活动的人"替换成"相信有形体且上帝受制于各种感受的人"。对此,迈蒙尼德解释说,一个人或许因为自幼成长于偶像崇拜的环境里或者因为理解力不足而成为一个偶像崇拜者,这样的人或许能得

到某种程度的谅解;然而,"一个人如果没能力从事思辨活动,却不接受探究真理并从事思辨的人们的权威,这样的人则绝不容原谅"(卷二 36 章,81/85)。显然,迈蒙尼德将思辨的真理设为衡量知识的标准,进而表明,没有能力从事思辨的人固然可以因其能力缺陷而使其拜偶像的行为得到谅解,可他们要"接受"或曰"听从"知晓真理的人的权威。在这里,正如施特劳斯所言,"迈蒙尼德乔装为权威引入理性"。[30]

尽管从哲学角度否定上帝具有人类意义上的"感受",但迈蒙尼德无法彻底避免论及上帝的"眷顾和愤怒",因为他无法在显白的意义上彻底否定上帝的"奖赏和惩罚",他能够做的,只是将上帝的"眷顾和愤怒"严格对应于人的知识与无知,[31]并以此确立他的神意学说。另一方面,迈蒙尼德坚决否定上帝具有人类一般的"感受",也为他后文讨论上帝的"行动属性"带来了某种张力:当他把上帝的行动属性与先贤们所谓的"十三种道德品性"相联时,他无可避免地需要面对如何解释"有怜悯、有恩慈"等等用于上帝的"感受"。[32]

看上去,否定上帝有形体、有感受是为了严格贯彻摩西律法反对偶像崇拜的要求,然而,对迈蒙尼德来说,否定上帝有形体、有感受,也是通往对上帝的真正认识的第一步。关于"上帝是什么?"这个问题,迈蒙尼德还要进一步从"上帝不是什么"的角度来阐述和论证。

三 无属性的上帝

1 上帝的否定属性

迈蒙尼德的上帝属性学说往往直接被称为"否定属性"学说,因为通过否定上帝有肯定性的属性,迈蒙尼德既拒斥了上帝的有形体论又坚持了上帝的单一性。[33]可以说,属性学说始终是迈蒙尼德思想中一个热门且充满争议

---

[30] Leo Strauss, "How To Begin To Study *The Guide of the Perplexed*," § 17, xxiii/152.

[31] 参迈蒙尼德,《迷途指津》,卷一 54 章,117/124。

[32] 关于"上帝的道德属性",详见下节讨论。

[33] Z. Diesendruck, "Maimonides' Theory of the Negation of Privation," *Proceedings of the American Academy for Jewish Research*, Vol. 6(1934-1935):139-151;139;另见 Harry A. Wolfson, "Maimonides on Negative Attributes," in *Louis GInzberg Jubilee Volume on the Occasion of His Seventieth Birthday*(New York: The American Academy for Jewish Rresearch, 1945), 411-446。

的话题。早在中世纪,克莱斯卡(Hasdai Crescas,约 1340—1410/1411)就对迈蒙尼德的属性学说提出异议,其焦点正在于迈蒙尼德否认上帝具有任何"肯定属性"。㉝那么,究竟迈蒙尼德在《迷途指津》里如何处理上帝的属性问题?

关于上帝的"(无)属性"问题,迈蒙尼德在《迷途指津》卷一 50-60 章集中讨论。不过,早在卷一 35 章,他就开始为这个论题作铺垫了。在此章,迈蒙尼德指出,

> 归于上帝(愿祂得享尊崇)的一切属性,在每一方面都不同于我们的属性,因此,没有一个定义可以囊括一事{祂的某个属性}与另一事{我们的某个属性}。与此类似,正如我将表明,"实存"(wuǧūd,existence)这个词只可能以有歧义的方式用于祂的实存与祂之外的事物的实存。关于知识的这种尺度足以让孩子和大众在他们的头脑中确立,有一完善的存在者,既非一物体亦非一物体中的一种力,祂是神,祂没有任何种类的不足、因此没有任何感受能企及祂。(卷一 35 章,77-78/80)

这段话可以说代表了迈蒙尼德对上帝属性问题的总体理解。他用全称的语言、用坚决的口吻表明,在任何方面,上帝都与上帝之外的事物——其中当然包括人——完全不同,甚至,他以关于上帝最核心的"知识"或"信仰"——上帝的实存——为例,来说明这一点。与此同时,他将上帝界定为"一位完善的存在者",没有任何不足或缺陷,也不受制于"感受"的变化或任何其他变化。显然,他要表达的是,上帝乃一位完善且自足的存在者——这分明是哲人定义中的神。当然,对迈蒙尼德来说,最重要的是指出,任何可以用来形容人的正面的属性——正义的、善的、仁慈的等等,当这些词用于上帝,它们具有完全不同的含义。在这段话之后,迈蒙尼德将对上帝的属性与其他一些问题——诸如上帝的创世、上帝对世界的统驭、上帝的神意、上帝的意志、上帝的知识,以及预言概念等等,一并称为《托拉》的种种奥秘"(sitrê hat-tôrāh,the mysteries of the Torah)(卷一 35 章,78/80)。

㉝ Hasdai Crescas, *Light of the Lord*(*Or Hashem*), trans. Roslyn Weiss(Oxford: Oxford University Press, 2018), 102-114. 以摩西关于上帝的知识为例,克莱斯卡认为,尽管摩西不能认识上帝的本质,但他能够认识上帝的本质属性(essential attributes)(p.108),然而在迈蒙尼德这里,上帝的本质属于否定性的属性,详见后文。另参 Harry A. Wolfson, "Crescas on the Problem of Divine Attributes, Part II, Part III," *Jewish Quarter Review* Vol.7, No.2 (Oct.1916):175ff.

（1）属性与谓词

自卷一50章以降，迈蒙尼德开始论证他的"上帝无属性论"。他首先指出：

> 信仰并非表述出来的概念，而是，当此信仰得到谓述（is predicated）——其在灵魂中的再现（represented in the soul）即其实际所是——时，那个再现于灵魂的概念。（卷一50章，106/111）

这句话的字面意思不难理解，嘴上说说的并非信仰，信仰的对象必须名实相副：灵魂中再现的那个对象必须如其实在所是，这才能称得上信仰。按沃尔夫森（Harry A. Wolfson）的说法，迈蒙尼德对"信仰"的这个界定构成了他讨论上帝属性问题的原则，其实质在于，"谓述上帝的那些措辞，必须遵守逻辑判断中使用谓项的那些法则"。[35]依照亚里士多德逻辑学，迈蒙尼德曾在早年著作中说明，表示某物之信息的"一个从句或带有修饰语的动词，都称为谓项"。[36]然而，"如某物实在所是"需要关于某物的知识，因此，迈蒙尼德在此毋宁说为"信仰"设置了"知识"这个门槛。没有关于"上帝是什么？"的知识，信仰不过是空言。

与此相应，关于上帝的无属性，迈蒙尼德的第一个论点是上帝的单一性与多重属性之间的矛盾。他说，要是有人相信"上帝是一、可又拥有一堆本质属性（ṣifah dātiyyah；essential attributes）"，那么，这样的人就是心口不一，他说着"上帝是一"，心里想的却是"上帝是多"。迈蒙尼德将这种人比作基督徒，因为他们相信上帝"既是一又是三，而三就是一"（卷一50，106-107/111）。在这里，与其说迈蒙尼德是在调侃甚至讥讽基督徒信仰三位一体上帝的荒谬，不如说，他真正批评的对象是那些以为自己有正确信仰的人。在迈蒙尼德看来，相信上帝有诸多属性，无异于从根本上否定"上帝是一"这个根本信仰。他的言下之意是，大多数人嘴上说"上帝是一"，同时还认为上帝有各种属性，他们根本没意识到自己信仰中的这种"一"与"多"之间的矛盾。可以看到，从一开始，迈蒙尼德在讨论上帝属性问题时，其立足点就是摩西律法的根本原则之一：上帝的单一性。

接下来，迈蒙尼德援引亚里士多德的理论表明，关于上帝的本质属性之

[35] Harry Austryn Wolfson, "The Aristotelian Predicables and Maimonides' Division of Attributes," in *Essays and Studies in Memory of Linda R. Miller*, ed. Israel Davidson(New York: Jewish Theological Seminary of America, 1938), 201-234; 202-203.

[36] Moses Maimonides, *Maimonides' Treatise on Logic* (*Makālah Fī- Ṣinā'at Al-Manṭiḳ*), trans. Israel Efros(New York: American Academy for Jewish Research, 1938), 35.

所以遭到否定,因为谓述某事物的那种属性并非该事物的本质,它"反倒是本质的某种样式(ḥāl,mode),因而是一种偶性('araḍ,accident)"。迈蒙尼德的论证是:若是某物的属性即其本质,那么该属性"要么是同义反复——好似说'人是人',要么,属性就会是对某个词的区区释义——好似说'人是理性动物'"(卷一51章,108/112-113)。迈蒙尼德指出,由于"生命"(动物乃有生命之物)和"理性"这两个谓词指示的就是人的本质,因此,这两种属性无非是对"人"这个词的释义。迈蒙尼德继而推断,属性只可能是以下两者之一:

> 要么它就是其所谓述的事物的本质——在此情形中该属性是对某个措辞的释义。在这一方面,我们并不认为谓述这样一种属性给上帝是不可能的,而是认为它在另一方面是不可能的,正如我们将表明的。要么,属性不同于其所谓述的事物,而是附加于那事物的一个概念。这将会导向如下结论,即那个属性乃是属于那种本质的一个偶性。(卷一51章,108/113)

显然,正如沃尔夫森所言,迈蒙尼德有意绑定"属性"与"谓项",从而以亚里士多德式的逻辑规则来规范属性学说。看上去,迈蒙尼德在这里给出的非此即彼的选择简单明了,因为按亚里士多德的学说,偶性从定义上就不等于本质,因而迈蒙尼德要论证的无非是将属性与偶性相联,然后通过否定各种偶性可归于上帝来否定上帝的属性。诚然,迈蒙尼德的确要这么做,可他借"人是理性动物"所得出的"某些谓项表示的属性可以是事物的本质"这个"推论"及其点评——"在这一方面,我们并不认为谓述这样一种属性给上帝是不可能的"——显得别有深意。迈蒙尼德在这里很可能埋下这样的伏笔:在否定了几乎所有通常归于上帝的属性后,他为"上帝是理智的"开了一道后门。在迈蒙尼德那里,理智乃上帝的本质。㊲不过,在这里他同样留出了否定的空间,表示"在另一方面,它〈谓词代表的属性正好是事物的本质〉是不可能的",至于这"另一方面"究竟何指,还需要读者从迈蒙尼德对上帝之属性的论述中细细辨析。

(2) 属性的分类

让我们回到迈蒙尼德对通常所谓的各种上帝属性的讨论。他指出,属性可以划分为五类,第一类属性的特征在于,某事物的谓述乃是其定义。在这种情况下,属性就是事物的本质和实在,从而只是对某个词的释义。奇怪的

㊲　详见《迷途指津》卷一68章及本章第三节"上帝的本质:理智抑或意志"的论析。

是,他随即说"依照每个人的意见,这类属性都不应归于上帝"(卷一52章,110/115),这个断言乍看之下明显跟他前一章举例"人是理性动物"之后所作的点评相矛盾。迈蒙尼德在这里给出的理由是:上帝不能被定义。那么,"上帝不能被定义"会不会正是他在前文所说的"另一方面"? 就"上帝不能被定义"而言,的确没有任何谓词构成的属性——无论该谓词是否指示上帝的本质——可以归于上帝。迈蒙尼德接着指出,第二类属性的特征是,某事物的某个谓词乃其定义的一部分。显然,同理类推,这样的属性也不应归于上帝(卷一52章,110/115)。

在迈蒙尼德那里,第三类属性谓述某事物的"质"(quality)。由于"质"是偶性之一种,所以也不能归于上帝。不过,迈蒙尼德没有停留于就此简单地否定这类属性,他列举不同"属"(genera)的"质"——灵魂的道德品性(例如仁慈的、谦虚的等),事物的自然性质(例如软和硬等),人的性情特质(例如易怒的、急躁的等)以及长短、直弯等涉及数量的质——从而以直观的方式显示,所有这些属性要么表示多数性、要么表示变化,因此都不能归于上帝。迈蒙尼德指出,前三类属性虽然都与事物的本质相关,然而都不可能归于上帝(卷一52章,110-111/115-116)。

按迈蒙尼德的分类,第四类属性谓述某事物与该事物之外的另一事物的关系,例如一事物所处的时间、地点或该事物与另一个体的关系。他指出,在上帝与时间和地点之间并无关系,因为时间是一种附加于运动的偶性,而运动是附加于有形体的事物之一,由于上帝并非任何有形体,故上帝与时间无关。迈蒙尼德坚持,上帝与上帝所造的事物之间没有任何关系,他的理据可归结为两点:一方面,不同属(species)的事物不存在关系,即便它们属于同一个"种"(genus);另一方面,虽然描述上帝的措辞也用来描述其他事物,然而这些措辞本身的"绝对歧义性"表明,上帝与上帝之外的事物毫无关系(卷二52章,111-112/116-118)。

第五类属性被迈蒙尼德特别地称为"肯定属性"(affirmative attributes),这个称呼在前四种属性里不曾出现。第五类属性谓述某事物的**行动**。按迈蒙尼德的说法,"这类属性与其所谓述的事物相距遥远。出于这个理由,这类应当被允许谓述上帝",但这并不意味着,施动者的本质内有多种载体实施各种行动,而是说,"上帝的不同行动皆由祂的本质施行"(卷二52章,113/118-119)。㊳

㊳ 关于迈蒙尼德对属性的分类,参傅有德,《迈蒙尼德及其〈迷途指津〉》,《世界宗教研究》1999年第3期,103-104。

迈蒙尼德对"属性"所作的分类显然服务于他对"上帝的属性"这个问题的讨论。可以看到,无论说到哪一类属性,他的着眼点都是:这种属性是否适于上帝? 在全部五类属性里,迈蒙尼德切断了前四类与上帝的关联,因为它们要么具有多样性、要么具有变化,要么描述事物的关系,在迈蒙尼德看来,它们都不能谓述上帝,从而可以称它们为"否定属性"。

(3) 否定属性的意义

迈蒙尼德深知,否定上帝的各种属性并不能打消人们描述上帝的需要。因此,他需要表明,通过种种否定性(negations)来描述上帝是正确的描述。他指出,若是人们用各种肯定性(affirmations)来描述上帝,那么难免会将并非上帝本质的东西归于上帝,从而将某种缺陷归于上帝。然而,否定属性可以避免肯定属性的这些不足。[39]

在迈蒙尼德看来,关于上帝的种种否定属性有其特别的功用,此即引导人的头脑转向关于上帝的正确信仰,诸如,上帝不具有任何多样性等,并且最终,引导人的头脑获得对上帝的领会。他举例说,由理智把握而非感官领会的某物实存着,这一点经证明乃是必然。对这样的事物,"当我们说'它实存着',我们的意思是:它的非实存是不可能的。继而,我们能领会,这个存在者不像元素——元素是无生命的物体(或'有形体'),因而,当我们说'这个存在者活着',我们的意思是,祂并非无生命的……我们进一步领会到,这个存在者也不像天——天是有生命的物体,因而,这个存在者不是一个物体",接着,"我们还领会到,这个存在者不像理智存在者——理智存在者既非有形体亦非无生命,却是由原因造就的。因而,当我们说,'祂是永恒的',我们的意思是:祂没有使祂产生或实存的原因"(卷一 58 章,127-128/135-136)。迈蒙尼德进一步指出,上帝的实存不仅足以支持祂自己的实存,而且还使大量其他实存者从祂那里流出——

> 这种流溢(fayḍ,overflow)——{它}不像从火而来的热,也不像从太阳而来的光——是持续地藉助有智谋的统驭使那些实存者持存并有序的一种流溢。(卷一 58 章,128/136)。

这是《迷途指津》第一次从上帝生成万物并统驭万物的角度提及"流溢"这个概念。在《迷途指津》第二卷我们会看到,"流溢"跟理智紧密相关,是理

智的活动。迈蒙尼德在这里的整个推论都在表明,否定属性具有积极的意义。一方面,以肯定属性来谓述上帝会将某种有限性或者说缺陷带给上帝,而否定属性没有这个问题;另一方面,以否定属性描述上帝同样能增进人们对上帝的认识。与此同时可以看到,在为否定属性举例时,他用于比较上帝这位存在者的是"元素""天"以及"理智"乃至"原因"和"流溢"等抽象概念,也就是说,迈蒙尼德对肯定属性与否定属性的整个对照都没有考虑《圣经》的要素,比如,他没有考虑《圣经》里提到的上帝的"慈爱""正义""愤怒"等重要属性。

在讨论完否定属性的功用后,迈蒙尼德指出,但凡有意用来领会上帝本质的属性,指的都是否定属性,而惟有行动属性是肯定性的。回顾迈蒙尼德对属性的分类,我们会想起,谓述行动的属性是五类属性中的最后一类,显然,这种属性值得特别的重视,因为只有这种属性"应该被允许谓述上帝"。那么,究竟怎样的属性才可以谓述上帝呢?

2 上帝的"道德属性"

迈蒙尼德对属性的论述用到了很多亚里士多德式逻辑学的术语和概念,这使得《迷途指津》的这个部分(卷一50-60章)很少出现《圣经》或《塔木德》引文,按施特劳斯的说法,这个部分区别于词典释义章,是思辨性的(speculative)。[40]不过,这十一章里有个显著的例外:卷一54章。尽管此章同样不属于词典释义章,可它一方面用到了此前诸多词典释义章的结论,另一方面则实实在在以解经为己任。

(1) 摩西的两个请求与上帝的回应

《迷途指津》卷一54章解释的是《出埃及记》里摩西与上帝的一段对话。这段对话发生在金牛犊事件之后,上帝吩咐摩西带以色列人去往祂应许给先祖亚伯拉罕等的"流奶与蜜之地",摩西对此心存疑虑,因为上帝刚刚因为金牛犊事件降瘟疫给以色列人,[41]而且,上帝明确告诉摩西,"我自己不同你们上去,因为你们是硬着颈项的民,免得我在路上把你们灭绝"(出33:3)。因此,摩西对圣主说:

> 我如今若在你面前蒙恩,求你将你的诸道(dərākekā,Thy ways)指示我,使我可以认识你,好在你眼前蒙恩。求你想到这民是你的民,圣主

---

[40]　Leo Strauss, "How To Begin To Study *The Guide of the Perplexed*," §39/51, 1/178.

[41]　见《出埃及记》32章。

说:我必亲自和你同去,使你可以安心。(出埃及记33:13-14)

摩西说:"求你显出你的**荣耀**(kǝbōdekā,Thy glory)给我看。"圣主说:"我要显我**一切的好**(ṭûbî,My goodness),在你面前经过,宣告我的名。"(出埃及记33:18-19)

《迷途指津》卷一54章的解读就集中于摩西对上帝提出的这两个恳求或请求。对这两个恳求,迈蒙尼德开宗明义即指明:

要知道,知者中的导师(sayyid al-ʿālimīn)——我们的导师摩西(愿他安息)——{向上帝}提出了两个恳求,对两者他收到了一个答案。一个恳求在于,他要祂(愿祂得享尊崇)让他知晓祂的本质和真实。第二个恳求——实则是他先提出的那个{恳求}——是,祂应当让他知晓祂的诸属性。(卷一54章,117/123)

显然,迈蒙尼德将摩西的两个恳求转化为上帝的"本质和真实"(dāt wa-ḥaqīq,essence and true reality[或:本质和真相])以及上帝的"属性",而且,通过表明两者在时间上的先后,他将摩西请求获晓的上帝的"诸道"解释为上帝的"诸属性"(ṣifat),并将上帝的"荣耀"解释为上帝的"本质"。有意思的是,迈蒙尼德随即表明,上帝给摩西的回答在于"祂只让他知晓祂所有的属性,让他知晓它们是祂的行动,并且教导他,祂的本质不能如其所是得到把握"(卷一54章,117/123)。迈蒙尼德这里的说法实际上呼应了他前文的结论:谓述行动的属性应该被允许谓述上帝。然而,何以强调上帝无属性的迈蒙尼德又承认上帝有行动属性?与此相关的问题是:为何迈蒙尼德要将上帝给摩西的回答解释为上帝的行动属性?

迈蒙尼德接下来对摩西与上帝之间的那段对话进行了细致的厘析。他首先指出,摩西的第一个请求意味着,"在上帝眼前蒙恩的是认识上帝的人而非仅仅斋戒和祈祷的人,是每一位具有关于祂的知识的人"(卷一54章,117/123)。这句话拉开了知识与实践的距离,并将知识置于信仰实践之上,它事实上呼应了《迷途指津》的整个基调,即人的最高完善在于获得真正的知识、尤其是关于上帝的知识。随后,迈蒙尼德进一步主张"上帝的喜爱与愤怒、离上帝的近与远,都对应于一个人的知识或无知"(卷一54章,117/123-124)。在这个地方,迈蒙尼德出人意料地没有说这个知识得是关于上帝的知识。可以推断,在迈蒙尼德看来,一个人的知识的多寡,跟他获得上帝的眷顾的程度正相关。不过,迈蒙尼德随即说,这并不是此章的主题。

69

那么,这段离题的讨论究竟为哪个或哪些论题预埋了伏笔? 首先,"上帝的喜爱与愤怒"当然跟"神意"(providence)问题相关。在《迷途指津》关于"神意"的讨论中,迈蒙尼德表明,"接近上帝的人尤其得到上帝的保护",并且"神意是理智的结果"(卷三 18 章,433/476),最终,他在这个论题上的结论是"神意照看每个被赋予理智的人,以他的理智的程度按比例照看他"(卷三 51 章,575/624)。㊷从另一方面看,当迈蒙尼德说,人的知识的多寡决定了他获得上帝眷顾的程度,那么,理解"何为真正的知识?"自然也成为认识上帝之眷顾或认识"神意"的前提。迈蒙尼德用两个 54 章串起了这个问题:《迷途指津》卷三 54 章回答的正是这个问题:何为真正的知识或曰智慧?㊸

让我们跟着迈蒙尼德回到卷一 54 章的主题。他随后以更明确的方式指出,摩西第一次向上帝请求关于"诸道"即上帝属性的知识以及对以色列民族的宽谅,上帝答应他原谅以色列民族,换言之,上帝起初没有就"诸道"回应摩西。迈蒙尼德说,接下来,摩西恳求上帝显示"祂的荣耀"即祂的本质,可是上帝的回答指向他的第一个请求。迈蒙尼德的理由是两点,其一,上帝对摩西第二个问题的当下回答是:"我要显我一切的好,在你身边经过",照迈蒙尼德的解释,上帝所说的"我一切的好,暗示了在他{摩西}面前展示的一切存在事物,关于它们的说法是:上帝看祂所造的每样事物,看啊,都甚好[创世记 1:31]"。迈蒙尼德在这里指明,上帝向摩西显现整个被造世界,从而,摩西"将领会它们的**自然本性**,它们相互关联的方式,从而,他将认识到祂如何在一般意义上及在细节上**统驭**它们"(卷一 54 章,118/124)。看上去,迈蒙尼德是要表明,上帝向摩西展示的是关于自然事物之本性及其相互关联的知识,在这类知识的背后,是关于上帝如何统驭自然的知识。迈蒙尼德曾说过,"上帝对世界的统驭"属于"《托拉》的种种奥秘"(卷一 35 章,78/80)。问题是,这类知识属于上帝的本质还是上帝的属性?

迈蒙尼德称,上帝没有答应摩西第二个请求的另一个理由在于"在回答他{摩西}的第二个请求时,他被告知:你不能看见我的面,等等[出埃及记 33:20]"(卷一 54 章,118/124)。在迈蒙尼德看来,这是对摩西要求见识上帝的"荣耀"时,上帝给他的真正回答。此前,迈蒙尼德曾在对希伯来语 *pānîm* [面/脸]的释义中指出,这个多义词在用于上帝时,指"如其所是的上帝之实存的真相是人不能把握的"(卷一 37 章,83/86)。迈蒙尼德同样在前文解释过,"你不能看见我的面"这句经文意味着,摩西要求一种对上帝的领会,"可

㊷ 详见本书第七章"神意与上帝的知识"的相关讨论。
㊸ 详见本书第八章"下降:《迷途指津》的终结"的相关讨论。

上帝答应给他的是一种低于他所要求的领会"(卷一21章,50/48)。[44]这些草蛇灰线都指向卷一54章对《出埃及记》33章的解读:摩西没有被允许见上帝的"面",这表明,上帝没有允诺摩西认识其"荣耀"即认识其本质的请求。[45]

(2) 上帝的"十三种(道德)品性"

迈蒙尼德接下来转向下一个问题:为什么说上帝答应给摩西的是对**上帝之行动**的领会? 他说,因为——

> {上帝}让他{摩西}认识到的仅仅是纯粹行动的属性:有怜悯、有恩慈、不轻易发怒[出埃及记 34:6-7]。于是就很清楚,**诸道**(the *ways*)——对其{诸道}的知识是他{摩西}所求的,也是由此让他认识到的——是源自上帝(愿祂得享尊崇)的行动。先贤们称之为**诸品性**(*characteristics*)并论及十三种品性(希语 *šəlōš 'eśrēh middōt*)。他们所用的这个词,用于指诸道德〈品质〉(阿语 *al-'aḥlāq*, moral qualities)。(卷一54章,118/124)

这段话可谓此章的核心。迈蒙尼德在此非常清楚地**将摩西所获得的关于上帝的知识,限制在行动或实践的领域**,而且将其联系到先贤们所称的"十三种品性"。

从《出埃及记》文本看,在摩西向上帝提出两个请求之后不久,有一段对圣主上帝的描述:"圣主,圣主,是有怜悯有恩慈的上帝,不轻易发怒,并有丰盛的慈爱和诚实,等等。"[46]《塔木德》先贤从这段话中概括了**圣主的"十三种品性"**:(1)第一个"圣主",表示"对人有罪前的仁慈";(2)第二个"圣主",表示"对人有罪后的仁慈";(3)"上帝"(El)表示"仁慈中的大能";(4)"有怜悯";(5)"有恩慈";(6)"不轻易发怒";(7)"有丰盛的慈爱";(8)"有诚实";(9)"为千万人留存慈爱";(10)"赦免罪孽";(11)"赦免过犯";(12)"赦免罪";(13)"万不以有罪的为无罪,必追讨他的罪,自父及子,直到三、四代"。[47]可以

---

[44] 这一点迈蒙尼德在《重述托拉·知识书》里已经提到。见迈蒙尼德《论知识》I. 10。

[45] 迈蒙尼德没有明言的是,在《出埃及记》33章最后,上帝还有一句话:"我的荣耀经过的时候,我必将你放在磐石穴中,用我的手遮掩你,等我过去,然后我要将我的手收回,你就得见我的背,却不得见我的面。"(出 33:22-23)显然,迈蒙尼德在这里将上帝的"面"对应于上帝的"本质",将其"背"对应于其"诸道"即其行动属性。

[46] 见本章第一部分所引《出埃及记》34章6-7节。

[47] 需要指出的是,对这十三种品性的具体所指其实并无定论,这里列出的是一种较为主流的看法。见《塔木德·新年》17b。https://www.sefaria.org/Rosh_Hashanah.17b.5?ven＝William_Davidson_Edition_-_English&lang＝bi,检索于 2022 年 9 月 28 日。

看到,这"十三种品性"都与"感受"相关,虽然其中绝大多数是正面的"感受",可也有"追讨他的罪,自父及子,直到三、四代"这样的负面"感受"。这让我们想到,当迈蒙尼德否定上帝具有拟人的"感受"时,他集中讨论的都是上帝的"烈怒、愤怒、嫉妒"等等负面感受,对于上帝的"怜悯、恩慈"等正面感受,他此前没有明确讨论过。

对迈蒙尼德来说,这"十三种品性"都是道德性的,也就是说,它们都属于"广为接受的意见"的领域,或者如他所言,它们谓述上帝的"各种行动",故而反映的并非上帝的本质,而是上帝的属性。不过,迈蒙尼德马上澄清,"这里的意思并非上帝拥有诸道德品质,而是指,祂施行的行动类似于我们出于道德品质——我指的是,出于灵魂的习性——实施的那些行动"。迈蒙尼德随即还进一步否认上帝拥有"灵魂的习性"(卷一54章,118/124)。

这里的问题在于:摩西所获准知晓的上帝的行动属性或曰道德属性与上帝"一切的好"是一回事么?仿佛知道我们会对此感到疑惑,迈蒙尼德的回应是,"尽管摩西领会了祂一切的好",可《圣经》却"仅限于提及那'十三种品性'"。随即,迈蒙尼德进一步澄清:

> 〔圣〕书仅限于提及那十三种品性,尽管[摩西]领会祂一切的好——我要说的是,祂所有的行动——因为,就为人类带来生存并统驭他们而言,这些是源自祂(愿祂得享尊崇)的行动。(卷一54章,118/124-125)

迈蒙尼德在此把"祂一切的好"界定为"祂一切的行动",并明确将之指向两点——"就祂**为人类**带来生存并统驭他们而言"。从这句话看,迈蒙尼德的确将创造也归入上帝的"诸行动",从而让他的读者以为,他对摩西从上帝那里获得的知识持更开放的态度。[48]然而,值得留意的是,迈蒙尼德实际上在此**将上帝的"行动"限于上帝对人类的创造以及祂对人类的统驭**,也就是说,他在这里完全没有提及上帝对自然世界的统驭,这意味着,迈蒙尼德引入先贤归于上帝的"十三种品性",原本就是要凭此来界定摩西从上帝那里获得的知识的范围。更值得留意的是,迈蒙尼德将摩西获得的知识"仅限于那'十三种品性'"这一点追溯到《圣经》,这就极大地增加了这种观点的权威性。

就"创造"和"统驭"两者而言,这里真正的重点是在"统驭他们",因为迈

---

[48] 比如,《迷途指津》的英译者皮纳斯(Shlomo Pines)在解释卷一54章时称,摩西从上帝那里获得了关于自然世界的知识。见 Shlomo Pines, "Translator's Introduction: The Philosophic Sources of *The Guide of the Perplexed*," in Moses Maimonides, *The Guide of the Perplexed*, xcvi; cxv, cxxi。关于这个问题,参本书第七章第3节"摩西预言"的相关讨论。

蒙尼德随即就指出,摩西向上帝的请求的最终目标在于:为了统驭以色列民,他必须获知上帝的**统驭式行动**并对之加以摹仿。由于为人类带来生存的创造行动是仅属于上帝的,而统驭以色列民恰恰是上帝交付给摩西的使命,故上帝让摩西知晓自己的行动属性或曰道德属性顺理成章。如果说,上帝通过命令和禁令统驭人,那么,摩西将用上帝赋予他的律法来统驭以色列民。

(3) "诸道"与"行动属性"

然而,迈蒙尼德接下来的论述,似乎又扩大了"上帝的统驭"的范围:

> 由此,对你变得清楚的是,*al-dərākîm*［诸道］和 *al-middôt*［诸品性］[49]是等同的。它们都是就世界而言出自上帝(愿祂得享尊崇)的行动。与此相应,任何时候祂的行动之一要得到领会,该行动所出自的属性就谓述祂(愿祂得享尊崇),而源于那种行动的名称就用于祂。例如,一个人领会到,在生灵的胚胎的产生中、在胚胎生成各种器官并在它们出生后滋养那些器官中——那些器官从毁灭和灭绝中维系生灵,保护它们免遭伤害,并在对它们必需的那些活动中有用于它们——祂的统驭的善好(阿语 *luṭf*, kindness)。(卷一 54 章,119/125)

迈蒙尼德的这段话的确又重新将"上帝的统驭"推展到更大范围的"就世界而言",这当然是迈蒙尼德那里"上帝的统驭"的真正含义。[50]诚然,迈蒙尼德在这里所举的例子涉及事物的自然之道——生命体从胚胎开始的孕育和成长遵循某种惯常之道,体现了上帝对自然事物的统驭。那么,迈蒙尼德是否真的认为,上帝允诺摩西的知识里包括了这样的自然知识? 在将"诸道"与"诸品性"相等同时,他为我们理解这个问题留下了线索。如果说,在卷一 54 章,迈蒙尼德指明 *middôt*［诸品性］即指道德品质,从而只涉人事、无关自然,那么,对于究竟何为"上帝的诸道",直至《迷途指津》卷三他才给出答案。在讨论"恶"的问题的语境中,迈蒙尼德指出:

> 通过已然确立的两种考量,就祂的造物而言,祂的善行将对你变得清

---

[49] 迈蒙尼德在这里将阿拉伯语冠词与希伯来语名字合在一起使用,在《迷途指津》里,这种用法很常见。

[50] 关于"统驭"与"自然"的关系,见《迷途指津》卷一 70 章,卷二 10 章,卷三 2 章。参 Leo Strauss, "How To Begin To Study *The Guide of the Perplexed*," §25/29, xxxii/160, §29/38, xxxix/167.

晰,在其中,祂按照其重要性的次第,使必要事物得以产生,并且,他使同一物种的诸多个体在它们的创造中彼此平等。鉴于这个真正的考量,知者中的导师{摩西}说:因为祂的一切道皆为审判(*kî kol-dərākāw mišpāṭ*,For all His ways are judgment)[申命记 32:4]。(卷三 12 章,408/448)

迈蒙尼德在此总结的是上帝创造的善行。受造物彼此依存,那些"必要事物"是空气、水和食物等维系人以及动物的生成所必需的东西,而各物种的个体"在创造中的平等",并不是说个体之间没有差异,而是说,每个个体都"平等地"分有其所从属的物种的一切器官、构造和机能。

特别有意思的是,迈蒙尼德在这里又一次称摩西为"知者中的导师"(*sayyid al-ʿālimīn*)——这个称呼在我们讨论的卷一 54 章的开头第一次被赋予摩西,此后,在卷二 28 章以及《迷途指津》的最后一章再度出现。与此同时,我们可以观察到,摩西的这个称呼要么跟《申命记》32 章 4 节密切相联,要么,它跟上帝的"审判"以及上帝的"十三种品性"同时出现,并且,这个称呼总是指向上帝的行动。㊶这绝非偶然。迈蒙尼德实际上用"知者中的导师"这个称呼将这几章串接起来,彼此互证。

在卷三 12 章的这段引文里,迈蒙尼德引述《申命记》称上帝的"一切道皆为审判",这无疑为我们理解卷一 54 章的"诸道"提供了线索。那么,何为*mišpāṭ*[审判]?在《迷途指津》倒数第二章,迈蒙尼德一方面将"审判"解释为对一个人应得的奖赏和惩罚作出的审判或裁断,另一方面将之与"慈爱(*ḥesed*)和正义(*ṣədāqāh*)"并举,进而将它们解释为上帝的行动属性。在《迷途指津》最后一章,他进一步表明,"审判"等等是人应当从上帝的行动中效法的道德德性之一,与之相对,"智慧"(*ḥokmāh*)所指向的理智德性的完善才是人的最高完善。㊷

至此,我们可以有把握说,在迈蒙尼德看来,上帝允诺给摩西的"祂的诸道"或曰"祂的行动属性",终究仍仅限于道德或实践领域。对此,迈蒙尼德在卷一 54 章的最后部分说得很清楚:"那些行动对于统驭城邦是必需的"(卷一

㊶ "至于他所提到的神的诸行动的完善,以及不可能对它们有所增减,知者中的导师已经清楚地说出这一点:'那磐石,祂的作为完善。'[申命记 32:4]他指的是祂所有的作为——我指的是祂的诸多造物——都是最完善的,没有任何缺陷混杂其中,且其中没有过剩之物,无物不被需要。"(卷二 28 章,309/336)另见《迷途指津》卷三 54 章,587/637。参 Shlomo Pines, "Translator's Introduction: The Philosophic Sources of *The Guide of the Perplexed*," lxi, note 8.

㊷ 见《迷途指津》卷三 53 章,582/631-632;54 章,585/637。关于"道德德性"或"实践德性"与"理智德性"间的区分,详见本书第八章"下降:《迷途指津》的终结"相关讨论。

54章,121/128)。换言之,摩西所获悉的"上帝的统驭"是就对人类的统驭而言的。摩西作为以色列民族的领袖,需要知晓如何依据每个人的优点与过错,给以应得的奖赏与惩罚。上帝的"十三种品性"中体现的"怜悯、恩慈"以及"追讨他的罪"等等道德属性,正是需要他效法的。可以说,在迈蒙尼德那里,上帝的行动或道德属性是为维护律法而保留的。

值得一提的是,对于"十三种品性"里惟有一条是惩罚性的这个事实,迈蒙尼德这样解释:"城邦统治者施行怜悯、宽谅、恩慈和同情的行动应远远多于复仇的行动"(卷一54章,120/127)。对迈蒙尼德来讲,惩罚不是目的,惩罚之举是为了教育和纠正,这是一种真正亚里士多德式的宽宏大度。

(4)"同名异义"

尽管迈蒙尼德为上帝的"肯定属性"保留了余地,可他反复强调,"这一切的目标是要显示,归于祂的属性是行动属性,它们并不意味着祂拥有各种性质(*kīfīh*;qualities)"(卷一54章,121/128)。正如前文所述,上帝的"十三种品性"或曰行动属性(怜悯、恩慈等等)很容易让人联想到一般而言的"感受",对这两者之间的可能关联,迈蒙尼德并没有留下任何余地。就在讨论上帝的行动属性之后,他专门重拾"感受"这个话题,并坚决表示,就上帝而言,"有形体论必然要遭到否定,同样,所有感受也应当遭到否定"(卷一55章,122/128)。这回,他不仅指出"所有感受包含着变化"从而不能用于上帝,因为,变化要求从潜在状态到现实状态的改变,而匮乏(privation)必然附着于潜在性,所以,必须否定上帝具有变化;他还进一步论证:施加那些感受的施动者无疑并不等同于被施加感受者,如果上帝是被施加感受的那位,那就得有向他施加感受者,亦即得有造就祂的变化者。迈蒙尼德随后指出,任何意义上的"相像"也必然不能归于上帝(卷一55章,122/129)。

在否认上帝有形体时,迈蒙尼德说得最多的就是:这个描述身体器官或人类活动的词,用于上帝的时候有不同的含义,必须从比喻的角度来理解它。如今,在否认上帝有本质属性时,他同样诉诸各类词的"同名异义性"(homonymous)。关于"同名异义"这个概念,亚里士多德在《范畴篇》(*Categories*)起首即指出:

> 所谓同名异义者,指仅仅其名称是共同的,但与名称相应的"逻各斯-所是"是不同的。例如人和肖像都可以是"动物"。因为仅仅它们的名称是共同的,但与名称相应的"逻各斯-所是"是不同的。因为如果谁要规定对于它们中的每一个而言"是动物"指的是什么,那他就要给出两

者中的每一个自己的逻各斯。㊝

迈蒙尼德并没有使用"同名异义"这个词,然而,在讨论上帝的几乎所有主题中,他都不断强调,描述上帝与上帝之外事物的同一措辞具有不同的含义:

> 有些人相信本质属性可以谓述创造者(愿祂得享尊崇)——即祂有实存(existent),祂有生命(living),祂拥有权能(possessing power),祂知晓(knowing)并且祂有意志(willing),那些人应该理解,这些概念在归于祂与归于我们时并不具有相同的含义。(卷一56章,/130)

谓述上帝的措辞在这里无不指向大多数人所相信的上帝拥有的属性,按迈蒙尼德的说法,即便他们认为上帝的那些属性与人的相关属性相比有所不同,那也是程度上的不同,这些属性在定义上并无不同。然而,在迈蒙尼德看来,"实存""知识""权能""意志"和"生命"这样的词,在用于上帝时,都是"纯然有歧义的(或'多义的')",㊞他进而指出,这类被归于上帝的"性质属性"(qualificative attributions)与我们所知道的概念"仅仅在名称上是共同的"(卷一56章,124/131)。

这里最值得深究的一点是,在列举各种"性质属性"时,迈蒙尼德没有提到"理智"。不仅在这里,如施特劳斯留意到的,在《迷途指津》所有提到上帝的某种属性与人的相应属性看似同名实则异义时,他从来没有将"理智"囊括进去。㊟如果说,这是因为他要将"理智"作为上帝的本质,并且,他早已将"理智"解释为人惟一分有的上帝的"形象",那么,何以他又将"意志"归入"同名异义"的"多义词"之一? 在后文,他不是同样将"意志"视作上帝的本质? 究竟在迈蒙尼德那里,上帝的本质是"理智"还是"意志",抑或两者都是呢?

四 上帝的本质

对迈蒙尼德来说,否定上帝有任何属性,目的在于将人引向对上帝的本

㊝ 亚里士多德,《〈范畴篇〉笺释——以晚期希腊评注为线索》,溥林译笺(上海:华东师范大学,2014),107。

㊞ 关于"知识"和"意志"以及"意图"和"神意"在用于上帝与用于人时的多义性,另见《迷途指津》卷三20章(页/482-484)。

㊟ Leo Strauss, "How To Begin To Study *The Guide of the Perplexed*," §39/51, 1/178.

质的认识。⑤那么,究竟什么才是上帝的本质? 在《迷途指津》里,迈蒙尼德同时提到并真正承认为上帝本质的只有两者:神的理智(或智慧)⑤与神的意志:

> 由此,按照这两种意见,所有目的的秩序最终归因于祂的意志与智慧,正如已然表明的,按照我们的意见,它们等同于祂的本质:祂的意志与祂的意愿或祂的智慧并非外在于祂的本质。我想要说的是,它们并非不同于祂的本质的东西。(卷一 69 章,160/170)

迈蒙尼德在这里说的"两种意见"事关何以人的实存能以有序的方式持续存在这个问题,对此,一种意见认为,这是"上帝的意志所意愿的",另一种意见则认为,这是"上帝的智慧所要求的"。这段话从"两种意见"过渡到"我们的意见",再进一步过渡到"我想要说的",最后以自己的名义肯定,这个可见的世界、这个如其所是的世界的秩序最终肇因于上帝的意志以及上帝的智慧。可是,这个结论显然为我们带来了新的问题:究竟"理智(智慧)"还是"意志"才是上帝的真正本质?⑤

1　上帝作为"意志"

《迷途指津》从第 1 章开始,就不断强调上帝与理智的关系:人以"上帝的形象"所造,这"形象"指向人的自然形式即理智理解力。可以说,较之由形式(理智)和质料构成的人,上帝在更大的程度上是理智存在者,因为按迈蒙尼德对上帝的理解,上帝是绝对没有形体的。迈蒙尼德承认,上帝之为"理智"是哲人们的观点:"哲人们关于上帝的下述说法……众所周知,……即祂既是理智,也是凭理智进行认知的主体(the intellectually cognizing subject),以及凭理智被认知的客体(the intellectually cognized object)。"(卷一 68 章,154/163)那么,这样的上帝观是否能得到《圣经》的支持?

(1) "我是那我所是"的上帝

在《迷途指津》里,关于上帝本质的讨论始于探究《圣经》里上帝的名字。他首先指出:

---

⑤　迈蒙尼德,《迷途指津》卷一 46 章,96/100。

⑤　关于上帝那里"理智"和"智慧"以及"知识"的关系,详见本节第 3 部分讨论。

⑤　关于这个问题对理解《迷途指津》的重要性,参 Leo Strauss, "How To Begin To Study *The Guide of the Perplexed*," §§38-41/50-54, xlviii-liii/176-181。另参 Moshe Halbertal, *Maimonides*: *Life and Thought*, trans. Joel Linsider(Princeton and Oxford: Princeton University Press,2014),312-353。

> 在任何书中发现的上帝(愿祂得享尊崇)的所有名字都源自行动。在这一点上没有什么秘密。仅有的例外是一个名字,那就是 *Yōd,Hē,Wāw,Hē*。这是那个其来源没有任何派生性的名字,出于这个理由它被称为**表达清晰的名字**(*articulated name*[或:发音清晰的名字])。这意味着,这个名字对祂的本质(愿祂得享尊崇)给出了一个清楚的、无歧义的指示。另一方面,所有其他伟名以一种有歧义的方式给出其指示,{那些名字}派生自表示行动的措辞,正如我们已表明的,与此相似的措辞存在于我们的行动。(卷一 61 章,138/147)

迈蒙尼德这里说的仅有的例外即由四个字母 *Yōd,Hē,Wāw,Hē* 组成的上帝的"四字母圣名"(Tetragrammaton)。对犹太教来说,这个"圣名"自然是上帝的全部名字里最神圣最重要的那个。对迈蒙尼德来说,与所有其他派生自行动的名字——诸如"审判者""正义者""有恩慈者"或"有怜悯者"甚至 *ʾĕlōhîm*[上帝/统治者]——不同,四字母的这个名字还指示了上帝的本质。甚且,正因为这名字以跟所有造物毫无关联的方式指示了上帝的本质,所以它才不能被直接拼读出来(卷一 61 章,139-140/147-148)。那么,究竟 *Yōd,Hē,Wāw,Hē* 这个名字如何指示上帝的本质?

迈蒙尼德又一次从摩西与上帝的对话开始讨论这个论题。当摩西在何烈山与圣主相遇,圣主要求他去见法老并带领以色列人离开埃及,摩西的回应是:"他们若问我说:祂叫什么名字? 我要对他们说什么呢?"迈蒙尼德解释说,每个先知在说预言的时候都要带着证据,所以摩西要求上帝给他某种证据,证明他是受到上帝派遣的。迈蒙尼德进一步说,摩西问上帝的名字,有两种可能性,要么以色列人已经知道上帝的圣名,要么他们从来没听说过祂。若是他们已经知道,那么摩西跟他们知道得一样多,他在以色列人面前没有优势,若是他们不知道,那么,怎么才能让关于上帝之名的知识成为一个证据?

迈蒙尼德继而指出:

> 上帝使他[摩西]知晓他要传达给他们{以色列人}的知识,通过这知识,他们将获得关于上帝之实存的真正概念,这知识即:我是那我所是(*ʾehyeh ʾăšer ʾehyeh,I am that I am*[或译:我将是我所将是者][59])。这

---

[59] 严格从希伯来语语法上看,*ʾehyeh* 是一个未完成时动词(he/it will be),故此句译作"我将是我所将是者"更贴切。从神学角度,这样的译法某种程度上也更能凸显上帝意志的自由度。不过,这里我们的译法依照迈蒙尼德对此句的解读。

个名字派生自动词 *hāyāh*［是，to be］，它意指实存（existence），因为 *hāyāh* 指这个概念：他曾是（he was）。在希伯来语里，你说"他曾是"与你说"他曾实存"（he existed）没有分别。整个秘密落于在谓项位置重复表示实存的那个词。因为 *'ǎšer*［那］这个词要求马上提到与之相关联的一个属性。……与此相应，第一个词 *'ehyeh*［我是］作为一个措辞｛主词｝要有一个谓项附加给它；谓述第一个词的第二个词也是 *'ehyeh*［我是］，也就是说，它与第一个词相同。与此相应，《圣经》仿佛提出了一个明确的命题，其主词与谓项相同。这清楚表明，祂不是通过实存而实存。这个概念可以归纳和解释如下：实存者是那所实存者（the existent that is the existent），或者说｛实存者｝是所必然实存者。证明必然导向这样一个概念，即必然有一实存事物，它从未曾是且将不会是非实存。（卷一 63 章，145-146/154-155）

在这段话里，迈蒙尼德首先指出，圣主向摩西启示的"圣名"的含义是关于上帝的一种知识，而且这是关于上帝之实存的知识。然后，他从语法和逻辑角度对 *'ehyeh 'ǎšer 'ehyeh*［我是那我所是］这个句子加以分析，指出 *'ehyeh*［我是］的根动词 *hāyāh*［他/它是］意指某物的"实存"，从而，"我是"意味着"我实存［着］"。这里可能令人奇怪的是这句话："祂不是通过实存而实存"。要理解迈蒙尼德这个主张，我们需要回到他对"实存"（*wuǧūd*）这个概念的界定："实存是附着于实存者的一种偶性，因此，它是那个实存者的本质的某种附加物。"对此，迈蒙尼德解释说，这个界定适用于"所有具有一个原因的实存者"（卷一 57 章，124-125/132）。显然，上帝的实存并不需要一个祂之外的原因，故而，"实存"这个概念用于上帝和用于上帝之外的所有其他事物时，乃是同名异义的。就上帝之外的事物而言，"实存意味着现实的"（to exist means to be actual），因此，一事物的实存具有一个从潜在到现实的转变，而此转变由一个外在的施动者引发，正是在此意义上，迈蒙尼德认为"实存"对一事物而言是一种外加的"偶性"。[60] 在 *'ehyeh 'ǎšer 'ehyeh* 这个宣告里，关系代词 *'ǎšer* 连接的主词与谓项的相同意味着，上帝不是通过外因而"实存"，从而"祂不是通过实存而实存"。正因为"实存者｛就｝是那所实存者"，故祂是必然的实存者。

──────────

[60]　参 Alexander Altmann，"Essence and Existence in Maimonides," in *Maimonides：A Collection of Critical Essays*，ed. Joseph A. Buijs(Notre Dame, Indiana：University of Notre Dame Press, 1998)，152-153. 此文初版于 *Bulletin of the John Rylands Library* 35(1953)：294-315。

迈蒙尼德随后指出，$Y.H.W.H$ 这个名字有时候就只是名字，不过，也有时候，它指上帝的"本质和真实"——这正是摩西希望从上帝那里获得的。另有些时候，$Y.H.W.H$ 指上帝的诫命，再有些时候，它指上帝的"意志和意愿"（卷一 64 章,/157）。在将 $Y.H.W.H$ 作为一个多义词来诠解时，迈蒙尼德仿佛在对上帝的圣名作词典式释义。看上去，在作出这些释义后，迈蒙尼德马上将话题转向"荣耀"这个词的歧义性（卷一 64 章,/157），[61]可对 $Y.H.W.H$ 的如此释义绝非随意，之后我们将会看到，在对这个名字的释义里，蕴含了迈蒙尼德所传达的上帝的本质的两个维度之一——意志。那么，究竟如何来理解作为"意志"的上帝呢？

(2) 上帝的意志：创造与律法

迈蒙尼德并没有从上帝的圣名——"我是那我所是"——直接转向作为意志的上帝这个论题。他接下来讨论的是何以要否定上帝具有"言说"这种属性。如前文所言，上帝的"言说"居于摩西律法乃至整部《圣经》的核心，上帝通过言说创造世界，也通过言说向摩西颁授律法。然而，迈蒙尼德却否定这些公认的意见。他解释说：

> 这尤其是鉴于我们的共同体的共识，即《托拉》乃是被造的。这意味着，归于祂的言说是被造的。它{祂的言说}被归于祂，只是因为**摩西**听到的言辞乃是由上帝所造、上帝使之产生，正如祂创造了祂所创造的一切事物，并使它们产生一样。（卷一 65 章,149/158）

在《密释纳·祖辈训言》里，犹太先贤指出，上帝在安息日前的黄昏造出十件事，其中一件是"文字"，按迈蒙尼德在《〈密释纳〉义疏》的解释，先贤说的"文字"即指《托拉》。[62]在这里，他进一步明确，《圣经》里摩西听到的上帝的言辞乃是"被造事物"。随后，迈蒙尼德指出，对上帝言说的谓述就像用类似我们的行动去谓述上帝的所有行动。从迈蒙尼德将上帝的行动属性归结为先贤所谓的"十三种道德品性"中，我们可以推断，上帝的"言说"同样落实在行

---

[61] 迈蒙尼德指出，希语 kābôd [荣耀]一方面指代上帝的本质，如摩西要求上帝向他显示祂的"荣耀"，另一方面，"荣耀"也用来指所有人为上帝增添荣誉——"为祂增添荣誉（honoring Him）的真正方式是领会他的伟大"，进而，那些没有理解能力的事物通过其本性标示上帝使它们产生的权能和智慧，并以此来增添上帝的荣誉。见《迷途指津》卷一 64 章,147-148/157。

[62] Moses Maimonides, *The Commentary to Mishnah Aboth*, trans. by Arthur David(New York: Bloch Publishing Company, 1968), 100.

动或曰实践领域。如同各种"感受"(怜悯、嫉妒等等)或"行动","言说"也是以类比的方式归于上帝。

如前文所述,迈蒙尼德将《圣经》里表示"说"的两个词 dibbûr[讲话]和'ǎmîrāh[说话]解释为多义词,并且表明,这两个词用于上帝时,"要么指意志和意愿,要么指为来自上帝的理解力所把握的一个概念"(卷一 65 章,149-150/158)。随后他进一步指出,"意志"总是伴随着一件要去做成的事,而有意愿的那位,要么自己去做那件事,要么命令别人去做——"出于这个理由,'命令'这个词以比喻的方式用于上帝,为的是使祂所意愿的事发生"。正是在此语境中,他表明,上帝在创世时的言说——诸如"祂说,要有光,就有了光",指的都是"祂意愿或祂想要"(卷一 65 章,150/159)。换言之,上帝凭其意志创世。在列举和讨论"创世抑或[世界]恒在"的三种意见时,迈蒙尼德同样将信仰摩西律法的所有人的意见归纳为:"上帝通过其意志和意愿从无中生成了所有如其所是的存在物。"(卷二 13 章,261/281)

不仅如此。在迈蒙尼德的解释中,上帝的"手指"所书写的"十诫",也出自上帝的意志(卷一 66 章,151/160)。[63]结合迈蒙尼德将"言说"归于上帝的意志,这意味着,摩西律法以及所有的先知预言,都出自上帝的意志。这个结论并不令人惊讶,在迈蒙尼德那里,"意志"跟"施动者"(an agent),"目标"(purpose),"自由选择"相联(卷二 21 章,290/315),上帝当然既是"施动者"又是"自由选择者"。不过,迈蒙尼德从来没有将"自由意志"这样的概念归于上帝,而且,他不断强调,上帝有意志和意愿,并不意味着祂会改变祂的意志。就迈蒙尼德对"神迹"的理解而言,这一点极为重要。

迈蒙尼德认为,上帝无意——或者说,上帝没有这样的意愿——通过神迹改变人的本性。原本"神迹"应该是最靠近上帝意志的事物:"神迹"需要一个施动者,它是有意图的行动的产物,直接说,神迹就是上帝意志的产物。然而,迈蒙尼德说:"尽管所有神迹都改变某种个别存在者的本性,可上帝根本不会通过神迹改变人类个体的本性。"(卷三 32 章,481/529)他解释说,这当然不是因为他相信改变人类个体的本性对上帝来说有困难,"这完全在祂能力之内",只不过,上帝"从来不曾意愿这样做,祂也将不会意愿这样做",因为,若是上帝意愿改变人类个体的本性,那么,祂派遣先知、赐予律法的行动就会变得无用(卷三 32 章,481/529)。迈蒙尼德的意思是,如果上帝可以任意改变个别人的所作所为,那么,既然人无法为自己的行为做主,那他就不

---

⑥③　关于《迷途指津》卷一 65 章和 66 章讨论的"开端论"话题,参本书第四章"'开端论'与自然科学"相关讨论。

需要为自己的行为负责,这样的话,规范人的行为的摩西律法就毫无用处。[64]

作为"意志"的上帝当然符合《圣经》对上帝的刻画和理解。虽然迈蒙尼德自《迷途指津》开篇起就反复强调上帝的理智以及理智本身的至尊地位,可"创造""律法"乃至"神迹"似乎已穷尽了上帝的本质,迈蒙尼德要如何论述作为理智的上帝?

2 上帝作为"理智"

"理智"在《迷途指津》里拥有特殊的重要性,在迈蒙尼德看来,"人藉助理智才得以知晓真与假",而关于真假的知识高于关于善恶的知识,[65]进而,人的终极完善在于理智德性的完善。[66]恰如施特劳斯的观察,跟其他所有同时形容上帝与人的词——诸如,"实存""生命"甚至"意志"——不同,迈蒙尼德没有将"理智"划归"有歧义的词",没有声称理智用于上帝时,其含义跟用于人时不同。[67]

作为"理智"的上帝是《迷途指津》卷一 68 章的主题。在此章,迈蒙尼德一开始就提出,哲人们提到神的时候都会说,

> 祂既是理智,也是凭理智进行认知{或:智思}的主体,以及凭理智被认知{或:智思}的客体,那三个概念在祂(愿祂得享尊崇)那里是单独一个概念,其中没有多样性。(卷一 68 章,154/163)

尽管这是哲人对理智神的理解,[68]但对迈蒙尼德来讲,对神的如此理解完美地支持律法的根基之一——上帝的单一性,因为智思自身的理智没有任何多样性。仿佛知道有人会提出疑问:人无法像理智的上帝那样,在智思时保持单一性,施特劳斯在解释《迷途指津》时指出,人与上帝在智思中的差异,并不

---

[64] 迈蒙尼德对"神迹"的解释,详见本书第七章"预言及其真实性"相关讨论。

[65] 见迈蒙尼德,《迷途指津》卷一 1-2 章。参本书第二章"上升:《迷途指津》的开端"相关探讨。

[66] 见迈蒙尼德,《迷途指津》卷三 54 章。参本书第八章"下降:《迷途指津》的终结"相关解读。

[67] 见迈蒙尼德,《迷途指津》卷一 56 章,124/131。参 Leo Strauss, "How To Begin To Study *The Guide of the Perplexed*," §39/51, 1/178。

[68] 柏拉图《法义》中的雅典异乡人曾谈到克洛诺斯和精灵之后的神 Nous[理智](714a2)。见柏拉图,《法义》,林志猛译《柏拉图〈法义〉研究、翻译和笺注》第二卷:《法义》译文,上海:华东师范大学出版社,2019,77。当然,迈蒙尼德关于上帝是理智、智思及所智思者的合一的主张来自亚里士多德,在《形而上学》卷 A,亚里士多德指出,"理智智思自身,因为它通过接触和沉思它成为它所智思者,因此,理智与它所智思者是同一物"(1072a20-22)。参亚里士多德,《形而上学》,吴寿彭译,北京:商务印书馆,1959,275。

与"理智"的"非歧义性"或曰单义性(univocity)相矛盾,他还进一步点明,在这一点上,"意志"与"理智"显然不同,因为"意志行为与作为意志对象的所意愿的事物并不相同"。⑥⑨

在《迷途指津》里,迈蒙尼德在讨论各种论题时会提出哲人的相关观点,很多时候,他会说,在这个问题上,律法的观点是怎样的,然后他会明确,在该问题上,律法的或先知的观点与哲人的观点并无不同。⑦⑩也有一些时候,他会说,在这个问题上,律法的观点与哲人的观点截然不同。⑦①无论如何,他很少引述哲人的观点后直接地、无保留地认同此观点。但在将上帝的本质归于理智这一点上,迈蒙尼德从始至终支持哲人的观点,而且除了提到理智的上帝符合上帝单一性这个律法的根基外,再也没有论及律法、先知或拉比文献。

当然,这并不意味着,迈蒙尼德认为《圣经》里没有为上帝的理智留出一席之地。实际上,在之前的词典释义章里,迈蒙尼德曾指出,*leb*[心]、*rûaḥ*[气]这两个多义词用于上帝时,其中一种含义即"理智"或"神的理智的流溢"。例如,上帝对摩西说,"我要取一些降在你身上的 *rûaḥ*[气/灵],放在他们{七十长老}身上,他们就和你一起负担这民(民数记 11:17)",迈蒙尼德将这里的 *rûaḥ* 解释为"神的理智的流溢"。⑦②

这里有几点值得留意。首先,含义接近 *leb*[心]和 *rûaḥ*[气]、继它们之后得到释义的还有 *nepēš*[灵魂],⑦③可在 *nepēš* 的几种含义里,并没有"理智"。其次,用于上帝时,这三个词的另一种含义是"意志及意图"。严格来讲,这三个词里惟有 *rûaḥ* 在用于上帝时可解释为"理智",因为惟有在释义 *rûaḥ* 时,迈蒙尼德给出了三个相应的《圣经》例证,而对其他两个词,要么他没有给相应的经文证例(*leb*),要么他索性没有将"神的理智"列入其含义中(*nepēš*)。这其中或许隐含着这样的无奈:《圣经》中的上帝常常并非以"理智"示人。

让我们回到卷一 68 章。对于上帝之为理智、智思主体及智思客体的合一这个哲人的观点,迈蒙尼德认为有必要加以说明和论证,因为一般人很难理解它。为此,迈蒙尼德对"现实的理智"(intellect in actu)与"潜在的理智"

---

⑥⑨ Leo Strauss, "How To Begin To Study *The Guide of the Perplexed*," §39/51, 1/178.

⑦⑩ 例如,继指出哲人认为"天球既有生命又有理性"之后,迈蒙尼德又说,这也是律法的观点(《迷途指津》卷二 4-5 章);又如,在讨论"人的完善"时,迈蒙尼德先指出,哲人们认为人有四种完善形式,然后借助对《耶利米书》9 章 22-23 节的解读,表明先知的观点与哲人的观点完全一致(见《迷途指津》卷三 54 章)。

⑦① 关于这一点,最典型的两个例子事关"创造"和"神意",见《迷途指津》卷二 13 章及以降,以及卷三 17 章及以降。

⑦② 迈蒙尼德,《迷途指津》卷一 40 章,87/90。参卷一 39-40 章,85-88/88-91。

⑦③ 迈蒙尼德,《迷途指津》卷一 41 章,88-89/91-92。

(intellect in potentia)作出区分。对于前者,他用人作例子解释说,一个人一旦智思一事物,他就仿佛将质料从该事物——比如一块木头——的形式中剥离出去,从而再现于此人智思中的是此事物的纯形式,而这就是理智的活动。"理智的现实中的实现(realized in actu)是此人头脑中的那块木头的纯粹抽象的形式。因为理智无非就是被智思的事物。"就此而言,理智与智思的客体并非两件事。进而,使智思活动得以完成的进行智思的主体也等同于在现实中实现的理智。因为,"对每一个理智而言,其行动就是其本质",而"理智的所是和其真实性就是领会",从而,理智的行动就是领会(卷一68章,151/163-164)。

然而,迈蒙尼德继续指明,对"潜在的理智"而言,智思的主体即潜在的理智与智思的客体是两回事。这里,他引入了一个新的概念——"带质料的理智"(*al-'aql al-hayūlānī*, the hylic intellect)。严格来讲,"带质料的理智"就是人的理智,因为人是既有质料(质料)又有形式(理智)的存在者,而作为灵魂的一种官能,人的理智跟独立于(或分离于)质料的理智不同,它以身体作为基质。⑭

迈蒙尼德接下来论证道,既然上帝绝对不具有潜在性,那么祂总是一个现实的理智,"那就必然可以推断,祂与被祂领会的事物是同一样,此即他的本质。进而,作为智思的主题,祂本身就是理智,这亦是祂的本质"(卷一68章,156/165)。可以看到,潜能与现实的区分是迈蒙尼德论证在上帝那里理智、智思与智思的客体这三者同为一体的关键环节。然而,迈蒙尼德没有停留于这一步,他继续表明,理智、智思与智思的客体这三者的一体性适用于每一个"现实的理智",一旦人拥有现实的理智,他就集这三者于一体。在迈蒙尼德看来,人的理智只是有时候从潜在状态转化为现实状态,而分离理智或能动理智也会遭遇外来的障碍,无法时时处于现实状态(卷一68章,156/165)。

《迷途指津》卷一68章非常抽象,充满新的未作界定的概念,但论证的线索很清晰。迈蒙尼德最后说,他在此章反复重申这一点,即上帝是持续不断的智思的主体(理智),智思以及智思的客体,祂的本质正是智思主体、智思客体以及智思,并且这也必然是每一现实的理智的本质,因为一般人的头脑很难再现这些事物。但他认为,《迷途指津》的特定读者不会混淆理智的再现与

---

⑭ 迈蒙尼德,《迷途指津》卷一72章,179/190。关于"带质料的理智",参 Howard Kreisel, *Maimonides' Political Thought: Studies in Ethics, Law, and the Human Ideal*(Albany: New York, State University of New York Press, 1999), 64。

想象力——

　　　　因为这部论章仅仅为藉助灵魂及其所有官能进行哲思并获得对他们变得清晰的知识的那些人而写。（卷一 68 章,156/166）

　　整部《迷途指津》里,只有在这里,在讨论对上帝本质的最哲学式理解的那章的结尾处,迈蒙尼德才直抒胸臆地表明,他的这部论章是为潜在的哲人所作。如果关于上帝本质的知识是最高的知识,那么只有哲思才能企及这样的知识。当然,迈蒙尼德为之写作的潜在哲人,一定也接受过犹太传统学问的熏陶,所以,如何理解《圣经》中的上帝也是迈蒙尼德必须解决的问题。那么,在迈蒙尼德对上帝本质的理解中,究竟"意志"与"理智"是一回事还是两回事?

3　上帝的本质:"理智"抑或"意志"?

　　在《迷途指津》里,迈蒙尼德明确表示为上帝的本质的有好几样:"祂的实存""祂的智慧""理智""祂的意志"以及"祂的知识"。[75]在前两节中,我们已经讨论过迈蒙尼德对上帝之为"理智"和上帝之为"意志"的论述,在尝试回答对迈蒙尼德来说究竟"上帝是什么?"之前,我们还需要先辨析一下对他而言"祂的实存""祂的智慧"和"祂的知识"究竟在何种意义上成为上帝的本质。

(1)"实存""知识"和"智慧"

　　在《迷途指津》卷一 57 章,为了说明"实存"作为一种偶性,并非附加于上帝之本质的一种属性,迈蒙尼德指出,若是一实存事物不具有使之实存的原因,那么该事物的实存就是必然的,上帝正是这样的存在者:"由此,祂的实存等同于祂的本质和祂的真实性,而祂的本质就是祂的实存"(卷一 57 章,124-125/132)。对于将"实存"作为上帝本质的说法,如前文所述,迈蒙尼德后来在讨论上帝(四字母)圣名的含义时已经作出解释和修正,他指出,由于"实存"本身是一种偶性,故上帝"不是通过实存而实存"(卷一 63 章,145-146/154)。可以说,当迈蒙尼德说"祂的本质就是祂的实存",他着力强调的是,上帝的实存绝非偶然而是一种必然,也正是在这个意义上,他说"实存"在用于

---

[75]　见迈蒙尼德,《迷途指津》卷一 57 章(祂的实存等同于祂的本质),卷一 68 章,(理智[智思的主体]、智思及智思的客体即祂的本质),卷一 69 章(祂的意志和祂的意愿或祂的智慧并非外在于祂的本质的事物),卷三 20 章(祂的知识就是祂的本质)等。

上帝与用于上帝之外的事物时含义不同（卷一35章,78/80）。

尽管"祂的知识"这个词在《迷途指津》卷一已出现过数次,但绝大多数情况下,迈蒙尼德都用它来表明上帝的知识与人的知识的截然差异。在《迷途指津》卷二讨论"流溢"这个论题的那章,"祂的知识"再度出现：

> 至于说创造者（愿祂的名得崇敬）,已得到证明的是,祂不是一个有形体,且已得到确立的是,这个世界是祂的一个行动、祂是其动力因（fāil）——正如我们已经解释并还将解释的——有人说,世界源于上帝的流溢,祂使流溢流向世上一切在时间中被造就的事物。以同样的方式,有人说祂使祂的知识向先知们流溢。……**正是祂的行动被称为流溢。**（卷二12章,259/279）

在这里,迈蒙尼德借助"流溢"概念描述上帝与世界及先知（人）的关系：上帝是世界的动力因,反过来,世界是上帝流溢的产物,而先知们获得的启示来自"祂的知识的流溢"。然则,什么是"流溢"呢？迈蒙尼德稍前说过,"分离理智的行动总是被命名为一种流溢",而在此段文字里,他直接表明,上帝的行动被称为"流溢"。就在此段文字之后,迈蒙尼德进一步指出,"流溢"这个词在希伯来语里也用于上帝,用于把上帝比作源源不断流溢的水。迈蒙尼德解释说,之所以要进行这样的类比,是因为很难去再现一个分离于质料的存在者的行动。他继而指明,"流溢"这个概念用于上帝和天使,因为他们都不是有形体。最终,

> 通过从你{上帝}流溢来的理智的流溢,我们进行智思,从而我们收到正确的指导,我们进行推理,并且我们领会理智。（卷二12章,260/280）

从这句话可以看到,在迈蒙尼德那里,人通过作为理智的上帝的流溢接收或分有理智——这是《迷途指津》第一章就提出的论题；另一方面,这句话表明,上帝的"流溢"行动是一种理智的行动,从而可以说,"祂的知识"在此就意味着"理智"。[76]

再来看"祂的智慧"。迈蒙尼德指出,上帝的智慧与上帝的意志一样,都不是外在于上帝的本质的东西（卷一69章,160/170）。可是,要搞清楚何为

---

[76] 关于上帝是否拥有关于这个世界上的诸多个体的知识,参本书第六章第3节"上帝是否全知？"相关讨论。

"上帝的智慧",我们必须首先认识迈蒙尼德对"智慧"的理解。在《迷途指津》全书的最后一章,他专门讨论了希伯来语 ḥokmāh[智慧]的不同层次的含义。在迈蒙尼德看来,人的最高的"智慧"是"对真实性的领会",这种"不受限制的意义上的智慧"不同于"有关律法的知识及先贤的话语",通过这种智慧,"我们通过传统从律法中接受的理性事物得到证明"(卷三 54 章,583/633)。⑦这意味着,最高层面的"智慧"既是对真正知识的领会,亦是一种进行推理和证明的行动,而领会、推理和证明都离不开人的理智。从而,对上帝来说,"祂的智慧"同样指向"理智"。

如果"祂的智慧"和"祂的知识"都指向"理智",那么,真正构成上帝本质的内在张力的就在"理智"与"意志"之间。施特劳斯尝言,在关于上帝本质的问题上,

> 一般而言,《指津》在两种观点间游移,{一种观点认为}"理智"与"意志"(Intellect and Will)是不可区分的,{另一种观点认为}它们必须加以区分(从而人们必定将上帝理解为"智能者"(Intelligence)而非"意志")——依照所讨论的不同主题的要求[来加以区分]。⑧

接下来我们就循着施特劳斯提供的线索来考察一下,究竟这两种观点里的哪一种更可能接近迈蒙尼德对上帝本质的理解。

(2) "理智"与"意志"的同一

迈蒙尼德关于"理智"与"意志"同为上帝之本质的最明确表述初现于《迷途指津》卷一 69 章。我们还记得,在此之前迈蒙尼德刚刚论证,上帝是"智思的主体(即理智),智思及智思之客体",也就是说,他刚刚论证上帝的本质正是"理智"或曰"现实的理智"(卷一 68 章)。卷一 69 章进一步提出,哲人们将上帝称为"第一因",而思辨神学家们(Mutakallimūn)刻意避免这种称呼,他们将上帝称为"制造者"(fāʿil),并认为"原因"与"制造者"之间有巨大的差异,其理由是,若是将上帝视作"原因",那么祂所造就的事物的实存就是必然

---

⑦ 迈蒙尼德关于"智慧"的释义,详见本书第八章"下降:《迷途指津》的终结"相关讨论。

⑧ Leo Strauss, "How To Begin To Study *The Guide of the Perplexed*," §41/54, liii/181. 括号中文字为原文所有。施特劳斯这里在 Intellect[理智]与 Intelligence[智能者]之间作出区分,某种程度上可以说,"智能者"更接近于表达一个"施动者"。Moshe Halbertal 直接将"意志的上帝抑或智慧的上帝"(Will or Wisdom)当作理解《迷途指津》的钥匙。见 Moshe Halbertal, *Maimonides: Life and Thought*, 312-353. 引文中的引号为凸显所讨论的诸概念而酌加。

的,由此这世界必然与上帝同在,从而世界是恒在的,而"制造者"概念可以避免这种同时性,因为"制造者"有时先于"制造"的行为。

在迈蒙尼德看来,思辨神学家们这样主张,是因为他们没能在潜在事物(what is in potentia)与现实事物(what is in actu)之间作出区分。他认为,如果将潜能与现实的因素考虑进去,"原因"与"制造者"之间并没有区别:因为"潜在的原因"只有成为"现实的原因"才会造就"结果",在这种情况下,"原因"会先于其"结果"的产生。另一方面,"现实的制造者"则使他所制造的实存必然产生。迈蒙尼德接着指明,他对这两种观点进行辨析的目的是为了显示"原因"与"制造者"这两个词的多义性:

> 因为,正如我们称祂为制造者——即便由祂制造的东西是非存在——因为,没有什么能阻止祂实现祂的制造行为,一旦祂意愿如此(whenever He wills to),在同样的意义上,我们也被允许称祂为一个原因、一种根据——即便由原因造就的是非存在。(卷一 69 章,157/167)

在这里,迈蒙尼德表明了上帝的意志与从无中创世的行动之间的紧密关联。这一点对于理解迈蒙尼德那里作为上帝本质的"意志"极为关键。正是由于律法要求一个从无中创世的上帝,上帝的本质才表现为"祂的意志"。他接下来解释说,当哲人们提出神是"原因"而非"制造者"时,他们着眼的并非"世界的恒在"这样的问题,对哲人来说,一切被造就的事物都有四种原因:质料因、形式因、动力因和目的因,[79]这些原因有些切近有些遥远。迈蒙尼德委婉地表明,他"并非不同意"哲人们的某种意见,即"上帝既是世界的动力因(fāʿil[或"制造者"])又是其形式,并且也是其目的"(卷一 69 章,158/167)。[80]

接下来,迈蒙尼德一步一步地论证,何以上帝既是世界的动力因、又是其形式,并且也是其目的。他指出,每一生成事物都有原因,这些原因一级一级往前推,必定会推及一个第一因,而这个第一因必定不是被造就的,从而必然是上帝。与此类似,受制于生成与衰朽的事物具有自然的形式,其形式由较之更优先的另一形式所赋予,这同样会推出,所有存在事物的终极形式是上帝(卷一 69 章,159/168)。在这个地方,迈蒙尼德特别指出,当他说上帝是作

---

⑦⑨ 关于"四因论",参亚里士多德《物理学》第二章,第 3 节(194b24-195a3),以及《形而上学》卷 Δ,第 2 章(1013a25-b3)。见亚里士多德,《物理学》,张竹明译,北京:商务印书馆,1982, 50;《形而上学》,吴寿彭译,北京:商务印书馆,1959, 95-96。

⑧⑩ 这里我们依据 Pines 英译,将 fāʿil 译作"动力因"(efficient cause),尽管该词也表示"制造者"(maker)乃至"施动者"(agent)。见 Pines 英译本,167 注 3;页 639-640。

为整体的世界的终极形式时,该形式并非如亚里士多德在《形而上学》里所说的是"一种自然形式",在他看来,此终极形式乃是"一种分离理智"(卷一69章,159/168-169)。显然,迈蒙尼德在此将"世界的终极形式"与"理智"相联。

　　迈蒙尼德继而解释说,他并非在某个具体的形式与某种具体的质料共同构成一事物的意义上谈论整全的终极形式,毋宁说,他在一般意义上,在形式构成一事物之"所是"及其本质的意义上,论述上帝是世界的终极形式。他指出,上帝与世界的关系在于,上帝是"世上每一种形式的实存与稳定"所倚靠的"诸形式的形式",也正是借助上帝"这些形式得以构成",正因如此,迈蒙尼德说,"上帝在我们的语言中被称为'诸世界的生命',意思是,祂是世界的生命"(卷一69章,159/169)。㉛可以说,迈蒙尼德这番推论的核心在于,上帝作为"赋形者",提供了"世上每一种形式的实存与稳定"。

　　如果说,上帝作为世界的"形式因"与"理智"相联,那么,作为"目的因"的上帝在迈蒙尼德的论述中被溯及"祂的意志"和"祂的智慧"。在讨论"目的因"时,迈蒙尼德一句一句自问自答:坐在宝座上的目的是什么?——为了从地上提升;从地上提升的目的是什么?——使坐者在观看他的人眼里变得伟岸;让人看到其伟岸的目的是什么?——让人对他又敬又畏;让人敬畏的目的是什么?——为了使他的命令得到服从;服从他的命令的目的是什么?——为了防止一些人受到另一些人的伤害;防止的目的是什么?——"为了其实存以一种有序的方式得以持存"(卷一69章,159-160/169-170)。接下来,迈蒙尼德指明:

> 对每一个在时间中发生的目的,都应该这么做{追问},直到最终企及祂的意志(愿祂得享尊崇)——按照某种意见,如我们将表明的,最终的答案将是:上帝意愿如此;或者——按照另一些人的意见,如我将表明的——人最终企及祂的智慧的决定,因此,最终的答案将是:祂的智慧决定如此。由此,按照这两种意见,所有目的的秩序最终归因于祂的意志与智慧,正如已然表明的,按照我们的意见,它们等同于祂的本质:祂的意志与祂的意愿或祂的智慧并非外在于祂的本质。我想要说的是,它们并非不同于祂的本质的东西。(卷一69章,160/170)

㉛　需要指出的是,迈蒙尼德引述的希伯来语表示"诸世界的生命",而在解释其含义时,他将之转换为单数的"世界的生命"。参 Leo Strauss, "How To Begin To Study *The Guide of the Perplexed*," §39/51, 1/178。

正是在这段话里,迈蒙尼德表达了上帝的理智(即智慧)与上帝的意志的某种同一:两者都等同于上帝的本质。[82]值得留意的是,在问答部分,迈蒙尼德提到了自然世界之外的人类事物,尽管他没有明确坐在宝座上的是谁,可他一路的推论都指向上帝:上帝高高在上,令人景仰,为的是让人敬畏祂,而敬畏上帝的目的是服从祂的诫命,进而,服从诫命的目的在于防止人彼此伤害,其目的则是使人这个物种的"实存以有序的方式得以持存"——这个"目的"呼应了此前讨论"形式"时,迈蒙尼德提及的"世上每一种形式的实存与稳定",可以说,迈蒙尼德念兹在兹的是上帝与世界以及上帝与人类的关系:上帝为自然世界和人类世界带来实存、秩序和持存,就此而言,祂是这个世界的终极形式和目的。

在上面所引的这段话里,我们还留意到,尽管迈蒙尼德并举上帝的意志与上帝的智慧,并将它们都归为上帝的本质,可他实际上指出,对目的的追问会导向两种不同的意见,其中一种指向上帝的意志,另一种指向上帝的智慧或曰理智。就此而言,即便共同成为上帝的本质,"理智"与"意志"也无法真正同一。那么,究竟这两者中哪一个更接近上帝的本质?

(3)"理智"而非"意志"

在《迷途指津》,迈蒙尼德的确不止在一个地方,在提到这个世界的创造以及何以这个世界如其所是地实存、或在提到上帝的知识和祂的神意如何照料这个世界时,并举上帝的智慧与上帝的意志,将两者同时视为上帝的本质。然而,循着施特劳斯提供的线索,我们看到,在从"观点"到"行动"的转折点上,[83]迈蒙尼德突出了"上帝的智慧"对于"上帝的意志"的优先性。

在讨论一般而言的"行动"的种类以及上帝的各种行动时,迈蒙尼德重拾"这个世界作为整体的实存的目的何在"这个问题。迈蒙尼德称,"行动"可分为四类:徒劳的(futile),琐碎的(frivolous),无成就的(vain[或:无益的]),以及好并且卓越的(good and excellent)行动。关于"徒劳的行动",他解释说,那是"根本不致力于任何目的"的"不关注(inattentive)和不理会的(negligent)行动"(卷三 25 章,457/502-503)。"不关注和不理会"这个表述在前文曾出现过,迈蒙尼德在论证上帝的否定属性时曾指出,当人们说上帝"有力量、有知识、有意志"时,其意图是要表明,上帝"既非无力的、亦非无知的及

---

[82] 尽管我们的解读表明,迈蒙尼德将上帝的"智慧"与"理智"而非"意志"相联,可他在论及上帝本质的上述引文里并举"智慧"与"意志"而非"理智"与"意志",似乎也别有深意。

[83] 参 Leo Strauss, "How To Begin To Study *The Guide of the Perplexed*," § 1, xiii/141;§ 39/51,1/177f.

不关注和不理会的"(卷一58章,128/136)。将这两个文本结合起来看就可以认识到,"意志"是"不关注和不理会"的反面,从而,"意志"的行动就是有目的的行动。

迈蒙尼德指出,有些人认为,世上事物没有原因也没有结果,上帝完全凭其意志而行动,他说,这些人甚至于相信,眼睛的瞳孔和眼角膜的透明,不是为了视觉的原因,而纯粹是出于上帝的意志。当然,《圣经》里确实不乏强调上帝意愿的章句。对于这种意见,迈蒙尼德表示反对,他接着表明:

> 这些文本以及同类的其他文本的含义在于,上帝所意愿的事情是必然会实现的,没有障碍会阻止祂的意愿的实行;但是,**祂(愿祂得享尊崇)意愿的是仅仅可能的事物(what is possible)**,而并非一切皆有可能,**惟有祂的智慧所要求的才是如此｛可能的｝**。与此相似,在祂(愿祂得享尊崇)与祂所希望实现的极其卓越的行动之间,没有障碍,没有什么可以阻止它。这是所有那些遵循律法的人的意见,这也是哲人们的意见,这也是我们自己的意见。因为,尽管我们相信世界在时间中被造就,我们的学者以及我们的知识人(our men of knowledge)中**没有人相信这｛世界｝仅仅通过意志而非其他所产生**。因为他们说,祂的智慧(愿祂得享尊崇)——对其领会超逾我们｛的能力｝——义务性地**必然**使这个世界作为整体在它产生的那个时刻｛开始｝实存,并且,同一种不变的智慧在世界产生之前**必然**使其非实存。(卷三25章,459/505)

在迈蒙尼德看来,《圣经》里表达上帝意愿的那些文句的含义是,上帝的意志不会遇到阻碍、必然会实现。然而,上帝"仅仅意愿可能的事物",也就是说,上帝的意志受"可能性"的约束,或者反过来说,上帝不会或不能意愿"不可能的事物"！熟悉亚里士多德哲学的人知道,"可能的"和"不可能的"都是哲学概念,"不可能者"指"其相反者不仅为真而且必然如此"的事物,"比如一个正方形的对角线可以用它的边来计量应成为'不可能',因为这是假的",而"可能事物"指的则是"并非必然为假的事物,其一个含义是真实者,其另一含义则是被认为真实者"。㉞

"可能的""不可能的"以及"必然的"这组界定"能力"的概念对理解迈蒙尼德思想至关重要。在其晚期书信《复活论》(*Treatise on Resurrection*)里,迈蒙尼德批评他的责难者"完全没有哲人们有关必然性、不可能性与可能性的

㉞　亚里士多德,《形而上学》1019b24-33,吴寿彭译,115。

〔思考〕路径的知识",⑧对他来说,要认识一件事是否能够存在,必须具有这样的知识。藉摩西的话语"我们为你们使水从这磐石中流出来么?〔民数记20:10〕",迈蒙尼德指出,

> 他{摩西}的意思是,这{从石中取水}并非是依循自然的,而是不可能的;〔他这么说,〕即便他已经奇迹般地将水从磐石里取出来了。……若是一个人要说,无生命之物要移动是不可能的,那么,他的声称会是真的,因为这是依循自然的。(迈蒙尼德,《复活论》)⑧

这句话为我们认识迈蒙尼德所理解的"可能性"提供了指南:在迈蒙尼德那里,"依循自然的"才是"可能的",而"某个具体事物的自然在它于时间中被造就之后,就获得其最后的状态,达到稳定性"(卷二 17 章,272/294),正是在这个意义上,他认为《圣经》中的"神迹"并没有改变事物的"自然"或曰本性。⑧同样在这个意义上,迈蒙尼德认为上帝的意志"意愿的是仅仅可能的事物"。

当然,迈蒙尼德并没有明确说,上帝的意志"不能"意愿不可能的事物,毋宁说,他试图委婉表达的是,上帝的意志"不会"意愿不可能的事。无论如何,在前面的引文里,迈蒙尼德的确为上帝的意志设立了边界。与此同时,他也为自己的这个立场设置了全方位的保护。一方面,他指出"所有那些遵循律法的人"与"哲人们"都认同这个立场,可实际上,他在前文曾有过提示,主张神"不会希望和意愿与实存事物不同的事物"的是哲人亚里士多德(卷二22 章,294/319);进而,他通过"我们的学者和我们的知识人"再度强调这世界并非"仅仅通过'意志'所产生"。另一方面,迈蒙尼德用上帝的智慧为"祂的意志"托底:如前所述,由于真正的"智慧"是对真实性的领会、是推理和论证的活动,故"上帝的智慧"与"理智"相当。

在前述《迷途指津》卷三 25 章的引文之后,迈蒙尼德进一步表明,"{尊

---

⑧ Moses Maimonides, *Treatise on Resurrection*, trans. Hillel G. Fradkin, in Ralph Lerner, *Maimonides' Empire of Light*: *Popular Enlightenment in An Age of Belief*, Chicago: University of Chicago Press, 2001, 154-177; 161. 迈蒙尼德信中所提到的他的责难者是当时巴格达犹太经学院的院长(Gaon〔音译:伽翁〕)Samuel ben Eli。迈蒙尼德的《重述托拉》出版后,Samuel ben Eli 指控迈蒙尼德在讨论来世的部分对"死者复活"几乎只字不提,迈蒙尼德的《复活论》即是回应该责难的一部作品。

⑧ Moses Maimonides, *Treatise on Resurrection*, 171.

⑧ 比如,参迈蒙尼德,《迷途指津》卷二 29 章,317/345。关于迈蒙尼德对"神迹"的论述,详见本书第七章第 3 节"摩西预言"相关部分。

奉}我们律法的知识人中的大部分"都相信,具体的自然事物都得到有条理有秩序的安排,它们彼此相系、互为因果,都绝非"徒劳、琐碎或无成就的(futile, frivolous or vain),它们是**完美的智慧的作为**",哲人们同样认为"**自然的作为**绝非徒劳、琐碎或无成就的,这尤其体现在天球的自然中,由于其质料的高级,它们得到更好的条理和秩序"(卷三 25 章,460/505)。可以说,在迈蒙尼德那里,可见的宇宙作为整体的秩序以及每一自然事物的自然本性,不会仅仅是上帝意志的产物,它们必然是由上帝的智慧造就的,换言之,整全的秩序与个别事物的自然本性是"理智"的流溢所造就的。就此而言,"理智"较之"意志"更接近上帝的本质。

对于《迷途指津》如何展现"上帝是什么?"这个问题,本章作了较为全面的梳理。对迈蒙尼德来说,上帝实存着、祂没有形体、祂具有单一性,可以说,整个《迷途指津》的第一卷都在确立摩西律法的这三大根基。由于《圣经》里有大量关于上帝有形体甚至上帝具有多样性的文字,迈蒙尼德不得不用词典释义的方式说明,相关的措辞不该从字面上去理解。从律法角度说,否定上帝有形体和上帝多样性的目的在于贯彻上帝的诫命:彻底消除偶像崇拜。

进而,迈蒙尼德否定上帝具有任何肯定的属性。在他看来,任何属性,包括"实存""知识""神意"乃至"意志"等,都会为上帝带来变化、缺陷和不足,因而,它们都是同名异义词,它们用于上帝和用于上帝之外的事物时,含义不同。然而,为了让人——或更准确地说,人类统治者——的行动有效法的榜样,迈蒙尼德为上帝的行动属性开了一道后门。他将犹太先贤归纳的上帝的"十三种道德品性",解释为上帝向摩西启示的祂的行动属性。这个解释对确立摩西的形象及其独一无二性具有深远的影响。⊗

最终,在"何为上帝的本质?"这个问题上,我们认为,《迷途指津》给出的暗示指向"理智"。首先,迈蒙尼德毫无保留地认同哲人将神视为"理智(智思的主体),智思及智思的客体"的合一这种主张,并多次将"理智"直接称为上帝的本质。其次,如同上帝的行动属性,上帝的意志在迈蒙尼德这里担当的是维系摩西律法的任务。因为"基于律法,我们的主张是,事物的存与亡依凭祂的意志而非依据必然性",这里与上帝的意志相对立的"必然性"在于,"生成的事物依照自然的进程必定必然地依照自然的进程衰亡"(卷二 27 章,306/332),由于律法的可能性以及神迹的可能性皆立足于对"从无中创世"的

⊗　详见本书第七章相关论述。

信仰(卷二 25 章,303/329),故迈蒙尼德需要"上帝的意志"支持从"理智"上无法得到支持的"从无中创世"这个教义。然而最终,迈蒙尼德还是以极其微妙的方式暗示,上帝的意志受限于事物的可能性,从而"理智"较之"意志"更能彰显和代表"上帝的本质"。

第四章　"开端论"与自然科学

一　何为"开端论"

在《迷途指津》的"卷一导言"里,迈蒙尼德表示,他已经在《重述托拉》里提到"开端论"(*ma'ăśēh bərēšît*)和"神车论"(*ma'ăśēh merkābāh*),①随后,他进一步表示,"开端论"就等于自然科学(natural science),而"神车论"则等于神的科学(divine science)。②《迷途指津》的英译者皮纳斯(Shlomo Pines)把 *ma'ăśeh bərēšît* 译作 the Account of the Beginning,把 *ma'ăśeh merkābāh*译作 the Account of the Chariot(卷一导言,6/6),显然,他是将有关"开端"和"神车"的《圣经》篇章理解为故事或寓言,因此 *ma'ăśeh* 在这里就指某种"言述"或"记述"。③如果从语文学角度看,*ma'ăśeh* 这个希伯来词的动词词根 *'āśāh* 意指"制作""造就",*ma'ăśeh* 指"所做的事",一般可以译作"行事"或"作为"。④另一方面,*bərēšît* 是《创世记》乃至整部《圣经》开篇的第一个词,意为"在起初"(英文里一般作 in the beginning)。就其本义来说,一些学者将 *ma'ăśeh bərēšît* 译作 the Work of the Beginning[开端/开端的作

---

① 参 Moses Maimonides,*Mishneh Torah*,Book One,Book of Knowledge,Treatise One,"Laws Concerning the Foundations of the Law",1-4 章。中译见摩西·迈蒙尼德,《论知识》,董修元译,9-23。

② 《迷途指津》另一位英译者 Michael Friedländer 将 *al-'ilm al-'ilāhī*[神的科学]译作 metaphysics[形而上学],见 Moses Maimonides,*The Guide of the Perplexed*,3 vols.,trans. Michael Friedländer(London:Trübner & Co.,Kudgate Hill,1885). 这也是很多学者的译法,比如参 Warren Zev Harvey,"Aggadah in Maimonides' *Mishneh Torah*," *Diné Israel*(24),197-207。

③ 实际上,最初开始使用这种英译的是施特劳斯(Leo Strauss),早在其写于 1938 年的《迷途指津》的文学特征"(Literary Character of *The Guide for the Perplexed*)里,施特劳斯就用 the account of creation 来译 *ma'ăśeh bərēšît*,用 the account of the chariot 来译 *ma'ăśeh merkābāh*。见 Leo Strauss,*Persecution and the Art of Writing*,41。

④ 参 Marcus Jastrow,*Dictionary of the Targumim*,*Talmud Bavli*,*Talmud Yerushalmi and Midrashic Literature*(Judaica Treasury,1971),1124-1125;819-820。

为]可能更接近这个词的字面意思,而另一些学者将其译作 the Work of Cre-ation[创造的作为],则体现了他们对这个词词义的特定理解,即特别地将这一作为视为上帝的作为。⑤施特劳斯和皮纳斯把 *ma'ǎśeh* 译作 account,表明他们对迈蒙尼德所论述的 *ma'ǎśeh bərēśît* 有不同于其他学者的看法,他们突出了这"作为"的"记述"的那面。那么,究竟什么是迈蒙尼德所理解的"开端论"? 究竟又在什么意义上,迈蒙尼德将"开端论"跟自然科学相等同?

的确,从字面上看,"开端论"指跟"起初"有关的《圣经》记述,而跟"起初"有关的《圣经》叙述,非《创世记》前三章莫属,正是在这个意义上,相当多学者将 *ma'ǎśeh bərēśît* 直接译作"创世论"(the Work/Account of Creation)。可是,仔细考察《迷途指津》的话,我们会发现,情形很可能**不仅仅如此**。我们观察到,*ma'ǎśeh bərēśît* 在全书总共出现了 18 次,⑥其中有 4 次在迈蒙尼德引述的《塔木德》文本里;另外有 5 次,"开端论"与"神车论"一并被提及,迈蒙尼德总是在那些场合强调,解说这两个论题乃是他写作《迷途指津》的主要意图。⑦在剩下的 9 次里,作者的确不断将它跟创世尤其是《创世记》第 1 章所论述的创世相联,⑧他也一再将之与"自然科学"并举,可是此外,有 3 次出现"开端论"时,作者明确地同时提到了"托拉",另有 1 次,迈蒙尼德直接将 *ma'ǎśeh bərēśît* 与"石板上所写的"(the *writing on the table*)相提并论(卷一66,151-152/161)——所谓石板,当然指摩西从西奈山上带给以色列民的写有"十诫"的那两块。正是迈蒙尼德将 *ma'ǎśeh bərēśît* 与"托拉"乃至写有"十诫"的石板一起讨论的做法,让我们疑心,在迈蒙尼德那里,"开端论"之"开端",不仅仅局限于世界之"开端",它还可能隐然包含了"律法"的"开端",也就是说,它包含了**摩西在西奈山领受神启律法**这个"开端"。本节的任务,就是细致考察"开端论"的这两个维度,进而尝试回答,迈蒙尼德在何种意义上说,"开端论"等于自然科学。

---

⑤ 有意思的是,也有学者将该词译作 the Account of Creation。见 Moshe Halbertal, *Maimonides: Life and Thought*, trans. by Joel Linsider(Princeton and Oxford: Princeton University Press, 2014), 205. 即使 Leo Strauss 本人在其写于 1938 年的"《迷途指津》的文学特征"里也将 *bərēśît* 诠解为 creation[创世],见 Leo Strauss, *Persecution and the Art of Writing*, 41.

⑥ 《迷途指津》提及 *ma'ǎśeh bərēśît* 之处有:卷一导言(4 次),卷一 17 章、65 章、66 章(各 1 次),卷二 2 章(2 次),卷二 29 章(4 次),30 章(2 次),卷三导言、13 章、29 章(各 1 次)。

⑦ 我们将在下章讨论《迷途指津》对"神车论"的论述时,具体展开这一点。

⑧ 尤参《迷途指津》卷一 65 章(150/159),卷二 29 章(317/345)等。

二 "开端论"与创世

1 "创世"的秘密

从迈蒙尼德所引述的拉比文献看,"开端论"的说法首先出自《密释纳·节仪》(Mishnah,Ḥagigah):

> 被禁止的人际关系[这个论题]不能当着三个人的面加以阐释,开端论不能当着两个人的面加以阐释,神车论不能当着一个人的面加以阐释,除非这人是位智者,能靠自己来理解。
>
> 谁要是推测这四种事——何者在上、何者在下、何者先在及何者后来——他最好不曾降世。
>
> 谁要是不为他的创造者的荣耀着想,他最好不曾降世。⑨

可以看到,跟"开端论"及"神车论"相关的第一段话里有一种递进关系,讨论不正常的两性关系在任何社会都可谓一种禁忌,而"开端论"和"神车论"的保密性则更胜一筹。"开端论"被认为不可以同时向两个人传授,也就是说,只能一对一地口授。究竟是怎样的秘密需要如此来保守? 后面的两段话或许可以给我们一点提示:"起初"是一个开端,可是,总有好学好问的少年或青年可能会问:"起初"之前是什么? 之后呢? 我们死去之后会是什么? 这个世界会恒久地持存么? 如果不会,之后会怎样? 如此等等。拉比们说,这种问题,不能同时向两个人传授。

关于"开端论",迈蒙尼德在《迷途指津》里引述的另一段拉比文献是这样说的:

> 如先贤(愿他们得平安)所说:不可能告诉凡人们开端论的力量。正因这个理由,经书上说得含含糊糊:起初,上帝创造,等等[Midrash,Shnei Ketubim,Batei Midrashot,IV]。(《迷途指津》,卷一导言,9/9)

---

⑨ 《密释纳·节仪》(*Mishnah*,Ḥagigah)2.1.1。另见《巴比伦塔木德·节仪》(B. T.[Balonian Talmud],Ḥagigah)11b。

这里,看上去非常明确,所谓开端就是我们这个世界的开端,就是上帝创造的开端。关于创世的开端,《创世记》是这样记载的:

> 起初,上帝创造天与地,地是混沌空虚、渊面黑暗。上帝的气息(rûaḥ)运行在水面上。上帝说,要有光,就有了光。上帝看光是好的,就把光与暗分开了。上帝称光为昼、称暗为夜,有晚上、有早晨,[这是]头一日……(创 1:1-5)

对于这样的一个"开端",可以有很多种可能的解释,比如,在上帝开始创造的时候,"地"是不是已经存在? 再比如,"上帝的气息"(rûaḥ ᵓělōhîm,常常被译作"上帝的灵")跟上帝是什么关系? 它独立于上帝还是内在于上帝? 没有太阳这样的发光体,光从何来? 这些以及其他一些,都可能成为难以回答的问题。对拉比们来说,真正的难题还在于,这些追问会跟犹太教内部已逐渐形成的上帝从无中创世的教义相冲突——正如迈蒙尼德指出的,是否信仰上帝从无中创世,对犹太教来说至关紧要。在这种情况下,先贤们立下禁令,要求不得向两个人同时传授有关创世的秘密。对迈蒙尼德来说,先贤的禁令当然要遵守,可是,在他看来,由于犹太人长时间的离散,到他的时代,当年先贤们口口相传的那些关于"开端论"和"神车论"的答案已然失传,而他恰恰凭自己的才智和努力搞清楚了这些秘密的答案,他认为自己有义不容辞的责任将这些答案传递给后人,不然的话,他说:

> 就你和每一个像你那样感到困惑的人而言,我会把那种行为当做极端怯懦之举。 这就仿佛将真理从某个值得知晓真理的人那里夺走,或者剥夺某个继承人他的遗产(卷三导言,379-380/416)。

事实上,在不止一个地方,迈蒙尼德提到,《迷途指津》的"首要目标就是在尽可能的限度内,解释开端论和神车论"。[⑩]考虑到迈蒙尼德从一开始就表明,"开端论等于自然科学,神车论等于神的科学",某种程度上也许可以说,《迷途指津》的首要目标就是在尽可能的限度内,解释会造成律法研习者困惑的自然科学和神的科学。

2 "开端"与自然

在《迷途指津》的"卷一导言"之后,迈蒙尼德第一次提及"开端论"是在卷

---

⑩　参《迷途指津》卷二 29 章(319/346)及卷三导言(379/415)。

一 17 章,该章起始,迈蒙尼德就指出:

> 不要认为,不该向大众传授的只有神的科学。这一点在更大的程度上对自然科学同样适用。实际上,我们不断为你写下我们的断言:开端论不应在两个人在场的情况下传授。这一点不仅对律法的遵循者有效,在古代的各种共同体里,对哲人和有学问的人一样有效。因为,他们将自己有关首要原理(the first principles)的言辞隐藏起来、呈现为谜语。因此,**柏拉图和他的前辈将质料(Matter)称为女性(female),将形式称为男性**。你知道,**受制于生成和衰朽的存在物**的原理有三:质料、形式以及总是与质料相联的特定的匮乏(Particularized Privation)。因为,要不是有与匮乏的这种联结,质料就不能获得形式。正是在这个意义上,匮乏被当做{首要}原理之一。然而,一旦质料获得了某一种形式,相关的特定的匮乏——我指的是所获得的形式的匮乏——就消失了,而另一种匮乏就与质料相联;这种情形会始终持续下去,正如自然科学所显明的。**甚至那些就算清楚阐明事物也不会被指控腐蚀{青年}的人**,也采用比喻式措辞,乃至诉诸明喻来进行教导,那对**我们这些律法的遵循者**来说,就更有义务**不公开陈述这样的事**——不向没有理解力的大众或是那些对此事的想象跟我们的意图不符的人公开陈述这样的事。这一点你也要知道。(卷一 17 章,44-45/42-43)

这一章特别有意思,迈蒙尼德列举的质料、形式、匮乏等概念出自亚里士多德的物理学(或曰"自然学"),可是他提到的哲人却不是亚里士多德而是他的老师柏拉图。[11]如《迷途指津》的英译者皮纳斯所言,迈蒙尼德这里对柏拉图的引述并不确切。[12]柏拉图在迈蒙尼德所熟悉的《蒂迈欧》里说过,"可以把接受者(δεχόμενον, recepient)比作母亲"(《蒂迈欧》50d),——这个"接受者"出自《蒂迈欧》里一个非常重要的概念ὑποδοχή。ὑποδοχή的字面意思是"容器",通常被英译为 receptacle,我们可以将之诠解为"承纳者"或"接收者",关于这个"接收者",柏拉图笔下的蒂迈欧这样说:

---

[11] 事实上,亚里士多德对质料与形式有过类似的比喻说法,见亚里士多德,《论动物的生成》730 ab1-12。参 Jacob Klein, "Aristotle: An Introduction," in *Lectures and Essays*, edited by Robert B. Williamson and Elliott Zuckerman (Annapolis, MD: St. John's College Press, 1985), 182-183。

[12] Shlomo Pines, "Translator's Introduction," in Moses Maimonides, *The Guide of the Perplexed*, lxxvi.

　　同样,那个经常以其整个范围很美地接受那些与所有永久存在者相一致的东西的东西,依据自然应该外在于所有形式。因此,让我们言说生成得可见的东西的**母亲和接收者——它完全不被感受为土或气或火或水**,或任何那些生成为这些东西的结合物或组成部分的东西。相反,如果我们说,它是某种不可见且无形状的形式,接受所有东西,而且某种程度上以最令人困惑且最不好把握的方式分有可理知者,那么我们不会在说谎。⑬

　　正是在这个地方,柏拉图将接收者(ὑποδοχή)与"母亲"(μητέρα)相提并论。"接收者"不同于土、气、火、水这些基本元素,也不同于这些元素的结合物,它无形而不可见,却分有可理知者。尽管对这个概念本身始终有争议,后世学者多将柏拉图的这个"接收者"对接于亚里士多德的"质料"(ὕλη),或许正因如此,迈蒙尼德在卷一17章说:"柏拉图和他的前辈将质料称为女性,将形式称为男性。"⑭值得留意的是,蒂迈欧讨论他比喻为母亲的"接收者"时,举的例子是水、火、土、气这四元素,而有关四元素的知识当然属于跟我们所见的生成世界相关的自然科学。可以说,柏拉图的《蒂迈欧》不仅论及我们这个可见的世界从哪里来这样的宇宙起源论,更呈现了这个生成的世界如何运作的自然学问题。柏拉图的《蒂迈欧》会不会是迈蒙尼德将"开端论"与自然科学相等同的一个范式?可以说,迈蒙尼德选择柏拉图和《蒂迈欧》作为自然科学的代表是有意为之:在专题论述"开端论"的那章,迈蒙尼德着重疏解了创世与四元素的关系。

　　在迈蒙尼德笔下,柏拉图就算清楚阐明"质料像女性、形式像男性"这个论题,也不用面对苏格拉底曾经面对的腐蚀青年的指控,即便如此,柏拉图还是用比喻方式解说质料与形式的关系。迈蒙尼德举这个关于形式、质料和匮

---

⑬　柏拉图,《蒂迈欧》51a1-51b2,叶然译,《柏拉图全集》(中短篇作品下),刘小枫编(北京:华夏出版社,2023),1251。中译略有改动。

⑭　学者们对迈蒙尼德这句话的出处作出了不同的判断,《迷途指津》的现代校勘者及法译者Salomon Munk 认为是《蒂迈欧》49a,其新的希伯来语译者 Michael Schwarz 则认为是《蒂迈欧》50d,熟悉中世纪阿拉伯语哲学文献的 James Robinson 则指出三个另外的可能出处:亚里士多德在《物理学》I. 9 对柏拉图的批评,法拉比(Al-Fārābī, 870-950)在其亚里士多德《辨谬篇》(*Sophistical Refutations*)摘要里对柏拉图的引述,以及阿威罗伊(Averroes, 1126-1198)在其《亚里士多德〈后分析篇〉梗概》(Epitome of Aristotle's *Posterior Analytics*)里对柏拉图的引述。Robinson 倾向于认为,迈蒙尼德的直接文献来源很可能是法拉比的上述作品。见 James T. Robinson, "Some Remarks on the Source of Maimonides' Plato in *Guide of the Perplexed* I. 17," in S. Berger, M. Brocke and I. Zwiep eds., *Zutot*(2003), 49-57;51-53, 56-57。鉴于迈蒙尼德在专题讨论"开端论"的卷二 30 章将创世与四元素相联,而柏拉图《蒂迈欧》的相关文本也涉及四元素,故卷一 17 章引述柏拉图的出处很可能还是《蒂迈欧》。详见下文。

乏的例子,看上去好像就只是用来说明"自然科学不适合向大众公开传授",其实,读完《迷途指津》全书且细细琢磨之后,我们会发现,这不是一个泛泛而言的例子——形式、质料、匮乏等概念恰恰跟"开端论"有隐秘而密切的关联。一方面,质料——混沌的、未被赋予形式的质料——恰恰位于"从无中创世"抑或"世界恒在"的对立的核心,这两者之间的对立在迈蒙尼德看来如哲学与律法的对立那样不可调和(卷二25章,303/328)。另一方面,表示"匮乏"的阿拉伯词 'adam 也可以指"无"(nothingness)或"不存在"(nonexistence),[15]在迈蒙尼德有关上帝属性的论述中,"匮乏"恰恰跟上帝联系在一起:对迈蒙尼德来说,上帝是没有任何肯定意义上的属性的。就此而言,形式、质料、匮乏不仅跟上帝创世的秘密相关,还跟上帝究竟"是什么"(What)以及"如何是"(How)这样的问题相联(卷一58章,127/135)。

从另一个角度看,比喻或寓言其实有一种双向的作用:一方面,比喻或寓言可以帮助理解力不足的人理解原本抽象的概念或理论,事实上,当柏拉图说"接受者像母亲"时,他很可能是在用一个常见的概念"母亲"解释一个抽象的概念"接受者";另一方面,比喻或寓言也能将理解力不足的人阻挡在抽象的理论之外。同样的比喻,到了迈蒙尼德这里,就变成一个隐藏"质料"、"形式"尤其它们与"匮乏"之间的关系的谜。甚而,如 James Robinson 所言,柏拉图式的比喻成为迈蒙尼德的"隐微笔法的范式以及其寓意解经的钥匙"。[16]

我们可以看到,迈蒙尼德在卷一17章同时提到"开端论"与自然科学,意在呼应"卷一导言"里他作出的论断:"开端论等于自然科学",可是,除了"质料"、"形式"和"匮乏"等寥寥数个概念,关于"开端论"所涉及的自然科学,短短的卷一17章没有提及更多内容,尤其令人惊奇的是,这一章没有提到任何跟创世有关的内容,它甚至是《迷途指津》里少数那些既未出现《圣经》引文、又未出现拉比文献的卷章。

3 "开端"与"上帝的意志"

"开端论"再一次出现的时候是在卷一65章。那章开头,迈蒙尼德就宣称,我们的宗教共同体有一个共识,即《托拉》是被造的(created),他认为这表明,归于上帝的言辞亦是被造的:"上帝的言辞被归于祂,仅仅因为摩西听到的那些话由上帝创造、上帝使之生成,正如上帝创造了所有他所创造并使之

---

[15] 见 Hans Wehr,Wehr,*A Dictionary of Modern Written Arabic*,698. 参《迷途指津》卷二17章(274/296),英译者注3.

[16] James T. Robinson,"Some Remarks on the Source of Maimonides' Plato in *Guide of the Perplexed* I. 17," 57.

生成的事物。"(卷一65章,149/158)接下来,迈蒙尼德指出,该章的目的是说明,'ămîrāh[说话,speaking]与 dibbûr[讲话,saying]是多义词,既表示舌头发声吐出言辞,也表示无声的内心思想,比如"以扫在心里讲[创27:41]"等等,与此同时,"讲"和"说"还表示愿望(wishing)。我们曾提到,在迈蒙尼德看来,当《圣经》里提及上帝"说话"或"讲话"的时候,这两个词要么表示内在想法,要么表示愿望。他强调,"说"和"讲"这种词用于上帝,是**把上帝比作人**,但事实上,《圣经》提及"上帝说",绝非意指上帝真的用嗓音文字来发声。正是在同样的意义上,《圣经》把"**命令**"这样的词用于上帝,为的是表达上帝的**意愿**。随后,迈蒙尼德明确表示:

> 在开端论中发生的祂说,祂说的所有情形,指的都是祂意愿或祂想要。这一点已经由某个人[Pines 英译按:或某些人]而非我们说得很清楚了,而且早已广为人知。对此的证明——我指的是,祂的说话(sayings)都只是在行使意志而非讲话(volition only and not speech)——在于这事实,即言辞只能诉诸接受相关命令的存在者。由此,《圣经》有这样的说法:诸天藉圣主的话语而造[诗篇33:6],这句可类比于同节的另一句:万象藉祂口中的气(rûaḥ)[而造],其中的意图是指明,诸天通过祂的目标和意志而生成。(卷一65章,150/159,方括号中内容为英译者所加)

在这一章里,迈蒙尼德的确将"开端论"与《圣经》记载的创世联系在一起。不过值得注意的是,在提到"诸天"(heavens)的创造时,他并没有引用《创世记》第1章,而是引了《诗篇》,就此而言,英译者在上引段落里对迈蒙尼德的文字所作的补充,未必切合他的本意,也就是说,当迈蒙尼德说,"我指的是有关祂说的话仅仅是意愿而非话语"时,他未必仅针对上帝在创世时的"话语"。在这一章里,迈蒙尼德斩钉截铁地指出,上帝不会发声,不会像人类那样讲话,他的言下之意是,上帝并不像我们通常认为的那样,用"言辞"进行创造;相反,《圣经》里记载的"祂说""祂说"都是比喻的说法,上帝的创造乃出于祂的"目标和意志"。迈蒙尼德在讨论中还特地提到与"讲"和"说"相关的"命令",这绝非偶然。试想一下,如果律法中上帝的"命令"和"诫命"都不是由上帝所"讲",都不是摩西从上帝那里实实在在听到的,那会有怎样"不得了的后果"?[17]要讲清楚上帝不会发声的原理,当然需要用到自然科学,需要解释人

---

[17]　参 Leo Strauss, "How To Begin To Study *The Guide of the Perplexed*," § 29/37, xxxix/167。

和动物如何发声,声音如何传播,等等。⑱在这里,我们再次看到"开端论"与自然科学的紧密关联。

三 "开端论"与西奈启示

1 "法版"与"自然事物"

《迷途指津》卷一65章虽然提到"开端论",但按迈蒙尼德自己的说法,此章的意图在于说明"说"和"讲"乃多义词,当这两个词用于上帝时,通常仅指上帝的意愿而绝非上帝像人那样会发声讲话,所以看上去,"开端论"似乎并非此章重点。不过,由于卷一66章同样出现了 *ma'ăśeh bərēṥît*,这就值得我们细细思量这相邻两章之间的关联。

第66章始于一句《圣经》引文:"那[两块法]版是上帝的作品(*ma'ăśeh 'ĕlōhîm*, Work of God)"——这句出自《出埃及记》32章16节的经文,恰恰用到了 *ma'ăśeh*[作为/作品,所记述的]这个词。⑲我们之前提到,*ma'ăśeh bərēṥît*[开端论]传统上也被英译作 the Work of Beginning[开端的作为]或者 the Work of Creation[创造的作为],实际上,这些译文无不体现了其作者将"开端"与"上帝创世的作为/作品"相等同的理解。让我们更完整地看一下这一章的开头:

> 那[两块法]版是上帝的作品[出 32:16]。他{指摩西}藉此意在暗示,这实存{世界}是自然的而非人工的,因为所有自然事物都被称为"圣主的作品(*the work of the Lord*)":"这些人看见圣主的作品[诗 107:24]"。与此相应,在提及所有自然事物——诸如植物、动物、风、雨和同类的其他事物——之后,他{大卫}说:"圣主啊,你的作品{或"你所造的"}何其多[诗 104:24]! 他{大卫}不仅{把万物的存在}归因于祂,甚至还说:"黎巴嫩的香柏树是祂栽种的"[诗 104:16]。正因为香柏树是自然的而非人工的,他才说,上帝栽种它们。(卷一 66 章,151/160)

---

⑱ 关于如何理解将人的身体器官用于上帝的圣经篇章,见迈蒙尼德,《迷途指津》卷一46章,96-98/101-103。

⑲ 本节将 the work of God(the Lord)译作"上帝(圣主)的作品",但在个别地方译成"上帝(圣主)的作为"。

在这段话里,出现了好几个"他",只有熟悉迈蒙尼德所引《圣经》经文的出处,我们才能辨析,这几个"他"是不是同一个人,如果不是的话,"他"们究竟分别是谁。第一个"他"很好认,"那版"指写着"十诫"的两块法版,章首的引文来自《出埃及记》,所以第一个"他"无疑是摩西。接下来三句引文均出自《诗篇》,传统上,迈蒙尼德所引的两首诗均归于大卫名下,因此,后面的几个"他"指向以色列人的诗人王大卫。有意思的是,在这个段落里,迈蒙尼德藉"上帝的作品"把**自然事物**和原本看上去绝非自然事物的"法版"糅合在一起——就仿佛对迈蒙尼德来说,凡是"上帝的作品"就都是自然而非人为的。可是,"法版"上明明写了字,而且迈蒙尼德所引的那节《出埃及记》明确说:"那[两块法]版是上帝的作品,[上面]所写的是上帝所写,刻在版上"(出32:16)。法版上上帝所"写"的难道不是最跟自然相对立的律法?何以在这儿迈蒙尼德要扯上自然事物呢?

迈蒙尼德接下来解释说,他已经在前面的章节阐明,要如何理解《圣经》里"用上帝的手指所写的"[出31:18]来表示"上帝所写的"[出32:16]。在卷一46章,迈蒙尼德讨论了将人体器官与上帝相联的《圣经》措辞,诸如"上帝的脚""上帝的手指""上帝的右手""上帝的声音""上帝的眼睛"等等。迈蒙尼德解释说,人的感觉器官和其他器官是人生存、繁衍、劳作的必需,但上帝的存在没有任何这类的需要,这些器官也不会增进上帝的行动。因此,"上帝没有器官……祂不是一个身体,他的行动通过他的**本质**而非通过祂的器官来实施"(卷一46章,98/102)。如前一章所述,关于何为上帝的本质,尽管迈蒙尼德在不同的地方有不同的说法,但严格来讲无外乎此两者:"意志"与"理智"。将上帝理解为"理智"可以对应于亚里士多德的观点"世界恒在",而与将上帝理解为"意志"则与律法的观点"世界由上帝从无中创造"呼应:"理智"的上帝自我沉思,是世界的首要的动力因,而律法的上帝凭自己的意愿从无中创造世界。的确,我们看到,一方面,在《迷途指津》卷一68章,迈蒙尼德直接把不带任何肯定属性的上帝解释为亚里士多德意义上的"纯粹理智";同时,迈蒙尼德也说,"以我们之见,**意志也是智慧的产物**,这些都是**同一件事——我指祂的本质和祂的智慧**——因为我们不相信[祂有]属性"(卷二18章,279/302):由于"智慧"和"理智"用于上帝时在迈蒙尼德那里是同义词,故而迈蒙尼德在这里即使没有将智慧置于意志之上,也是将两者相等同。

让我们回到卷一66章。迈蒙尼德继而说,《出埃及记》31章所言"用上帝的手指"可类比于《诗篇》作者将"诸天"比作"你[指上帝]手指的作品(the work[*ma'ǎseh*] of Thy fingers)[诗8:3]"。迈蒙尼德指出,"诸天凭圣主的言辞而造[诗33:6]"这样的经文只是对"讲话"和"说话"的比喻式用法,同样,

"手指的作品"也是一种比喻说法。与此相应,"凭上帝的言辞"就相当于"凭上帝的意志所写"。有心的读者会留意到,迈蒙尼德再次在提及创世时以上帝创造"诸天"为例,并且,他论及上帝创造"诸天"时再次引述《诗篇》而非《创世记》,并最终将"上帝的手指"和"上帝的言辞"都解释为"上帝的意志"。这个细节让我们看到卷一 65 章与 66 章之间的隐秘联系。

2 "开端论"与律法的开端

真正将这两章更直接联系起来的,是迈蒙尼德在卷一 66 章结尾处再度提到的 ma'ǎśeh bərēšît:

> 正如星辰的生成藉助第一意志(the First Will)而非藉助一种工具,因此,这凿刻的文字也是藉第一意志而非一种工具而生成。你已经知晓《密释纳》所书"在黄昏所造的十件事",其中就有"所写的"和"所刻的"。这就证明,在大众里有一种共识,即"法版上所写的"就像所有其他"开端的作品"(ma'ǎśeh bərēšît)一样,如我们在《〈密释纳〉义疏》(Commentary on the Mishnah)里表明的。(卷一 66 章,152/161)[20]

这里的确很难将 ma'ǎśeh bərēšît 译成 the Account of the Beginning 或"开端论",但皮纳斯将它译为 other *work in the beginning*,却使这个词跟具有特定内涵的"开端论"的关联变得很难辨识。藉着这句话——"'法版上所

---

[20] 关于"在安息日前的黄昏被造的十件事",《密释纳》列出的是:

> [吞下可拉的]地的口(民 16:32),[在旷野里伴随以色列人的]井的口(民 21:17),[对巴兰讲话的]驴子的口(民 22:28-30),[上帝与亚伯拉罕立约指证的]彩虹(创 9:13),[上帝给以色列人在旷野吃的]吗哪(出 16:4-21),[摩西的]杖、[帮忙建造圣殿的]沙米尔虫(shamir),文字(the letter),所写的(the writing),以及[摩西带下山的法]版。(《密释纳·祖辈训言》V, 6)

迈蒙尼德在《〈密释纳〉义疏》里指出,这其中"文字"指"托拉","版"当然是摩西从西奈山上带来写有"十诫"的"法版","所写的"就是在"法版"上"所写的"。迈蒙尼德说:"可能有人不理解,在六天的创造之后,所有神迹已被纳入各种现象的自然中,为什么先贤还要挑出这十种事物来?"——所谓的"所有神迹已被纳入各种现象的自然中"是对圣经里发生的各种神迹的一种解释性观点,这种观点认为,圣经记载的神迹——诸如太阳停驻、红海分开、点水成血、天降吗哪等等——看上去改变了自然进程,其实不然:所有这些神迹的发生已经在上帝创世过程里得到考虑和安排(比如,摩西会分开红海,这件事在上帝分开天上水与地上的水的创世第二日就安排好了,而这"十件事"则是在创世第六日的黄昏得到安排的),就此而言,创世过程一旦停止,世界就按万物的自然本性开始运行,上帝不再干预自然进程。可以说,迈蒙尼德本人就是这种观点的倡导者。见 Moses Maimonides, *The Commentary to Mishnah Aboth*, trans. by Arthur David(New York: Bloch Publishing Company, 1968), 100。

写的'就像所有其他'开端的作品'一样"——迈蒙尼德绝无仅有地将"开端论"与"法版""十诫"乃至与西奈启示挂上了钩。诚然,迈蒙尼德在这里将这样一种关联呈现为"大众的共识",但我们可以体察到,这个"大众共识"并不像他通常加以贬斥的大众的流俗意见,因为他既没有用"广为接受的意见"这样与"真正的知识"相对的词,也没有说这共识乃出自**想象力**而非**理智**因而不可靠。毋宁说,迈蒙尼德在这里是藉先贤之口,坐实他心目中的另一维"开端论",即作为律法之开端的西奈启示。

可是,迈蒙尼德究竟在什么意义上把律法的开端跟创世这个开端相提并论呢? 要怎么理解"'法版上所写的'就像所有其他'开端的作品'一样"? 他不太可能是为了强调石板上的律法乃出自上帝,因为这是所有人都知晓的。从卷一65章和66章的上下文看,把这两者联系在一起的,首先应该是迈蒙尼德对"所说的"与"所写的"两者的寓意式解读。如前文所表明,在迈蒙尼德看来,上帝"讲""上帝说""上帝用手指写"等等《圣经》说法都是比喻,都不能照字面理解。其次,在这两章里,他都指出,"讲""说""写"等等词用于上帝都表示这些行动出自上帝的**目标**或**意愿**——也就是说,迈蒙尼德将创世与赐予摩西律法一并归于**上帝的意志**。

除此以外,我们还留意到,在这两章里,迈蒙尼德提及创世引述的总是《诗篇》而非更名正言顺的《创世记》第1章,而且,关于创世他举的例子总是跟"诸天"相关,这是为什么?

表面上看,出现在《迷途指津》卷一66章的《诗篇》8章3节"我观看你的诸天——你手指的作品"像一座桥梁,连接了卷一65章所引《诗篇》33章6节"诸天藉圣主的言辞而造"以及66章所引《出埃及记》32章16节"那[两块法]版是上帝的作品——[上面]所写的是上帝所写,刻在版上",但往深里想一层,我们会认识到,迈蒙尼德在这两章真正与众不同的想法是,"这个实存[世界]是自然的而非人工的,因为**所有自然事物都被称为"圣主的作品"**"(卷一66章,151/160)。这其实是一句非常令人费解的话,"作品"或曰"作为"(ma'ăśeh)已然蕴含了"制作"('āśāh)的行动在其中,至少从人的角度,任何"制作"都是"人为的(或造作的)"而非"自然的",既然一切都是上帝"制造的",或者说,既然一切都是上帝的"作品",迈蒙尼德在何种意义上说,这个实存世界是自然的? 如果照他所说,"'法版上所写的'就像所有其他'开端的作品'一样",那将意味着,"法版上所写的""十诫"乃至摩西律法,也是自然事物。尽管这个谜一样的断言的真正意义还有待检审,至少我们看到,在这个地方,"开端论"(开端的作品)不但与被造的自然世界密切相连,而且涉及西奈启示和摩西律法。

3 "开端论"与事物的(自然)本性

"开端论"再次出现在《迷途指津》里,已经是在卷二 2 章:在卷二 2 章短短的一篇"特殊导言"里,"开端论"两度与我们相遇:两次它都跟"神车论"一并被提及。在解释自己写作《迷途指津》的意图时,迈蒙尼德指出,

> 你已经从本书的导言得知,这本书系于解释**开端论**和神车论中能得到理解的部分和排除涉及**预言**和**神的知识**的困难。与此相应,无论论你在哪一章里发现,我的论述着眼于解释已经在自然科学或神的科学中得到论证的一件事,或是着眼于解释已经显现为最恰当地去相信的意见,或者着眼于解释已经在数学上得到解释的一件事——要知道,那件特定的事必然成为一把钥匙,[有助于]理解某个要在预言书里发现的东西,我指的是其中的某些寓言和秘密。我何以提到、解释、阐明那件事的理由,将会在为我们获取神车论或开端论的知识中被发现,或者,将会在为涉及预言概念的某种根基提供的解释中被发现。(卷二 2 章,237/254)

卷二 2 章的"特殊导言"可以说是《迷途指津》全书的点睛之笔。上引的这段话一方面以重复提及"开端论"和"神车论"的方式表明,《迷途指津》的首要目的是在"能得到理解的"范围内解释开端论和神车论;另一方面,这段话里,迈蒙尼德两次论及"开端论"和"神车论"时都同时提到了"预言",如果照迈蒙尼德在"卷一导言"所说,"神车论"等于神的科学从而对应"神的知识",那这段话是否在暗示我们,等于自然科学的"开端论"对应于《圣经》里的**预言**——尤其是《圣经》里**最独一无二的摩西预言**? 当然,按犹太教传统,《创世记》所记载的创世也属于"摩西五经",就此也在宽泛意义上属于摩西预言,不过,我们从卷一 66 章和卷二 2 章看到的是,迈蒙尼德同样将最接近上帝的先知摩西接收到的西奈启示也列入了"开端论"。

"开端论"再次出现是在卷二 29 章:在这一章,"开端论"出现了 4 次,是所有章回里出现次数最多的。这一章迈蒙尼德讨论的主要论题是"每位先知都有独属于他的某种言说方式"(卷二 29 章,310/337)。他先以先知以赛亚为例来说明,以赛亚常常用比喻式修辞提到各王国面临毁灭时的景象,比如论及巴比伦的覆灭,以赛亚说"天上的众星群宿都不发光,日头一出,就变黑暗,月亮也不发光[赛 13:13]",迈蒙尼德指出,只有傻子才会认为星星、太阳、月亮真的会因为巴比伦的末日的到来而改变其本性,先知的话语只是一种表达巴比伦人逃跑时黯淡心情的修辞罢了;同样,在表达喜悦的时候,光也仿佛

显得比往常更明亮些。论及以东的毁灭时,先知以赛亚预言道"天上的诸军都要消亡,诸天被卷起,好像书卷,所有星星将下坠如葡萄藤的落叶,又如无花果从树上落下[赛 34:4]……",迈蒙尼德在解释其比喻意义后,有些感慨地说:这些句子的意义明显得根本无需在《迷途指津》这样一本书里去解释,可"必然性"要求他作出解释,因为:

> 普通人、甚至理应属于精英的某些人,丝毫不考虑这一节的上下文,就拿它作为证据,仿佛其中蕴含着《托拉》里有关于诸天之消亡的信息给我们,就如其中有关于诸天之生成的信息给我们那样。(卷二 29 章,312/340)

从这段话可以看到,迈蒙尼德特地解释以赛亚关于"诸天"等等的预言是要说明,这节经文不能从字面上去理解,不然,人们会误以为"诸天"有生成和消亡。对迈蒙尼德来说,自然事物一经受造,就被赋予固定的本性——使某物是其所是的本性,没有什么力量能改变事物的本性,正因如此,先知的类似话语都要当作比喻来理解。即便以赛亚以上帝的名义说"看哪,我创造新天新地,从前的事不再被记起,也不再去追想[赛 65:17]",在迈蒙尼德看来这也只是表达一种"对地的祝福,以及对过往兴衰起落的忘却",绝非意味着对新的创造或对创世的颠覆。迈蒙尼德指出,以赛亚接下来的说法——"所以,你们要高兴,你们要永远喜悦,因为,看哪,我造耶路撒冷令人喜悦,造她的民令人高兴;我将为耶路撒冷喜悦,为我的民高兴,其中不必再听见哭泣的声音和哀号的声音[赛 65:18-19]"——显然是在表达因信仰带来的**喜悦的恒久状态**。关于"新天新地",以赛亚还说:"因为,正如我制造的新天新地会在我面前长存,圣主说,你们的后裔(seed)和你们的名字亦会长存[赛 66:22]。"对此,迈蒙尼德解释说,"这是**律法之恒久性**的一个迹象,正因如此我们有一个特殊的名字"(卷二 29 章,314-315/342)。

《以赛亚书》的最后两章通常被视为有关弥赛亚的先知预言,因此,对照一下迈蒙尼德在《重述托拉》最后一卷最后一章藉以赛亚的预言对弥赛亚时代的论述,会帮助我们理解迈蒙尼德对以赛亚所谓的"新天新地"的解读。

> 愿没人会认为,在弥赛亚时代,任何自然法则会被弃置,或者说,任何新事物会被引入创造。**世界将会循着其惯常的轨道。** 以赛亚的话——"豺狼会与绵羊羔同居,豹子会与山羊羔同卧"[赛 11:6]——要以比喻的方式来理解,他的意思是,以色列将与被比作豺狼和豹子的凶恶的异教徒们安全地共处,正如书上所言:"野地的豺狼必击杀他们,豹

子要在城外窥视他们。"[耶 5：6]{在弥赛亚时代,}他们{异教徒们}都会接受真正的宗教,将不会劫掠也不会破坏,会和以色列一起以正当的方式赚取舒适的生活,如经上所言:"狮子必吃草如牛一般。"[赛 11：6]所有与弥赛亚时代相关的类似表述都带着隐喻,在弥赛亚王的日子里,所有人都会清楚这些隐喻的完整含义及其暗示。㉑

在这段话里,迈蒙尼德向我们展现了一幅各民族、各宗教和平共处的弥赛亚时代景象。在迈蒙尼德看来,弥赛亚将是现世的君王,是将以色列人从异族统治下解救出来的那个王,弥赛亚时代不必是人类或世界的末日。这个解释完全契合先知以赛亚的预言。对我们来说更重要的是,他明确指出,**弥赛亚的到来不会改变自然的进程**。换言之,狮子和豺狼不会改变凶恶的本性,羔羊也不会变得凶狠,改变的是以动物们为比喻的强国和弱国的力量消长和各族各宗教共处的方式。当我们回到《迷途指津》卷二 29 章,我们会看到同样的思路:"这样的概念——即世界的消亡、世界改变其现有的状态,或者一事物改变其本性并持久地改变其本性——在任何先知书里或任何先贤那里都没有得到过肯定",如迈蒙尼德引述的《传道书》中的智者所言,"太阳底下无新事[传 1：9]"。㉒

迈蒙尼德指出,他之所以强调事物不会永久地改变其本性,针对的是《圣经》里有关神迹的描述。在他看来,的确没有什么自然原因可以解释摩西的杖何以变成了蛇、尼罗河水何以变成血,但这些变化都是暂时的,也没有使经受变化之物改变其自然本性(nature),也就是说,杖在变为蛇以后,又变回为杖,尼罗河水变成血以后又恢复为水,故而,杖与河水的本性或自然并未改变。正是在这里,迈蒙尼德第一次在卷二 29 章提及 ma'āśeh bərēšît:

> ……[先贤]发现这是件极端困难的事——即承认在开端的作品(ma'āśeh bərēšît)之后{一事物的}本性会改变,或者说另一个意志会干预已经以明确方式确立起来的{一事物的}本性。(卷二 29 章,317/345)

这段话事实上呼应了卷一 66 章最后部分,迈蒙尼德在那里提及《密释纳·父辈训言》里有关"创世第六天黄昏所造的十件事",并提请读者参考他本人对

㉑ Moses Maimonides, "Treatise Five, Kings and Wars," Ch.12, "The Messianic Age," *The Code of Maimonides: Book Fourteen, The Book of Judges*, trans. by Abraham M. Hershman (New Heaven, Yale University Press, 1949), 240. 大括号中内容乃笔者为顺通文字所加。

㉒ 见迈蒙尼德《迷途指津》,卷二 29 章,317/344。

此的注解。对迈蒙尼德来说,万事万物一经被造,就被刻上属于该事物的独有印记,这个"最初的印记"就是该事物的"自然"或曰"本性"(nature)(卷二29章,317/345)。在这里,"开端论"明确跟事物的本性(nature)之不易性相提并论:坚持事物本性的不易性,其实就是否认存在超自然的神迹。迈蒙尼德断言,"**所有其他神迹**都能以类比的方式得到解释"(卷二29章,318/346)。在《圣经》里,最大的神迹无异于上帝创世的作为,而仅次于创世的,就是上帝启示摩西赐予他律法的作为。当迈蒙尼德将"开端论"与有关神迹的讨论联系在一起,他应该已准备好面对如何解释这两个最大的神迹的任务。

在卷二29章,*ma'ăśeh bərēšîṯ* 还连续出现了三次:

> 当我们的阐述最终到达这一点时,我们现在要专门用一章对涉及开端论的文本做几点提示(give several indications)。**因为本书的首要目的就是解释开端论和神车论里可以得到解释的内容。** 在开始这一章之前,我们先要确立具有共同重要性的两个前提。这两者其中之一是:并非《托拉》里涉及开端论的一切都得像俗众所想象的那样要从其外在含义来理解。(卷二29章,318-319/346)

这段话是整部《迷途指津》里一共五次同时出现"开端论"和"神车论"中的第四次。我们可以看到,在这里,迈蒙尼德一方面预告他将于下章集中讨论与"开端论"相关的文本,另一方面,继卷二2章之后,他再次强调,解释"开端论"和"神车论"里可以解释的部分是《迷途指津》的"首要目的"。我们还留意到,在本章最后一次提及"开端论"时,迈蒙尼德同时提到了"托拉":究竟什么才是"托拉",这并非不言自明的一件事。至少在迈蒙尼德之前,犹太数学家、天文学家和哲人亚伯拉罕·巴·希亚(Abraham bar Ḥiyya,1070-1136/1145)曾提出,按某种犹太传统的区分,"托拉"指摩西五经里第二至第四部(即《出埃及记》《利未记》《民数记》),而《申命记》应被称为"重述托拉"(Mishneh Torah)。[23]迈蒙尼德完全可能知道巴·希亚的这个说法,因为他不仅将自己编写的犹太法典命名为 *Mishneh Torah*[重述托拉],[24]而且在《迷途

---

[23] Abraham bar Chijja ha-Nasi, *Hegyon ha-Nefesch*,ed. E. Freimann(Leipzig:1860),38b. 英译本没有传递出文本里蕴含的 Torah 跟 Mishneh Torah(即《申命记》)之间的区分,见 Abraham bar Hiyya Savasorda, *The Meditation of the Sad Soul*,trans. Geoffrey Wigoder(London:Routledge & K. Paul,1969),137。

[24] 参 Leo Strauss,"The Literary Character of *The Guide for the Perplexed*,"*Persecution and the Art of Writing*,85-86。

指津》里好几次提到《申命记》时称之为"Mishneh Torah"。㉕因此,当迈蒙尼德在这里提到"《托拉》里涉及'开端论'的一切"时,他未必指《创世记》第一章,而是很有可能指《出埃及记》里涉及"法版"及律法起源的西奈启示。如果这个设想成立,那么我们接下来的问题便是:在迈蒙尼德这里,自然科学如何一方面跟创世相关,另一方面跟摩西预言相联系。

四 "开端论"中的自然科学

1 "首先"与"首要"

让我们先来看《迷途指津》里涉及"开端论"最核心的一章——卷二30 章。此章起始,迈蒙尼德就宣称,在阿拉伯语词 al-'awwal[第一/首先/起初;the first]和 al-mabda'[首要;the principle]之间有一个区别,这个区别在于是否涉及时间:具有"首要性"的事物,未必在时间上居先。比如心脏对生物来说具有首要性。反过来,虽然 al-'awwal 有时候也表示"首要",但该词更多表示时间上的"在先"即"首先"。然后,迈蒙尼德指出,在希伯来语中,表示"首先"的词是 tehillah,表示"首要"的词则是源自 roš[头]的 rešît。接下来,迈蒙尼德指出,"世界并非**从时间上的首要性里**(fi mabda' zamānī)创造出来,因为时间属于被造事物"。迈蒙尼德的意思是,时间不是始终存在而是上帝在创世时创造的,因此,创世意味着时间的开端。他接着说,"正因如此,《圣经》[的第一个词]说:bərēšît[在起头]"——他特别点明,这个词里的前缀 be 有"在……[时候]"的意思。"所以,这句经文的正确译法是:在起头(fi bad'a, in the origin)上帝创造了在上的和在下的。"(卷二30 章,321/349)

我们可以看到的是,无论阿拉伯语的同根词 mabda'[首要]或 bad'a[起头],还是希伯来语的 rešît[首要],在迈蒙尼德的词典式释义里都**未必涉及**时间的先后。有意思的是,迈蒙尼德其实并没有完全否定,阿语 mabda' 和希语 rešît 两个词都带有时间上的"开端"的含义。不过,迈蒙尼德指出,在犹太先贤那里,对上帝是否从无中创世这个问题,其实是有不同意见的。

在《迷途指津》卷二 26 章,迈蒙尼德专门讨论过拉比埃利艾泽(Eliezer)的"天问":"天体们从何而受造? 从袆衣袍的光里。……地从何而

㉕ 例如,《迷途指津》卷二 31 章(页 331/359),卷二 34 章(页 337-338/366)等。

受造？从祂荣耀宝座下的雪里。"㉖他在那里指出,这个问题很容易让人疑心,拉比埃利艾泽并不相信事物可以从无中产生,所以他要为天和地找到使它们得以被造的"质料",而这种想法几乎就是希腊哲人们所认识到的"世界恒在"的观点,这种观点无疑对立于律法遵循者应有的立场。借助自己精妙的寓意解释,迈蒙尼德很好地帮拉比埃利艾泽以及其他有类似观点的先贤解了围。他指出,"衣袍的光"与"荣耀宝座"之下的"蓝宝石的白色之作品[出埃及记24：10]"其实指代两种质料,一种构成天体、另一种构成地上万物,两种质料并不相同(卷二 26 章,304-305/330-332)。㉗

回到卷二 30 章,迈蒙尼德在这里代表先贤提出的是跟《创世记》第 1 章更紧密相关的问题:在太阳、月亮等发光体受造之前,"头一天"如何来衡量?在回答这个问题时,迈蒙尼德一方面强调,对无中创世的信仰是全部律法的根基,时间也好、运动也好,都是受造的。另一方面,他藉另一些拉比的看法说明,万物的创造是同时进行的,但由于万物的分化或发生所需的时间不同,故而有不同的事物在不同的时间受造的说法,他说,就好像同时播种的种子,抽苗拔穗的时机各不相同(卷二 30 章,322/350)。

2 "开端"与四元素

从这里开始,迈蒙尼德一连用了 16 个几乎同样的句子——"**在这些事中你应当知道/你应当反思的是**"——开启一个新的小节。㉘更确切地说,这16 个句子里,有 14 句始于"在这些事中你应当知道……",另外 2 句始于"在这些事中你应当反思的是……":这 2 句分别位于第 8 和 16 的位置,也就是说,这两句位于中间和结尾处。此外还值得留意的是,始于"这些事中你应当知道……"句式的段落里,有三句的措辞跟其他句子稍有不同:位于第 5、第10 和第 15 节的句子始于"在这些事中你应当知道并引起注意的是……"(卷二 30 章,321-329/350-358)。㉙可能有人会认为,这些表述上的差异正说明这

㉖ *Pirkê de Rabbi Eliezer. The Chapters of Rabbi Eliezer the Great*,trans. Gerald Friedlander (London：Kegan Paul,Trench,Trubner & Co. Ltd.,1916),15-16. 见迈蒙尼德《迷途指津》卷二 26 章,304-305/330-332。

㉗ 迈蒙尼德的这一解释对解开他的"神车论"之谜必不可少,详见下章。

㉘ 这里的"小节"概念大致相当于段落,但并不严格对应于段落:且不说《迷途指津》的古代抄本未必有现代的段落和标点,就是在现代校勘本和各西文译本里,本章的相关段落并没有完全按照这个句式划分。详见后文。

㉙ 严格来讲,第 5、10、14、15 节起始的"在这些事中你应当知道……"里的动词*yanbagiya*[应当]跟其余诸节(包括 8 和 16 节)里的用词*yagibu*[应当]不同,但两者是同义词,可互换使用。类似用这样密集的句式开启某段落的状况,在《迷途指津》里仅出现在两个地(转下页)

些句式显得随意。然而,从形式上看,这几处差异都表现得有规律:替代"你应当知道"的"你应当反思"出现在全部 16 节的中间和最后,而加重语气的"你应当知道并引起注意"则都出现在 5 的倍数段落。

借助对这个谋篇的观察,我们可以看到,卷二 30 章里的 2 次"开端论"出现在以上述句式开启的第 6 节最后和第 7 节开头。第 6 节其实有点特别,这一节在原文和各种译本里都被分为两段,因为这一节中间出现了另一个表示强调的句式:"你〔已〕知道,啊,你这个思辨者"——迈蒙尼德接下来说的是,"在天球的作用力之后,造就生成和消亡的首个原因是光与暗——因为热与冷对它们施加的作用"(卷二 30 章,326/354)。为了更好地理解这句话以及后面的内容,我们需要回过去看看,在之前几节迈蒙尼德究竟说了什么。

以"在这些事中你应当知道"开启的第 1 节里,迈蒙尼德藉先贤的话说明,光以及发光体都是第一天创造的,只不过上帝直到第四天才让发光体出现,正是在第 1 节,迈蒙尼德用播种和抽穗拔苗的比喻来说明,用寓意的方式理解创世六天的创造进程,可以消除文本带来的各种困难。

在以同一句式开启的第 2 节,迈蒙尼德指出,'ereṣ〔地/土〕是个多义词,既指土地,或四元素里的"土",也指"全部四元素"。在第 3 节,迈蒙尼德解释说,四元素是继"天"之后首先被提到的受造物:除了地、气(rûaḥ,即"上帝的气息运行在水面上〔创 1:2〕"里的"气")和水以外,"火"其实是"渊面幽暗"的"暗"(ḥōšek),"因为它不发光,而只是透明",他进而说这个"暗"跟上帝称'暗'为夜"的"暗"(同样是 ḥōšek)不是一个意思。

以"在这些事中你应当知道"开启的第 4 节里,迈蒙尼德指出,除了"地"跟"暗",在《创世记》第 1 章里出现的"天"和"水"也是多义词。按他的说法,"上帝创造天与地"的"天"指"苍穹"(rāqîaʿ,firmament),而"水"更有三种含义:"苍穹""海",以及"天穹之上的水"。他解释说,"天穹之上的东西只是在名义上被称为水,它不是我们所知的那种特定的水"——关于"天穹之上的水",迈蒙尼德说那个话题导向"异乎寻常的秘密"(页 324/353)。

的确,单从《创世记》角度,我们可以理解"上帝将天上的水与天下的水分开"后,天上的水被称为"苍穹"、天下的水被称为"海",但这第三种不是任何"特定的水的水",看上去令人费解。或许更令人费解的是,迈蒙尼德不但进一步引用《塔木德》里惟一进入天堂而毫发无损回来的先贤拉比阿克巴

(接上页)方里,另一处是集中讨论"神车论"的卷三 1-7 章,不过在那里,迈蒙尼德一共仅用了 4 句"在这些事中你应当引起注意的是……"(卷三 5 章,388/425;卷三 7 章,390-393/428-430)。

(Aqiba)的警告来强化这个秘密,㉚而且直接要求他的读者"反思一下","在何种程度上"拉比阿克巴的话里表明并揭示了一切,在何种程度上,他所揭示的秘密都在亚里士多德的《气象论》(Meteorologica)里得到过论证。

3 "天穹之上的水"与"流溢"

第5节开头的句式有些变化:"在这些事你应当知道并引起注意的是":为什么创世第2天的作品没有被称为"这是好的"。迈蒙尼德在这儿提出了一个看似离题的问题。这是个先贤们曾经讨论过的问题,迈蒙尼德似乎满意于其中一种解释,即在第二天,"水的作品尚未完结"。㉛然后他补充道,在他看来,被称为"这是好的"的事物,都是外表可见、明显有用的事物,而第二天创造的"苍穹""苍穹之上的水",仔细想想无形相、无影踪,甚至可能被当作根本不存在,就此而言,它们没有被称为"这是好的"。这个解释显然还是太过笼统,迈蒙尼德因而说,"我忍不住要为你加一句解释:尽管这东西代表了存在事物的一个非常大的部分,但它并不以现存事物的持存为特定的目的"(卷二30章,324-325/353)。这句话要反过来理解:凡被称为"好的",都是"对现存事物的持存"有明确功用的事物。

那么,究竟什么才是迈蒙尼德称之为"秘密"的"天穹之上的水"呢?细心的读者或许会回想起,迈蒙尼德之前在讨论"流溢"(overflow)概念的那章曾提及,先知们曾将流溢概念比喻为"活水的源泉"(卷二12章,260/279-280),㉜从而,"天穹之上的水"很可能指推动天球运动的分离理智的"流溢",而与此相关的知识,既是最高的知识也是最高的秘密。

4 "雾气"与"呼气"

这样,我们就到了以"在这些事中你应当知道"开启的第6节。此节前半部分仿佛是在为上一节的"功用"说举出例证。迈蒙尼德说,先贤们表明,上帝在"使雨降落地面"之后才让地上生出草和树,因为很难设想,没有雨水的滋润草和树如何生长。在这里,显然他支持先贤的寓意解经,因为他们引用的"但有雾气从地上腾"在《创世记》2章6节,而"地要发生青草"出现于《创

㉚ 拉比阿克巴(Aqiba)说的是:"当你走近纯大理石时,千万别说:'水、水',因为经上说:'说错话的人,不得立在我眼前[诗101:7]'。"见 B. T., Hagigah, 14b. 参《迷途指津》卷二30章,324/353。

㉛ 见《大创世记》IV, 6。参《迷途指津》卷二30章,325/353。

㉜ 参《耶利米书》2:13及《诗篇》36:10。关于中世纪以来学者们对"天穹之上的水"的解释,参 Sara Klein-Braslavy, *Maimonides as a Biblical Interpreter* (Boston: Academic Studies Press, 2011),34-37。

世记》1章11节。正是在这里,他用了那个在此章独一无二的强调句式:

> 要知道啊,你这个思辨者,在天球的作用力之后,造就生成和消亡的首个原因是光与暗——因为热与冷对它们施加的作用,在天球运动的影响下,各元素交互混合(intermix),它们的结合由于冷和热[的作用]而各不相同。它们造就的第一种结合由两种呼气(exhalations)构成,这两种呼气是所有天气现象包括形成雨的首要原因。它们也是无机物的原因,继无机物之后,它们是形成植物的原因,继种种植物之后,它们是动物们形成的原因;最后形成的存在者是人。暗(darkness)是整个低下世界(lower world{引按:即月球之下的世界})的实存的本性(nature),光随暗并从中产生(light supervening in it)。对你来说知道这一点就足够了:没有光的时候,事物的状态恒久保持原样。[圣]书上关于**开端论**的说法正与这个秩序吻合,无一遗漏。
>
> [7]在这些事中你应当知道的是他们的言辞:**开端的所有作品**(*kal ma'ăśeh bərēšît*, *All the works of the Beginning*)是按它们的充分的尺度、充分的理性(*da'ttān*),以及充分的美(*le- ṣibyonam*)被造的。[33]他的意思是,所有被造事物是按其数量的完善性、形式的完善性和最美的偶性的完善性来创造的。(卷二30章,326/354-355)

这段引文从第6节最后延续到第7节,两次出现了 *ma'ăśeh bərēšît*["开端论"或"开端的作品"]。可以说,正是在这个地方并扩展至整个卷二30章,迈蒙尼德将"开端论"与自然科学联系在一起。在这里,"开端"的确指《创世记》头几章的创世叙述。我们看到,迈蒙尼德呈现的创世图景是对月面之下的自然世界的一种亚里士多德式解释。按他的说法,创世中有一种秩序,这秩序与万物得以创生的原因之链相吻合:上帝最初创造天与地,随后是光,光与暗在热与冷的作用下形成火、气、水、土四元素,继而,世上万物都由四元素的交互聚合而构成,而万物的创造都以该物最完善的尺度、形式和美为目标。

迈蒙尼德在这里其实呼应了前面第4节结尾处提及的亚里士多德的《气象论》。正是在《气象论》里,亚里士多德详尽地讨论了四元素与各种天气现象之间的关系,"呼气"(ἀναθυμίασις, exhalation)正是其中非常重要的一个概念。在亚里士多德那里,"呼气"是从土(earth)里蒸腾出来的一种气,这种气有两种,一种从土里的水[分]中升起,即蒸气,另一种从土本身升起,是干燥

---

③ B. T., Rosh Hashanah, 11a; B. T., Ḥullin, 60a.

的,像烟又像风。㉞他指出,"包含更大量水汽的呼气,如我们此前所说,是雨水的源头;干燥的呼气是风的自然本体的源头。"㉟

借助亚里士多德在《气象论》里有关"呼气"概念的论述,我们可以更好地理解迈蒙尼德对创世秩序的解释。对迈蒙尼德来说,先贤们按自然事物运行的秩序对《创世记》前两章所作的寓意解经是对的,因为这更符合我们所能观察和认识的自然现象及其规律。如果说先贤们在解读中调整《创世记》的叙述时间线,比如使[创造于第 4 天的]发光体不迟于[创造于第 1 天的]光的产生、暗示"从地上腾起的雾气"其实源自"降雨"(创 2:5-6)等,以便契合他们对自然现象的了解,那么迈蒙尼德做的就是进一步用亚里士多德的自然科学来解释各种自然现象。对迈蒙尼德来说,"开端论"首先提供给我们的是对我们所生存的世界的认识,要认识这个自然世界,我们不但要了解世界从哪里来,而且要了解各种自然事物以及自然现象产生、持存和消亡的原因以及过程。

《迷途指津》卷二 30 章第 6 节至第 7 节的这段引文有几点值得留意。首先,迈蒙尼德在这里关注的是"生成和消亡的事物",也就是说,他关注的是我们所经验到的有生有灭的物理或自然世界。在提到有生灭的事物的生成原因时,他虽然直接诉诸光和暗,但同时表示在光与暗之前,天球对万物的产生也具有作用力。

其次,迈蒙尼德说,"没有光的时候,事物的状态恒久保持原样",这句话显得有点突兀,也非常含混,迈蒙尼德没有讲清,所谓的"恒久"到底是多久。光是上帝最先创造的事物之一,如果创世是绝对的无中生有,那么"光之前的事物"几乎不存在,或即便存在也谈不上"恒久",因为时间也随创世而产生。当然,如果世界或构成这个世界的基质原本就恒在,那这句话就完全合理。若是我们仔细考察这里的上下文,我们会认识到,这一节从"要知道啊,你这

㉞ 在《气象论》里,亚里士多德这样论及令一般人感到陌生的"呼气"概念:"我们必须理解,我们称之为气的事物,其紧紧围绕土的部分是湿且热的,因为它在蒸发并蕴含来自土的**呼气**(ἀναθυμίασις, exhalation),而在这之上的部分是热且干的。因为,蒸汽自然是湿且冷的,而呼气则是热且干的:蒸汽潜在地像水,呼气潜在地像火"(《气象论》340 b23-29)。为了进一步说明"呼气"概念的特征及其与各元素的关系,亚里士多德指出:

> 受太阳加热从地[土]里升起的呼气不像有些人想的那样只有一种,而是有两种;一种更有蒸汽的特点,另一种更有风的特点,蒸汽从地[土]里的水分中升起,而出自土自身的呼气是干的,更像烟。风一般的呼气因为热而升到上方,更多水分的呼气因为重而沉在下方。因此,围绕着地[土]的区域的构造如下:首先,紧接在圆形天球运动之下的是温暖而干燥之物,我们称之为火……;在此之下的是气。(《气象论》341b 8-18)

Aristotle, *Meteorologica*, 340b23-29, Bk. I, Ch.3, trans. by H. D. Lee (Cambridge: Harvard University Press, 1952), 20-21; 28-31.

㉟ Aristotle, *Meteorologica*, 360a 11-14, Bk. II, Ch.4, 165.

个思辨者"开始,所描述的创世图景几乎就是亚里士多德式的对自然世界的探源,因此,"没有光的时候,事物的状态保持原样"这个论断属于亚里士多德哲学。这样理解的话,令人感到惊异的就是接下来的那句:"[圣]书上关于开端论的说法正与这个秩序吻合,无一遗漏。"这句话令人奇怪之处在于,它完全模糊了立足《圣经》立场的"无中创世论"与亚里士多德等哲人立场的"世界恒在论"之间的截然对立的差异。单从这句话看,仿佛《圣经》与亚里士多德自然学完全"吻合、无一遗漏",无论如何,迈蒙尼德在这里是用亚里士多德的自然科学在解释《创世记》第1章的创世图景,换言之,亚里士多德的自然科学在此成为理解创世的依据。

紧接下来在第7节开头,迈蒙尼德藉《塔木德》里先贤的话进一步强调:"**开端的所有作品是按它们的充分的尺度、充分的理性,以及充分的美被造的**。"迈蒙尼德在解释这句话时,进一步将先贤的用词翻译成亚里士多德的科学术语:"充分的尺度"指一切造物数量(kammiyyāt,quantity)上的完善、"充分的理性"指形式(sūrah,form)上的完善,而"充分的美"则指"种种最美的偶性"('aḥasan 'arāḍ,the most beautiful accidents)。在这里,迈蒙尼德呼应了他《迷途指津》第1章的论断,即人的自然形式指人的理智,这是人所分有的上帝的"形象"。另一方面,迈蒙尼德所谓的"完善"(kamāl)正是亚里士多德那里万物为之成长发展的终极目的(the final end)。

所以,这就是迈蒙尼德所说的"开端论等于自然科学"?

是,也不尽然是。用亚里士多德的气象学来解释《创世记》第1章为主的创世叙述,这只是迈蒙尼德所说的"开端论等于自然科学"的一半,这个等式的另一半涉及人的自然本性以及预言的自然本性。

5　男人、女人与蛇 vs. 形式、质料与想象力

卷二30章一系列排比句的第8节始于"在这些事中你应当反思的是……"从这节起,迈蒙尼德转向人的创造。他首先对"起头的六天"里人的创造与"亚当与夏娃"的创造作出区分,他称后者为一个新的"开端"(iftitāḥā;start)。但他随即指出:"先贤们一致认为,整个{伊甸园}故事发生在星期五{引按:即创世第6天},且在起头的六天之后,任何事物在任何方面都没有再改变。"这个论断显然呼应了此前他一再强调的观点,即创世一旦结束,事物的本性便不再改变。迈蒙尼德接下来提醒他的读者,他之后关于伊甸园故事所引述的先贤的寓意解释都极其完美,他们给的暗示已经足够,因此不需要他再多说什么,"因为",他说,"我不会成为那个泄露秘密的人"(卷二30章,327/355)。

迈蒙尼德转述的关于伊甸园故事的第一个先贤解释是,亚当和夏娃是同

时被造的,他们背对背连为一体,随后被一分为二——作出这个解释的先贤的理由是,通常被译作"肋骨"的希伯来词 ṣēlāʿ,也含有"一边"(side)的意思。迈蒙尼德提示读者:想一想,在何种意义上,亚当与夏娃是"二",他们又在何种意义上是"一"。他说,"他俩有一个共同的名字:她被称为ʾiššāh[女人],因为她从ʾîš[男人]当中取出"(卷二 30 章,327/356)。㊱迈蒙尼德暗示,男人与女人之为"一"跟某个概念相关,但他没有说明这是个什么概念。从亚里士多德哲学的角度,可以想到这个概念是"属"(species),男人和女人是同一个"属"——人,用亚里士多德的话说,人是会说话的或有理性的动物,人也是城邦的动物。㊲

随后,在以"在这里事中你应当知道"开启的第 9 节和第 10 节,迈蒙尼德提到了伊甸园故事里的蛇以及先贤们对蛇的身份和特性的某些讨论。在《米德拉释》(Midrash)有这样一种解释,伊甸园里的蛇在被上帝诅咒之前像骆驼一样大,它有一个骑手(rider),这个骑手是撒玛艾尔(Sammael[sammāʾēl])。有先贤指出,撒玛艾尔这个名字也用于撒但(al-šāṭān,the Satan)。需要说明的是,迈蒙尼德在提到撒但的时候,始终在这个名词前加定冠词,一如撒但这个名字出现在《圣经·约伯记》里一样。这表明,撒但在他这里是一个职务而非专名。按《米德拉释》先贤的说法,让夏娃走向歧路的是那个骑手而非蛇本身。有意思的是,迈蒙尼德提示说,sammāʾēl[撒玛艾尔]这个名字有某种重要性,同样,表示"蛇"的希伯来词 nāḥāš 也有某种重要性。在第 9 节最后,迈蒙尼德留给读者一句谜语:

> 当他们{先贤们}说到它{蛇}去欺骗夏娃时,他们说:"撒玛艾尔骑在它身上;那圣者(愿祂蒙福)笑话那骆驼和它的骑手。"(卷二 30 章,327/356)㊳

迈蒙尼德这里引述的故事出自《拉比埃利艾泽章句》(*Chapters of Rabbi*

㊱　参《创世记》2 章 23 节。迈蒙尼德《迷途指津》卷二 30 章,327/356。

㊲　Sara Klein-Braslavy 认为,迈蒙尼德在这里试图传达的是,"男人"在比喻意义上指向"形式",而"女人"指向"质料","形式"和"质料"两者共同构成"实体"(substance)。这个解释很精彩,只是,笔者更倾向于将迈蒙尼德把"女人"比喻为"质料"作为后续故事的解读线索。见 Sara Klein-Braslavy, *Maimonides as a Biblical Interpreter*, 150。然而,正如 Klein-Braslavy 所言,迈蒙尼德没有为自己设下的种种谜语提供答案,所以后人们只能提供各自的解答,却难以知晓哪种答案更切近作者的本意。见 Sara Klein-Braslavy, *Maimonides as a Biblical Interpreter*, 160。

㊳　迈蒙尼德引述的是《拉比埃利艾泽章句》(*Chapters of Rabbi Eliezer*, XIII)。

Eliezer），而其中"那圣者笑话那骆驼和它的骑手"的典故又出自《约伯记》
39章18节。在《约伯记》里，发出"嘲笑"的主体是母鸵鸟（又作孔雀），被笑话
的是"马与马的骑手"，而实际上，《拉比埃利艾泽章句》的相关原文也是"马和
它的骑手"，[39]将"马"改为"骆驼"的是迈蒙尼德本人！迈蒙尼德在本节前面
曾提到，先贤说蛇的尺寸曾有骆驼那么大，所以，这里的骆驼指代的就是欺骗
夏娃的蛇，而骑手撒玛艾尔则指向撒但。至于这个谜的谜底究竟是什么，或
许我们要到《迷途指津》的其他章回里去寻找线索。

在解读《约伯记》时，迈蒙尼德曾经解释过"撒但"这个形象。他在那里指
出，撒但虽然在地位上不及其他天使即"'ĕlōhîm 的众子"，但也属于天使之
列。他还藉先贤之口说明，撒但是死亡天使、跟"恶的倾向"（evil
inclination）相联（卷三22章，445/489）。[40]对于这个"恶的倾向"，迈蒙尼德曾
在讨论流溢概念的那章提到过，在那里，迈蒙尼德将与理智对立的想象力归
为"恶的倾向"（卷二12章，260/280）。藉由两条线索的交汇，我们得以辨识
出，迈蒙尼德在卷二30章提到的"蛇的骑手"——那个"撒玛艾尔"或者"撒
但"，就是想象力——是想象力诱使夏娃吃了禁果。[41]至于说"蛇"，由于迈蒙
尼德将"蛇"作为"撒玛艾尔"的"被骑者"，"蛇"因此可以说受想象力的主宰，
或者说，是想象力的产物。

第10节位于卷二30章里出现的三个特别强调句式——"在这些事中你
应当知道并引起注意的是"——的中心。迈蒙尼德要他的读者引起注意的是
这样的"事实"，即蛇没有直接跟亚当打交道，而是通过夏娃为中介伤害到亚
当。而且"形成极端敌意的仅仅是蛇与夏娃以及蛇的后裔与她［夏娃］的后
裔"，迈蒙尼德解释说，夏娃的后裔就是亚当的后裔。不过，更奇怪的是蛇与
夏娃之间的纽带——

> 我指的是它的后裔与她｛后裔｝之间的、在头（ro'sh）与脚跟（'aqev）之
> 间的纽带；她通过头胜过它，而它通过脚跟｛胜过它｝［创3.15］。（卷二
> 30章，328/356）

要解开此节中的谜，或许还是要联系到《迷途指津》卷一17章，联系到迈蒙
尼德笔下柏拉图的说法："柏拉图和他的前辈将质料称为女性、将形式称为男

---

[39] *Pirkê de Rabbi Eliezer*（*The Chapters of Rabbi Eliezer the Great*），92.

[40] 关于"撒但"的身份及其含义，本书将在第六章"'神意'与'上帝的知识'"作更深入详尽的
     讨论。

[41] 参 Sara Klein-Braslavy，*Maimonides as a Biblical Interpreter*，151-153。

性"(页 44/43)。作为女性的代表,夏娃在这里指代质料,亚当则指代形式,而形式又与理智相联。如前所述,"蛇"跟想象力密切相关,而按迈蒙尼德的说法,想象力的行动涉及各种感觉所感知的事物,并且想象力是身体的一种官能(卷二36章,340-342/370-372),因而,迈蒙尼德说,与感官相联的"蛇"没有直接跟代表人的"形式"或"理智"的亚当打交道,这一点与《创世记》文本若合符节。

如同第 6 节,第 10 节也有一个双重奏——或者说,双重强调。第 10 节的第二部分令人意外地提到了西奈启示:

> 在那些令人惊奇的说法中——它们的外在含义极其不一致,但当你真正理解本书的各章,在其中——你会钦慕那些寓言以及它们跟实存事物的对应关系中包含的智慧,这就是他们说的:当蛇走向夏娃,它玷污了她。以色列[的后裔],当他们出现在西奈山上,这些污点就消失了。[至于]没有出现在西奈山上个各族的污点,他们的污点没有消失。这一点也应在你的思考中跟进。(卷二 30 章,328/356-357)

迈蒙尼德之前说过,夏娃的后裔即亚当与夏娃的后裔。这里的要点是,根据《塔木德》先贤的说法,由于蛇的诱惑,夏娃吃了知识树的果子,违反了上帝的禁令,使她自己及其后裔都有了污点。先贤的意思是,以色列人由于在西奈山获得上帝的眷顾得到律法,因此清除了自己的污点,而没有出现在西奈的其他各民族,他们的污点依然存在。从表面上看,迈蒙尼德在这里提到这个先贤的寓言,意在将以色列人与其他各族区分开来,从而显示乃至称颂以色列人特殊的选民身份。然而令人费解的是,尽管迈蒙尼德在《迷途指津》里不时论及律法及其根基,可这种涉及政治热情的民族自豪感在《迷途指津》卷一 1 章至卷三 7 章的理论部分鲜有出现。因此,我们不得不追问,迈蒙尼德何以在这个地方提及西奈山,或者更具体地追问,迈蒙尼德心目中所谓的"污点"究竟指什么。

为此,我们必须回到《迷途指津》开头第 2 章,当论及吃了知识树上的禁果以后人发生了什么变化,迈蒙尼德指出,人原本因分有上帝的形象而拥有理智,从而拥有可以分辨真与假的理论知识,可吃了禁果以后,人被剥夺了那种更高的知识,人继而获得的能分辨好与坏或善与恶的知识是次一等的知识。在迈蒙尼德看来,能分辨善恶的知识只不过是广为接受的意见,不具有确定的知识所具有的真理地位。[42]由此而言,夏娃及其后裔在吃了禁果以后

---

[42]　见迈蒙尼德,《迷途指津》卷一 2 章,25-26/页 23-26。

的"污点"应该就是丧失了可以分辨真假的理论知识。如果这样的解释可以成立,那我们接下来面对的问题就是:西奈启示为以色列人带来了什么,可以清除这个"污点"? 这个问题看似很容易回答:西奈启示当然为以色列人带来了《托拉》或曰"律法",可何以《托拉》可以清除这个"污点",仍然是一个问题。

如果我们把《托拉》仅仅当成一套礼拜、祭祀和饮食等等的行为规范或习俗,那么,我们仍没有脱离对《托拉》的实践上的或政治上的理解,对迈蒙尼德来说,这样的理解显然是不够的,甚至不是最重要的。对迈蒙尼德来说,西奈启示最重要的是带来了关于上帝的知识:"我是圣主,……除了我以外,你不可有别的神;你不可为自己雕刻偶像,也不可作什么形象仿佛天上、地上、地底下和水中的各物"(出 20:2-4)——按迈蒙尼德的说法,"十诫"的这前两诫,确认了"上帝存在以及上帝是一"的律法根基,这是"所有人仅凭理智思辨就可知的",藉《塔木德》先贤的解释,迈蒙尼德表明,这两诫是所有以色列人连同摩西一起听见的(卷二 33 章,335/364)。由此我们可以知道,西奈启示之所以帮助以色列人清除了由于夏娃和亚当吃禁果带来的"污点",因为他们获得了独一无二的关于上帝的真正知识。

从《迷途指津》卷二 30 章的相关论述,我们可以留意到,迈蒙尼德没有试图让亚里士多德式自然科学来迁就创世叙事,而是让创世叙事去适应亚里士多德的自然科学。正是在这里,我们不由会遇到一个问题:如果实存世界可以藉由亚里士多德式的自然科学来解释和认识,那么对迈蒙尼德来说,上帝的位置和作用在哪里? 对我们来说,真正的问题依然是:如果西奈启示是迈蒙尼德所讨论的"开端论"的一部分,那么,西奈启示如何与自然科学发生关联。要回答这个问题,我们需要多走一步,考察迈蒙尼德对先知预言尤其是摩西预言的讨论。对迈蒙尼德来说,上帝无形无体,没有情感、不会说话,是纯粹理智或纯粹意志,故而,上帝给人的启示通过某种中介转递给人。我们将在第八章专门探究迈蒙尼德对预言及预言真实性的理解。在此之前,我们先来考察《迷途指津》最大的秘密——"神车论"。

第五章 "神车论"与神的科学

一 "神车视像"之谜

在《圣经·以西结书》第 1 章和第 10 章里,有两段先知以西结的"视像",①后世拉比们将这两个"视像"——连同以赛亚的类似"视像",②看作涉及上帝的秘密或关于上帝的知识,他们并将这些视像称为 *ma'ăśeh merkābāh*[神车论]。自拉比犹太教以来,"神车论"一直被视为犹太教内部最隐秘的论题。可是,究竟"神车论"蕴含的秘密是什么呢?对我们来说更重要的问题是:究竟"神车论"的秘密对迈蒙尼德意味着什么?毕竟,迈蒙尼德对"神车论"的理解很可能不同于先贤们的意见。在疏解《密释纳》相关文本时,迈蒙尼德指出:

> 且听我基于研习先贤的话语、依我的理解对我变得清晰的东西:他们称之为 *ma'ăśeh bərēśît*[开端论]的是自然科学以及对创造之初的探究。至于 *ma'ăśeh merkābāh*[神车论],他们指神的科学,它是关于存在者总体的言说,是关于造物主的实存、他的知识、他的属性——所有被造事物都必然来自祂,以及关于诸天使、与人类理智相联的灵魂和理智、以及死后的实存的言说。由于这两种科学即自然科学与神的科学的重要性——这种重要性是完全正当的——他们警告并反对教授它们,就如反对传授数学科学。③

---

① "视像"希伯来语 *mar'ôt*,通常英译为 visions,和合本作"异象"。
② 见《以赛亚书》6 章 1-4 节。需要指出的是,《撒迦利亚书》6 章 1-7 节关于"四辆车"的"先知视像"(a vision of prophecy)同样构成了迈蒙尼德解释"神车论"的重要环节。详见下文论述。
③ Maimonides, *Commentary on Mishnah*, Ḥagigah II.1. 见 Menachem Kellner, "Maimonides' Commentary on Mishnah Ḥagigah II. 1, Translation and Commentary," in *From Strength to Strength: Lectures from Shearith Israel*, ed. by Marc D. Angel(Brooklyn, NY: Sepher-Hermon Press, 1998), 103-104.

从这段话中我们可以看到,在迈蒙尼德那里,"神的科学"不仅指关于上帝的实存及属性的知识,而且首先指关于存在者总体的学说,与此同时,神的科学也指关于诸天使、人的灵魂和理智乃至死后的实存的学说。施特劳斯很精辟地将迈蒙尼德理解的"神的科学"归结为"关于无形体的存在者或关于上帝和诸天使的科学"。④这个表述将"上帝和诸天使"一并归入"无形体的存在者"行列,从而为我们探秘迈蒙尼德对"神车论"的理解提供了最有启发性的提示。

1 以西结的"神车视像"

在讨论迈蒙尼德对先知以西结的"神车视像"的解释之前,有必要先介绍《以西结书》的相关内容。在《以西结书》第 1 章,先知描述了自己"在迦勒底人之地"、在"迦巴鲁河边被掳的人中",初次面临上帝的呼召时所"看到"的一幅景象:⑤

> ¹天开了,得见 'ĕlōhîm 的诸视像(mar'ôṭ 'ĕlōhîm)。……
> ⁴我看到,看哪,狂风从北方刮来,有一朵包括闪烁着火的大云……其中间有好像精金的颜色('ên ha-ḥašmal)。又从其中显出四个活物的样式(dəmûṭ 'arba'hayyôṭ)。他们……有人的样式(dəmûṭ 'ādām),各有四张脸、四个翅;他们的腿是直的,脚掌好像牛犊之蹄(reḡel 'ēḡel),都灿烂如锃亮的铜(nəḥōšeṭ qālāl)。在四面的翅膀以下有人的手(yad 'ādām)。这四个活物的脸和翅膀乃是这样:⁹翅膀彼此('ishah el-'aḥot {直译:[如]女子与她姐妹[般]})相接,行走并不转身,俱各直往前行。¹⁰至于脸的样式,前面有人的脸,右面有狮子的脸,左面有牛的脸,后面有鹰的脸。¹¹各展开上边的两个翅膀相接,各以下边的两个翅膀遮体。¹²他们俱各直往前行。灵(rûaḥ {或:气})往哪里去,他们就往那里去,行走并不转身。¹³至于四活物的样式,就如烧着火炭的形状,又如火把的形状。火在四活物中间上去下来,这火有光辉,从火中发出闪电(baraq;lightning)。¹⁴这活物往来奔走,好像电光一闪。
> ¹⁵我看到诸活物,看哪,诸活物的脸旁各有一轮('ôpān,a wheel)在地上。¹⁶轮的形状和它们的作品(ma'ăśêhem,their work)如同**水苍玉**

---

④ Leo Strauss,"How To Begin To Study *The Guide of the Perplexed*," §1,xvi/140. 参本书"附录一"。

⑤ 为了详尽考察迈蒙尼德对以西结两个视像的差异及细节的微妙阐释,这里译出两个视像的全文。译文参照和合本,细节处有修改。

（*kə-'ên taršîš*）。四轮（*'ôpānnîm*）都是一个样式（*dəmût*），形状和作品
（*ma'ăśeh*）好像轮中套轮。¹⁷ 轮行走的时候，向四方都能直行，并不掉
转。¹⁸ 至于轮辋，高而可畏。四个轮辋周围充满眼睛（*'ênayim*）。¹⁹ 活物
行走，轮也在旁边行走。活物从地上升，轮也都上升。²⁰ 灵（*rûaḥ*〈或：
气〉）往哪里去，活物就往那里去。活物上升，轮也在活物旁边上升，**因为**
活物的灵（*rûaḥ*〈或：气〉）**在轮中**。²¹ 那些行走，这些也行走。那些站住，
这些也站住。那些从地上升，轮也在旁边上升，因为活物的灵（*rûaḥ*
〈或：气〉）在轮中。

　　²² 活物的头以上有穹苍的样式（*dəmût rāqîa'*；likeness of firma-
ment），看着像可畏的水晶，铺张在活物的头以上。²³ 穹苍以下，活物的翅
膀直张，彼此相对。每活物有两个翅膀遮体。²⁴ 活物行走的时候，我听见
翅膀的声音（*qôl*），像大水的声音，像全能者（*šadday*，Shadday）的声音，
也像军队哄嚷的声音。活物站住的时候，便将翅膀垂下。²⁵ 在他们头以
上的穹苍之上有声音。他们站住的时候，便将翅膀垂下。

　　²⁶ 在他们头以上的穹苍之上有**宝座的样式**（*dəmût kissē'*，the
likeness of throne），像蓝宝石之石的形状（*kə-mar'eh 'eben-sappîr*，like
the appearance of sapphire stone）。在宝座样式以上有像人的形状的样
式（*dəmût kə-mar'eh 'ādām*）。²⁷ **我看到**，从他腰以上如同**精金**（*kə-'ên ha-*
ḥašmal），周围都像火的形状（*kə-mar'eh 'ēš*），又见从他腰以下像火的形
状，周围也有光辉（*nāgah*）。²⁸ 下雨的日子，云中虹（*qešet*〈直译：弓〉）的
形状怎样，周围光辉的形状也是怎样。

　　这就是圣主的荣耀之样式的形状（*mar'eh dəmût kəbôd YHWH*；
the glory of the Lord）之样式的形状。我一看见就低下脸，又听见一个
说话的声音（*qôl mədbbēr*）。（以西结书 1:1-28）⑥

十三个月之后，类似的景象再度出现于先知以西结面前：

　　¹ **我看到**，看哪，基路伯（*hak-kərubîm*〈或：cherubim〉）头上的穹苍
之中，显出蓝宝石之石（*'eben sappîr*）的形状，仿佛宝座的样式。² 他对穿
细麻衣的那人（*hā-'îš*）说，"你进去，在球（*galgal*）⑦间、基路伯以下，从基

⑥　本文中的圣经引文主要依据"和合本"，有部分修订，这些修订尤其涉及迈蒙尼德所讨论的
　　各种措辞。以下引用《以西结书》，随文注明章节。

⑦　绝大部分现代译本都将 galgal 译作"轮"，甚至即便 galgal 是个单数名词，在英译本中也被
　　译作 wheels（例如：ESV，KJV 等），但 galgal 应当与 'ophannim［诸轮］区分开。

路伯中间将火炭取满两手,撒在城上。"我就见他进去。³那人进去的时候,基路伯站在殿的右边,云彩充满了内院。⁴圣主的荣耀从基路伯那里上升,停在门槛以上。殿内满了云彩,院宇也被圣主荣耀的光辉充满。⁵外院也听到基路伯翅膀的响声,好像全能神('ēl šadday, El Shadday)说话的声音。

⁶他吩咐穿细麻衣的那人(hā-'îš)说,要从球间、从基路伯中间取火。⁷那人就进去站在一个轮子旁边。有一个基路伯从基路伯中伸手到基路伯中间的火那里,取些放在那穿细麻衣的人两手中,那人就拿出去了。⁸在基路伯翅膀之下,显出有人手的外形(tabnît yad-'ādām, shape of a man's hand)。

⁹**我看到**,看哪,基路伯旁边有四个轮子。这基路伯旁有一个轮子,那基路伯旁有一个轮子,每基路伯都是如此。轮子的形状如同水苍玉石(kə-'ên 'eben taršîš)。¹⁰至于它们的形状,四个都是一个样式,仿佛轮中套轮。¹¹轮行走的时候,向四方都能直行,并不掉转。头向何方,他们也随向何方,行走的时候并不掉转。¹²他们全身,连背带手和翅,并轮周围都充满眼睛('ênayim)。这四个基路伯的轮子都是如此。¹³至于这些轮子,**我耳中听见对它们的呼喊:那球(hag-galgal)!**¹⁴基路伯各有四脸,第一是基路伯的脸,第二是人的脸,第三是狮子的脸,第四是鹰的脸。

¹⁵基路伯升上去了。这是我在迦巴鲁河边所看到的活物。¹⁶基路伯行走,轮也在旁边行走。基路伯展开翅,离地上升,轮也不转离他们旁边。¹⁷那些站住,这些也站住。那些上升,这些也一同上升,**因为活物的灵(rûaḥ{或:气})在轮中。**

¹⁸**圣主的荣耀**从殿的门槛那里出去,停在基路伯以上。¹⁹基路伯出去的时候,就展开翅,在我眼前离地上升。轮也在他们的旁边,都停在圣主殿的东门口。在他们以上有**以色列上帝的荣耀**(û-kbôd 'ĕlōhê yiśrā'ēl)。

²⁰这是我在迦巴鲁河边所看到的,以色列上帝荣耀以下的活物,我就知道他们是基路伯。各有四张脸,四个翅,翅以下有人手的样式。至于他们脸的样式,跟我从前在迦巴鲁河边所看见的脸的样式一样。他们的形状,他们各自往脸的方向前行。(以西结书10:1-21)

以西结的这两个视像有诸多相似之处,然而,其中也有不少差别。按现

代学者的说法,《以西结书》"充满了壮观、晦涩和疑难",⑧这一点在第1章和第10章的两个"视像"里一目了然:这两个"视像"充满了不可思议的超自然事物,对那些事物的描述很难从字面上理解,其寓意也不容易推断。从文本上看,两个"视像"高度相似,可它们在细节处又有不同。按《圣经》学者布洛克(Daniel I. Block)的说法,第一个"视像"由"类比的语言主宰",其中的描述饱含"华彩、巍峨和光亮的意味……而整个幻象(apparition)对先知构成了惊愕和强烈的冲击"。相比之下,第10章的第二个视像则"以更习常的方式来描述"。同时,出现于第1章里的"大多数语法困难"在第10章"被抚平了,……抽象的内容变得具体,诸多类比的语言消失了"。更重要的是,第一个视像里的"不确定的表达——'活物',在第二个视像里具体化为'基路伯','轮'则被具体等同于 hag-galgal[那{圆}球],前者的华彩也在后者中暗淡下来"。总之,在第10章,以西结"以更镇定更连贯的样式"来描述各种意象。⑨

2 探秘之道

以西结的两个视像之间的差异当然不会逃过迈蒙尼德的眼睛。比如,他提到第二个视像里的"基路伯"就是第一个视像里的"活物",从而不仅由于"基路伯"的天使身份将"四活物"界定为"天使",还指出四个活物最终只是一个活物(卷三3章,386/423)。迈蒙尼德提醒读者,以西结描述的视像多次使用了 dəmût[样式]这个词,然而,"样式"在不同的对象那里具有不同的含义:有的时候,它们必须作为比喻来理解,也有的时候,它们就是真实的"样式"(卷三7章,391/428-429)。实际上,dəmût 是《迷途指津》第1章讨论的两个词之一,迈蒙尼德在那里说,dəmût 表示的往往是概念上而非形状或外观上的"样式",而人在创造之初分有的上帝的"样式"(创1:26-27),指"理智的领会"。⑩

初读《迷途指津》卷一的大量词典式释义章时,我们会以为,迈蒙尼德解释那些《圣经》里的希伯来措辞的初衷是确立上帝的无形体性,诚然如此。然而,反复阅读那些章回,我们会认识到,从《迷途指津》起始,迈蒙尼德已经在

---

⑧ William Greenhill, *An Exposition of the Prophet Ezekiel*, 3rd ed.(London: Henry G. Bohn, 1846), 5. 参 Daniel I. Block, *The Book of Ezekiel*, *Chapters 1-24*, The New International Commentary on the Old Testament(Grand Rapids, MI, Cambridge, U. K.: William B. Eerdmans Publishing Company, 1997), 89。

⑨ Daniel I. Block, *The Book of Ezekiel*, *Chapter 1-24*, 90.

⑩ 迈蒙尼德,《迷途指津》,卷一1章,22/23。

为解读"神车论"做准备:从卷一 1 章的 *dəmût*[样式]、卷一 3 章的 *tabnît*[外形]、卷一 4 章的 *rā'ōh*[看]、*habbît*[观看]和 *ḥāzōh*[见到]、卷一 6 章的 *'îš*[男人]和 *'iššāh*[女人],到卷一 9 章的 *kissē'*[宝座]以及卷一 10 章的 *yārōd*[下降]和 *'ālōh*[上升],乃至在更多看似不经意的出自"神车视像"的引文里,他处处埋伏着草蛇灰线,一点一点暗示,一步一步将读者引向理解之道。[11]

迈蒙尼德这么做,一方面是为了遵守先贤们不得传授"神车论"秘密的禁令,另一方面也是为了向自己的后辈隐约揭示他所理解的这个秘密所包含的知识。按他自己的说法,"我的目的是让真理得以瞥见,然后再将之隐匿起来"(《迷途指津》卷一导言,7/6-7)。他说的"真理"当然也包括"神车论"的秘密所隐含的真理。正因为需要以隐匿的方式曲折地揭示真理,迈蒙尼德对以西结两个视像的解释甚至比《圣经》文本更为晦涩。正如施特劳斯所指言,在迈蒙尼德"对神车论的解释中,至少在表面上,他只谈及这一最隐秘的文本的字面意义",[12]也就是说,迈蒙尼德对以西结的极为晦涩的"神车视像"的解释本身只是点到为止,这就使他的解释依然弥漫重重迷雾,仿佛谜上加谜。

二 "神车论"与"诸天使"

尽管有种种困难,我们还是可以循着迈蒙尼德留给我们的线索慢慢接近他的秘密,尝试解开他设置的各种谜语。在《迷途指津》里,迈蒙尼德十次提到"神车论"这个概念,其中有五次,"神车论"跟"开端论"一并出现。[13]如前所述,在初次提及这两"论"时,迈蒙尼德指出,"我们已经在自己的律法编撰[指《重述托拉》]中……提及,开端论等于自然科学,神车论等于神的科学"(卷一导言,6-7/6),这无疑为我们解开"神车论"的秘密提供了第一个提示,即他对"神车论"的解释需要从"科学"角度去理解——这使他对以西结的"神车视

---

⑪ 中世纪犹太思想家 Joseph b. Kaspi(1280-1345)在解读迈蒙尼德笔下的"神车论"时说:"迈蒙尼德在这些章回里提到有歧义的措辞的意图的根源……在于一个个讨论出现在开端论和神车论里的所有〈有歧义的〉措辞。"Kaspi, *Maskiyyot Kesef*, ed. S. Werbluner(Frankfurt, 1848), 23. 转引自 Steven Harvey, "Maimonides in the Sultan's Palace," in *Perspectives on Maimonides*:*Philosophical and Historical Studies*, ed. Joel L. Kraemer(Oxford: The Littman Library of Jewish Civilization, 1991), 54n27.

⑫ Leo Strauss, "How To Begin To Study Maimonides' *Guide of the Perplexed*," §28/34, xxxvi/164.

⑬ 这五次分别位于卷首导言、卷二 2 章(2 次)、卷二 29 章及卷三导言。

像"的阐释既不同于犹太先贤,也超越其中世纪前辈。⑭"神车论"和"开端论"一起出现的其余数次,都处于迈蒙尼德论及《迷途指津》的写作意图的语境中。⑮迈蒙尼德数次重申,"《迷途指津》的首要目的就是在尽可能的限度内,解释开端论和神车论",⑯在卷二2章的"特殊导言"里,迈蒙尼德特别指明,"本书系于解释开端论和神车论中能得到理解的部分以及扫除涉及预言和神的知识的困难"(卷二2章,237/254),这句话隐然将"开端论"与"预言"相联,并不出意外地将"神车论"与"神的知识"相联。

至此,我们获得两条相对明确的初步线索去追踪迈蒙尼德笔下"神车论"的秘密:"神车论"涉及关于神的知识,是关于上帝的最高秘密,在此意义上,可以说"神车论"是《迷途指津》的核心论题;⑰与此同时,迈蒙尼德写于《迷途指津》之前的著作《重述托拉》对"神车论"的论述或许有助于我们解开《迷途指津》的最高秘密。

1 《知识书》中的"神车论"

在《重述托拉》里,迈蒙尼德在全书开端——即第一部《知识之书》(*sēpēr ha-maddā* [一般简作 *Sefer ha-Madda*])之第一卷"作为托拉之根基的律法"的头两章——就着手讨论"神车论"这个最隐秘的论题,只是在其后的第 III 章和第 IV 章,他才讨论"开端论"。⑱迈蒙尼德悄悄将高度理论化的这四章称为《知识书》(*sēpēr maddā* [简作 *Sefer Madda*]),⑲在第 I 章,他以高度凝练的

---

⑭ 关于迈蒙尼德之前的中世纪犹太学者对"神车论"的解读,参 Howard Kreisel, "From Esotericism to Science: The Account of the Chariot in Maimonidean Philosophy Till the End of the Thirteenth Century," in *The Cultures of Maimonideanism*: *New Approaches to the History of Jewish Thought*, ed. James T. Robinson(Leiden, Boston: Brill, 2009), 21-56; 21-33。

⑮ "神车论"单独出现的五次分别位于卷一 34 章(2 次),卷三导言,卷三 5 章(2 次)。

⑯ 见迈蒙尼德,《迷途指津》卷二 29 章(319/346),另参卷三导言(379/415)。

⑰ 按照施特劳斯划分的《迷途指津》的"谋篇"(plan),集中讨论"神车论"的卷三 1-7 章位于《迷途指津》七个部分的中心:第四部分(见 Leo Strauss, "How To Begin To Study *The Guide of the Perplexed*," §1, xi-xiii/140-142)。参本书"附录一"。施特劳斯还指出,"神车论"在《迷途指津》里是"最高的、最核心的论题"。见 Leo Strauss, "Maimonides' Statement on Political Science," in *What Is Political Philosophy*? *And Other Studies*(Glencoe, Illinois: The Free Press, 1959),166。

⑱ 见 Moses Maimonides, *Mishneh Torah*, Introduction and "Book of Knowledge," trans. by Ralph Lerner, in Ralph Lerner, *Maimonides' Empire of Light*: *Popular Enlightenment in an Age of Belief*(Chicago and London: The University of Chicago Press, 2000), 141-157。

⑲ 善于从字里行间阅读文本的施特劳斯向我们指出,《迷途指津》卷一 70 章里有提示,作者在《重述托拉》里 *Sefer Madda* [知识书]的最后论及 *nepeš*[灵魂]和 *rûah*["灵"或"气"或"风"]的歧义性;然而,在《重述托拉》第一卷《知识之书》(*Sefer ha-Madda*)的末尾,根本(转下页)

笔触论证了上帝的存在、上帝的单一性以及上帝的无形体性。他指出,《圣经》里关于上帝的"脚""手指""手""眼睛""耳朵"等等的描述都是对上帝之名的替代性表述,是迁就无法理解非形体存在者的大多数人的不得已做法。迈蒙尼德并且藉摩西对上帝的请求和上帝的回应(见《出埃及记》33:18-23)说明,人没有能力认识上帝的真正实在,进而,先知们论及上帝的形体及情感的言说都是比喻性的。[20]

在《知识书》的第 II 章,迈蒙尼德在表明"爱上帝"和"敬畏上帝"的律法要求后,话锋转向"世界之主的作品"。[21]他指出,这个受造世界分为三个部分:首先是受制于生成与衰朽的由质料和形式构成的造物,比如人、动植物以及矿物;其次,由质料和形式构成但不受制于生成与衰朽的造物,比如诸天球(希语 galgallîm;spheres)及其中的星辰;此外还有一种造物,完全没有任何质料,"他们是天使,因为天使没有自然的形体,而只有彼此分离的形式"(《知识书》II.3)。

在《知识书》第 II 章的其余部分,迈蒙尼德提到,天使们具有不同的等级——这种等级不是大小尺寸上的差异,而是类似智慧上的差异,他并且还一一指出分属十个等级的天使的十个名字,他们自上而下依次是:"Ḥayyot ha-qodesh[圣洁的诸活物]、Ophannim[诸轮]、Er'elim[厄尔艾利姆]、Ḥašmal[赫希玛尔]、Seraphim[诸赛拉弗]、Mal'akhim[诸使者]、Elohim["厄洛希姆"或"诸神"]、Sons of Elohim["厄洛希姆之子"或"神子"]、Cherubim[诸基路伯]以及 Ishim["诸人"或"诸个体"]。[22]迈蒙尼德还特地挑明,"第十个等级的形式被称为'Ishim',他们是向先知们说话、并在先知的视像里向他们显现的天使,因为他们的等级接近于人的理解力的等级"。[23]迈蒙尼德接下来指出,

―――――――――

(接上页)没有论及"灵魂"或"灵"的内容,他于是认识到,迈蒙尼德在 sēp̄er maddā' [The Book of Knowledge]与 sēp̄er ham-maddā' [The Book of kowledge]之间作出区分[按:希语 ha- 为定冠词]:前者指《知识书》第一部"作为托拉之根基的律法"的头四章(中译为《知识书》),后者则代表《重述托拉》第一卷(中译作《知识之书》)。Leo Strauss, "Notes on Maimonides' Book of Knowledge," in Studies in Platonic Political Philosophy (Chicago and London: University of Chicago Press, 1983), 193. 中译见:施特劳斯,"迈蒙尼德《知识书》疏释",张缨译,《柏拉图式政治哲学研究》,张缨等译(北京:华夏出版社,2022),259。

[20] 迈蒙尼德,《知识书》第 1 章。Ralph Lerner, Maimonides' Empire of Light, 141-144. 中译见:《论知识》,董修元译(济南:山东大学出版社,2015),9-12。在《迷途指津》卷一 54 章,迈蒙尼德更详尽地讨论了摩西关于上帝的知识及上帝的行动属性这两个密切相关的问题,见本书第三章相关论析。

[21] 需要指出的是,"作品"的希伯来语原文正是 ma'ăśeh。

[22] 这里诸天使的名字的转写直接采用 Ralph Lerner 的英译本,见 Ralph Lerner, Maimonides' Empire of Light, 145。

[23] 迈蒙尼德,《知识书》II.7。Ralph Lerner, Maimonides' Empire of Light, 145. 中译见《论知识》,14-15。

"所有这些形式都有生命、承认造物主",并依各自的等级具有关于上帝的知识。他这里说的"形式"显然指没有质料的诸天使。㉔另一方面,迈蒙尼德论证道,由于其单一性,上帝绝无自身之外的知识——也就是说,"上帝是认知者、被认知者、亦是知本身"。进而,上帝通过认识自己来认识整全。然后,迈蒙尼德点明,他在《知识书》头两章里阐述的就是通常称为"神车论"的知识。㉕

正如施特劳斯对迈蒙尼德所谓的"神的知识"进行的解释,㉖在迈蒙尼德那里,"神车论"涉及有关无形体存在者——即上帝和诸天使——的知识。可令人惊异的是,在《知识书》讨论"神车论"的部分——甚至加上讨论"开端论"的部分——迈蒙尼德只字不提以西结的"神车视像",他甚至没有提及以西结的名字。然而,在他列出的天使的十个名字里,起码有五个出现在以西结的"神车视像"里,如果加上《以赛亚书》第 6 章的"神车视像",那么这个数字可以达到七! 进而,在《迷途指津》对"神车论"的专题论述中,这些天使的"名字"基本上都是重要的关键词!㉗值得注意的是,在《迷途指津》里,迈蒙尼德特意强调,先知从其"神车视像"中领会到的"仅仅是圣主的荣耀",而"圣主的荣耀并非圣主"(卷三 7 章,392/430)。至此,我们可以得到一个初步的结论:在围绕以西结的"神车视像"的解释中,迈蒙尼德彻底排除了上帝的临在,从而,《迷途指津》的"神车论"可以说是迈蒙尼德的"天使论"或"关于诸天使的学说"。换言之,"天使"是打开迈蒙尼德所解释的"神车论"之秘密的第一把钥匙。然则,在迈蒙尼德那里,"天使"究竟是什么?

2 "天使"是什么?

从《知识书》列举的天使的诸多名字里,我们无从获悉不同等级的天使的差异,而在《迷途指津》里,迈蒙尼德指出,希伯来语 *mal'āk*[天使]是一个多义词,在不同语境中,"就其履行秩序而言,该词的含义包括**理智**、**天球**和**元素**"

㉔ 迈蒙尼德,《知识书》II.8。Ralph Lerner, *Maimonides' Empire of Light*,145. 中译见《论知识》,15。

㉕ 迈蒙尼德,《知识书》II.10-11。Ralph Lerner, *Maimonides' Empire of Light*,146. 中译见《论知识》,15-16。另参《迷途指津》卷一 68 章。

㉖ Leo Strauss, "How To Begin To Study *The Guide of the Perplexed*," §1, xi/140.

㉗ 没有出现在以西结的神车视像里的天使名字是:Er'erim, Mal'akhim 以及 Sons of Elohim。此外,Hayyot 出现在《以西结书》1:5 以降;Ophannim 出现在 1:16 等;Hašmal 出现在 1:4,27;Elohim 出现在《以西结书》10:19,20;Cherubim 出现在 10.1;Ishim 的单数形式 'Ish 出现在 10.2;Seraphim 出现在《以赛亚书》6:2,即出现在以赛亚的"神车视像"中。关于以赛亚的"神车视像",见《迷途指津》卷三 6 章,389-390/427。

（卷二 7 章，248/266），此外，各种促使其他事物形成或运动的"自然性的以及灵魂性的力"也被迈蒙尼德称为"天使"（卷二 6 章，246/264）。在迈蒙尼德那里，甚至"想象力"也被称为"天使"。[28]对于理解《迷途指津》所揭示的"神车论"的秘密，"天使"的这些含义非常重要。看上去"理智""天球""元素""力"，尤其"想象力"相差甚远，它们中既有理智和想象力这类无质料的存在者，也有天球和元素这种有质料的存在者，进而，对照《知识书》的相关论述，我们会发现，天球和元素在《知识书》里是在第 III-IV 章亦即在"开端论"范畴内得到讨论的，然而，在《迷途指津》，以上这些存在者都属于"天使"行列，迈蒙尼德是否想告诉我们，"开端论"与"神车论"之间并没有绝对的界限？

　　无论如何，按迈蒙尼德在《知识书》里对各类"天使"的解释，[29]"天球"有四个名字，分别是 šāmayim［诸天］、rāqîaʿ［苍穹］、zəbul［高升］和ʿărābōt［高天］，依照其与各星辰的关系，天球有九个，最接近"地"的第一层是月亮的天球、随后依次分别是水星的天球、金星的天球、太阳的天球、火星的天球、木星的天球、土星的天球，第八层天球包围着其余的可见星辰，而第九层天球则是每天从东往西旋转的、其中没有任何星辰却包罗一切的天球。这些天球一个套一个，其中没有虚空。迈蒙尼德指出，所有天球及所有星辰都被赋予灵魂、理智和理解力，它们都有生命，赞美它们的造物主，它们拥有的知识低于在它们之上的天使们的知识，但高于人类的知识。[30]——这里他没有明确，在诸天球之上的天使们是什么，对照《迷途指津》的相关论述，可以得知那些天使是"分离理智"。

　　迈蒙尼德随后指出，在月亮的天球之下，上帝创造了一种单一的质料，这种质料不同于天球的质料；上帝并且为这种质料创造了四种形式，这些形式也不同于天球的形式。这四种形式与月球之下的单一质料结合即成为火、气、水、土四元素。按迈蒙尼德的说法，四元素没有被赋予灵魂、它们没有生命也缺乏理解力，然而每种元素都依循"惯常之道"。[31]四元素的惯常之道是

---

[28]　迈蒙尼德，《迷途指津》卷二 6 章，247/264-265；卷二 12 章，260/280。

[29]　以《知识书》对各类"天使"的相关论述为参照的最大好处是，《重述托拉》的理论部分（《知识书》是其中最核心的部分）更接近迈蒙尼德本人的观点，而在《迷途指津》里，迈蒙尼德的观点往往隐身于哲人的观点与"律法"的观点之间，需要更加细致的辨析。当然，如后文所述，对同一问题，迈蒙尼德有时在《迷途指津》的说法会不同于他在《知识书》的说法，显然这样的差异更值得我们深究。

[30]　迈蒙尼德，《知识书》III.1-10. Ralph Lerner, *Maimonides' Empire of Light*, 147-148. 中译见《论知识》，17-18。

[31]　迈蒙尼德，《知识书》III.11-12. Ralph Lerner, *Maimonides' Empire of Light*, 148-149. 中译见：《论知识》，18-19。

"封印其上的自然"(《知识书》IV.2),这样的自然体现在火和气总是向上运动,水和土总是向下运动,而它们彼此结合构成了月球之下的有生有灭的世上的万物,万物衰亡之后又分解为四元素,循环往复;而四元素彼此也相互转化,循环往复:

> 这种转化由天球的周转所引发。由于天球的周转,四元素彼此结合,生成人、动物、植物、石头和金属等质料。神藉第十层天使给每种质料其形式,该形式被称为"Ishim"。(《知识书》IV.6)[32]

在前文,Ishim 是第十种天使的名字(《知识书》II.7),而在《迷途指津》里,迈蒙尼德说,哲人将与月球相联的这位"天使"称为"能动理智"(阿语 *'aql fa'āl*;Active Intellect)。[33]迈蒙尼德在《知识书》里还指明,地球上生命体的灵魂是上帝赋予该生命体的形式,就人而言,人的形式是人分有的上帝的"形象"(创 1:26),是使人能够去认识和理解的理智(希语 *de'ah*),这种形式"在《圣经》里常被称作 *nepēš*[灵魂]和 *rûaḥ*["灵"或"气"]"。迈蒙尼德继而提醒读者:"每个名字都必须从其上下文得到理解。"[34]迈蒙尼德随后说,他在《知识书》第 III-IV 章讨论的事物就是先贤们称作"开端论"的事物。至于说"神车论"的主题与"开端论"的主题之间的区别,迈蒙尼德只是重复犹太先贤的说法,称前者更隐秘,不能向哪怕一个人传授,除非此人足够智慧,有能力凭自己去理解——在这种情况下,可以向之传授"章回标题"(the *chapter headings*)。[35]

从《知识书》对"神车论"和"开端论"的讨论可以印证,在迈蒙尼德那里,"神车论"的主题是纯形式的存在者——该主题用《圣经》的语言来说是上帝和诸天使,用哲学的语言来说是上帝和诸分离理智,而"开端论"的主题是兼具形式和质料的存在者:天球、星辰,以及月球之下的四元素和由四元素混合而成的地上世界的各种事物——受制于生成和衰朽的事物。借助《迷途指津》对"天使"的界定,可以说沟通"神车论"与"开端论"的正是包括了"(分离)理智""天球"和"元素"的"诸天使"。

---

[32] 迈蒙尼德,《知识书》IV.6。Ralph Lerner, *Maimonides' Empire of Light*, 151. 中译见:《论知识》,21。

[33] 迈蒙尼德,《迷途指津》卷二 4 章,240/257-258;参卷二 6 章,246/264。

[34] 迈蒙尼德,《知识书》IV. 8. Ralph Lerner, *Maimonides' Empire of Light*, 151. 中译见:《论知识》,21-22。关于 *rûaḥ* 和 *nepēš* 的多义性,见《迷途指津》卷一 40 章(页 87-88/90-91)、41 章(页 88-89/91-92)。关于每个词、每个句子都应从其上下文得到理解,参《迷途指津》"本论章指南",20/20;卷一 18 章,46-47/45;卷一 21 章,51/50;卷一 25 章,56/55 等。

[35] 迈蒙尼德,《知识书》IV. 10-11. Ralph Lerner, *Maimonides' Empire of Light*, 152.

3 "九天球"与"四天球"

事实上,《迷途指津》集中讨论"天使"的部分,的确也是围绕"(分离)理智"、"天球"和"四元素"等来展开的。㊱然而,在《迷途指津》里,迈蒙尼德对他在《知识书》里提出的"九天球"模式不止一笔带过,还奇怪地讨论起金星和水星究竟在太阳之上还是之下的问题。他说,古人认为金星和水星都在太阳之上,可托勒密(Ptolemy)认为两者都在太阳之下,迈蒙尼德的安达卢西亚前辈也认为"金星和水星在太阳之上的意见不太可能(improbable)"。从这种"不太可能",迈蒙尼德推出的是"这并不意味着他完全反对这种意见"(卷二 9章,251/268-269)。继而,他回到古人的"五天球"模式,指出"带形式的天球(阿语 *kurah*)"即"其中有星辰的"天球一共有四个:"即恒星的天球、五大行星的天球,太阳的天球以及月亮的天球;在其之上还有一个没有星辰的空的天球(阿语 *falak*)。"(卷二 9 章,251/269)

迈蒙尼德对金星和水星位置的讨论看似奇怪,略加思索可以发现,两种意见的差异直接影响到"天球"的数量:如果金星和水星在太阳之下,那么"四天球"模式㊲就无法成立,这一点对观《知识书》提出的"九天球"模式就很清楚——在该模式中,水星和金星分属第 2 和第 3 层天球,位于太阳和月亮之间(参下图)。

"九天球"模式与"四天球"模式图示

_____	第九层 无星的包罗一切的天球		_____	第五层 无星的包罗一切的天球
_____	第八层 含所有其余星辰的天球		_____	第四层 恒星天球
_____	第七层 土星天球			
_____	第六层 木星天球		_____	第三层 五大行星天球
_____	第五层 火星天球			
_____	第四层 太阳天球		_____	第二层 太阳天球
_____	第三层 金星天球			
_____	第二层 水星天球		_____	第一层 月亮天球
_____	第一层 月亮天球			

　　　　　(《知识书》III.1)　　　　　　　　　(《迷途指津》卷二 9 章)

㊱ 见《迷途指津》卷二 3-12 章。

㊲ 需要指出的是,"四天球"模式实际上由五个天球组成:四个具有形式或曰带有星体的天球,以及一个围绕其上的无星体的天球。

　　这里真正令人奇怪的是，为什么迈蒙尼德要舍弃自己认同的"九天球"模式而取"四天球"模式？⑧从《迷途指津》卷二9章的修辞可以看到，迈蒙尼德在讨论水星和金星的位置问题时，一方面要求他的读者记住古人关于水星和金星在太阳之上的意见，另一方面又以敬重的口吻提到那些支持托勒密的意见即支持"九天球"模式的学者，并且一再说他们的结论是古人的意见"不太可能"。在我们期待迈蒙尼德会支持有更大可能性的"九天球"模式时，他恰恰没有这么做，反而辩称"不太可能"意指"不是不可能"，这究竟是为什么？这个问题的答案很可能是：为了更好地解释以西结的"神车视像"——在以西结的视像中，数字"四"极为关键：先知看到的活物有四个、活物有四张脸、活物旁的轮有四个、四个轮内有四股"灵"或"气"。如果迈蒙尼德要用不同种类的"天使"——天球、分离理智以及元素等——来解释"神车视像"的秘密，那

---

⑧　　除了"九天球"模式出现于《重述托拉·知识书》这一点外，迈蒙尼德更属意"九天球"模式的另一个文本证据在于，他用阿拉伯语 kurah［球］而非更通常所用的 falak［天球］来指称"四天球"模式下的"带形式的天球"，但在提到"包罗一切的天球"即两种模式共有的最高的天球时，依然使用 falak。参迈蒙尼德，《迷途指津》，卷二9章，Pines 英译本，268-269，英译注5，10，11。此外，在《迷途指津》里，迈蒙尼德曾表示，先贤们认为一共有七重天，实际数字要比七更大，见《迷途指津》卷一70章，161/171-172。Gad Freudenthal 指出，kura［球，globe；按：kura 为 Freudenthal 的转写方式］并非一个科学术语，迈蒙尼德在《迷途指津》卷二9章刻意引入了一个新概念，以此区别于 falak［天球，orb］。Gad Freudenthal，"Maimonides on the Scope of Metaphysics *alias* Ma'aseh Merkavah: the Evolution of His Views," in *Maimónides y su época*, eds. Carlos del Valle, Santiago García-Jalón, and Juan Pedro Monferrer (Madrid: Sociedad Estatal de Conmemoraciones Culturales，2007)，221-230；225.

　　值得留意的是，在讨论世界运行的一般法则的卷一72章(174-182/184-194)，迈蒙尼德同时使用了 kurah（Pines 转写为 kurra 并译作 sphere）和 falak（Pines 译作 heaven），并且提出围绕世界的〈天〉球的数量不可能少于18(173/185)——在《知识书》(III.6)里，迈蒙尼德直接说，包围整个世界的天球的数量就是18。

　　Freudenthal 认为，《迷途指津》对"神车论"的解释在两个地方偏离了早前的《重述托拉·知识书》——一处是"九天球"到"四天球"的变化，另一处事关诸天使的等级，这是因为迈蒙尼德在这两方面"改变了看法"（change of mind）(p.229)。然而，正如我们看到的，在天球数量的问题上，迈蒙尼德并未改变自己的观点，他采用"四天球模式"只因该模式能更好地用"以西结的神车视像"来解释他属意的亚里士多德式宇宙论或天象学。在这一点上，Howard Kreisel 的观点更合理可取，他认为，

　　　　在我看来，迈蒙尼德受这种〈四天球〉观点吸引，与其说因其明显的预言式源头（prophetic origin），不如说是因为该观点引入了世界秩序的那种对称性——四种月球之下的元素、四个层级的月下存在物〈按：指矿物、植物、动物及人〉，天球运动的四种原因，以及影响〈四〉元素的四个天球。简言之，他偏爱这种天象观主要出于**哲学的**理由，尽管从天象学考虑八天球的观点有更高的权重。

　　Howard Kreisel，"From Esotericism to Science: The Account of the Chariot in Maimonidean Philosophy Till the End of the Thirteenth Century," 43n65.

"四"无疑比"九"更合用。㊴

三 探秘与解密

1 "四"的秘密

实际上,在《迷途指津》卷二9章最后,迈蒙尼德自己点明了"四"对他来说的重要性,他说,他还没有看到其他哲人明确提出这一点(卷二9章,251/269)。而在随后那章,他专门讨论了与"四"相关的某个重要概念:诸天球对月下世界各种事物的影响或者说作用。迈蒙尼德指出,犹太先贤们认为,星辰会作用于地上事物的个体——他自己补充说,天球的力会对某个特定物种施加影响,㊵而且哲人们也持类似观点。综合先贤与哲人的意见,迈蒙尼德指出,

> 尽管从四天球(*kurah*)所有的诸星辰流溢出的各种力作为整体施加在受制于生成的所有事物上——这些天球是后者的原因——每个天球还特别分布给四元素的其中一种,某天球是那个特定的元素独有的力所本的原则,且该元素的生成运动由那个天球的运动所引发。由此,月亮的天球使水运动、太阳的天球使火运动、其他行星的天球使气运动。······恒星的天球使地运动。······
>
> 　　同样可能的是,宇宙的安排应当如下:天球{的数量}是四;被天球推动的元素{的数量}是四;来自天球并进入总体而言的存在事物的力{的数量}是四,正如我们已经阐明的。与此类似,属于天球的每种运动的原因{的数量}为四,即:天球(*falak*)的形状——我指的是其球形(*kuriyyah*);它的灵魂、它的理智——通过它天球具有认识,如我们已解释过的;以及分离理智,它是它{天球}所爱的(its beloved)。好好理解这点。(卷二10章,页252/270-271)

㊴ Gad Freudenthal 同样观察到"四天球模式"与迈蒙尼德"神车论"解释之间的关联,他敏锐指出:"四天球的宇宙论是迈蒙尼德解释以西结神车视像的钥匙","是一种科学创新"。见 Gad Freudenthal,"Maimonides on the Scope of Metaphysics *alias* Ma'aseh Merkavah: the E-volution of His Views," 226,227。

㊵ 对迈蒙尼德来说,个体与物种之间的区别非常重要,在比如神意(divine providence)究竟企及的是地上事物(尤其人类)的物种还是个体这个问题上,他的立场事实上偏离了律法的意见,而站在哲人那边。详见本书第六章相关讨论。

这段话不仅强调了数字"四"的重要性,而且向我们展现了迈蒙尼德心目中宇宙运行的机制:我们所生存其中的宇宙具有一种等级结构,较高级的事物是比其低一级的事物的"原因",各种"原因"以"力"的方式对下级事物发生作用,就此而言,四天球分别是四元素的"原因",而每个天球本身也受相应的四种"原因"——天球的形状、其灵魂和理智以及分离理智——的作用而运动。这个围绕"四"的宇宙运行机制是解开迈蒙尼德所解释的"神车论"之谜的密钥。㊶

按迈蒙尼德之前的解释,上帝生成第一理智,第一理智是第一层天球的推动者或曰"原因",而推动第二层天球的第二理智的"原因"是第一理智,以此类推,"由此,引发与我们相毗邻的天球{即月球}运动的那个理智是能动理智这个原因和原则",而能动理智是若干分离理智的最后一环(卷二 4 章,240/258)。天球被赋予灵魂故而是一个有生命的"活物",天球也被赋予理智故而有认识能力,他引述《诗篇》所言——"诸天述说(məsappərîm)上帝的荣耀"(诗篇 19:2),㊷表明《圣经》也支持这个观点,"因为希伯来语 haggādāh[讲]和 sippûr[说]只会用于被赋予理智的存在者"(卷二 5 章,242/259)。㊸迈蒙尼德随后表明:亚里士多德所说的"分离理智","我们称为天使"(卷二 6 章,245/262)。

回到迈蒙尼德对数字"四"的异乎寻常之处的讨论。这一次,他转向拉比文献对雅各梦见的梯子(创世记 28:12)的讨论。他说,《米德拉释》(Midrashim)的作者们一致同意,雅各梦中看到在梯子上的天使"只有四位:**两位上升、两位下降**……且四者排成一列"。他还说,先贤们认为,梯子的宽度等于一又三分之一个世界的大小,"因为在先知的视像中,每一位天使的宽度等于世界的三分之一"(卷二 10 章,253/272)。乍看之下,这些话都像谜语,令人费解。不过,迈蒙尼德在之前论及四元素的运动时指出,四元素的运

㊶ 关于这一点,Gad Freudenthal 的说法是:"正如《迷途指津》的早期注疏家们——撒母耳·伊本·提邦(Samuel Ibn Tibbon),摩西·纳博尼(Moses Narboni)及厄弗迪(Efodi)所指出的,在迈蒙尼德的理解中,以西结所看到的无非是亚里士多德-托勒密的宇宙论,或毋宁说,无非是《迷途指津》卷二 9-10 章所描述的其特殊的迈蒙尼德版本。"见 Gad Freudenthal,"Maimonides on the Scope of Metaphysics *alias* Ma'aseh Merkavah: the Evolution of his Views," 224。尽管我们同意这段话的基本判断,即迈蒙尼德在《迷途指津》卷二 9-10 章提出的"四天球模式"服务于他特殊的"神车论"解释,但正如我们在后文将会展现的,"四天球模式"在《迷途指津》里并非局限于卷二 9-10 章,可以说,《迷途指津》卷二 2-24 章都与"四天球模式"相关,也都在为解释"神车论"作理论准备。

㊷ 迈蒙尼德没有引述的此节的后半部分是:"苍穹宣讲(maggîd)祂手的作品",此节在和合本中为《诗篇》19:1。

㊸ 参迈蒙尼德,《迷途指津》卷二 4 章,238-242/255-259。

动是两种直线运动:"朝向包罗万象的天球的一种运动,属于火和气,朝向世界中心的运动属于水和地"(卷二 72 章,175/185),显然,"朝向包罗万象的天球"的运动是一种上升,"朝向世界中心的运动"是一种下降。由此,迈蒙尼德将雅各之梯上的四位天使暗暗释读为四种元素:在四元素里,火和气因其轻捷而"上升",水和土因其重浊而"下降";[44]而"四者排成一列"则是指,这四种元素乃同一种质料的四种形式,该质料即所有受制于生成和衰朽的存在物底下的质料(卷二 14 章,265/286)。[45]关于天使的宽度和世界的关系,迈蒙尼德也在后文给出了提点:有形式无质料的天使是受造世界的三个部分之一——另外两个部分分别是"天球之体"(the bodies of the spheres)以及"第一质料"即月下世界的质料——所以其宽度为世界的三分之一(卷二 10 章,254/273)。[46]

2 "神车"的秘密

迈蒙尼德对以西结的"神车视像"的解读集中于《迷途指津》卷三 1-7 章。在其中,迈蒙尼德非常明确地说,以西结对神车的描述出现在"预言的视像中"(in a vision of prophecy)(卷三 3 章,385/422),[47]并且,那是个"寓言"(parable)(卷三 7 章,392/429-430)。这意味着,以西结的描述不具有字面上的真实性。不过,也正因为如此,以西结的"视像"给了迈蒙尼德将之解释为"神的科学"的空间。

(1)"神车"与"诸天使"

《迷途指津》卷三 1 章的要点是以西结两个视像之间的关联。迈蒙尼德首先表明,"样式"(dəmût;likeness)这个词意味着,以西结视像里的"活物"的四种"脸的样式"——牛、狮、鹰的脸,都是对人的脸的比喻说法。随后他指出,先知对第二辆"[神]车"(merkābāh)与第一辆"车"的表述有所不同:"牛的脸"在第二辆"车"的视像里变成"基路伯的脸",他由此提出,"基路伯"

---

[44] 关于"上升"和"下降",另参《迷途指津》卷一 10 章和 15 章。

[45] 关于这种质料本身是否受制于生成和衰朽,迈蒙尼德在《迷途指津》里有不同说法。例如,对勘卷二 10 章(页 254/273),卷二 11 章(页 256/276)与卷二 13 章(页 262-263/284),卷二 14 章(页 265/286)。

[46] 迈蒙尼德特地指出,第一质料"位于天球之下"——这句话同样是理解他的"神车论"之谜的伏笔。见《迷途指津》卷二 10 章,254/273。参 Joseph Albo, Sefer Ha-'Ikkarim, Book of Principles, Vol. Two, Ch.31, trans. Isaac Husik(Philadelphia:The Jewish Publication Society of America, 1929),207。

[47] 在论"预言"的部分(卷二 32-48 章),迈蒙尼德曾指出,但凡有天使被看到,或者有天使讲话,那必定只会发生在"预言的视像中"或"梦境中"。见《迷途指津》卷二 42 章,355/388。

(kərûḇîm)这个词使用了他之前暗示的某种笔法,即通过根音字母的交错使一个词转为另一个词,从而将作者要隐藏的秘密编码锁住。[48] 显然,只有通过迈蒙尼德自己提示的方法,才能解码此秘密。表示天使"基路伯"的 K-R-B 这三个根音可以转换为 K-B-R,从而得到以西结看到第一个视像所在的河名 kəḇār[迦巴鲁](结 1:1;10:20),[49] 然而,迈蒙尼德在这里更可能指 kərubîm 的三个根音的另一种转换——R-K-B,R-K-B 可以构词成为 rāḵûḇ[骑,to ride]或 rōḵēḇ[骑手,rider],又或者构成 merkāḇāh 亦即"[神]车",这几个词都出现在迈蒙尼德直接或间接论述"神车论"的语境中。[50]

在集中解释以西结神车视像的卷三 1-7 章的开端,迈蒙尼德直接用"第一辆车"、"第二辆车"来指代以西结的两个视像(卷三 1 章,381/417),可事实上,以西结并未在其视像里提到"车"这个词。当然,以西结的相关视像已在犹太传统里约定俗成地被称为 maʿăśēh merkāḇāh[神车论],迈蒙尼德用这个词并不显得奇怪,甚且,细心的读者也会留意到,迈蒙尼德在卷一 70 章关于"车"给出的特别暗示:

> 要知道,一组畜类被骑驾于上的东西被称为车(merkāḇāh)。……这个词用于指一群畜类的证据是:从埃及买来的车,每辆价银六百舍客勒,马每匹一百五十舍客勒[列王纪上 10:29]。这个证据表明,车这个词用来指四匹马。就此,我要说,既然按照经上的说法,{上帝}荣耀的宝座由四个活物所驾,先贤们(愿得铭记的他们蒙福)称之为一辆车,他们由此就将车与四个个体组成之物联结在一起。(卷一 70 章,164-165/174-175)

这个段落当然包含《迷途指津》卷三 1 章指向的"章回标题",因为"荣耀宝座"和"四个活物"的出处就在以西结的"神车视像"里。

不过,迈蒙尼德为"车"埋下的伏笔不止这一处。同样是在描述"四"的异乎寻常之处的语境中,迈蒙尼德曾提到先知撒迦利亚描述的"神车视像":

---

[48] 见《迷途指津》卷二 43 章,358-360/391-393。见后文关于这种重组根音的笔法的具体讨论。

[49] 见 Daniel Davies, "'Secrets of the Torah': Ezekiel's Vision of the Chariot," *Method and Metaphysics in Maimonides' Guide for the Perplexed*(Oxford: Oxford University Press, 2011),115。

[50] 犹见讨论希伯来语动词 rāḵôḇ[骑]的卷一 70 章(161-165/171-175),以及卷三 7 章(393/430),卷二 30 章(327/356)。

在其寓言中,先知撒迦利亚描述了"有四辆车('arba'merkābôt)从两山间出来,那山是铜山[撒迦利亚书 6:1]",对此他解释说:"这是天的四气[或译:四风]('arba'rūḥôt),是在全地的主面前现身(hityaṣṣēb)之后过来的[撒迦利亚书 6:5]"。它们因此是一切在时间中生灭之物的原因。至于他{撒迦利亚}提到的铜(nəḥōšet)以及{以西结的}同类措辞锃亮的铜(nəḥōšet qālāl)[结 1:7],要去感受其中的某种歧义性。(卷二 10,254/272-273)

在这段话里,迈蒙尼德藉撒迦利亚之口,暗示了以西结"神车视像"中的几处秘密。首先,他用"(天的)四气"来释读撒迦利亚所言的"四辆车",从而不仅将"车"对应于"气",而且在此语境中把"气"与"天"关联在一起。其次,他明确指出,"天的四气"是"一切在时间中生灭之物的原因",这就间接将"四辆车"暗示为地上存在者的"原因"或曰"动因"。在上引片段之前,迈蒙尼德曾指明,地上事物的生成由天球的运动造就(卷二 10 章,252/272-272),也就是说,天球的运动是地上存在者的"原因"。

此外,迈蒙尼德在上述引文里所提到的撒迦利亚的某个表述——"在全地的主面前现身"——还出现在《约伯记》序幕里:"'ĕlōhîm 的众子在圣主面前现身(lə-hityaṣṣēb),撒但也来在他们中间[伯 1:6]",以及"'ĕlōhîm 的众子在圣主面前现身(lə-hityaṣṣēb),撒但也来在他们中间,在圣主面前现身(lə-hityaṣṣēb)[伯 2:1]"。在解读《约伯记》时,迈蒙尼德曾解释说,hityaṣṣēb[在……面前现身]这个表述"极不寻常",它意味着,"他们{那些现身者}的实存乃受制于源自祂的意志的祂的秩序",迈蒙尼德随即援引《撒迦利亚书》中出现类似表述的文本——"有四辆车……出来","……天的四气……在全地的主面前现身"等等,由此表明,《约伯记》里提到"'ĕlōhîm 的众子"与撒但时,前后两句话之间有微妙的差异,这意味着撒但也位列天使,可其等级低于"'ĕlōhîm 的众子"。[51]另一方面,迈蒙尼德还由此暗示,"天的四气"跟"'ĕlōhîm 的众子"一样,也是天使(卷三 22 章,443-444/488)。

在解读以西结两个"神车视像"的开端,迈蒙尼德直接将两个视像称为"第一辆车"和"第二辆车"的真正缘由很可能在于,他期待读者们回想起他对撒迦利亚的"四车视像"的解读,并进一步由此联想到他在讨论《约伯记》时对"在……面前现身"这个表述的释义,从而促使读者认识到,以西结"神车视像"的秘密与"诸天使"相关。在卷三 3 章开头,迈蒙尼德藉以西结两个"神车

视像"之间的差异指出：

> 以西结（愿他得平安）在书的开头给出了关于{神}车（mer-kābāh）的描述后，同样的领会（apprehension）在他被带往耶路撒冷时，在一个预言的视像里，第二次回到他。随即，他向我们解释了他起初没有解释之事。由此，为我们的益处，他用诸基路伯（kərûbîm）这词取代了诸活物（ḥayyôt），让我们知晓他起初提到的诸活物也是诸天使（阿语 malāʾikah）——我指的是，诸基路伯。……与此相应，他重复了对同样的形式和同样的运动的描述，明确诸活物即诸基路伯，且诸基路伯即诸活物。（卷三3章，385-386/422-423）

在这里，迈蒙尼德首先用"车"呼应了卷三1章提到的两辆"车"。随即，他提醒读者，以西结的"第二个视像"发生在耶路撒冷，而"第一个视像"的所在地是"迦巴鲁河边"即巴比伦，并且，"第二个视像"出现了一些"第一个视像"里没有的意象。然后，他看似不经意地提到理解以西结的"神车视像"的关键词"诸天使"——通过一再强调"四活物"与基路伯的等同，他直接指明"诸活物"乃是"诸天使"。在卷三1-7章，"天使"这个词——无论单复数、无论阿拉伯语还是希伯来语——仅出现了一次，但足以暗示迈蒙尼德笔下的"神车论"与他关于"诸天使"的论述之间的关联：在《复活论》里，迈蒙尼德提到，作为律法根基的"圣主是一"在《托拉》里仅出现了一次，它"从未被重复过"，[52]这表明，最重要的原则只提一次就够了。

从以上的论析可以推断，迈蒙尼德将以西结的"神车视像"解释为世界在由高到低各级各类"天使"推动下有序运行的寓言式描述，更直接地说，迈蒙尼德所揭示的"神车论"的秘密是他特殊的宇宙论，而他用"天使"为中介来引入这种宇宙论——在他那里这正是"神的科学"。可以想见，这些"天使"首先事关四天球、四元素以及分别推动四天球和四元素的力，其次，还可能事关想象力。当然，即使想到了这样一个解释框架，究竟哪个意象对应哪种"天使"，

---

[52] 见 Moses Maimonides, *Treatise of Resurrection*, trans. Hillel G. Fradkin, in Ralph Lerner, *Maimonides' Empire of Light: Popular Enlightenment in an Age of Belief* (Chicago, London: University of Chicago Press, 2000), 154-177, 165。"圣主是一"出自《申命记》6章4节，属于犹太教最核心的"大诫命"："听啊，以色列，圣主是我们的上帝，圣主是一，你要尽全部的心、全部的灵、全部的力爱圣主你的上帝，我今日吩咐你的话你要记在心里，也要殷勤教训你的儿女，无论你坐在家里、行在路上、躺下、起来都要谈论{这些话}，你也要{将它们}系在手上为记号，使它们作为额饰位于你双眼之间，又要把它们写在你房屋的门框上，以及城门上"（申6:4-9）。

依然无法一目了然。我们只能从最显著的意象开始。

（2）"四活物"与"四天球"

如前所述，在以西结的"视像"里，出现了很多成"四"出现的事物：四个活物、四张脸、四个翅膀、四轮、四个基路伯等。在这些事物中，迈蒙尼德首先提示其所指的是"四活物"：

> 他[以西结]陈述道，他看到四个**活物**（ḥayyôt），且他们中的每一活物都有四张脸，四个翅，以及**两只手**。作为整体，每个活物的形式都是一个人的形式；如他所述：**他们有一个人的样式**[结 1:5]。他还说，他们的双手同样是一个人的{双}手，据知，人的{双}手无疑是**为了从事匠艺性的劳作**（li-ta'ammul ṣanā'i'，the works of craftsmanship）而如其所是形成的。随后，他陈述道，他们的脚是直的；他的意思是，他们没有关节。这就是他的话"直的脚"按其外在意思理解的含义。[先贤们]同样说过：**他们的脚是直的脚**——这教导[我们]，在上{界}，没有坐。㊼也要理解这一点。随后他陈述道，他们的双脚的脚掌——那是行走的工具——并不像人的脚，而他们的手则像人的手。因为脚是圆的，**像牛犊的脚**（reḡel 'ēḡel）**掌**[结 1:7]。随后他陈述道，在四个活物之间没有间隔和空隙，他们每一个都毗邻另一个，他说：{彼此}**相接，如女子与她姐妹般**[结 1:7]。随后他陈述道，尽管他们彼此毗邻，可他们的脸和他们的翅却从上面分开，他说：**而他们的脸和他们的翅都分开在上**[结 1:11]。考虑一下他说的：**在上**。因为，只有{他们的}身体彼此毗邻，而他们的脸和他们的翅是分开的，但仅仅来自上面。那就是何以他说：**而他们的脸和他们的翅都分开在上**。随后他陈述道，他们是灿烂的，**像锃亮的铜**（nəḥōšet qālāl）[结 1:7]。随后他陈述道，他们也给予光，他说：**他们的形状像火之炭**[结 1:13]。这就是他关于诸活物的形式所说的全部，我指的是他们的外形、他们的实质、他们的形式、他们的翅、他们的手以及他们的脚。
>
> （卷三 2 章，382/417-418）

这段话里值得玩味的要点很多，需要细细考察。关于四活物的身体特征，他首先就指出他们"有四张脸、四个翅、两只手"——脸、翅、手以及后文提及的脚，它们各自的隐含意味都值得推敲。

㊼　出自《大创世记》（Genesis Rabbah）LXV。

　　希伯来语 pānîm［脸/面］是迈蒙尼德在卷一 37 章解释过的多义词。迈蒙尼德在那里指出，pānîm 除了指所有生灵的"脸"以外，还喻指愤怒，在此意义上也喻指"上帝的愤怒和烈怒"，进而，这个词也指"某个个体的临在（或曰'在场'）和停留"，比如在"圣主与摩西面对面说话"里，pānîm 就指"圣主的临在"。继而，迈蒙尼德将《圣经》的阿拉米语译者翁格洛斯（Onqelos）对"但我{上帝}的脸不能被{你}看见［出 33:23］"的绎读——"而那些在我面前的将不能被看见"——解释为："他由此指的是，同样有一些伟大的被造物，人不能领会其真正所是。这些就是分离理智。"（卷一 37 章，83/86）翁格洛斯的绎读意在去除圣经文本字面上的上帝有形体论，对他来说，"那些在我面前的"可以被理解为上帝所造的天使，而迈蒙尼德也正是这样理解的——我们还记得，在迈蒙尼德那里，分离理智被称为天使。回到迈蒙尼德对以西结神车视像的解释：在描述"诸活物"的外形时，他特别强调，"他们的脸和他们的翅却从上面**分开**"。"分开"这个词强烈地暗示读者，要结合他在卷一 37 章对 pānîm［脸/面］的解释来理解"诸活物"的"脸"："脸"在关联天使亦即"诸活物"时，喻指"分离理智"。

　　表示"翅"的希伯来语 kānāp 同样也出现在《迷途指津》卷一的词典式释义章。除了字面及引申的含义外，迈蒙尼德还藉伊本·贾纳（Ibn Janāḥ）⑭的说法指出，kānāp 还指"隐藏"或者说"遮盖"，他不止用一系列例子注解这个释义，还表示，在他看来，"正是在这个意义上，kānāp 以比喻的方式用于创造者{上帝}……，也用于诸天使"，他并且进一步指明，

　　　　在所有涉及天使的地方出现 kānāp，它指那隐藏者。你不会考虑经上的这句话：用一双{翅}他遮盖他的脸、而用{另}一双他遮盖他的脚［以赛亚书 30:20］？这意味着，他的实存——我指的是天使{的实存}——的原因，是最隐匿且隐蔽的，那个原因由"他的脸"这个表述来提示。类似地，他——我指的是天使——是其原因的事物也是隐匿的，这些{事物}是"他的脚"，如我们在处理脚这个词的歧义性时所表明的。因为诸理智的行动是隐匿的，而他们的效力仅仅在一个人训练自己之后才变得清楚。（卷一 43 章，91-92/93-94）

---

⑭　伊本·贾纳（全名 Abū al-Walīd Marwān Ibn Janāḥ，约 990-1055）是迈蒙尼德的安达卢西亚前辈，希伯来语法学家兼物理学家。如施特劳斯所言，Ibn Janāḥ 这个名字的字面义为"翅之子"，迈蒙尼德在这里引述他对"翅"的解释可谓带双关。见 Leo Strauss, "How To Begin To Study *The Guide of the Perplexed*，" §35/47，xlvi，174。

这段话提示读者,"翅"也属于天使的行列,并且,"脸"是"翅"的原因,而"翅"又是"脚"的原因。可以说,这段话完全是为解释以西结"神车视像"中的"脸""翅"和"脚"所做的准备。

就"翅"而言,当该词涉及天使时,除了"隐匿者"这个含义外,迈蒙尼德还在后续章回提示读者,"翅"与"飞行运动"相关,"选择飞行运动是为了指出,诸天使是活物",他还进一步表明,由于"飞行"是"非理性动物的运动中最完善且最高贵的",并且,这种运动具有"迅捷"的特征,所以这些特性被归于天使。迈蒙尼德还澄清道,飞行运动绝不能归于上帝,他引述《诗篇》的诗句"祂骑在一个基路伯上,且飞行[诗 18.11]"并解释说,此句里飞行的是基路伯而非上帝,"这个寓言只是有意提示那事物运行的快捷"。为了表明飞行运动不能归于上帝,他还引述了以西结"神车视像"——"牛的脸、狮的脸、鹰的脸以及牛犊的脚掌",表示这仅仅是对"诸活物"或曰"诸动物"的描述(卷一 49 章,105-106/110)。卷一 49 章尽管并非词典释义章,可其主题是"天使"。显然,迈蒙尼德有意通过对"翅"的解释,将读者引向以西结的"神车视像",为自己对"神车论"的解释作铺垫。在此章最后,他这样小结:

> 至于飞行运动,它出现在{圣经}文本的每个片段,没有翅的话,它不可能得到表象。与此相应,人们假设,天使具有翅以便就他们的实存的状态被给予指引,而并非意在获得关于他们的本质的真实性的知识。要知道,每个实现了一种非常迅捷运动的存在物都被描述为在飞行,为的是提示那种运动的迅捷。……还要知道,两个翅是飞行的原因。出于这个理由,在先知的视像里看到的翅的数目对应于运动事物之运动的原因的数目。(卷一 49 章,106/110)

这段话非常清楚地勾勒出先知视像从而以西结"神车视像"里"翅"的喻指:它们指"诸活物"运动的迅捷特征,同时它们的数目跟造成"诸活物"运动的原因的数目相关。

那么,什么是造成"诸活物"的运动的原因呢?在讨论"诸活物"的运动时,迈蒙尼德提醒读者,以西结说的是"每个都朝脸的方向[或:向前]行[结 1:9]",他对此解释说,"这四个活物并非都向同一个方向运动,因为若是如此,他{以西结}就不会给他们每一个一种分离的运动,说:每个都朝脸的方向[或:向前]行"。迈蒙尼德还指出,"诸活物"的运动被描述为"像闪电一闪而过的形状那样奔走又返回[结 1:14]",其中,先知用"奔走又返回"而非"走过去"和"过来"表明其运动"按原路返回",而"像闪电一闪而过的形状"则喻指

"诸活物"的运动是"最迅捷的"(卷三 2 章,382-383/418-419)。从迈蒙尼德对"诸活物"的运动的解读可以推断,"诸活物"进行的运动是一种不断返回原点的、迅捷的圆周运动,不过,他们的运动方向并不相同,每一活物的运动有各自的方向。

再来看看从卷一 43 章的引文出发,以西结视像里的"脚"又喻指什么。从这段话最后一句里"诸理智的行动是隐匿的"可以推断,"脚"的喻指与诸理智亦即诸天使的"行动"相关。在以上所引的《迷途指津》卷三 2 章的引文里,迈蒙尼德特地提示读者,以西结说活物具有"直的脚"要从字面上去理解,他说这意味着这些脚"没有关节",不会弯曲。继而,他还提示,"诸活物"的"脚"的外形不像人的脚,"因为脚是圆的,像牛犊的脚掌"——这句话特别值得推敲。reḡel ʿēḡel[牛犊的脚]在《迷途指津》里多次出现,显然是解开以西结"神车视像"的秘密的钥匙之一。

在《迷途指津》卷二 29 章末尾,迈蒙尼德提出,先知的某些话语要从其话语中有些词的派生含义去理解,他在那里没有解释如何企及那种"派生含义",不过,在他所举的需要如此得到理解的措辞里,有三组出现在以西结的"神车视像"里:ḥašmal[赫希玛尔]、reḡel ʿēḡel[牛犊的脚],以及nəḥōšet qālāl[锃亮的铜](卷二 29 章,320/348)。在卷三 43 章,迈蒙尼德揭开了理解此类措辞的派生含义的方式:重组这些词的根音或元音,由此获得另一个或一组词,继而从派生而得的另一组词的含义来理解原初的措辞的喻指(卷二 43 章,358-360/391-393)。就reḡel ʿēḡel 来说,组成这个词组的根音依次是R-G-L-ʿ-G-L,这个根音组合可以被重组为 G-L-G-L 四个根音,从而得到 galgal 这个表示"轮"(wheel)和"球"(globe)的希伯来词。[55]通过这样的根音转换或重组,迈蒙尼德很可能暗示,"牛犊的脚"喻指"诸活物"的外形,它们是"球形的"。

那么,"手"这个意象又代表什么呢? 在卷一论述上帝无形体的某个关键章,迈蒙尼德曾表明,"器官的存在由灵魂的多种运动所要求。……还有些器

---

[55] Pines 指出,有《迷途指津》的注疏家认为,ʿēḡel[牛犊]喻指的是重组元音后的ʿāḡol[圆形](《迷途指津》Pines 英译本,348n70)。这种解读的确呼应了迈蒙尼德在卷三 2 章所说的,"脚是圆的,像牛犊的脚掌",然而,这样的重组只是重复了迈蒙尼德关于脚的说法,更重要的是,每次迈蒙尼德提到这个需要重组来理解的措辞时,总是同时提到reḡel ʿēḡel,因此,关于该措辞的根音或元音重组应该需要同时考虑两个词。尽管在以西结的"神车视像"里,先知将"诸轮"描述为 hag-galgal[那球],这并不妨碍迈蒙尼德通过 reḡel ʿēḡel 的喻指来暗示真正指向天球的意象是什么。迈蒙尼德对 hag-galgal[那球]的解释,见《迷途指津》卷三 4 章(387/424)。实际上,在天象学上 galgal 这个词也用于表示"天球"。见 Marcus Jastrow,*The Dictionary of the Targumin*,*Talmud Bavli*,*Talmud Yerushalmi and Midrashic Literature*(Judaica Treasury,1971),244-245。

官的存在乃是为个体处于良好的状态、为他的行动之完善所要求。**脚、手及眼睛**乃出于这种本性——它们都是为**运动、作为及领会的完善**所要求的"（卷一46章，98/101-102）。在各种人的器官里，迈蒙尼德特地挑出"脚、手及眼睛"，极有可能又是为解释"神车论"埋的伏笔，毕竟，在以西结的"神车视像"里，这几种器官都出现了。这里位于"脚、手、以及眼睛"三种器官中心的是"手"，按迈蒙尼德的解释，"手"的作用是"人的**作为**的完善"，他随后还进一步将人的制造性的**作为**解释为由食物、取暖、庇护等各种人身的需求而造就的"匠艺（al-ṣinā'ah，craft）"（卷一46章，98/102）。恰恰在解释"神车视像"中"诸活物"的"双手"时，迈蒙尼德再次提及"匠艺"的同根词，他说"人的{双}手无疑是为了从事匠艺性的匠艺而如其所是形成的"（卷三2章，382/418）——"匠艺性的匠艺"则将读者又一次引回卷二10章：

> 由此，天球的运动有四种原因，并且有四种一般的力从它{天球}发出朝向我们。如我们已经解释过的，它们是引发矿物生成的力、{引发}植物灵魂{生成}的力、{引发}动物灵魂{生成}的力、以及{引发}理性灵魂{生成}的力。若是你考虑一下这些力的活动，你会发现，它们是两个物种。因为它们引发的要么是所有被生成物的**生成**，要么是被生成物的**维系**——我指的是对其物种以持存方式的维系以及对其个体以某种存续方式的维系。这就是"自然"（al-ṭabī'ah）的含义，据说{自然}有智慧，会统驭，凭一种类似于工匠的匠艺（bi-ṣinā'ah ka-l-mihnī，by means of an craft similar to that of a craftsman）照料各种动物的生成，也照料它们的维系和持存——{既}通过生成形式性的力，它们是诸存在物{得以存在}的原因，也{通过}营养性的力，这是{各种动物}尽可能维系其存续的原因。预期如此的是神的律令，从这律令中，这两种活动以天球为中介得以产生。（卷二10章，253/272）

在这里，"类似于工匠的匠艺"用于形容"自然"的"作为"：月球之下的自然世界的"作为"仿佛工匠的匠艺，井然有序地使各种矿物、植物、动物和人得以生成，并维系这些存在物在物种上的恒久持存以及个体上的有限存续。值得留意的是，在这段话里，迈蒙尼德将天球作用于地上存在物的"四种一般的力"归结为"两个物种"即"生成"和"维系"这两种活动。这一点正好可以对应到迈蒙尼德解释以西结"神车视像"中的"诸活物"时特别指明的"两只手"。由以上的线索可以推断，在迈蒙尼德的"神车论"解释中，"两只手"指向天球作用于地上事物的两种"力"或两种活动：生成与维系。

至此，"四活物"在迈蒙尼德的"神车论"图景中的位置已呼之欲出了——是的，"四活物"喻指的是"四天球"："四活物"的外形是"球形"，实质是"天球"、他们被称为"天使"，而他们的运动则是各有其方向的、最迅捷的圆周运动——这一点也跟迈蒙尼德描述的诸天球的运动特征相吻合。[56]

(3) "四轮"与"四元素"

一旦明确了"四活物"所对应的"天使"指"四天球"，那就不难推断"四轮"指向什么。不过，我们还是要依照迈蒙尼德的提示来进行推论：

> 随即，他〈以西结〉在第二个描述中解释了另一个概念，即诸轮（'ôpānnîm）是 galgallîm［诸球］；他说：至于这些轮子（'ôpānnîm），我耳中听见对它们的呼喊：那球（hag-galgal）［结 10:13］！（卷三 3 章，385/422）

乍看上去，"四轮"的外形同样可以对应到圆球状的"四天球"，尤其是，迈蒙尼德突出了以西结描述第二个视像时所说的"诸轮（'ôpānnîm）是 galgallîm［诸球］"。[57]然而，在集中论述"神车论"的中间那章，迈蒙尼德提到他跟先贤约拿单（Jonathan ben Uziel）——《圣经》的另一位阿拉米语译者——之间的分歧：尽管约拿单将"轮"绎解为"诸球（galgallîm）"，可"一轮在地上"却难倒了他，因此他将"地"视作"天的表面"，可是，迈蒙尼德不赞同这种看法。他认为，约拿单误将先知口中的"galgal"理解为"天"，所以才会把"一轮在地上"的"地"当作"天的表面"。在迈蒙尼德看来，希语 galgal 表示"滚动"，指的是"球形"这种形状，"诸天"被称为"galgallîm"乃是因为它们是球形的。他指出，先知听到的声音——hag-galgal［那球］，是让我们知晓轮的外形，因为先知以西结的描述里从未提到任何轮的形式或形状（卷三 4 章，387-388/423-424）。由此，迈蒙尼德排除了"诸轮"与"天"的关系。

在以西结的两个视像里，他都提到"诸轮"的样子，第一次他称其"如同水苍玉"（kə-'ên taršîš）（结 1:16），第二次则称其为"如同水苍玉石"（kə-'ên 'eben taršîš）（结 10:9）。[58]对于这两个显然是比喻的措辞，迈蒙尼德出人意料

[56] 参《迷途指津》卷二 4 章，239-240/256-257。
[57] 例如，Howard Kreisel 就持这种看法。见 Howard Kreisel, *Prophecy: The History of an Idea in Medieval Jewish Thoughts*（Dordrecht: Kluwer Academic Publishers, 2001），291。
[58] "如同水苍玉（石）"的译法参照的是迈蒙尼德对 'ên［字面义：眼睛］的第三种诠解，即将 kə-'ên 读作"如同……"（like-unto）。见《迷途指津》卷三 2 章，384/420-421。关于 'ên 这个词在迈蒙尼德的"神车论"图景中的含义，详见后文。

146

地将之跟翁格洛斯(Onqelos)所诠译的一个词组"仿佛蓝宝石之白色的一个作品"(出埃及记 24：10)相等同，他说两者没有分别(卷三 4 章，387-388/424)。源自《出埃及记》的这节经文原本读作："他们看见以色列的上帝，祂脚下仿佛有平铺的蓝宝石的作品"，为了去除其中隐含的上帝有形体的错误意见，翁格洛斯将之译为"在祂的荣耀宝座之下，仿佛蓝宝石之白色的一个作品"，迈蒙尼德对这一诠解赞不绝口(卷一 28 章，60/60)。他解释说，翁格洛斯所谓的"白色"并非真正的白颜色，而是表示"蓝宝石"所指代的事物的透明性，他继而揭示，该事物即"第一质料"，亦即受制于生成和衰朽的地上事物的质料。"并且，第一质料在真正的实在中位于被称为'宝座'的天之下。"[59]因此，当迈蒙尼德说，以西结用来形容"诸轮"的"如同水苍玉石"跟"仿佛蓝宝石之白色的作品"没有区别，他显然在暗示我们，"水苍玉石"亦指第一质料，从而，"诸轮"乃地上事物。

再来看一下，迈蒙尼德如何描述"诸轮"与"诸活物"之间的关系：

> 随后，他{以西结}在第三个概念中解释了诸轮，关于它们他说：而头看向何方位，它们也随向何方，它们行走的时候并不掉转[结 10：11]。由此，他明确说到诸轮的被迫的运动跟随的是头看向的方位。也就是说，如他所解释的，它跟随气(rûaḥ)的所向[结 1：20]。随后，他增加了关于诸轮的第四个概念，他说：诸轮周围都充满眼睛(ênayim)——甚至它们四个{活物}所有的轮{都是如此}[结 10：12]。这个概念他起初没有提到。随后，他在最后的领会中关于诸轮说道：它们全身，它们的背、它们的手和它们的翅[结 10：12]。起初他没有提及诸轮有身体或手或翅，而只是说它们是有形体。然而，最后他甚至说，它们有身体、手和翅；不过，他无论如何没有将任何形式归于它们。在第二个领会中，他还解释，每个轮子(ʾôpān)都与一个基路伯相联，他说：这基路伯旁有一个轮子，那基路伯旁有一个轮子[结 10：9]。他在那里还解释了，四个活物(ḥayyôt)是一个活物(ḥayyāh)，因为他们全都彼此相接，因为他说：这是我在迦巴鲁河边所看到的，以色列上帝荣耀以下的活物(ḥayyāh)[结 10：20]。类似地，他称诸轮——一轮(ʾôpān)在地上[结 1：15]，尽管如他所说，有四轮；这是因为它们彼此毗邻，而且四者都是一个样式(dəmût)。这些就是为我们的益处{以西结}在第二个领会中所添加的关于诸活物和诸轮的解释。(卷三 3 章，385-386/422-423)

---

[59] 迈蒙尼德，《迷途指津》卷一 28 章，60-62/61；另见卷二 26 章，305/331。

这段引文是《迷途指津》卷三3章的第二部分,借助以西结"第二个神车视像"与"第一个神车视像"之间的细微差异,迈蒙尼德提示读者"诸轮"究竟在他的"神车论"图景中指向什么。他首先解释了"诸轮"的运动:"它们行走并不掉转",也就是说,"诸轮"并非如天球那般作圆周运动,而是作直线运动。更重要的是,他随后表明,"诸轮"的运动是一种"被迫的运动",也就是说,"诸轮"内部既没有理智也缺乏灵魂,它们需要外部的力使之运动。这一点除了上引段落里迈蒙尼德指明的"它{轮}跟随 rûaḥ[风/气/灵]的所向[结1:20]",也体现在他多次强调的以西结的话语——"诸活物的 rûaḥ 在轮中[结1:20]"。[60]这意味着,"诸活物的 rûaḥ"引发了"轮"的运动。

关于这里的 rûaḥ 究竟喻指什么,迈蒙尼德在卷三2章专门作了解释:"关于诸活物,他{以西结}说:rûaḥ 往哪里行,他们也往哪里行,他们行走并不转身[结1:12],这里的 rûaḥ,并不指风,而是指目标(al-ġaraḍ,the purpose),正如我们在论及 rûaḥ 的歧义性时表明的。"(卷三2章,383/419)在几乎所有的《圣经》译本里,《以西结书》1章20节中的"rûaḥ"都被译作"灵"(spirit),可在迈蒙尼德的词典里,rûaḥ 是一个重要的有歧义的词。迈蒙尼德这段话将我们带往他释义 rûaḥ 的那章,他在那里指出,rûaḥ 首先是四元素之一的"气"(air),其次,rûaḥ 指"风",随后,它指"活物的灵[气息]"(al-rūḥ al-ḥayawānī),再者,它指"人死后仍留存且不会消亡的东西",另外,rûaḥ 指"向先知流溢的神的理智的流溢",最后,迈蒙尼德说,这个词也指"目标和意志"(al-ġaraḍ wa-l-'irādah;the purpose and will)。他还解释说:

> 类似地还有此句:谁曾丈量圣主之 rûaḥ,或谁熟悉祂的谋划可以教导我们呢[以赛亚书40:13]?经上说,那个知晓祂的意志的尺度或领会了祂对如其所是的实存物的**统驭**的人,应当向我们教导这个——如我们在处理**统驭**(al-tadbīrah)的某一章将解释的那样。在 rûaḥ 这个词用于上帝的所有情形中,它用于第五种含义;某些情况中,它也用于最后一个含义,即{指}意志,如我们所解释的。因此,每个文本中的这个词都应当按照其语境来得到解释。(卷一40章,87-88/90-91)

看得出,迈蒙尼德为 rûaḥ 提出多种释义,为的就是说明,这个词用于上帝时要怎么理解。不过,他的解释显得含混:一方面他宣称"在所有情形中",rûaḥ 用于上帝时指向"第五种含义",即"神的理智的流溢",可另一方面,他又说,

---

⑥⓪ 见《迷途指津》卷三2章,385/421;卷三5章,389/426。

在某些情形中,它指最后一种含义——"意志"。实际上,这里的含混呼应了迈蒙尼德在上帝的本质问题上游移于"理智"和"意志"之间的模棱两可。[61]从迈蒙尼德将以西结视像中"诸活物的 *rûaḥ*"解释为"神的目标和意志"来看,*rûaḥ* 这最后一种含义很可能就是为这个解释预埋的伏笔。

上述引文的要点在"神的统驭"。在《迷途指津》里,对"神的统驭"的领会是跟天象学和自然科学紧密相关的。[62]在这段话里,迈蒙尼德提示读者,他将在后文专辟一章,讨论神的统驭。按《迷途指津》的英译者皮纳斯(Shlomo Pines)的注释,迈蒙尼德这段话里提到的"处理祂的统驭的某一章"指卷三2章——如前文所示,正是在卷三2章,迈蒙尼德解释了以西结神车视像里"诸活物的 *rûaḥ*"的喻指,也正是在那里,他提到了他对 *rûaḥ* 的歧义性的释义。[63]

以上种种线索表明,相比"四天球",迈蒙尼德对"诸轮"的解释更可能指向"四元素"。首先,"诸轮"的球形特征与四元素的关系可以得到印证,迈蒙尼德之前曾指出:

> 作为整体的{包罗万象的}天球(*kurah*)由诸天球('*afalāk*)、四元素、以及由后者混合而成的事物组成。……其中心是地这个球(the sphere of the earth),而水环绕地(water encompasses earth)、气环绕水、火环绕气,第五物体[64]环绕火。(卷一72章,174/184)

这段话表明,在迈蒙尼德的宇宙图景里,四元素像"诸天球"一样是球形的!

---

[61] 参本书第三章相关讨论。

[62] 例如,参《迷途指津》卷一34章、卷二4-11章,等。

[63] 有意思的是,在《迷途指津》卷三2章并没有出现 *tadbīr*[统驭]这个词,而 Joel Munk 编订的《迷途指津》犹太-阿拉伯语原文版(耶路撒冷,1929)相关注释则将迈蒙尼德提到的关于"统驭"的一章指向卷三18章,此章处理的是"神意"问题。首先将"处理统驭的某一章"引向卷三2章的是施特劳斯,他在"如何着手研读《迷途指津》"一文里指出:

> 按照《指津》的说法,神车论处理的是上帝对世界的统驭(God's governance of the world),[上帝的统驭]不仅与祂的神意截然不同(对勘 I 44 与 I 40——在其中,迈蒙尼德指涉的是 III 2,而不是如多数注疏者认为的那样,指涉了论神意的那些章回,正如在 III 2 中他指涉了 I 40),也与祂的创造截然不同。

见 Leo Strauss, "How To Begin To Study *The Guide of the Perplexed*," §38/29, 167/xxxix. 施特劳斯试图告诉读者,尽管在《迷途指津》卷三2章里没有出现"统驭"这个词,可迈蒙尼德对"神车论"的自然解释指向了"上帝对自然的统驭"亦即宇宙及自然按规律运行的图景。另参本书附录二文相关论述。

[64] "第五物体"指构成天球的质料。见《迷途指津》卷一72章,175/184。

由此,以西结所说的"诸轮是诸球"所对应的"球"未见得对应天上的"天球",而完全可能指向月球之下的"四元素之球"。其次,迈蒙尼德曾明确说:"诸天球是活物之体{或:有生命的物体},他们不像诸元素那样是死物",他并且表明,在这一点上,先知及律法的说法、先贤的说法与哲人们的说法相一致(卷二5章,243/260)。由于"诸轮"只能作"被迫的运动",即由"诸活物的气"引发其运动,因此,"诸轮"没有可引起自身运动的"灵魂"从而也没有生命,由此可以推断,"诸轮"跟诸元素一样,乃是"死物"。与此同时,正如迈蒙尼德所强调的,以西结"无论如何没有将**任何形式**归于它们",四元素尽管有质料,却不像天球那样有形式。

此外,在卷三3章最后,关于"诸轮"的特征迈蒙尼德还提示了两点:一方面,诸轮"彼此毗邻"而且"轮中套轮"(卷三2章,384/420);另一方面,"四者都是一个样式",这两点也完全吻合迈蒙尼德所陈述的四元素的特性:地之球在中心,水环绕地、气环绕水、火环绕气,它们一环套一环,并且,四元素共同分有同一种质料。[65]

最后,关于"诸活物"与"诸轮"的关系,迈蒙尼德强调,"每个轮子都与一个基路伯相联",也就是说,每个轮子都与一个"活物"相联,他还提示说:

> 他{以西结}说:诸基路伯行走,诸轮也在旁边行走。诸基路伯展开翅膀,离地上升,诸轮也不转离它们旁边[结10:16]。他由此确认了这事实,如我们所提到的,两者的运动结合在一起。(卷三2章,386/422)

这段话意味着,"四活物"正是"四轮"的"原因"。这正好呼应了迈蒙尼德对四天球与四元素间关系的刻画:每一天球都对应一个元素,月球对应于水、太阳天球对应于火、其他行星的天球对应于气、恒星天球对应于地。每一天球的运动引发相关元素的运动。

至此,我们大体认识了迈蒙尼德借助以西结的"神车视像"所建构的崭新的"神车论"或宇宙论的框架。然而,要真正揭开迈蒙尼德的"神车论"图景的秘密,还有一个迈蒙尼德称为"最高的领会"的谜需要解开。

(4)"那人"与"最高的领会"

在《迷途指津》集中论述"神车论"的卷三1-7章,迈蒙尼德实际上完全没

---

[65] 关于四元素共有一种质料,见《迷途指津》卷二14章(265/286)、卷二19章(281-282/304-305)。

有提及"理智""元素""流溢"这几个词,不过,如前文所示,他的确提到"天使"了;尽管只有一次,可"天使"位于迈蒙尼德所解释的"神车论"的核心。事实上,迈蒙尼德特别提请读者留意,以西结说到"视像"时,用的是复数:

> 在这些事中你应当引起注意的是他的表述:*mar'ôt 'ĕlōhîm*['ĕlōhîm 的诸视像][结1:1]。他没有用单数说,*mar'eh*[视像],而是说 *mar'ôt*[诸视像],因为有诸多族类上不同的领会。我指的是三种领会(*talātat 'adrākāt*,three apprehensions),亦即关于诸轮、关于诸活物,及关于那人——他在诸活物之上。(卷三5章,388/425)

迈蒙尼德在这里再次使用了"**在这些事中你应当……**"的句式,我们还记得,他在集中讨论"开端论"的卷二30章,密集地使用这个句式,只不过,他之前用的动词是"知道"——"在这些事中你应当知道的是"。这里他用"你应当引起注意",某种程度上加重了语气,从而增加了强调的分量。同样的句式在卷三7章还出现了三次。

迈蒙尼德在这段话里解释说,以西结说的"视像"是复数形式的 *mar'ôt* 而非单数的 *mar'eh*,因此,他实际上描述的是三种不同族类的领会。他没有解释的是 *'ĕlōhîm* 这个词在这里指什么。通常的译本,都将 *mar'ôt 'ĕlōhîm* 译作"{关于}上帝的视像"或 visions of God,因为在《圣经》里,*'ĕlōhîm* 在绝大多数场合指"上帝"。不过,无论在迈蒙尼德的预言学说还是他解释"神车论"的图景里,都没有上帝的一席之地。在论述上帝无器官的那章,迈蒙尼德曾指出,

> 我们暗示的言辞出于《大创世记》(*Genesis Rabbah*),其中说:先知们的能力何其伟大,因为他们将一种形式与其创造者作比。因为经上说:在宝座的样式之上,是像人的形状的样式[结1:26]。[66]他们由此表明且显明,所有的先知在预言的视像里所领会的所有的形式,都是被造的形式:上帝乃是{其}创造者。(卷一46章,99/103)

这段话显示,在说明所有先知视像里出现的"上帝"都不是上帝本身而是某种被造物时,迈蒙尼德特地引述先贤们对以西结视像里描述"那人"的议论,显然,他意在提示读者,以西结的"神车视像"里绝没有出现上帝。在卷三7章,

---

[66] 语出《大创世记》XXVII。

他又以自己的名义重申,以西结的视像并非关于独一上帝而是关于"圣主的荣耀"[结 1:28],而"圣主的荣耀并非圣主"(卷三 7 章,392/430)。如果以西结视像里提到的"圣主的荣耀"并非喻指"圣主",那么同样,mar'ôṯ 'ĕlōhîm ['ĕlōhîm 的诸视像]里的 'ĕlōhîm 就并不指上帝。迈蒙尼德的读者可能会想起,在《重述托拉·知识书》的天使列表里,有 'ĕlōhîm 的一席之地,故而,这里的 'ĕlōhîm 应被理解为"诸天使"。

　　回到上文所引的卷三 5 章的片段,迈蒙尼德说,以西结获得的是"三种领会":关于"诸轮",关于"诸活物",以及关于"那人",他还特地说,"那人"在"诸活物"之上。显然,迈蒙尼德在这里列出的是**三种不同族类的天使**。他继而为我们提炼了"三种领会"所对应的三次"我看到":与"诸活物"对应的是"狂风",与"诸轮"对应的是"诸活物"及"一轮在地上",与"人"对应的是"kə-'ên ha-ḥašmal[如同那赫希玛尔]"。[67]藉先贤们对这三次"我看到"的讨论,迈蒙尼德进一步指明,三次"我看到"标志着不同的等级,而最后一个领会,即关于"我看到 kə-'ên ha-ḥašmal[如同那赫希玛尔]"那次,"是终极的领会,是{一切中}最高的"(卷三 5 章,388-389/425-426)。关于三种领会的等级关系,迈蒙尼德还特别指出,

　　　　你还应当注意到这三种领会的次第。由此,他首先设置的领会是**诸活物**,由于他们的尊贵性和因果性,他们第一个到来——据此他说:**因为活物的气在诸轮中**[结 1:20]——也由于其他事。在**诸轮**之后到来的是第三个领会,它在等级上比**诸活物**更高,这很清楚。其中的理由在于这事实,在知识的等级上,前两个领会必然先于第三个领会,后者要在另外两者的帮助下进行推导。(卷三 5 章,389/426)

这段话告诉读者,三种领会的出现顺序跟他们相应的等级高下之间有交错。从出现的顺序上看,三者的次第是:诸活物→诸轮→人,然而,他们的等级从低到高的次第则是:诸轮→诸活物→人。迈蒙尼德解释说,"人"在最后出现,因为只有领会了"诸活物"和"诸轮"之后,才能理解"人"指什么。在前文,我们已经解码了迈蒙尼德笔下的"诸活物"和"诸轮"的所指,现在我们来看看位于最高领会的"那人"又喻指什么。

　　关于"那人",迈蒙尼德在集中论述以西结"神车视像"的 7 章里一共提到

---

　　⑥⑦ ḥašmal 是《知识书》里迈蒙尼德提出的天使的名字之一,这里暂取其音译。ḥašmal 在以西结神车视像中的可能含义,详见后文。

了三次,第二次是前文所引他在卷三 5 章论及以西结的"三种领会"的那次,
而第一次是在卷三 2 章最后:

> 在他{以西结}结束对**诸活物**——关于他们的形式以及他们的运
> 动——的描述、并提及在**诸活物**之下的**诸轮**、它们与后者的联结及随后
> 者而运动之后,他开始设置他获得的第三个领会,他返回到关于**诸活物**
> 之上的东西的另一种描述。他说,在四活物之上有苍穹(*rāqîaʻ*),在苍穹
> 之上有宝座的样式(*dəmût kissēʼ*),而在宝座上有像人的形状的样式
> (*dəmût kə-marʼeh ʼādām*)。这是他对自己在迦巴鲁河边获得的第一次
> 领会的描述的全部。(卷二 2 章,385/422)

这段话的关键首先在"苍穹"和"宝座"。在《创世记》第 1 章,"苍穹"分开了
"天上的水"与"天下的水",被上帝称为"天"(*šāmayim*)(创 1:7-8)。在《知识
书》里,迈蒙尼德明确说,四元素位于苍穹之下。⑧在《迷途指津》卷三 7 章,他
指出,*rāqîaʻ*[苍穹]这个词在以西结视像里"以绝对的方式出现,他{以西结}
没有说苍穹的样式",这表明,*rāqîaʻ*不必从比喻的意义上得到理解,它就指字
面上的"苍穹"。关于"苍穹"与"宝座的样式"之间的关系,迈蒙尼德提示说,
在以西结的视像里,"苍穹"先出现,然后再是"宝座的样式":"这是一个证据,
表明首先是对苍穹的领会,随后才有宝座的样式在其{苍穹}之上向他{以西
结}显现[结 1:26]。"(卷三 7 章,391/429)

如果以西结视像中的"苍穹"指自然意义上的苍穹或曰天穹,那么带有
"样式"字眼的"宝座的形状"就有某种喻指——之前迈蒙尼德说过,带有
dəmût[样式]的词绝大部分都要从其比喻义上去理解。那么,"宝座"究竟指
向什么呢?

迈蒙尼德当然会给出理解其喻指的线索。在释义 *dəmût*[样式]这个词
的《迷途指津》第 1 章,迈蒙尼德已经提到了以西结视像里"宝座的样式",他
在那里指出,"这个样式指的是该事物的崇高和尊贵,并非如不幸的人所想
的,是就一个宝座的方的形状、它的结实度、其腿的长度而言的"(卷一 1 章,
23/23)。尽管这里迈蒙尼德的重点在例证 *dəmût* 这个词要从其喻指来理
解,可他还是为如何理解以西结视像里"宝座的样式"提供了线索:"宝座"所
指的事物是"崇高和尊贵"的。在前文,我们引述过卷一 70 章的文字:"{上

---

⑧ Moses Maimonides,"Book of Knowledge,"III.11,IV.1,in Ralph Lerner,*Maimonides'
Empire of Light*,149. 董修元中译见迈蒙尼德,《论知识》,18,20。

帝}荣耀的宝座由四个活物所驭,先贤们(愿得铭记的他们蒙福)称之为一辆车",正是在同一章里,迈蒙尼德援引拉比埃利埃泽的言辞暗示了"宝座"的对应物:

> 我于是要说,先贤们(愿对他们的铭记蒙福)试图藉圣经的文本提供证据,表明他们列举的事物在'ărābôt[高天]里可以找到,{他们}说:至于说正直和正义,如经上所写:"正直和正义是你的宝座的根基[诗 89:15]。"类似地,他们还提供了证据表明,他们列举的与上帝(愿祂得享尊崇)有关的那些事物,跟祂在一起。要理解这一点。他们在《拉比埃利艾泽章句》里说:那圣者(愿祂蒙福)创造了七层苍穹,在它们全部当中,祂为祂的王国选为荣耀宝座的仅仅是'arābôt。因为经上说:要赞颂'arābôt里的骑手[诗 68.5]。⑥⑨这是他的原话。同样要理解这一点。(卷一 70 章,164/174)

在这段话所引述的先贤话语中,拉比埃利艾泽同样将"苍穹"与"宝座"联系到一起,但他提出了一个新词或新概念:'ărābôt。'ărābôt 的单数形式 'ărābāh 出现在《圣经》里意指"平原"或"沙漠",在《塔木德》里,'ărābôt 用来表示"天",具体而言,如迈蒙尼德所引述的先贤本文所称,'ărābôt 指义人所居的"七重天"里最高的那重天。⑦⑩在同一章的前面部分,迈蒙尼德称 'ărābôt 为"无所不包的天{球}"(卷一 70 章,161/171),也就是说,'ărābôt 喻指的是最高的那个天球。在迈蒙尼德的"四天球模式"里,'ărābôt 指的是恒星天球之外的那个无所不包的天球。这些关于 'ărābôt 的线索将读者一点一点引向对上帝之"宝座"的理解:在迈蒙尼德那里,上帝的"宝座"喻指那个无所不包的天球。在迈蒙尼德的宇宙图景里,这个无所不包的天球处于最尊贵的地位——按他的说法,"作为整体的世界中……较尊贵的部分环绕其低级部分,因为前者不会受到外在于它本身之物的影响"(卷一 72 章,181/192),这意味着,越高的天球有越尊贵的地位,而这一点也印证了迈蒙尼德所言:对苍穹的领会先于对"宝座"的领会,因为对天象的知识的扩展对应于天球层级的上升。

　　一旦"宝座"的喻指能够确定,那么"人"指什么应该也就比较清楚了:由于迈蒙尼德坚决地将上帝从以西结的视像里排除出去,因此在"宝座"或"无

---

⑥⑨　语出《拉比埃利艾泽章句》XVIII。

⑦⑩　参 Marcus Jastrow,*The Dictionary of the Targumin*,*Talmud Bavli*,*Talmud Yerushalmi and Midrashic Literature*,1113。

所不包的天球"之上的"人",只能指向构成其"原因"的第一理智。⑦照迈蒙尼德自己的说法:"第一理智……是第一层天球的推动者。"(卷二 4 章,241/258)

在迈蒙尼德集中讨论以西结"神车视像"的部分,他第三次提到"人"是在卷三 7 章:

> 在这些事中你应当引起注意的有,他分开(*tabīduhū*)"宝座之上的人的样式":该样式的上面部分*kǝ-ên ha-ḥašmal*[如同 *ḥašmal*,或:像 *ḥašmal* 的颜色]而其下面部分则像火的形状[结 1:27;8:2]。他们[先贤们]解释过,*ḥašmal* 这个词由两个概念构成:*ḥaš* 及 *mal*,这意味着,{由}*ḥaš* 所指的"迅捷"概念以及 *mal* 所指的"切开"概念{构成},其用意在于,将代表两个部分即上与下的两个分开的概念的比喻结合起来。他们也给我们第二个暗示,说{*ḥašmal*}这个词源自言说与沉默{两个}概念,说:它们有时 *ḥǎšôt*[沉默]、⑦有时 *mǝmallǝlôt*[说话]。他们将 *ḥaš* 这个含义归于这句:*heḥěšêtî*[我沉默不语]已然很久[以赛亚书 42:14];由此,通过提示**无声的言说**,{对这两个概念}给出一个暗示。⑦无疑,他们的说法,它们[*ḥašmallim*]有时沉默、有时说话,指的是一个被造物。与此相关,看他们如何清楚地向我们表明,宝座之上人的样式,那分开者(*al-mubaʿid*),并非指向祂(祂比所有组合更尊崇)而是指向被造物的一个寓言。(卷三 7 章,392/430)

这段话有很多需要留意的地方。首先,迈蒙尼德引述的"宝座之上的人的样式"与原文不符,如之前的引文所示,以西结的原话是"在宝座之上有像人的形状的样式",迈蒙尼德的引文去掉了"形状"这个词,只保留了"样式"。他这么做很可能是为了进一步淡化"人"的"外形"对理解这个意象的所指造成的困扰,同时,这样一种省略也更突出"样式"这个词,从而表明"那人"不该从字面上去理解。

其次,迈蒙尼德在这段话里多次提到"分开"。以西结在描述"那人"时区分了"腰以上的部分"和"腰以下的部分",迈蒙尼德提示以西结"分开""上面

⑦　参 Moise ben Maimoun, *Dalalat Al Hairin / Le Guide des Égarés*, Vol.3, puble et traduit par Salomon Munk(Paris: G.-P. Maisonneuve & Larose, 1856-1866; Reprint: Osnabrück: Otto Zeller, 1964), 41n4.

⑦　此句出自《传道书》3 章 7 节。

⑦　出自《巴比伦塔木德·节仪》(B. T. Ḥagigah)13a-b。

的部分"与"下面的部分"时却没有提到"腰",这意味着,重要的是"分开"的概念和"上"、"下"之分。在此段引文最后,迈蒙尼德再次引述"宝座之上人的样式"时,又专门又提到"那分开者",显然是强调这个"人"的上、下之"分"。那么,他想通过这个"分开"传递给我们怎样的暗示呢?很可能,迈蒙尼德在示意,"人"所喻指的事物是可分的——作为无所不包的天球的原因或推动者,第一理智显然也是分离理智。

3 "ḥašmal"的秘密

在前文所引的《迷途指津》卷三 7 章的片段里,迈蒙尼德描述了先贤们对 ḥašmal 这个词的喻指所提出的两种拆字法。ḥašmal 或许是整个以西结视像里最隐秘的一个字谜。这个词在整部《圣经》只出现了三次,全都在《以西结书》里,而且全都跟神车视像相关。[74]《希伯来圣经》的希腊语七十士译本(the Septuagint)将之译作 ἠλέκτρου[金银合金],现代的英译本多将 ḥašmal 译作 amber[琥珀](KJV,NRSV 等)或 metal[金属](ESV),和合本作"[精]金",思高版作"金属"。对迈蒙尼德来说,这个词的本义并不重要,重要的是它的喻指。

之前在论及以西结的三次"我看见"指涉"不同等级的领会"时,迈蒙尼德曾指出:

> 最后一个领会(al-ʾidrāk al-ʾaḥīr)涉及如下语词:我看见 kə-ʿên ha-ḥašmal[如同那 ḥašmal][结 1:27]——我指的是分开的人的形式(ṣūrah),关于这个经上说:从他的腰的形状以上,并从他的腰的形状以下[结 1:27],这是终极的领会(ʾāḥir al-ʾidrākāt)和{一切当中}最高的。(卷三 5 章,389/426)

这句话里首先要解决的是描述 ḥašmal 的词 ʿên。ʿên 的本义指"眼睛",通常该词以双数形式出现,表示人或动物的双眼。在以西结的神车视像里,诸轮被描述为"充满眼睛(ʿênayim)",为此,迈蒙尼德专门为 ʿênayim 提出了三种可能的解释:有可能这里就指 ʿênayim 一词的本义"许多眼睛",也有可能指 ʿênayim 的衍生义"很多颜色",还有可能,ʿênayim 指相似或曰"样式",对于 ʿênayim 的第三种含义,他给出了例子:"kə-ʿên šeg-gānaḇ,kə-ʿên šeg-gāzal,意

---

[74] 《以西结书》1:4,27;8:2。

为：如同人所偷的，如同人所抢的"⑦——看来，这里的 'ên 跟副词 kə-［像、如同］共同构成词义"如同"。迈蒙尼德最后说，但也有可能，'ênayim 指"各种状态和属性"（卷三 2 章，384/420-421）。就"诸轮"上的 'ênayim 而言，"状态和属性"应是最恰当的释义，而迈蒙尼德对 'ên 提出的第三种解释显然意在暗示：kə-'ên ha-ḥašmal 中的 kə-'ên 要理解为"如同"。

在上面引述的这段话里，迈蒙尼德为 ḥašmal 作了一个界定：ḥašmal 对应"分开的人的形式"，这里的每一个词都意味深长。如果"那人"本身指"第一理智"，那么"人的形式"也是某种无形体存在者。

在之前引述的卷三 7 章的引文里，迈蒙尼德为我们提供了两种犹太先贤对 ḥašmal 的解法，两种都需要将 ḥašmal 拆成 ḥaš 以及 mal 来重新拼装。第一种拆字法认为，ḥaš 代表"迅捷"，mal 代表"切开"，两者合并可比喻一事物的两面，向上一面和向下一面。第二种拆字法认为，由 ḥaš 转化的 ḥăšôt 表示"沉默"，mal 转化的 məmalləlôt 表示"说话"，两者放在一起表示"无声的言说"。迈蒙尼德没有对两种解读作点评，只是说，"有时沉默、有时说话"的不是上帝而是受造物（卷三 7 章，392-393/429-430）。

关于先贤们对 ḥašmal 的拆解，迈蒙尼德的追随者阿尔博（Joseph Albo）提供了更详尽的解释：

> 我们的拉比们也称天使为火。在《节仪》［Ḥagigah 13b］里，他们说："ḥašmal 什么意思？它代表 ḥayyôt 'ēš memallelôt［火一般的诸活物在说话］。""火一般的诸活物"指的是不能像火那样由感官感知的东西。另一方面，可以被感官感知的"ḥayyôt ha-qodeš［圣洁的诸活物］"即诸天球，⑦ 没有被称为"火一般的活物"。惟有天使被称为火一般的活物。"说话"指涉的是这样的事实，即它们由其行动亦即由其言辞被知晓。为了防止以下｛两种｝假设的错误，即将"火一般的诸活物"指涉为诸天球，且同样将"说话"指涉为"诸天宣讲上帝的荣耀"［诗 19：2］，《塔木德》的作者引述了一条以另一种方式解释 ḥašmal 这个词的含义的经注，以此来清楚表明，它暗指天使，如拉比犹大所言。不同之处仅在于阐释。

---

⑦ 语出 B. T. Baba Qamma，65a，66。

⑦ 阿尔博在前文说，迈蒙尼德在《迷途指津》卷三 3 章将"诸天球称为'圣洁的诸活物'"，不过，无论在 Salomon Munk 编订的原文还是 Samuel Ibn Tibbon 的希伯来语译本里，都没有读到这个表述，迈蒙尼德说的是："诸活物即诸基路伯，诸基路伯即诸活物。"阿尔博文中的"圣洁的诸活物"应该出自迈蒙尼德的《知识书》第 II 章的天使列表。见 Joseph Albo，*Sefer Ha-ʿIkkarim*，*Book of Principles*，Vol. Two，Ch.31，213-214。

这条经注说:"他们有时沉默、有时说话。当言辞来自上帝之口,他们沉默,当没有从上帝而来的言辞,他们说话。"这条经注意在解释一个极为微妙的哲学概念。结果(effect)以某种方式理解其原因(its cause),且它还理解其自身的本质。作为它{结果}构想其原因——它是两者中更尊贵的——的后果,**一个天使从它流溢而出,此即分离理智**。 作为它{结果}构想自身的后果,一个天球从它流溢而出,如我们已在本卷的第 11 章解释过的。这就是经注"当言辞来自上帝之口,他们沉默"的意思,这是指,第一个结果之构想——比如说,上帝的形式——导致的流溢是并不能被感官感知的分离理智。这就是"他们沉默"这个表述的意思。而"当没有从上帝而来的言辞,他们说话",这是指,结果为自己的本质而形成的构想,引发的流溢是可以被感官感知的一个天球。"他们说话"与"诸天宣讲上帝的荣耀"意思相同。因此很清楚,拉比们称诸理智为"火一般的诸活物"。在很多地方,拉比们称他们为"火一般的诸赛拉弗(Seraphim)"。⑰

可以看到,阿尔博的解释在字面上偏离了迈蒙尼德而更靠近《塔木德》先贤们的本义,迈蒙尼德没有如先贤们那样把 haš 理解为 ḥayyôt 'ēš[火一般的诸活物],他简化了拉比们的解释,直接将 haš 联系到"沉默"(ḥǎšôt)。与此同时,阿尔博还在"何为天使"的问题上与迈蒙尼德的观点有所出入。在《迷途指津》里,"天使"不仅包括无质料仅有形式的分离理智,还包括有质料的天球和四元素,可是,阿尔博却明确将"诸天球"从天使行列里排除出去了,他直言,可被感官感知的诸天球没有被先贤们称为"火一般的活物",而"惟有天使被称为火一般的活物"。不过,阿尔博藉先贤对 ḥašmal 的两种经注提示读者"不同之处仅在于阐释",这很可能意味着,他跟迈蒙尼德在"何为天使"的问题上的表面出入并不影响他们对 ḥašmal 的喻指的理解。

无论如何,阿尔博对 ḥašmal 的喻指的理解很可能非常接近迈蒙尼德心里的答案。在对第二个经注的解释里,阿尔博以更哲学的方式指出,先贤所言的"有时沉默""有时说话"指 ḥašmal 代表的第一结果——即由第一因(first cause)的流溢而产生的第一结果(first effect)——在对自己的原因和本质的运思(构想)中,"第一结果"一方面流溢出次一级的分离理智,另一方面

---

⑰ Joseph Albo, *Sefer Ha-'Ikkarim*, *Book of Principles*, Vol. Two, Ch.31, 214-216. 赛拉弗是以赛亚的"神车视像"里出现的六翼天使的名字,同样出现在迈蒙尼德《知识书》第 II 章的天使列表。

流溢出跟此分离理智相对应的天球,由此成为该天球的"推动者"。在阿尔博那里,"第一因"或"第一原则"是绝对的单一,而"第一结果"则由于是一个被造就的事物,故其中有某种"多"的要素,从而成为"绝对的一"与存在链中的万事万物之间的桥梁。[78]

阿尔博所谓的"第一结果",迈蒙尼德称之为"第一理智",它流溢自作为纯粹理智的上帝,"天使"是他们对该存在物的共同称呼。阿尔博属意的宇宙运行机制含十层理智,在这个各层分离理智推动诸天球的系统里,最后一级的分离理智被称为"能动理智",像迈蒙尼德一样,阿尔博称"能动理智"为"世界的君主"(*ṡar hā-ôlām*,the prince of the world)。[79]尽管阿尔博对 *ḥašmal* 的理解某种程度上符合迈蒙尼德的说法,即 *ḥašmal* 对应于先知以西结的"最高领会",然而,这样的理解意味着 *ḥašmal* 与"那人"的等同。

要解决这里的困难,或许仍要从迈蒙尼德关于 *ḥašmal* 的说法中寻找出路。在提及 *ḥaš* 及 *mal* 分别代表"沉默"与"说话"时,迈蒙尼德指出,先贤通过"**无声的言说**"(*kalām dūna ṣawt*,speech without a sound)给出理解 *ḥašmal* 的暗示。那么,什么是"无声的言说"呢? 在讨论运用于上帝的身体器官时,迈蒙尼德曾指出,在"预言的视像"里,"行动与言说被归于上帝,用于指向从祂流溢出的一种流溢",显然,这里的"言说"不是人通过喉咙发声而形成的言说,而是"无声的言说"。在同一语境中,他还进一步澄清:"在预言书里提及的……言说的器官,意在指向**诸理智向先知们的流溢**"(卷一 46 章,96/100)。就以西结的神车视像而言,由于迈蒙尼德将先知视像里出现的上帝解释为天使,因而,"归于上帝的言说"也适用于"归于天使的言说"。由此可以推断,在迈蒙尼德那里,*ḥašmal* 更可能喻指第一理智的"流溢"而非第一理智本身。

迄此,我们从义理和章句两方面大致勾勒了迈蒙尼德对本就谜一样的以西结"神车视像"再度加密锁定的宇宙论图景。"神车论"这个论题的确是迈蒙尼德的《迷途指津》最核心的秘密——为了向读者提示走出他建造的迷宫的线头,他不仅充分利用卷一的词典释义章预伏"章回标题",还在对各论题的讨论中让种种线索若隐若现。解码迈蒙尼德绘织的"神车论"犹如在拼缀一幅巨大的拼图,原图的缺失使我们只能在黑暗里摸索:试错、纠正、碰壁、返回起点、重新起航……周而复始。好在最终,有前人的智慧为我们指点了出

---

[78] Joseph Albo, *Sefer Ha-'Ikkarim*, *Book of Principles*, Vol. Two, Ch.11, 60.

[79] 比较迈蒙尼德《迷途指津》卷二 4-5 章与阿尔博《根荄之书》(*Sefer Ha-'Ikkarim*, *Book of Principles*)卷二 11 章。关于"世界的君主",见迈蒙尼德《迷途指津》卷二 6 章(246/264)以及 Albo, *Sefer Ha-'Ikkarim*, *Book of Principles*, Vol. Two, Ch.11, 62。

路。用迈蒙尼德自己的说法,他讨论**诸理智**、**天球**和**各种力**的"**整个意图在于表明,这个在造物主之下的实存{世界}分为三个部分:它们中的一个{部分}由分离理智构成,第二个{部分}由天球之体组成……;第三个{部分}由受制于生成与衰朽的、共有同一种质料的物体组成**"(卷二 11 章,255/274-275),可以说,这个整体的意图呈现于他对以西结神车视像的阐释中,更具体地说,呈现于他指出的以西结的"三种领会"中:"诸轮"对应于共有同一质料并合成月下世界万物的四元素,"诸活物"对应于"诸天球之体",而"那人"及 *ḥašmal* 则指向"分离理智"及其"流溢"。

四 神的科学:统驭自然

我们在本章探索的仍只是迈蒙尼德绘制的整个"神车论"迷宫的部分。如果说,有一个线团能领我们走出这个复杂的迷宫,那应该是迈蒙尼德的自然概念。整体而言,迈蒙尼德对以西结神车视像里那些令人困惑的词和词组的解释具有双重性:一方面,他力图消除文本里蕴含的上帝有形体的概念——这正是他在《迷途指津》第一卷致力所为;另一方面,他将先知视像解读为从自然的角度可以理解的,从而其中的内容既不神秘(mystical)也非超自然。⑧⓪

本章尝试提出:《迷途指津》中的"神车论"是迈蒙尼德特殊的"天使论"。迈蒙尼德用先知书里最神秘的"神车视像"来解释最形而上学的哲学概念和宇宙运行图景,而且在这样做的时候,跟他的前辈不同,迈蒙尼德完全没有提到任何涉及律法或道德的关切。⑧①

从本章的论析可以看到,《迷途指津》里的"天使论"跨越了迈蒙尼德本人在《知识书》确立的"神车论"与"开端论"的界限,这意味着,在迈蒙尼德那里,神的科学与自然科学密切相关。一方面,迈蒙尼德将神的行动(divine action)等同于自然的行动(natural action)(卷三 32 章,477/525),另一方面,他也指出,有关实存事物即自然存在物的知识是通向理解上帝的仅有途径,而有关上帝的知识是人的最高知识(卷一 34 章,72/74)。换言之,关于"所有

---

⑧⓪ Alfred Ivory 指出,"迈蒙尼德尝试将神迹和预言自然化"。Alfred L. Ivry, *Maimonides' Guide of the Perplexed: A Philosophical Guide* (Chicago: University of Chicago Press, 2016), 153.

⑧① 在《迷途指津》卷三 1-7 章,迈蒙尼德完全没有提及"善""恶""审判""律法""托拉""正义"等事关实践生活的词。

存在物的如其所是"的知识——或者说自然科学——是获得对上帝的理解的先决条件,而就"神车论等于神的科学"而言,理解上帝就在于理解上帝如何通过理智的流溢一步一步"统驭自然"。正是在这个意义上,可以说迈蒙尼德极度微妙的自然概念既是理解以西结"神车视像"的钥匙,也是从整体上理解迈蒙尼德《迷途指津》的钥匙。

尽管"开端论"尤其"神车论"被先贤们严禁传授,无论在《迷途指津》还是在《重述托拉》里,迈蒙尼德都讨论了"开端论"和"神车论"。对于自己近乎是违背先贤禁令之举,迈蒙尼德在《迷途指津》作过几次解释,但跟"神车论"最切近的解释出现于"卷三导言",他在那里说:

> 他们{先贤们}已经清楚表明**神车论**有多么秘密,它对于大众的头脑多么隔膜。这一点也已得到清楚表明,即便有人清楚明白地理解了其中的一部分,律法也禁止他传授或解释它{神车论},除非以口传的方式向一个有某些品质的人解释,而即使对那一个人,也只能提及**章回标题**。这就是关于这件事的知识在整个宗教共同体里不再存在的理由,以致无论大小知识都无存留。肯定会发生像这样的事,因为这种知识仅仅从一个首领(阿语 *ṣadr*, chief)传递给另一个,从不落下文字。如果是这样,我能用什么计谋来让人注意到,按我对这些事物的理解、我以为对我显得无可置疑地清楚、昭彰、明确的东西?另一方面,**若是我不写下某些对我显得清楚的东西**,以致当我消失、那种知识也不可避免地跟着消失,就你和每一个像你那样困惑的人而言,**我会把那种行为当做极端怯懦之举**。这就仿佛将真理从某个值得知晓真理的人那里夺走,或者剥夺某个继承人他的遗产。这两种特性都该受到谴责。(卷三导言,379-380/415-416)

这段话可以看作迈蒙尼德为自己写《迷途指津》这部"论章"(Treatise)进行辩护的直白心声。迈蒙尼德在其中非常清楚地表明,他写作《迷途指津》进而解释"神车论"的秘密乃是因为:一方面,这个秘密借以维系的口耳相传的历史条件因犹太人长期的离散和流亡已然消失;另一方面,他本人恰好因天分和努力清楚理解了其中的奥秘,他实在不希望这个秘密因为他本人的消亡而再度遗失。显然,这里既有一种"为往圣继绝学"的决心和承担,也带着"那种真理已经对我显得昭彰"的自信。当然,尽管在迈蒙尼德看来,有必要揭示"开端论"和"神车论"的秘密,但正如我们所见,呈现或解释这些秘密的方式却需要自然科学的知识以及运用科学方法的能力,而普通人显然缺乏这些学识和能力,更重要的是,直接将先知的预言等同于自然科学和天象学,对普通人的信仰会造成困扰,[82]因此,他只能以曲折隐微的笔法,以谜语和打散拼图的方式,让"有能力凭自己去理解"的未来的智者,获得通达这些秘密的钥匙,从而使这些秘密不再失传。

---

[82] Herbert A. Davidson 认为,在迈蒙尼德时代,理智、天球、四元素及月下世界的三重图式宇宙观已成为"显学",这些知识并非不可揭示的秘密,因而他无法理解何以迈蒙尼德要费力隐匿自己对"神车论"的寓意阐释,见 Herbert A. Davidson, *Moses Maimonides: The Man and His Works*(New York: Oxford University Press, 2004), 573; Gad Freudenthal 也表示了类似的不解("Maimonides on the Scope of Metaphysics *alias* Ma'aseh Merkavah: the Evolution of his Views," 230)。但正如施特劳斯的提示,迈蒙尼德将神车论等同于神的科学、将开端论等同于自然科学,从而将思辨的题材等同于解经的题材,其中的深意"可以说是《迷途指津》的最重大的秘密"("How To Begin To Study *The Guide of the Perplexed*," §8, 145/xvi-xvii),也就是说,真正需要隐匿的是先知预言与亚里士多德式科学和哲学的等同。参 Howard Kreisel, "From Esotericism to Science: The Account of the Chariot in Maimonidean Philosophy Till the End of the Thirteenth Century," 44。

第六章 "神意"与"上帝的知识"

一 《约伯记》与"神意"问题

在《迷途指津》第三卷中,迈蒙尼德用两章篇幅集中解读《圣经》文本《约伯记》(卷三 22 至 23 章,486-497/411-452),这在整部书中显得绝无仅有。《约伯记》普遍被认为是一部反思人的苦难问题的圣经作品,或更具体地说,《约伯记》反思的是"义人受苦"或"无辜者受苦"的问题,因此,犹太教与基督教传统中不断有思想家和神学家对此书充满兴趣,纷纷写作《约伯记》的义疏。[1]有心的读者会发现,迈蒙尼德的《约伯记》解释处于他专门处理神意(divine providence)问题的卷三 8 至 24 章之间,[2]而且,迈蒙尼德一开始就明示,《约伯记》作为一个寓言(parable),正是要"提出人们关于神意的各种意见"(卷三 22 章,441/486)。显然,迈蒙尼德将《约伯记》作为一部讨论神意问题的圣经作品来解读,而这个解读位置则提醒我们,一方面,需要在迈蒙尼德论述神意的总体脉络中考察他对《约伯记》的疏解,另一方面,洞悉迈蒙尼德的《约伯记》诠释,很可能对理解他真正的神意观至关紧要。

就迈蒙尼德对神意问题的讨论而言,他对另一个圣经文本即亚伯拉罕"捆绑"以撒的故事的解读同样重要——事实上,他对"捆绑"故事的解读紧接着他解释《约伯记》的两章之后(卷三 24 章)。在迈蒙尼德看来,这个故事既涉及"考验"从而联系到"上帝是否全知?"以及与此相关的神意问题,同时也跟预言的真实性相关。

---

[1] 参 Susan E. Schreiner，*Where Shall Wisdom Be Found？Calvin's Exegesis on Job from Medieval and Modern Perspectives*（Chicago and London：The University of Chicago Press，1994），及 Robert Eisen，*The Book of Job in Medieval Jewish Philosophy*（Oxford，New York：Oxford University Press，2004）等。

[2] 需要指出,在《迷途指津》全书结尾(卷三 51-54 章),迈蒙尼德重又回到神意问题,对之加以总结。参 Leo Strauss，"How to Begin to Study *The Guide of the Perplexed*，"§1，xii-xiii/141。

二 关于神意的各种古代意见

既然迈蒙尼德将《约伯记》疏解置于讨论神意问题的语境中,我们就有必要首先考察他处理神意问题的整体思路。

1 预备性问题(卷三 8-15 章)

在《迷途指津》卷三 17 章,迈蒙尼德首次明确提出神意问题,他一上来就指明,关于神意"有五种古代的意见"(页 423/464)。此前,迈蒙尼德已经处理了与神意紧密相关的几个预备性问题。在卷三 8 至 14 章中,他讨论了恶的问题以及存在物的目的问题。迈蒙尼德指出,事物的衰朽(corruption)来源于具有生灭性的质料,与恒久持存的形式无关,据此,人的恶行是出于人的质料(身体的种种欲望和贪婪),而人的德性则出于人的形式(正是此形式来自上帝的"形象")。人之为人的目的"只在[关注]可知事物(the intelligible)在心智中的再现(mental representation),就其可能而言,这种再现中最确定和最高贵的乃是对上帝、天使和上帝的其他作品的领会"(卷三 8 章,395/431)。接下来,迈蒙尼德继续讨论质料对人的影响:由于人受限于质料,因而无法全然理解上帝(卷三 9 章,399/437)。

卷三 10 章开始转入另一个论题:辨析非存在(nonbeing)与匮乏(privation)之间的差异,迈蒙尼德指出,施动者(the agent)的行为(acts)与匮乏并无关系,施动者至多只是因偶然(by accident)才造成匮乏,他进而推断"所有的恶都是匮乏",但上帝不是恶的有意造作者(卷三 10 章,399-402/438-440)。随之,迈蒙尼德指出,人与人之间因"目标、欲望、意见和信念"所造成的大恶都是因知识的匮乏引起的(卷三 11 章,402/440-441)。迈蒙尼德反对世上的恶多于善的观点,并指出人所遭受的恶有三种来源:(1)因拥有质料所致的生灭本性引起的恶;(2)人与人之间相互引发的恶,诸如暴君的统治等;(3)人自身的行为引发的恶,他说最后这类恶的数量最多(卷三 12 章,403-408/441-448)。

随后,迈蒙尼德从"反目的论"的角度讨论万物存在的缘由,他同时援引亚里士多德和犹太传统教导并得出结论说,万物并不因人存在的缘故而存在,而是因自身的缘故而存在;人无需去寻找事物的终极目的,因为除了仰赖上帝意志或智慧的事物自身的存在以外,根本没有什么终极目的(卷三 13

章,409-416/448-456)。③

接下来一章从天球和星辰的大小及其与我们之间的距离讲起,看似有些离题,实际上,迈蒙尼德意在表明,人不过是浩瀚宇宙中渺小的一员而已,并非万物为之存在的目的(卷三 14 章,416-419/456-459)。在卷三 15 章,迈蒙尼德探讨了不可能事物的性质及上帝全能(omnipotence)的含义(页 418-420/459-461)。迈蒙尼德含蓄地指出,的确存在不可能的事物,比如,四边形的对角线不可能等于其边长,即便有人认为这是可能的。迈蒙尼德暗示,相信这些不可能事物的人是通过想象力而非理智来进行判断。不可能性的存在似乎会危及上帝的全能,对此,迈蒙尼德表示,使某事物不可能的力量并不能归于上帝,而这一事实并不表明上帝的能力有缺陷。

在卷三 16 章,迈蒙尼德陈述了反对上帝全知(omniscience)的哲学论证。④显然,恶的来源、不可能性和与之相联的上帝的全能,以及上帝的全知都与上帝创造和统驭世界的神意相联系。⑤在卷三 16 章最后,迈蒙尼德特别指出,上帝的知识与神意问题有关(420-422/461-464)。在后续的论述中我们可以看到,所有这些理论探讨都是为了最终解决"神意"和"上帝的知识"这两个问题。

2 关于神意的五种意见(卷三 17 章)

在卷三 17 章,迈蒙尼德正式进入对神意问题的讨论。他提出的与神意相关的五种意见可分别概述如下:

(1)伊壁鸠鲁(Epicurus)的意见:对所有存在物而言,根本没有任何神意,宇宙中一切事物的产生都出于机运(by chance),不存在什么东西命令、统驭或关怀世界上的任何事物。世上存在原子,原子的结合凭靠机运,而原子结合使事物产生也凭靠机运(卷三 17 章,423/464)。可以说,按迈蒙尼德的理解,伊壁鸠鲁认为世上一切事物的生与灭全凭机运。

(2)亚里士多德(Aristotle)的意见:神意照看某些事物,这些事物通过一

---

③ 关于迈蒙尼德对"目的论"的看法,参 Warren Zev Harvey,"Maimonides' Critique of Anthropocentrism and Teleology," in *Maimonides' Guide of the Perplexed:A Critical Guide*,ed. Daniel Frank and Aaron Segal(Cambridge:Cambridge University Press,2021),209-222;210ff。另参董修元,"迈蒙尼德《迷途指津》中的目的论思想研究",《哲学动态》2021 年第 7 期,94-103。

④ 参 Leo Strauss,"How to Begin to Study *The Guide of the Perplexed*,"§1,xii/141。

⑤ 参 Alfred L. Ivry,"Providence,Divine Omniscience,and Possibility:The Case of Maimonides",in *Maimonides:A Collection of Critical Essays*,ed. Joseph A Buijs(Notre Dame,Indiana:University of Notre Dame Press,1988),175-191。

位权能者的统驭和命令而存在,而其他事物则全凭机运。神照料着各层天球(the spheres)及其中的事物,由此,天球中的个体得以恒久持存。根据阿芙洛狄西阿的亚历山大(Alexander of Aphrodisias,活跃于公元2世纪晚期至3世纪早期)的说法,亚里士多德认为,神意终止于月亮所在的天球(the sphere of the moon)(卷三17章,423-424/464-465)。

(3)伊斯兰艾什阿里亚派(Ash'ariyya)的意见:一切存在的事物,无论属于普遍事物抑或具体事物,都不可能在任何方面归因于机运,因为一切事物都通过上帝的意志、目标和统驭(governance)而产生(卷三17章,424-425/466)。

(4)伊斯兰穆太齐勒派(Mu'tazila)的意见:人有能力出于自愿而行动,因此,出现在律法中的诫命、禁令、奖赏和惩罚都井然有序。上帝的一切行动都是智慧的结果,不义之举与上帝格格不入,上帝不会惩罚一个行善者。人出于自愿而行动的能力并非绝对。上帝见微知著,拥有一切知识,他的神意照看一切存在者(卷三17章,425-426/467-468)。

(5)"我们的律法"的意见:人具有行动的绝对能力,在人的能力范围内,他可以按其本性、选择和意志做任何事;类似地,所有动物也按其意志运动,上帝严格地按照人的行为的善恶进行奖赏。这是摩西律法的根本原则(卷三17章,426-427/页469)。

在举出这五种不同意见时,迈蒙尼德还分别对它们进行了推衍和点评。迈蒙尼德明确表示,伊壁鸠鲁的意见是一种无神论立场,他借用亚里士多德的主张⑥指出,一切事物都凭靠机运产生这观点是不可接受的,因为所有事物都受到某个存在者的统驭(页423/464)。对亚里士多德的意见,迈蒙尼德用了最多的笔墨加以厘析。他指出,亚里士多德关于神意止步于天体的意见与亚氏所持的世界恒久持存(the eternity of the world)的观点一脉相承。在亚里士多德看来,神意只涉及那些恒久不变的持存之物,诸如天球及其所包容的诸天体还有地上万物的物种(按:物种即事物的形式),由于地上各种具体存在者除分有其所属物种的形式还含有具生灭性的质料,因而这些个体并不受到神意的眷顾,它们的产生全凭机运。推而言之,个人并不受神意照看。迈蒙尼德最后表示,"偏离我们的律法者"相信这种意见(卷三17章,423-424/465-466)。

对艾什阿里亚与穆太齐勒这两个伊斯兰思辨神学(kalām)学派的主张,迈蒙尼德分别将之推衍到极端,以显出其内在矛盾与不合情理之处。艾什阿

---

⑥ 相关论证参《迷途指津》卷二20章,288-290/312-314。

里亚派认为,上帝的意志遍及一切事物的细枝末节,世上根本不存在偶然和机运,风起云涌、叶落蚁死都出于上帝的旨意,但这样一来,不仅人没有自主行动的能力,而且世上的一切可能性也被取消了。更严重的是,按照这种意见,律法的要求会变得无用,因为人没有能力选择行善或作恶;上帝则必须为世上存在的缺陷甚至恶行负责;甚而,这种意见允许上帝任意惩罚无辜者抑或奖赏罪人(卷三 17 章,424-425/467)。由于此前迈蒙尼德已经在卷三 15 章讨论过不可能性问题,因而,迈蒙尼德在此间接地暗示,艾什阿里亚派的这种主张只是出于想象力,而非出于理智的判断。穆太齐勒派认为,人具有自愿行动能力,上帝严格地赏善罚恶,上帝的行为出于他的智慧,并且神意照看一切事物。据此,若是某人生来衰弱,这必是上帝智慧的结果,因而这比此人生来健全要更好;若是好人暴卒,那是为了让他在来世获得更高的报偿(卷三 17 章,425-426/468)。

迈蒙尼德指出,前四种意见中的后三种都情有可原。**亚里士多德跟从的是存在物的本性,**艾什阿里亚派试图避免将无知归于上帝,而穆太齐勒派则试图避免将不义和错误归于上帝(卷三 17 章,426/468)。尽管迈蒙尼德表示这三种意见都不应受到谴责,但还是可以察觉出,他在这些意见之间作出了区分。迈蒙尼德仅仅指出了后两者在逻辑上的不协调或自相矛盾,却没有从逻辑角度对亚里士多德的意见加以置评。可见,他认为亚里士多德的意见是自洽的。

对于"我们的律法"的意见,迈蒙尼德表示,这是"我们的先知书的**字面表述**"(literally stated in the books of our prophets),是大多数"我们的学者"都相信的意见,也是他自己所"相信"的意见(卷三 17 章,426/469)。在此,"字面表述"这种说法值得特别留意,因为迈蒙尼德写作《迷途指津》的核心意图,可以说就是要对先知书的"字面表述"(外在含义)及其内在含义(隐微教导)作出区分,进而向有思辨力的读者揭示这些内在含义。此外,"相信"这种表述也很重要,对迈蒙尼德来说,"相信"主要是归于俗众的认识方式,有思辨力的人应依据理性能力来论证和判断。可以说,迈蒙尼德在此为他自己对神意的真实主张预留了修正的空间。

迈蒙尼德总结说,对人所遭逢的一切际遇,亚里士多德归之于纯粹的机运,艾什阿里亚派归之于上帝的意志,穆太齐勒派归之于上帝的智慧,"我们的律法"归之于人的行为所应得的赏罚(同上)。在此,迈蒙尼德悄悄地略去了伊壁鸠鲁的意见。这个省略似乎不易察觉,但事实上,除了此章开头将伊壁鸠鲁的意见作为有关神意的第一个意见,迈蒙尼德再也没有提到伊壁鸠鲁的名字,也不再提及这种意见。如果伊壁鸠鲁的意见不重要,迈蒙尼德何以将之作为关于神意的第一种意见提出？如果这种意见重要，何以他如此轻慢它？⑦要解开这个谜，或许只有先耐心等一等，或许在后面的某个环节，迈蒙尼德自己会给我们一个谜底。

此后，迈蒙尼德再度对艾什阿里亚派、穆太齐勒派和"我们的律法"的主张展开讨论。这一次，迈蒙尼德将讨论范围缩小到人的受罚（或不幸）这个问题上。迈蒙尼德表示，艾什阿里亚派过分强调上帝意志的至尊，以致他们认为，上帝可以用来世的烈火惩罚一个今生完美的好人，这在穆太齐勒派看来将陷上帝于不义（injustice）中。迈蒙尼德指出，在人的受罚问题上，穆太齐勒派主张，人所遭受的不幸将获得补偿（compensation），而"我们的律法"则坚持，只有那些应得惩罚的人才会受罚（卷三 17 章，427/469-470）。此外，迈蒙尼德说，还有一种理论，既为部分犹太先贤所赞同，也得到穆太齐勒派的支持，这就是"{出于}**爱的苦难**"（sufferings of love）。这种意见认为，人之受难不是因为他先前犯了罪，而是为了使他获得更大的回报。迈蒙尼德说，在《托拉》文本中根本看不到这样的概念，这种**叫人经受重大考验**（putting to trial）的看法会将人引入歧途（卷三 17 章，428/470-471）。在此，迈蒙尼德没有对这个问题展开讨论，只是一笔带过地表明他对这种意见的拒绝。然而，考验式神意观（即：用上帝的考验来解释人的不幸）在这个地方的额外提出绝非一个无关紧要的插入，迈蒙尼德在后文（卷三 24 章）还将专门讨论考验问题。

3 迈蒙尼德的意见（卷三 17-18 章）

在卷三 17 章最后部分，迈蒙尼德表述了自己对神意问题的见解。他说，在这个问题上，他的结论并不依靠证明（demonstration），而是仰赖《圣经》，也就是"我们的律法"明确展示的意图。迈蒙尼德相信，他的意见较之前述几种意见更为得体，也更接近理性推理。简单来说，迈蒙尼德的意见是：就地上事物而言，神意仅仅照看到人类个体，按个人应得的给予赏罚，涉及动物、植物和其他事物时，他同意亚里士多德的意见，即神意照看的是它们的物种，这些

---

⑦ 见 Leo Strauss，"The Place of the Doctrine of Providence According to Maimonides," trans. Svetozar Minkov, *The Review of Metaphysics* 57/3（2004）：537-49；544n20。此文译自 "Der Ort der Vorsehungslehre mach der Ansicht Maimunis"（*Monatsschrift für Geschichte und Wissenschaft des Judentums* 81/1［1937］：93-105；99-100。原文重印于 *Leo Strauss Gesammelte Schriften* Band 2：*Philosophie und Gesetz*—Frühe Schriften，Zweite Auflage，heraus. Heinrich Meier（Stuttgart，Weimar：Verlag J. B. Metzler），179-190；185。重印版增加了施特劳斯本人对此文所作的眉批（S.191-194）。中译见"神意学说在迈蒙尼德作品中的位置"（张缨译），收入《论法拉比与迈蒙尼德——施特劳斯讲演与论文集：卷三》，刘小枫主编（北京：华夏出版社，2023），106-129。

物种的个体的遭遇则全凭机运(卷三 17 章,430/471)。看上去,迈蒙尼德在有关神意如何照看人这个问题上并不完全认同亚里士多德的意见。然而,在前文讨论创世观时,迈蒙尼德曾明确表示:

> 毫无疑问,关于月亮所在天球(the sphere of the moon)之下直至大地中心的一切存在物,亚里士多德的所有说法都是正确的。只有那种不理解的人,那种怀有先入为主的意见,想要替那些意见辩护或为那些意见误导而无视明显事实的人,才会偏离亚里士多德的说法(卷二 22 章,295/319)。[8]

要如何解释迈蒙尼德前后两段话之间的自相矛盾呢? 或许,施特劳斯有关迈蒙尼德神意观的论述在此能给我们一些提示。在"神意学说在迈蒙尼德作品中的位置"一文中,施特劳斯指出:

> 可以确定的是,迈蒙尼德恰恰通过《迷途指津》的谋篇,将神的全知问题和神意问题排除在有关形而上学的主题之外。[9]

---

[8] 需要指出,此段引文之后,迈蒙尼德说,"当涉及月亮所在天球之上的事物时,除了某些事,亚里士多德的说明类似于某种猜想和推测"。见《迷途指津》卷二 22 章,295/320。卷二 22 章的整个讨论围绕世界究竟由上帝从无中创造(律法的观点)抑或世界是恒在的(亚里士多德的观点)这个论题,迈蒙尼德说,在天体(the heavens;按:此为天球之上的事物)究竟是创生的抑或恒在的这个问题上,两种观点都无法得到证明,因而都只能作为假设存疑,要在两种都无法证明的对立意见之间作出选择,应当选择疑问较少的那种。他表示亚氏的观点"疑问较多且对应当持有的上帝信仰有害",故律法的观点较为可取(见同上,320)。然而,在《重述托拉》(*Mishneh Torah*)的第一部分《知识书》(Book of Knowledge)中,迈蒙尼德似乎又显得赞同亚里士多德的观点,将上帝的存在建立在恒久持存的天球的无止境旋转之上,视上帝为其推动者和统驭者(《知识书》1 章 2 节)。见 Moses Maimonides, "*Mishneh Torah*, *Introduction and 'Book of Knowledge'*", trans. Ralph Lerner, in Ralph Lerner, *Maimonides' Empire of Light*: *Popular Enlightenment in an Age of Belief*(Chicago, London: University of Chicago Press, 2000), 141。另参 Leo Strauss, "Notes on Maimonides' *Book of Knowledge*", *Studies in Platonic Philosophy*(Chicago, London: University of Chicago Press, 1983), 194。迈蒙尼德在创世问题上的真实意见究竟落实在何处,需另文专解。

[9] Leo Strauss, "The Place of the Doctrine of Providence According to Maimonides," 538. 施特劳斯将《迷途指津》中的以下论题归于"作为自然神学的形而上学"的范畴(pp. 537-538):(1)上帝的名称和属性(卷一 1-70 章);(2)关于上帝的存在、单一性和无形体性的证明(卷一 71 章至卷二 1 章);(3)独立的理智存在者及世界的秩序(卷二 2-12 章);(4)世界的创造(卷二 13-31 章);(5)预言(卷二 32-48 章);以及(6)神车论(the Account of the Chariot,卷三 1-7 章)(pp.537-538)。施特劳斯为《迷途指津》归纳的这个结构图可以被视为他在 1960 年的文章"如何着手研读《迷途指津》"中对此论章的"谋篇"所提出的更精细的图式的雏形。

在施特劳斯看来,迈蒙尼德讨论创世问题的部分(卷二 13-31 章)属于形而上学或理论哲学范畴,[⑩]而神意问题(卷三 8-24 章)则属于实践哲学或政治哲学范畴。[⑪]施特劳斯相信,"将神意学说当作一个政治学论题的概念……要追溯到一种真正的哲学传统",他进而告诉我们,这一哲学传统"来自falâsifa,即所谓的伊斯兰亚里士多德主义者",他们"将先知、先知式立法者理解为柏拉图意义上的哲人王"。[⑫]那么,是不是有可能,迈蒙尼德在处理理论哲学问题时追随亚里士多德,而在处理神意这个属于政治哲学的问题时则更偏向柏拉图?

迈蒙尼德随后解释说,在他看来,神意是神的理智流溢(divine intellectual overflow)所致,物种与这种流溢相结合就被赋予理智,从而得到神意的照看(卷三 17 章,429/471-472)。在这里,迈蒙尼德首次将神意与神的理智相提并论,这为他后来提出自己真正的神意观悄悄埋下伏笔。

在随后的篇幅里,迈蒙尼德援引不同的《圣经》章节为自己的意见提供佐证,指出人能够获得个别神意(individual providence),而动物和其他物种的个体则在神意照看的范围之外。迈蒙尼德假设他的读者会问他:上帝何以照看人类个体,却罔顾其他物种的个体?迈蒙尼德的回答是:提出这个问题的人应该问自己,上帝何以给人理智,却不给其他动物理智。对后面这个问题,迈蒙尼德给出了不同学者的不同答案:上帝愿意如此(艾什阿里亚派);上帝的智慧要求如此(穆太齐勒派);或自然(nature)要求如此(亚里士多德),迈蒙尼德说,这些答案同样适用于上帝何以仅仅照看人类个体这个攸关神意的问题(卷三 17 章,429-430/472-473)。

最后,迈蒙尼德表示,他并不相信上帝有所不知或有所不能,而是相信神意由上帝的理智引发并与此相伴。因为神意只能来自理智上至为完美的上帝,而神意也通过理智企及每个个人。在迈蒙尼德看来,这种意见符合《律法书》的教导。与此相比,其他三种意见要么失于过分、要么失于不足。卷三 17 章在如此的评述中收尾(卷三 17 章,431/474)。

卷三 18 章伊始,迈蒙尼德突然提出,"物种和其他普遍事物"(the other universals)只是存在于"头脑中的概念"(mental notions),"心智(the mind)之外并无物种"。由此,他指出,神的流溢所结合的人的物种乃是人的理智(human intellect),具体说,就是个别理智(individual intellects)(卷三

---

⑩　Leo Strauss, "The Place of the Doctrine of Providence According to Maimonides," 537, 539.

⑪　Leo Strauss, "The Place of the Doctrine of Providence According to Maimonides," 539-540.

⑫　Leo Strauss, "The Place of the Doctrine of Providence According to Maimonides," 542-543.

18章,431-432/474-475)。在此,迈蒙尼德没有提及人之外的其他物种,他没有解释其他物种跟理智的关系,他也没有解释,如果神意通过理智流溢的方式企及人,神意要如何企及人之外的其他物种。无论如何,在此章中,迈蒙尼德的注意力完全聚焦在人身上。他指出,神意并非均等地施及所有个人,而是根据每个人的完善程度(human perfection)来分等级。为此,他再次援引圣经文本作为他的主张的依据。迈蒙尼德明确表示:

> 神意照看卓越者却罔顾无知者(the ignorant),正如它{经上}所说:"他必保护圣民的脚步,使恶人在黑暗中寂然不动,人都不能靠力量得胜。"[撒母耳记上2.9](卷三18章,432-433/475-476)

在这句话中,迈蒙尼德用"无知者"[13]来替代《圣经》经文中的"恶人",看似无意区分道德缺陷与理智缺陷,实则让人疑心他所指的"完善"究竟是"道德完善"还是"理智完善"。迈蒙尼德指出,判定人的完善与缺陷的标准是人与上帝之间的距离:越接近上帝的越完善,越远离上帝的越不足。他引用伊斯兰哲人**法拉比**(Abū Naṣr al-Fārābī,约870-950/951)在亚里士多德《尼各马可伦理学》注疏中的一句话为自己的意见增添依据:

> 那些有能力使其灵魂从一种道德品性(moral quality)进入另一种{道德品性}的人,正是柏拉图所说的能获得神意更高程度照看的人。(卷三18章,433/476)

此句引文值得略加推敲。首先,它来自迈蒙尼德最为敬重的中世纪哲人,按皮纳斯的说法,迈蒙尼德视法拉比为仅次于亚里士多德的哲人;[14]其次,引文中出现柏拉图的名字,并表示这种神意观来自柏拉图。考虑到法拉比就是*falāsifah*[{亚里士多德派}哲人]的代表人物,在此我们或许可以比较有把握地推断,在有关神意的问题上,柏拉图而非亚里士多德才是迈蒙尼德真正追随的哲人。

卷三18章最后,迈蒙尼德对自己的意见作了小结,并提示说,下面他将处理"我们的宗教团体"关于"上帝的知识"亦即神的全知的意见。他用了三

---

⑬ Friedländer 译本作 fools[蠢人、愚蠢者],见 Moses Maimonides, *The Guide for the Perplexes*, trans. M. Friedländer, *ibid.*, vol.3, 81。

⑭ Shlomo Pines, "Translator's Introduction: The Philosophic Sources of *The Guide of the Perplexed*," in Moses Maimonides, *The Guide of the Perplexed*, lxxviii.

章(19-21章)来讨论这个问题,对此我们将在解读亚伯拉罕"捆绑"以撒的故事时再作厘析。

三 《约伯记》中的"神意"与"自然"

《约伯记》讲的是,虔敬正直的约伯原本生活安康富足,圣主深为有如此的仆人而骄傲,但上帝的使者撒但挑战约伯的虔敬,上帝默许撒但剥夺约伯的安康,于是约伯突然间遭受了丧失一切财产儿女的灾祸并身患恶疾。约伯的友人们来看望他,他们虽然同情约伯的遭遇,却坚信人不会无缘无故遇到灾难,必定是约伯犯了错,得到上帝的惩处。面对友人的怀疑和责难,约伯坚持自己的无辜,同时质疑上帝赏善罚恶的公正。最后圣主出场回应约伯,并双倍归还了约伯的财产,使他重获健康,享高寿而终。在迈蒙尼德看来:

> 约伯的故事不同寻常而且奇妙无比(extraordinary and marvel-lous),它属于我们正在讨论的这类事情,我的意思是,它是有意提出人们关于神意的各种意见的一个寓言(a parable)。(卷三22章开头,441/486)

迈蒙尼德明确表示,《约伯记》是一个"寓言",言下之意即约伯的故事是其作者的虚构,约伯这个人或降临在他身上的事情并未实实在在地发生。他援引部分犹太先贤的看法来支持自己的主张。当然,他也指出,其他先贤们相信约伯在历史上实有其人,不过,就约伯故事发生于何时,这些先贤之间的观点并不统一,因而,这就确证了约伯故事出于虚构乃是正确的。迈蒙尼德接着说,无论约伯此人是否确实存在过,他的遭遇很常见,这个故事"因而反映了人们对好人遭受不幸这类事所感到的困惑,它涉及上帝的知识(God's knowledge)和神意问题"(卷三22章开头,441/486)。

如前所述,迈蒙尼德的《约伯记》疏解由两章(卷三22-23章)构成。在前一章中,他主要讨论的是《约伯记》的序幕,而后一章则集中考察《约伯记》所提出的不同神意观,及其与卷三17章提及的几种意见的对应。

1 "乌斯"与"撒但"

迈蒙尼德的解读从《约伯记》的第一节开始——更准确地说,从对第一节中 Uṣ(乌斯,约伯生活的地方)这个词的解释开始他的整个解读。他首先表明,Uṣ(更精确的拉丁字母转写是 ʿuṣ)在《创世记》中用于人名,[15]而该词的同根动词的祈使式表示——

> 反省和沉思(reflect and meditate):ʿuṣû ʿēṣāh[你们同谋去吧][以赛亚书8.10]。[16]就仿佛《圣经》在对你说:沉思并反省《约伯记》这个寓言,把握它的意义,看看什么才是{关于神意的}真正意见。(卷三 22 章,442/486-487)

值得指出的是,迈蒙尼德在此引自《以赛亚书》的 ʿuṣû ʿēṣāh 从语法上看具有一种同根宾语(cognate accusative, or cognate object)结构,[17]也就是说,这里的动词及其宾语是同根词,从字面上讲,这个短语可以表达为"去谋划计谋吧"。这样一种措辞在《以赛亚书》中很可能仅仅是出于预言诗押韵的修辞考量,[18]但迈蒙尼德的引用则很可能具有双重指涉。一方面,他着意表明 Uṣ(其根动词 ʿuṣ = 谋虑,谋划)一词跟"反省和沉思"之间的关联,这为他后来从《约伯记》推断真正的神意与人的理智完善程度相关埋下伏笔。另一方面,ēṣāh 一词本身在《约伯记》中就是一个重要的关键词,当圣主上帝在旋风中出场回应约伯时,他一上来就说:

> 谁是这个人,使{我的}谋划(ʿēṣāh)暗昧不明?(伯 38:2)

这里圣主口中的 ēṣāh 可以说"就是上帝以之预见一切并在这个视像中提供一切的**神意**",[19]更具体地说,该词"代表了在创造和统驭世界中的神的计划或目标(the Divine plan or purpose)"。[20]藉着如此的暗示,迈蒙尼德完美地勾勒出《约伯记》与神意问题的紧密关联。

---

[15] 如 Pines 译注所指,迈蒙尼德所引的经文出于《创世记》22 章 21 节。另可见《创世记》10 章 23 节和 36 章 28 节以及《历代志上》1 章 42 节等,其中 Uṣ 均表示人名。

[16] 这节经文还有后半句:"你们同谋去吧(ʿuṣṣu ʿessah),然而将归无有!"见 Pines 译本 p.486。

[17] 有关同根宾语的语法结构及其用法,参 Paul Joüon, S.J., T. Muraoka, *A Grammar of Biblical Hebrew*(Roma:Editrice Pontificio Istituto Biblico, 2006),420-421。

[18] 这一点可从前一句中类似的押韵原则看到:hit'azzru wāḥōttu hit'azzru wāḥōttu[束起{你们的}腰来吧,然而{你们}会被打散;束起{你们的}腰来吧,然而{你们}会被打散!](赛 8:9)。

[19] 见 E. Dhorme, *A Commentary on the Book of Job*, trans. Harold Knight(Nashville, Tenn.:T. Nelson, 1984),574-575。

[20] Robert Gordis, *The Book of Job*:**Commentary**,*New Translation*,*and Special Studies*(New York:Jewish Theological Seminary of America,1978),442。

　　接下来,迈蒙尼德花了相当的篇幅论述序幕中撒但这个角色及其内涵。他首先指出,《约伯记》文本引入撒但时的表达方式是:

　　一天,'ĕlōhîm 的众子在圣主面前现身,撒但也来在他们中间。(伯1:6)㉑

　　在迈蒙尼德看来,这样的表述既说明撒但的地位与"'ĕlōhîm 的众子"并不相当,同时也显示出,撒但出现在上帝众子的行列中并不是为自身的缘故,而是出于一个明确的意图。迈蒙尼德暂时没有说明那个意图是什么,他只是接着文本顺序继续解读。迈蒙尼德指出,撒但说自己"在地上走来走去,往返而来"(伯1:7),这意味着撒但与上面的世界(the upper world)没有关系,他的往返行走都是在地上(卷三22章,442/487)。看上去,迈蒙尼德似乎借此要否认撒但作为天使的身份。

　　随后,迈蒙尼德指出,约伯"这个正直和完美的人被交到撒但手中"(参《伯》1:1,11)表明,约伯所受的一切灾祸都是由撒但引起的。显然,迈蒙尼德借助《约伯记》作者的微妙表达,㉒试图为上帝在其中应负的责任加以开脱。不过,迈蒙尼德没有忘记提醒读者:

　　约伯和他的友人们都认为,上帝自己做了这些事〔按:指施加给约伯种种灾祸〕,没有借助撒但这个中介。(卷三22章,443/487)

接下来,迈蒙尼德话锋一转,指向约伯,他说:

　　〔约伯〕这个故事最奇妙无比和不同寻常之处是这一事实:知识没有被归于约伯。(卷三22章,443/487)

㉑　迈蒙尼德在《迷途指津》卷一2章讨论过'ĕlōhîm 这个词的歧义性,通常《约伯记》译者将之译为"上帝(神)的众子"(the sons of God),这里保留原文'ĕlōhîm 以显示该词的其他可能性。参本书第二章相关讨论。

㉒　《约伯记》作者借助撒但这个角色,是试图避免由上帝直接施加"无缘无故"(2:3)的灾祸给约伯——这个上帝的仆人中的典范,并以此来"免除上帝独自承担的责任"。见 Dirk Kinet, "The Ambiguity of the Concepts of God and Satan in the Book of Job",载 Job and the Silence of God, eds., Christian Duquoc, Casiano Floristán(Edinburgh: T. & T. Clark Ltd., New York: The Seabury Press, 1983), 31。在 Weiss 看来,这是出于一种"神学上的谨慎考量"(theological consideration)。见 Meir Weiss, The Story of Job's Beginning: Job 1-2: A Literary Analysis, trans., Ruth Rigbi, Elisheva Rigbi, Baruch Schwartz(Jerusalem: Magnes Press, Hebrew University, 1983), 39, 40。

这句点评犹如石破天惊。按现代圣经研究的习见,由于《约伯记》中出现涉及"智慧"的话题(比如第 28 章的"智慧颂诗"讨论"智慧何处寻?"的问题),看上去又没有跟以色列历史和律法相关的内容,《约伯记》跟《箴言》和《传道书》一起被归入"智慧文学"(Wisdom Literature)的范畴。[23]迈蒙尼德却说,"知识没有被归于约伯"! 仔细想想,这句点评又如醍醐灌顶——在《约伯记》对约伯这个人物的刻画中——无论在叙事者口中,还是在圣主上帝口中——约伯的形象都是"完全、正直、敬畏上帝、远离恶事",的确没有约伯"有智慧"或"有知识"的说法!

迈蒙尼德解释说,他的意思是,《约伯记》开头所刻画的约伯的品性仅属"道德德性和正直之举",约伯没有被说成是"有智慧的、有悟性的或聪明的人"。在迈蒙尼德看来,若是约伯有智慧,他的处境就不会使他感到困惑费解(卷三 22 章,443/487)。这句会让许多人感到意外的话可谓迈蒙尼德解读《约伯记》全书的点睛之笔。迈蒙尼德在此只是轻描淡写地一笔带过,只说这一点随后将变得清楚。

对于约伯所受的不同程度的灾祸,迈蒙尼德列举了几种俗众可能具有的态度。他说,有的人可能没了孩子就失去耐心,有的人可能丢了财产会丧失对上帝的信仰,也有的人可能对孩子和财产都不看重,更重视自己的信仰,但没有人能在身体饱受痛苦的时候还保持耐心,不在口中或心里发出抱怨(卷三 22 章,443/488)。迈蒙尼德无异于在说,任何人只要遭受约伯所遭受的严重痛苦,一定会像约伯一样对上帝产生怀疑并抱怨不迭,哪怕此人没有像约伯那样将自己的抱怨说出口来。这里有两点值得留意:一,迈蒙尼德明确表示他这里讨论的是俗众面对苦难的可能态度,也就是说,迈蒙尼德实际上将约伯归入俗众一类,而从他对约伯缺乏知识所作的点评中,我们得知"俗众"在迈蒙尼德的意义上并非道德上有缺陷的人,而是理智上有缺陷的人;二,迈蒙尼德藉此隐然是在为对话中约伯的抱怨的合理性加以辩护,因为历史上从来不乏指责约伯抱怨上帝有罪的"正统"声音。

然后,迈蒙尼德又回到关于撒但的讨论中。他提醒读者,《约伯记》文本两次提到"ĕlōhîm 的众子"时对撒但的表述是不同的,第一次只说"撒但也来在他们中间"(伯 1:6),第二次则说"撒但也来在他们之间,在圣主面前现身"(伯 2:1)。对这两处文本差异,迈蒙尼德的解释是,"在圣主面前现身"这种

㉓ 例如,见 James L. Crenshaw, *Old Testament Wisdom: An Introduction*, revised and enlarged edition(Louisville, KY: Westminster John Knox Press, 1998); Richard J. Clifford, *The Wisdom Literature*(Nashville, TN: Abingdon Press, 1998), etc.

表述"极不寻常",通常它出现在"先知启示（prophetic revelation）中",表示这些"现身者"的实存乃"受制于源自袖的意志的袖的秩序"（卷三22章,443-444/488）。随后他再次强调,撒但的地位（status）与"*ĕlōhîm* 的众子"并不相同,但这一次,迈蒙尼德说,它们之间地位的不同只是量上的不同（*ĕlōhîm* 的众子比撒但具有更长久的持存性）,而非质的不同（同上）。也就是说,迈蒙尼德最终暗暗默许了撒但的天使地位。

接下来,迈蒙尼德指出《约伯记》这个寓言的又一个"奇妙之处":

> 撒但在地上走来走去,完成某些举动,这表明他受到禁止,不能主宰{人的}灵魂,他只被授予对地上事物的主宰权,但却被阻挡在灵魂的藩篱之外。（卷三22章,444/488）

对撒但的权力受阻于灵魂这个事实,迈蒙尼德引以为证的是圣主上帝的话语:"只是别碰他{按:约伯}的灵魂。"（伯2:6）[24]迈蒙尼德说,他曾在《迷途指津》前面部分解释过,"灵魂"这个词的希伯来原文 *nepeš* 有多重含义,该词可指人死后依然留存的东西,而这正是撒但无权主宰之物（卷三22章,444/488）。

循着迈蒙尼德的提示可以发现,他在卷一41章曾讨论过 *nepeš* 一词的多种含义。[25]在那里,他指出 *nepeš* 在《圣经》里分别表示五种不同意思:（1）所有具感知力的存在者（sentient being）共同拥有的动物灵魂（animal soul）;（2）血;（3）理性灵魂（the rational soul）,或者说人的形式（the form of man）;（4）人死后依然存留之物;（5）人或上帝的意志（卷一41章,88-89/91-92）。从人的角度,这里的"动物灵魂"可以被理解为保持人的生命之物,以此区别于人死后依然留存的"灵魂"。

就《约伯记》2章6节上帝对撒但说的那句话而言,一般读者都将其中的 *nafšō* 诠读为"他的性命",迈蒙尼德不可能不知道这一点,但他仍将撒但无权触及的"灵魂"解读为"人死后依然留存的东西",这不由让人疑心,他这样做是另有深意,因为,在对《约伯记》的整个疏解中,迈蒙尼德并未如其他犹太思想家那样从"死后灵魂得福"的酬报角度解释神意的作用,我们不会忘记,他恰恰反对穆太齐勒派那种"出于爱的苦难"的考验式神意观。那么,他说的"撒但受阻于灵魂"究竟要表达什么意思? 会不会有可能,藉

---

[24] 通常这句话译作:"只是要留存他的性命。"（only spare his life）
[25] 见 Pines 译本,p.488, n.15。

着将读者的目光引回到前文对 *nepeš* 词义的辨析,迈蒙尼德真正意图引入的概念是代表"人的形式"的"理性灵魂"? 迈蒙尼德或许在暗示,撒但没有能力触及的其实是约伯的"理智"㉖——他可以使约伯丧失的仅仅是财产、儿女和健康这类质料性的东西,但对代表其形式的约伯的理智,撒但却无能为力。

迈蒙尼德接着引述犹太先贤——他特意强调,"是真正可称之为先贤{有智慧}者(the term *Sages* may truthfully applied)"——的话语,进一步厘定撒但的身份。拉比西蒙(Rabbi Simon ben Laqish)曾在《塔木德》(the *Talmud*)中说:"撒但、恶的倾向和死亡天使是同一回事。"㉗迈蒙尼德说,有理解力的人能够明白,西蒙的话澄清了他自己关于撒但的意见。进而,他引述《圣经》其他书卷提及"撒但"之处,表明撒但与上帝相距遥远。迈蒙尼德指出,*śāṭān*[撒但]一词来自动词*śāṭāh*[转身、离开,turn away],他的意思是,"撒但"来自"离去"(turning-away)、"带走"(going-away)等概念,因为使人离开真理之道、在错误道路上灭亡的正是撒但(卷三 22 章,445/489)。

随后,迈蒙尼德解释说,《圣经》中有两个概念:"好的倾向和恶的倾向。"(good inclination and evil inclination)先贤们认为,人的恶的倾向与生俱来,而好的倾向则只在理智完善的人身上才能发现。循着先贤们的主张,迈蒙尼德推断说,既然撒但这个恶的倾向是天使,那么好的倾向肯定也是天使——正如先贤所说,与人相随的有两个天使,一好一坏(卷三 22 章,445/490)。

在迈蒙尼德对撒但身份的厘析中,可以观察到他的一系列步骤:通过将撒但认定为天使,迈蒙尼德借助先贤的话引入撒但与死亡天使和恶的倾向的等同,继而,他又用恶的倾向带出好的倾向,并指明好的倾向同样是天使。从这样一个步骤的最终结果看,迈蒙尼德有意带出的很可能是另一位天使——好的倾向。

迈蒙尼德在此章结尾处说,他"已对约伯故事的最终目的和结论加以解析",他将要做的是向读者解释归于约伯及其友人们的那些意见。迈蒙尼德特别提醒说,为论述次第所需而穿插其间的那些引文不值得重视,他表示,他已经在全书开头解释过这一点(卷三 22 章,445/490)。

㉖ 迈蒙尼德曾在前文指出,神的流溢所结合的人的物种亦即人的形式乃是人的理智(human intellect),具体说,就是个别理智(卷三 18 章,432/475)。

㉗ 据 Pines 译注,此句出于《巴比伦塔木德》(B.T. = Babylonian Talmud)Baba Bathra, 16a。见 Pines 译本,p. 489, n.16。

2 约伯及其友人们关于神意的意见

卷三 23 章伊始，迈蒙尼德就指出，

> 人们一般认为，约伯故事中的五个人一致同意：约伯所遭受的一切
> {不幸}不止为上帝所知，而且就是上帝造成的；他们还一致同意：不义不
> 容许给予上帝，也不能将错误行为归于上帝。（卷三 23 章，446/490）

迈蒙尼德这里所说的五个人，显然除约伯和他的三个友人（以利法、比勒达、
琐法）之外，还包括了后来加入谈话的青年以利户。迈蒙尼德说，这些人在对
话中所讲的东西几乎一样，因而"同样的概念不断在重复和交叠"（卷三 23
章，446/491）——他所说的"同样的概念"就是指他们一致同意的那些信念。
迈蒙尼德指出，穿插在这些概念的表述之间的，有约伯对自己的痛苦和不幸
的描述，也有约伯的朋友们要求约伯默默忍受痛苦、安然接受上帝裁决的劝
诫、安慰和建议；约伯则表示，他所受的苦难的剧烈使他不可能忍耐和坚强。
进而，以利法、比勒达和琐法这三个约伯的朋友都坚信：好人有好报，恶人有
恶报；若有"不顺服者"（a disobedient man［引按：不虔敬者］）走运，最终他还
是会遭殃——要么他自己暴卒，要么不幸会降临到他的儿子和后代身上（卷
三 23 章，446/490）。所有这些，的确是一般读者都能从《约伯记》对话文本中
读到的。

"然而"，迈蒙尼德又说：

> 这并非约伯故事作为整体的目标，相反，这个目标在于显示他们{按：指
> 约伯及其友人们}中的每个人的独特之处（peculiarity），并让人知道他们
> 每个人对这个故事的意见，这故事说的是：最巨大、最严重的不幸降临在
> 一个最完美的个人身上，这个人在正直方面（in righteousness）是他们所
> 有人中最无瑕疵的（unblemished）。（卷三 23 章，446/491）

接下来，迈蒙尼德引述相关经文，一一指出约伯和他的朋友们对约伯的遭遇
所持的"特殊意见"。他首先概述的是约伯的独特意见。

(1) 约伯的意见

迈蒙尼德指出：

约伯的意见是,发生这样的事证明,祂(愿祂得享尊崇)对义人和恶人一视同仁,因祂看轻人类,弃之不顾。(卷三 23 章,446/491)

迈蒙尼德引以为证的是约伯的如下说法:㉘

都是一样! 所以我要说:
  无辜者(the innocent)和恶人他一并终结。
若洪水㉙突然屠戮,
  他会嬉笑无罪者(the guiltless)的灾难。[伯 9:22-23]

有人至死身体强壮,尽得平靖安逸。
  他的奶桶充满,{他的骨髓滋润。}㉚
有人至死灵魂痛苦,终身未尝好事的滋味。
  他们一样躺卧在尘土中,都被虫子遮盖。[伯 21:23-26]

很清楚,在前一段讲辞中(9:22-23),约伯表达了对上帝"善恶不分"的义愤与质疑,而后一段(21:23-26)讲辞更是突出好人与坏人至死都未得到应有的奖惩。约伯在这些话中显然有力地驳斥了他的朋友们关于"善有善报、恶有恶报"的传统观点。接着,迈蒙尼德再次引述约伯的话语:

我每逢想起,心就惊惶,
  浑身战兢。
恶人为何存活,
  享大寿数,势力强盛呢?
他们的儿孙在他们身前站立……[伯 21:6-8a](卷三 23 章,447/492)

迈蒙尼德解释说,约伯的意思是,即便如他的朋友们所假设,恶人的罪会报应在他的儿孙身上,但这对寿尽而终的恶人却没有影响,他继续引述约伯的话对此加以证实:

㉘ 译文所据为 Pines 译本(p. 491)。
㉙ 据 Pines 译注,此处迈蒙尼德将 šōṭ 一词诠解为"洪水"(flood),而该词在原文语境中很可能指"灾祸"(scourge)。见 Pines 译本,p. 491, n. 2。
㉚ 大括号中的半句迈蒙尼德未加引用,以"等等"代替。

他{按：恶人}的岁月既尽，

> 他死后在他家中{所发生的}，可能使他愉悦？［伯 21：21］（卷三
> 23 章，447/492）

对约伯的这句话，显然先要从反面加以理解，也就是说，恶人既死，他的后代享福并不能使他高兴，反之，他的后代遭难，也无法对他造成伤害。这样看来，恶人的罪报应在后代身上的意见就站不住脚。

不过，迈蒙尼德看得更深。他指出，约伯这句话表明，"人死后并无希望可言，除了{为上帝所}忽略，什么也留不下来"（卷三 23 章，447/492）。对此，迈蒙尼德并未展开讨论，反将话题转到约伯面向上帝的哀叹上：[31]约伯想不明白，上帝曾如此地眷顾他，如今为何又让他深陷这样的痛苦中。迈蒙尼德指出，约伯的这种疑惑曾受到许多先贤的指责，他逐一引述这些先贤的话语，诸如："约伯否认死者的复活"；"约伯开始亵渎上帝"，等等（447/492）。[32]对先贤们所说的这类话，迈蒙尼德并未付诸任何讨论，但读者不该忘记，迈蒙尼德自己曾在前一章结尾时提醒过，为论述次第而穿插在此章中的其他引文不值得关注（卷三 22 章，445/490），言下之意就是，这些出自先贤的引述没有价值，其中表达的意见甚至不值一驳。

不过，读者仍应追问一下，既然这些引文没有价值，何以迈蒙尼德还要去引述呢？仅仅是出于论述次第的需要？其实未尽然，因为，迈蒙尼德所引的先贤话语之一——"约伯否认死者的复活"，恰恰针对着他所归纳出的约伯在苦难中的质疑：**人死后并无希望可言，什么也留不下来**！倘如迈蒙尼德所言，先贤的话不值一提，那就意味着先贤对约伯的指责没有道理，那么，迈蒙尼德是否在暗示，约伯的看法其实是对的？

紧接着，迈蒙尼德引述了先贤的其他论断。先贤们曾就上帝最后对以利法的指责[33]解释说，一个人受苦时的所作所为不应受到责备。然而，迈蒙尼德毫不犹豫地对这种意见加以驳斥，他说，这类说法与约伯的寓言所要传达

---

[31] 迈蒙尼德这里引述的是《约伯记》10 章 10 节，与此相关的上下文如下："你的手造我，将我抟塑为一体；[如今]你要毁灭我。求你记得，你曾造我如抟泥一般；你真要使我归于尘土吗？你不是倒出我来好像奶，使我凝结如同奶酪吗？你覆我以皮和肉，织我以骨与筋。你曾给我生命和慈爱，也曾顾全我的心灵。"（伯 10：8-12）

[32] 据 Pines 译注，这些说法均出自《巴比伦塔木德》（B.T. = Babylonian Talmud）Baba Bathra，16a。见 Pines 译本，p. 492，n. 10。

[33] 在《约伯记》终场，圣主对以利法说："我的怒气向你和你两个朋友发作，因为你们议论我，不如我的仆人约伯说得是。"（伯 42：7）此句的后半句（因为你们议论我，不如我的仆人约伯说得是）曾由圣主在下句话中重复了一遍。

的意图根本不协调。他认为,上帝指责以利法的原因在于,

> 约伯已经放弃了他的意见,这种意见最为错误,约伯也已经证明,他在其
> 中犯了错。(卷三 23 章,447/492)

迈蒙尼德解释说,约伯的意见是在他遭受不幸又确信自己无罪的情况下初次反
思的结果,他强调说,约伯没有犯罪这一点是任何人都不否认的。他强调:"出
于这个理由,这种意见被归于约伯。"(卷三 23 章,447/492)乍看上去,迈蒙尼德
在此所谓约伯放弃的意见,像是约伯对上帝善恶不分的质疑。㉞接下来他说:

> 　　然而,只要约伯没有真正的知识,只要他仅仅出于对权威的接受而
> 认识神(knew the deity),如奉守律法的大众那样认识神,他就会说他所
> 说的那一切。但是,当他以一种确定的知识认识上帝,他就承认,真正的
> 幸福乃关于神的知识,所有认识上帝的人都准保能获得这幸福,并且,一
> 个人不会为所有不幸中的任何一个所烦扰。当他只是通过传统故事而
> 非思辨方式(not by the way of speculation)来认识上帝时,约伯**曾想象**
> 那些被认为是幸福的事物——诸如健康、财富和儿女——是终极目标。
> 正是出于这个理由,他陷入这样的迷津,并说了那些话。(卷三 23 章,
> 447-448/492-493)

　　在这段话中,迈蒙尼德明确表示,约伯之所以持有"那种意见",乃因为
"他仅仅出于对权威的接受而认识神,如奉守律法的大众那样认识神"。那
么,何为迈蒙尼德眼中"权威"及"奉守律法的大众"对神的认识呢?回想一
下,在卷三 17 章,迈蒙尼德曾说过,"我们的律法"关于神意的意见是:上帝严
格地按照人的行为的好坏进行奖赏;这是摩西律法的根本原则。他还说过,
"我们的律法的意见"是"我们的先知书的**字面表述**","是大多数我们的学者
都相信的意见"(卷三 17 章,427/469)。可见,约伯根据"权威"("大多数我们
的学者")和"奉守律法的大众"而获得的对神的认识,理应是"上帝严格按照
人的行为的好坏进行奖赏"这一点。这样来看,迈蒙尼德之前所说的"约伯已
经放弃"的意见,那种"最错误的"意见,究竟是否约伯对上帝善恶不分的质

㉞ Goodman 就认为,迈蒙尼德这里所指的"约伯的意见"乃"无辜者和有罪者命运相同"。见
Lenn Evan Goodman, "The Story of Job," in *Rambam*: *Readings in the Philosophy of Moses Maimonides*, 359, n.6。

疑,就值得重新推敲。

在上面这段引文中,迈蒙尼德再次揭示了约伯持有错误意见的根源:缺乏真正的知识。这无疑呼应了他先前所说的约伯故事"最奇妙无比和不同寻常之处是这一事实:知识没有被归于约伯"(卷三 22 章,443/487)。与此同时,迈蒙尼德在这里清楚表明,真正的知识乃"关于神的知识",而且该知识要"通过思辨的方式"而非"想象"来获得。迈蒙尼德明确指出,约伯的错误在于将"健康、财富和儿女"这类与质料相关的事物**想象为**幸福的"终极目标",他的潜台词应该是:认识思辨事物——或者说精神事物、与形式相关的事物——才是真正值得追求的终极幸福。

在这里,迈蒙尼德将约伯的错误归于他更看重"健康、财富和儿女",难免让人一时忘记了约伯所持的两种意见之间的截然差异。的确,迈蒙尼德明确说过,"约伯的意见是……上帝对义人与恶人一视同仁";但在此之前,他告诉过读者,这是约伯意见的"特殊之处",他还说过,约伯和他的朋友们共同认为,上帝应该是赏善罚恶的(卷三 23 章,446/490-491)。很可能,迈蒙尼德在此有意要模糊约伯的两种意见:[35]仔细想想就能觉察,与看重"健康、财富和儿女"更相关的应该是约伯所持的一般意见(上帝是赏善罚恶的;善有善报、恶有恶报)。某种程度上可以说,约伯所持的特殊意见(上帝对义人与恶人一视同仁)是建立在他的一般意见之上的,正因为一般意见在约伯自己身上失效,他才反过来提出与此相对的特殊意见。迈蒙尼德在此对约伯的批评,应该说针对的是他的一般意见。

接续上面这段话,迈蒙尼德指出,上帝之所以最后对以利法等人说,"你们议论我,不如我的仆人约伯说的是"(伯 42:7),乃因为约伯最终通过这句话——"我曾经耳闻过你,但如今我亲眼见到你;因此,我厌恶我自己,在尘土中懊悔"(伯 42:5-6)——表明,自己对上帝有了正确的理解。迈蒙尼德说,约伯的话可作如下解释:

> 因此,我厌恶我曾经欲望的一切东西,在尘土中懊悔我的存在(repent of my being)。(卷三 23 章,448/493)

---

[35] 显然,这里出现的前后文不协调,完全符合迈蒙尼德自己在《迷途指津》开头所解释的"第7 种原因":

> 在论及极为晦涩的事物时,有必要隐匿一些部分并揭示其他部分。面对某些权威论述时,这种必要性有时要求讨论在一个确定的前提下展开,而在另外场合下,这种必要性则要求讨论在与第一个前提相矛盾的另一个前提下展开。在这些情形中,俗众肯定不会意识到这种矛盾;相应地,作者会竭尽全力使用某种布局隐匿这些矛盾。(本论章指南,19-20/18)。

显然,这里约伯"曾经欲望的一切东西",就是指"健康、财富、儿女",当约伯最终认识到这些东西都是速朽之物,与真正的知识相比微不足道时,他开始懊悔过去的信念。迈蒙尼德就此暂时结束了他对约伯的意见的讨论。

(2) 以利法、比勒达和琐法的意见

随后,迈蒙尼德引述相关言辞,依次勾勒出约伯的三个朋友关于约伯遭遇的特殊意见。迈蒙尼德说,以利法的意见是关于神意的意见中的一种。以利法相信,降临在一个人身上的每件事都是此人应得的,因此,约伯的不幸亦是他应得的;只不过,我们无法感知,出于何种理由我们应得惩罚,或以何种方式得到惩罚(卷三23章,448/493)。

迈蒙尼德继而指出,比勒达的意见在于他"相信报偿说"(belief in compensation),换言之,比勒达相信,倘若一个人无辜而受苦,那么他将来会获得更大的奖赏,因此,约伯若是无辜,受苦对他其实是件好事。这当然也是关于神意的一种意见(卷三23章,448/493)。

按迈蒙尼德的说法,琐法的意见是:一切都源自上帝的意志,根本不该去寻找上帝所作所为的理由,因此,约伯不该询问上帝何以如此待他。"上帝的伟大和真实性使他必定要做他所意愿的任何事,但我们根本没有能力看穿上帝智慧的奥秘。"(卷三23章,449/493-494)

在列举了约伯的三个朋友对约伯故事的特殊意见之后,迈蒙尼德将它们连同约伯的意见一起,分别对应到他在卷三17章讨论的关于神意的不同意见上。迈蒙尼德指出:

> 归于约伯的意见与亚里士多德的意见一致;以利法的意见与我们的律法的意见一致;比勒达的意见与穆太齐勒派的意见一致,琐法的意见与艾什阿里亚派的意见一致。这些是关于神意的古代意见。(卷三23章,449/494)

迈蒙尼德这里一一加以对应的只有四种意见,而在卷三17章,他举出的关于神意的意见是五种,这是怎么回事?

(3) 以利户的意见

正当人们可能就此产生疑虑时,迈蒙尼德马上说:

> 然后,另一种意见紧随而来,也就是被归于以利户的一种。他被认为比

> 他们{约伯和他的三个朋友}都高明。因为{书上}说,他是他们中年纪最
> 轻的,在知识方面最完美。他上来就非难约伯,责备他的无知,因为他
> {约伯}显示了他的自负,因为他不能够理解,何以他做各种好事,不幸却
> 还要降临到他。因为他大谈自己行事之好。他{以利户}还将{约伯的}
> 的三个朋友对神意的意见描述为老迈的胡言(senile drivel);他的话语不
> 同寻常,充满了谜。(卷三 23 章,449/494)

原来,第五种意见来自后来加入约伯与其友人的对话的青年以利户。不
过,迈蒙尼德并未将之对应于前面所提的伊壁鸠鲁的意见。以利户的意见事
实上与伊壁鸠鲁大相径庭。如前所述,伊壁鸠鲁的意见在迈蒙尼德对《约伯
记》全书的疏解中完全不见踪影。照施特劳斯的看法,迈蒙尼德之所以在卷
三 17 章提及伊壁鸠鲁的意见,不过是为了凑足"五"这个数来对应《约伯记》
里关于神意的五种意见。㊱

迈蒙尼德就此展开了他对以利户的意见的讨论。上面所引的这段话中
非常突出的一点是,迈蒙尼德假借《约伯记》作者的名义,将"知识方面最完
美"的资格授予以利户。《约伯记》的读者会发现,书中只说以利户是最年轻
的(伯 32:4),却没有说他最有知识,即便有这层意思,也是以利户自封的(伯
32:7-9)。迈蒙尼德这样描述以利户,显然是打算突出他的意见的重要性。

迈蒙尼德指出,以利户的话看上去让人觉得他没有增加任何新东西,好
像不过在重复以利法、比勒达和琐法的意见。然而,迈蒙尼德又告诉读者,以
利户其实引入了其他人都不曾提及的另一个概念,而且,"这是《约伯记》作者
有意为之"。他继而表明:

> 与那个概念一起,他{以利户}说的其他所有的话,都是他们说过的,恰如
> 他们每个人——也就是约伯和他的三个朋友们——重复的那些话,如
> 我告诉过你的,他们中的另一个都表达过这个[重复的]概念。**这样做是
> 为了隐藏每个人的特殊意见,以便起初它出现在所有对话者都同意的
> 同一个意见的汪洋中**;然而,事实并非如此。以利户增加的、没有为其
> 他人提及的概念,是他论及天使的代求(the intercession of an angel)时,
> 用寓言方式表达的内容。(卷三 23 章,449-450/495)

㊱ 施特劳斯指出,卷三 17 章和 23 章的两组列举之间"外在的{按:数值上的}对应能隐匿其内
在的差异"。见 Leo Strauss, "The Place of the Doctrine of Providence According to Mai-
monides," 544,n.20。

在此,迈蒙尼德一方面揭开了《约伯记》中最后一种神意主张的帷幕,另一方面也揭示了《约伯记》作者的隐微笔法——用重复中的细微的增或减,来传递需要向大多数人隐藏的教导。他也藉此再次暗示,这正是他自己所用的笔法。[37]前面已经说过,所有对话者都同意的意见是:约伯的不幸来自上帝;上帝不会不义,或者说,上帝是赏善罚恶的。那么,何为以利户"用寓言方式表达的内容"呢? 迈蒙尼德接着说:

> 因为他〈按:以利户〉说,这是一桩已经验证且众所周知的事:当一个人病到临终,当他已感绝望,若是有个天使为他代求——无论什么天使——那么,他的代求会被接受,他会从下降中得提升。[38]这个病人相应地会得救,恢复到最好的状态。不过,这种事不会总是持续下去,没有永远进行的持续的代求,因为它只会发生两到三次。(卷三 23 章,450/495)

迈蒙尼德随即引述以利户的相关话语——"若有一位天使为他作中介,等等[伯 33:23]",以及"看,上帝向一个人做所有这些,两次,三次[伯33.29]"——为证,进而表明,这就是仅属以利户的概念。

以利户的这个说法跟神意有什么相关? 看上去,这段话的意思是:对一个濒死的绝望者而言,若能有个天使替他在上帝面前求情,上帝就会赦免他的痛苦,使他康复到最佳状态,不过这种事只是偶然发生。迈蒙尼德说过,以利户"以寓言的方式表达"他的意见,而且他的话"充满了谜"。迈蒙尼德只是向读者呈现以利户的独特意见,并暗示说,这是出于一个"最有知识者"的意见,他自己并没有进一步解释这个寓言式的表述,因而,读者只有凭藉自己的能力来解开其中的"谜底"。

这里的问题是:以利户所说的天使是谁? 尽管迈蒙尼德说——"无论什

---

[37] 参 Leo Strauss, "The Place of the Doctrine of Providence According to Maimonides", 544. n.20。

[38] 这里后半句中的"他"究竟指"天使"还是"病人",这一点显得很含混。根据 Pines 译本的句读(his intercession is accepted and he is raised from his fall. This invalid is accordingly saved ...),"他"应指天使(Pines 译本,495)。但 Friedländer 明确将后半句中的"他"译作"病人"(the patient rises from his illness, is saved ...),见 Friedländer 译本,302。如果转而考察迈蒙尼德这句话所依据的以利户讲辞:"他祷告上帝,他(按:上帝)就接受他,他带着欢乐来到他(按:上帝)面前,他(按:上帝)就交还这人他的公义"(伯 33:26),其中的"他"依然显得含混。据 Clines,以利户讲辞中祷告上帝的"他"应该是"受苦者(病人)而非天使,因为上帝接受的是受苦者"。见 David J.A. Clines, *Job 21-37*(Nashville: Thomas Nelson Publishers, 2006), 702。若是如此,那么后半句可译作"他会从濒亡中得苏醒"。

么天使",但联想到他前面说撒但是死亡天使和恶的倾向(卷三 22 章,445/489-490),这就让人怀疑,迈蒙尼德在此提到的天使或许有确切的所指,而且很可能就是他先前铺垫的与好的倾向相联的那位天使。在前面提到好的倾向与恶的倾向时,迈蒙尼德曾藉先贤的观点指出:

> 人的恶的倾向与生俱来,而好的倾向则只在理智完善的人身上才能发现。(卷三 22 章,445/490)

从这句话看,"好的倾向"与迈蒙尼德归于以利户的"天使代求"概念很合拍。读者应该还记得,迈蒙尼德将约伯归入俗众,对俗众而言,理智的完善不可能是持久的事,或许俗众偶尔能企及这种完善,但一生中可能只有三两次,就如天使代求的次数一样。更重要的是,与"好的倾向"这位"天使"相联的"理智"或"真正的知识",恰恰是迈蒙尼德认为约伯所缺乏的。一旦约伯获得了真正的知识,他就不再感到痛苦,甚至"恢复到最好的状态"。这或许就是迈蒙尼德通过以利户谜一般的寓言式"天使代求"概念,想要传递给读者的真正神意观。

接下来,迈蒙尼德又补充说,以利户在论及"天使代求"的概念之前,还"描述过预言如何发生(the how of prophecy)"。他引述以利户的种种说法表明,预言通过梦境、自然状况、动物的状况、人类战争等事物呈现给人(卷三 23 章,450-451/495-496)。迈蒙尼德就此结束了他对以利户讲辞的解读。他最后这段关于预言如何发生的增补,看似与前文并无关联,难道是为后文作的铺垫?

3　先知预言(上帝讲辞)的启示

果然,在转向疏解《约伯记》中上帝的讲辞(他称之为"先知启示"〔prophetic revelation〕)时,迈蒙尼德首先表示:

> 与此{按:以利户的话}相似,你会在临到约伯的先知启示{圣主讲辞}中发现……**其中没有什么超出对自然事物的描述**——也就是说,都是对{自然}元素、气象现象、各种动物物种的{自然}本性的描述,除此无他。(卷三 23 章,451/496)

这段话非常重要。迈蒙尼德实际上表明,即使在最权威的"先知式启示"即圣主的讲辞里,也没有任何"超出对自然事物的描述"的地方——如果"先知启示"传达了什么是神意,那么迈蒙尼德这里无疑在暗示,神意并不超出自然,也就是说,神意同样依循事物的自然本性。

迈蒙尼德解释说,上帝讲辞中提及**天球、天、参星**（Orion）**和昴星**（Pleiades），只因为这些东西对大气有影响,而上帝要约伯注意的仅仅是月亮之下的事物。对上帝用最多时间加以描述的利维坦（Leviathan）,迈蒙尼德称,这是一个集行走、游水和飞翔动物的肉身特性为一体的混合物,他继而指出:

> ｛上帝讲述｝所有这些事物的目标是为了表明,我们的理智无法彻底理解这些在生生灭灭的世界上存在的自然事物如何在时间中产生,｛我们的理智｝也无法彻底感知它们中的自然力量（natural force）的存在如何引发它们。这些事物并不类同于我们所造的事物（what we make）。那我们怎能希望上帝对这些事物的统驭和照料（His governance of, and providence for them）——愿他得享尊崇——应当类同于我们对我们统驭和照料的事物的统驭和照料?（卷三 23 章,451/496）

在这里,迈蒙尼德无疑进一步强调,**上帝的启示仅涉及自然事物**,而自然事物的产生及持存其实由自然力量所控制。细心的读者可能会联想起,迈蒙尼德曾在前面说过,万物并不因人存在的缘故而存在,而是因各自自身的缘故而存在（卷三 13 章,412/452）,人不过是浩瀚宇宙中渺小的一员而已,并非万物为之存在的目的（卷三 14 章,417/457）。可以说,迈蒙尼德在此借助上帝的话印证了这一点。与此同时,这段话也呼应了他对亚里士多德的神意主张的赞同部分:对自然事物,神意照看的是它们的物种（卷三 17 章,428/471）,也就是说,神意照看的仅仅是它们的"存在"和"产生"。

对于上面这段话最后的提问,迈蒙尼德随后自己作出了回答:

> 祂的神意（His providence）的概念并不与我们的神意（our providence）的概念相同;祂对**祂所创造的事物**的统驭（His governance）的概念,也不与我们对我们所统驭的事物的统驭的概念（our providence）相同。这两个概念并不能包含在一个定义内（in one definition）,与所有那些因此困惑的人所想的相反,这两者之间除了名字以外,并无共同之处。（卷三 23 章,451/496）

乍一看,迈蒙尼德这里所说的"两个概念"究竟指哪两个概念,一时会让人有些犯疑,毕竟,迈蒙尼德提到的是两组不同的概念。到底他指的是"他的神意"与"我们的神意""他的统驭"与"我们的统驭"这两组概念中的一组,还是"神意"与"统驭"这两者?从下文表示两者不同的具体语境看,"不能包含在一个定义内"似乎指"神意"与"统驭"两个概念之间存在差异,而"除了名字以外,并无共同之处"又显得是"他的神意"与"我们的神意"不同,或是"他的统驭"与"我们的统驭"不同。迈蒙尼德会不会故意造成这样的模棱两可,让读者自己去琢磨?究竟如何,可能还要看他下面怎么说:

> 同样道理,我们的作为(our act)并不类同于他的作为(His act);两者并不能包含在同一个定义内(in one and the same definition)。正如自然的作为(natural acts)不同于那些人工技能(craftsmanship),因此,就那些**自然事物**而言,神的统驭、神的照料(divine providence)和神的目标,不同于我们人类对我们统驭、照料和图谋的事物(the things we govern, we provide for, and we purpose)的统驭、照料和目标。(卷三 23 章,451/496-497)

通过这段话对"他的作为"和"我们的作为"的同样对比,应该可以推断迈蒙尼德上文中的"不能包含在一个定义"中的"两个概念"应指"他的神意"与"我们的神意""不能包含在一个定义中",并且,"他的统驭"与"我们的统驭"也"不能包含在一个定义中",也就是说,"神意"和"统驭"用于上帝时跟它们用于人时含义不同。显然,迈蒙尼德在此又一次使用了"同名异义"这个概念。

上面所引的第二段话可说是前面一段的进一步解释和推论。稍加留意可以看出,在前一段中,迈蒙尼德对"神意"和"统驭"的表述本身就有区别,说到两种"神意"概念的不同时,他只笼统地说"祂的神意"与"我们的神意",但说到两种"统驭"概念的不同时,迈蒙尼德在重复时悄悄地置换了他先前所谓的上帝的"统驭"的对象——前一段里"祂所创造的事物"被不动声色地换成后一段的"自然事物",完全撇开了同样由上帝所造的人类!

在后面那段引文里,迈蒙尼德强调,上帝对自然事物的统驭、照料和目标,根本不同于人对人造物[39]的统驭、照料和目标。迄此,迈蒙尼德在对"先知启示"——即《约伯记》中上帝讲辞——的整个疏解中,完全没有提及上帝对人的神意(照料)。他接下来说:

---

[39] 这里用"人造物"指代迈蒙尼德所谓"人所统驭、照料和图谋的事物",这些事物应包括个人、人与人构成的不同群体,以及各种人造物品。

　　这就是《约伯记》作为整体的目标(the object);我指的是为信仰建立这个基础,并将人的注意力引向由自然事物得到的推论,以便你不会陷入错误,不会在你的想象中寻求确认{以下这些}:祂的知识就像我们的知识,或祂的意图、祂的神意和祂的统驭就像我们的意图、我们的神意和我们的统驭。若是人认识到这一点,他所遭受的每一种不幸就变得轻微。而不幸也不会增加他的怀疑——对祂究竟是否知道,对祂究竟实施神意还是显示忽略{产生怀疑},相反,会增添他的爱,如先知启示的结论所说:因此,我厌恶我自己,在尘土中懊悔(伯 42:6)。(卷三 23 章,451/497)

　　迈蒙尼德再次提到整部《约伯记》的"目标"——"为信仰建立的这个基础",应该就是前面强调的"神对自然事物的统驭和照料"不同于"人对人造物的统驭和照料"。那么,上帝如何对自然事物加以统驭和照料? 或者说,神意以什么方式照看自然事物? ——这无疑就是迈蒙尼德要求读者注意的"由自然事物得到的推论"。迈蒙尼德之前说过,上帝要约伯留意的是"月亮之下的事物",因此,这里所说的"自然事物",都是"地上的"事物。在卷三 17 章,迈蒙尼德曾明确表示,就地上事物而言,神意照看的仅仅是植物、动物和其他事物的物种,这些物种的个体的遭遇则全凭机运(卷三 17 章,428-429/471)。也就是说,上帝并不照看地上事物的个体。那么,地上的自然事物的个体如何运作? 迈蒙尼德暗示过我们,自然事物的产生由"自然力量的存在所引发",那是"自然[本身]的作为"(卷三 23 章,451/496-497)——最终,自然事物为自身的缘故而存在(卷三 13 章,412/452)。

　　藉此,迈蒙尼德告诉读者,试图从人的想象去揣度上帝的神意是一个错误。在不幸中怀疑上帝失于对人的照料于事无补,因为上帝的知识不同于人的知识,同样,上帝的意图也不是人的意图。约伯一旦认识到这一点,他的理智就企及了关于神的知识,就从不幸带来的痛苦中得到解脱。

　　在《迷途指津》结论部分(卷三 51 章),迈蒙尼德再次回到神意论题,并明确表示:

　　我们已经在关于神意的章回里解释过,神意照看每个被赋予理智的人,以他的理智的程度按比例照看他。(卷三 51 章,575/624)

显然,迈蒙尼德再次清楚明确地**将神意与人的自然理智的完善程度联系起来**。对迈蒙尼德而言,人的自然理智的最高完善落实在对上帝的知识上,一旦拥有关于上帝的知识,且时时将上帝放在心上,那就能受到神意最好的照看。

卷三 23 章最后,迈蒙尼德引了一句先贤的话语,并对他的《约伯记》疏解作出小结:

> 若是你沉思(mediate upon)我留心告诉你的一切,那在沉思本书{《迷途指津》}时应加以实践的一切,若是你思考这部《约伯记》,它的意义会对你变得清晰;你将发现我已归纳了它的所有概念,无一例外——除了因论述的布局和各种寓言的展开而在其中勾勒的那些东西,如我在本书中几次向你解释的那样。(卷三 23 章,452/497)

迈蒙尼德就此结束了他对《约伯记》的解读。在最后这段话里,他要求读者留心他的写作方式,或者说,他在提醒他的细心的读者留心他的既隐微又显白的修辞。

4 《迷途指津》的矛盾修辞

在《迷途指津》的"[本论章]前言"(以下简称"前言")里,迈蒙尼德告诉过读者,有两个原因可以解释他这本书中出现的"种种分歧"(前言,20/18)。这两个原因分别是:

(1) 出于教导和使人理解的必需。因为,可能有某种晦涩的事物(a certain obscure matter)让人难以构想(conceive)。人们不得不提及这种事物,或在解释其他较易构想的事物时,将之作为前提,按理说,那种{较易}事物要比前者先作教导,因为人总是从较为容易的事物入手。相应地,教师将不得不放松要求,使用现成的或粗略思辨(gross speculation)的任何手段,尽量使前一种事物{按:指较难的事物}多少得到理解。他不会担保用与实际相符的准确措辞来表述该事物,相反会听任它与听者的想象力(imagination)保持一致,使听者仅在目前想要理解的限度内去理解。此后,在一个恰当的地方,那种隐晦事物会以准确的措辞得到表述,并按其实际的状况得到解释(前言,18/17-18)。

(2) 在论及极为晦涩的事物(very obscure matter)时,有必要隐匿一些部分并揭示其他部分。面对某些权威论述(dicta)时,这种必要性有时要求讨论在一个确定的前提下展开,而在另外场合下,这种必要性则要求讨论在与第一个前提相矛盾的另一个前提下展开。在这些情形中,俗众肯定不会意识到这种矛盾;相应地,作者会竭尽全力使用某种布局隐匿这些矛盾(前言,19/18)。

神意问题显然属于"隐晦的事物",其至"极为晦涩的事物",因而,如果迈蒙尼德在讨论这个问题时同时运用了上述两种矛盾笔法,这不会让人感到奇怪。

在论述神意时,迈蒙尼德没有从"容易的事物"——关于神意的种种意见——着手,他先对与神意相关的各种哲学问题加以探讨(卷三8-15章),也就是说,"使用现成的或粗略思辨的任何手段,尽量使较难的事物多少得到理解",为今后的论述作好铺垫。

自卷三17章伊始,迈蒙尼德开始切入神意问题本身。他列举了五种不同的古代意见,并对之一一加以点评。这些意见涉及古代哲人(伊壁鸠鲁和亚里士多德),思辨神学学派(穆太齐勒派和艾什阿里亚派)和"我们的律法"。他表示,他相信"我们的律法"的意见(卷三17章,426-427/469)。

在卷三17章最后至18章,迈蒙尼德初步表达了自己的神意观。他首先说,他的结论并不依靠证明,而是仰赖《圣经》,也就是"我们的律法"明确展示的意图(卷三17章,428/471)。随后,他悄然地提出了他自己的主张:神意只能来自理智上至为完美的上帝,且神意通过理智企及每个个人,其而,"神意照看卓越者却罔顾**无知者**(the ignorant)",他还引述法拉比的言辞表明,人的道德完善程度越高,获得的神意的照看也越多(卷三18章,433/476)。如前所述,他在"恶人"和"无知者""理智完善"和"道德完善"之间移花接木,"不用与实际相符的准确措辞来表述该事物,相反会听任它与听者的想象力保持一致,使听者仅在目前想要理解的限度内去理解"。

在对《约伯记》进行疏解时,迈蒙尼德再次列举了关于神意的五种意见,并将之与卷三17章中的五种意见加以对应。不过有个例外——以利户的意见并不能对应到伊壁鸠鲁的意见上。非但如此,迈蒙尼德在将"我们的律法"的意见归于约伯的朋友以利法时,借以利户的意见和"先知启示"之力,一并驳斥了另外四种意见,从而不再认同"我们的律法"的主张。这无疑印证了——

面对某些权威论述时,这种必要性有时要求讨论在一个确定的前提下展开,而在另外场合下,这种必要性则要求讨论在与第一个前提相矛盾的另一个前提下展开。在这些情形中,俗众肯定不会意识到这种矛盾;相应地,作者会竭尽全力使用某种布局隐匿这些矛盾。(前言,19/18)

191

四　上帝是否全知？

1　"捆绑以撒"的"考验"

犹太教传统和基督教传统都把亚伯拉罕视为纯正信仰的典范，这种典范的建立很大程度上跟《创世记》22章所叙述的亚伯拉罕献子以撒的故事密切相关。在该故事中，"上帝考验亚伯拉罕"（创22：1），[40]要他将自己近百岁时所得的爱子以撒献为**燔祭**，亚伯拉罕毫不犹豫地听从上帝的指示……就在亚伯拉罕举刀欲杀以撒之际，上帝的天使从天上叫停亚伯拉罕，说"现在我**知道**你是敬畏上帝的人了"（创22：12），天使向亚伯拉罕指明燔祭所用的公绵羊，亚伯拉罕用此羊替下以撒作燔祭的祭品，故事以上帝应许赐福亚伯拉罕告终。

在犹太教传统中，这个被命名为Akedah（意为"捆绑〈以撒〉"）的故事引发了很多种不同的解读——毕竟，上帝让亚伯拉罕以亲生子献祭的要求不仅令人震惊而且亦让人不解，[41]但绝大多数解读都没有脱离"上帝考验或曰试探亚伯拉罕的信仰"这个框架。[42]

迈蒙尼德在《迷途指津》卷三24章对捆绑以撒的故事作出了自己的解释，但他的解释却与传统的"考验式"解释大相径庭。在迈蒙尼德看来，捆绑以撒的故事既非上帝对亚伯拉罕的信仰的"试探"，亦非意在通过"考验"增加亚伯拉罕未来的"酬报"，而是别有深意。

他认为，捆绑故事"包含了有关律法的种种根本原则中的两个伟大概念"，其一是"让我们得悉爱上帝与敬畏上帝的限度"，其二是"让我们知晓……先知们认为，在预言式启示中，从上帝那里降临到他们的东西是真实

---

[40] 如无特别说明，本章中的圣经引文出自修订版和合本。

[41] 施特劳斯（Leo Strauss）指出，上帝要求亚伯拉罕献祭以撒是个"令人难以理解的命令"，因为上帝曾应许亚伯拉罕，他的名将通过以撒及其后裔得以传扬（创21：12），而现在上帝却要求亚伯拉罕杀掉这个儿子——显然，即便不考虑这个命令造成的伦理困局，它也与上帝先前的应许相互冲突。见施特劳斯，"进步还是回归"（Progress or Return），郭振华译，《古典政治理性主义的重生》（*The Rebirth of Classical Political Rationalism*），潘戈（Thomas L. Pangle）编，郭振华等译，叶然校（北京：华夏出版社，2011），325。

[42] Boehm指出，"人们通常都认为，捆绑以撒的目的就是试探亚伯拉罕[对上帝]的顺服"。见Omri Boehm，《捆绑以撒：不服从的一个宗教典范》（*The Binding of Isaac：A Religious Model of Disobedience*，New York：T&T Clark，2007），12。需要指出的是，Boehm本人并不认同这种观点。

的"(卷三 24 章,455-456/501)。严格而言,只有前一个要旨与"考验"问题相关,因此本节仅讨论这里的第一个要旨。[43]

施特劳斯曾指出,《迷途指津》卷三 24 章讨论的是"《托拉》有关全知(omniscience)的教导",而且此章位于迈蒙尼德论述神意(providence)的最后部分,[44]这表明,有必要结合迈蒙尼德有关神意与全知的思辨性探讨来理解他对捆绑以撒故事的解读。

跟传统观点一脉相承的是,迈蒙尼德对捆绑故事的解读出现在讨论"考验"问题的语境中,卷三 24 章伊始,他即表明:

> {神的}考验(trial)这个论题也非常难;它是律法的最大难题之一……关于考验这个论题,人们一般接受的意见是:上帝对某个此前没有犯过一项罪的个人降下灾祸,为的是增加他的酬报。然而,《托拉》根本没有在任一明确的文本中提到这样的原理。在《托拉》{提及考验}的六个地方,惟有一处的外在含义暗示了这样一个概念;我会解释其中的含义。与这种意见相反的律法的原理包含在祂——愿祂得享尊崇——的言辞中:"[祂是]一个忠信的上帝,毫无不公。"(申 32:4)(卷三 24 章,452/497-498)

在这段话中,迈蒙尼德出人意料地断言,人们惯常对于《圣经》文本中有关神的"考验"的解释——即上帝降灾祸给无辜者乃是要加倍酬报他[45]——并非《圣经》的本意。他指出,在《托拉》六次提及"考验"中,"惟有一处的**外在含义暗示了**""酬报"这个概念。如后文所示,他这里所说的"惟有一处"圣经文本,指的就是亚伯拉罕捆绑以撒的故事——毕竟,《创世记》22 章开头第一句话就是"这些事以后,上帝**考验**亚伯拉罕",故事中又出现天使的话:**"现在我知道**你是敬畏上帝的人了",如果联想故事最后上帝对赐福亚伯拉

---

[43] 迈蒙尼德在这里所提及的第二个要旨涉及先知预言的真实性问题,该问题与他的预言学说紧密相关,参见本书第七章相关讨论。

[44] Leo Strauss, "How To Begin To Study *The Guide of the Perplexed*," §1, xiii/141.

[45] 早期拉比们的确将这种考验观与亚伯拉罕捆绑以撒的故事相联,见《大创世记》(Genesis Rabbah)55.3,载于《大米德拉释》(*Midrash Rabbah*), Genesis I, trans. and eds. H. Freedman, *et al*.(London: The Soncino Press, 1961/1939), 483-484。甚至迈蒙尼德之前另一位重要的中古犹太思想家萨阿迪亚(Saadiah Gaon, 882/892-942)亦认为,捆绑故事乃是一个考验,其缘故有二,"其一是告知人们[应服从上帝],其二是为了增加他(引按:即亚伯拉罕)的酬报"。见 *Rabbi Saadiah Gaon's Commentary on the Book of Creation*, trans. Michael Linetsky(Nortbvale, New Jersey, Jerusalem: Jason Aronson Inc., 2002), 311, 308-311。

罕的应许,整个故事的确不由让人得出"亚伯拉罕经受了考验并获得酬报"的结论。

但何以迈蒙尼德要否定"考验-酬报"的传统解释模式?从上述引文中,我们可以发现,迈蒙尼德在这里关心的是上帝的公正:酬报式的考验观预设了上帝向无辜者施加苦难,这有违《托拉》所宣称的上帝的公正。他指出,并非所有先贤都认同对考验的这种酬报式解读,因为有拉比说,"没有无罪的死者,没有无过犯的受苦",而这是"每一个律法遵循者应当相信的意见"(卷三24章,452/498)。⑯不过,上帝的公正并非此章的真正重点。尽管迈蒙尼德不认同传统说法,他还是承认:

> 然而,《托拉》中涉及考验的各篇章的外在含义是,它们的出现是为了试探并接受讯息,以便使人知道,相关的个人或民族的信仰的程度或服从{上帝}的程度。而这是一个巨大的难题,尤其在**捆绑**的故事中,这个故事仅仅为上帝和两个牵涉其中的个人所知,对其中的一人,经上说:"现在我知道你是敬畏上帝的人了。"(卷三24章,452/498)

如果按照文本的字面含义来理解,"考验"往往会被视为上帝通过某种"试探"来确认人们的信仰是否坚定,这就意味着,上帝在进行试探之前并不知晓人们的心意。以"未来的酬报"来论证"考验"正当性的传统解读,某种程度上正是基于对文本的这种字面理解。迈蒙尼德看到,恰恰在捆绑以撒的故事里,传统的"试探-获悉(-酬报)"模式拥有坚实的文本基础,迈蒙尼德想要纠正的,恰是这种对文本**外在含义**的理解。可以设想,若是上帝需要通过"考验"来知晓祂事先并不知道的事情,那就表明,上帝并非无所不知,这显然跟上帝无限完善的信仰要求不符。随后,迈蒙尼德进一步对"考验"这个概念作了梳理,他指出:

> 要知道,《托拉》所提及的所有考验的目标和意义在于让人们知道,他们应当做什么或他们必须相信什么。与此相应,考验这个概念仿佛在于某种被实施的行动,其目的不在于那种特定行动的完成,而在于后者作为一种典范得到摹仿和遵循。因此,这句箴言——要知道你们是否

⑯ Seymour Feldman, "The Binding of Isaac: A Test Case of Divine Foreknowledge," in *Divine Omniscience and Omnipotence in Medieval Philosophy: Islamic, Jewish, and Christian Perspectives*, ed. T. Rudavsky (Dordrecht, Holland; Boston: D. Reidel Publishing Company, 1985), 109.

爱[上帝][申 13:4]——的意思并不是:为了让上帝知道那一点,因为祂已经知道了;它的含义类似于这句箴言——要知道我是使你们圣化的圣主[出 31:13]——其含义是:为了让宗教共同体知道{这一点}。(卷三 24 章,453/498)

在这里,迈蒙尼德明确将"考验"与"神的知识"相联,他力图表明两层意思:其一,《托拉》所有跟考验相关的篇章,都是为了**让信仰共同体的成员知道**他们该做什么该信什么;其二,尽管考验出于上帝,但这并不表明上帝需要"知道"什么祂事先不知道的事情,而是为了**让人知道如何按照某种典范来生活**。在此,通过将"考验"所诉诸的"认识主体"从上帝转换到宗教共同体,迈蒙尼德有意识地避免了"考验"概念内含的"神的无知"这种可能性。或许是为了弥补他对"考验"的这种寓意式解读与文本的外在含义之间的深刻差异,迈蒙尼德进一步强调,"考验"的实施并非意在"完成"该特定行动,而是使其中体现的精神得到效仿。

2　"爱上帝"与"敬畏上帝"

在简要解释了《圣经》中涉及"考验"的其他章节后,迈蒙尼德开始解读亚伯拉罕捆绑以撒的故事,他以这样一段话开头:

> 至于说到亚伯拉罕的捆绑故事,它包含了有关律法的种种根本原则中的两个伟大概念。这些概念中的一个在于,我们从中得悉爱上帝——愿祂得享尊崇——与敬畏祂的限度,也就是说,爱上帝与敬畏上帝必须达到怎样的限度。因为在这个故事里,他{引按:亚伯拉罕}被命令去做某些既无法与献祭财物、又无法与献祭生命相比拟的事。实际上,这是在此世能发生的最不同寻常的事,人们无法想象,人性有能力去做到这样一件事。(卷三 24 章,455/500)

迈蒙尼德重申,这个故事的要旨并非上帝要藉"考验"了解他原先不知道的某事,而在于让"我们从中得悉"一个律法的根本原则,该原则即"爱上帝与敬畏上帝的限度"。"限度"这个词在此颇有深意:他没有明确说明这个"限度"的内容所指。从捆绑故事本身看,似乎既可以将迈蒙尼德所说的"限度"理解为"为了爱上帝,人们甚至应当牺牲自己的爱子"(亚伯拉罕听从上帝呼召愿意献祭以撒),又可以理解为"即便出于爱上帝的目的,人们也不应当牺牲自己的爱子"(上帝最终没有让亚伯拉罕献祭以撒)。无论如何,迈蒙尼德在此强调,要一位父亲亲手杀死自己挚爱的并无过犯的儿子,实在超出了人性所能想象和实施的"限度"。

对亚伯拉罕接受命令后用三天的时间带着以撒走到献祭地点,迈蒙尼德解释说,这表明"他的行动源自思考、正确的理解力、对上帝诫命的真实性的考量,{以及}对上帝的爱和敬畏",换言之,迈蒙尼德认为,亚伯拉罕的行动绝非出自"激情",绝非出自"任何对奖赏的希望或对惩罚的畏惧"(卷三24章,455/501)。在这里,迈蒙尼德一方面藉"理智"与"激情"的对立高度肯定亚伯拉罕的"捆绑"行动本身,因为无论在《圣经》传统还是在哲学传统中,"理智"都显然高于"激情",故而,迈蒙尼德并不认为亚伯拉罕是出于"恐惧"这种"激情"才接受上帝的诫命。从另一方面看,迈蒙尼德亦藉此对传统的"考验式"解读提出反驳:传统说法的着眼点正在于"未来的酬报"。此外,迈蒙尼德这句话中可能容易被忽略的一个短语——"对上帝诫命的真实性的考量",为后文藉此故事讨论"预言的真实性"作出了铺垫。

迈蒙尼德继而解释道,阻止亚伯拉罕献祭行动的天使的话语意味着,通过亚伯拉罕的这个行动,"所有的人将知道敬畏上帝的限度何在"(卷三24章,455/501)——令人感到奇怪的是,迈蒙尼德在这里没有提到"爱上帝"。凭藉这句话,我们或许可以揣摩出,他所谓的"限度"应该是指"人不应当牺牲自己的爱子,即便为了上帝",因为上帝没有让亚伯拉罕这样做。

在阐述捆绑故事第一个要旨的最后,迈蒙尼德指出,"整部《托拉》的终极目的就是敬畏上帝"(卷三24章,456/501)。值得留意的是,迈蒙尼德在此依然没有提及对上帝的爱——他没有说,《托拉》的终极目的包括"爱上帝"。事实上,在解读捆绑以撒故事第二个要旨的最后,迈蒙尼德指出,这个故事"通过亚伯拉罕的行动以及藉此行动确立的预言真实性的根本原则……让我们得知敬畏上帝与爱上帝可以达到的终极目的"(卷三24章,456/501)。可见,迈蒙尼德仅在论及该故事第一个要旨的最后部分才未提及"爱上帝"的要求。了解迈蒙尼德笔法⑰的读者一定会追问他如此写的用意。

对这个问题,James Diamond作了颇有说服力的解释。他指出,对迈蒙尼德来说,较之"敬畏上帝","爱上帝"对人的理智能力提出了更高的要求,由于《托拉》诉诸的对象是大众,他们不像先知亚伯拉罕那样拥有极高的理智,能认识上帝的存在和单一性,所以迈蒙尼德在这里仅仅说,"《托拉》的终极目的是敬畏上帝",然而,亚伯拉罕不仅仅是"敬畏上帝"的典范,他凭其卓越的

---

⑰ 在"本论章指南"中,迈蒙尼德曾说:"本书的遣词绝非随意选取,而是带有高度的准确性和极度的精确,小心避免疏于解释任何隐晦的观点。"(15/15)

理智能力同样也是"爱上帝"的典范。㊽我们可以由此进一步推断,某种程度
上,迈蒙尼德所说的捆绑故事的第一个要旨乃至该章有关"考验"的其他解经
文字是**诉诸大众**的显白教诲。

3 辨析哲人关于"上帝全知"的意见

从迈蒙尼德对"考验"的论述和捆绑故事的第一部分解读中,我们可以看
到,他特别关注的问题是:《圣经》有关"考验"的章节是否危及上帝的"全知"
(omniscience)。事实上,在为展开神意问题进行理论预备的章节里,迈蒙尼
德已经讨论过上帝是否全知这个论题。在卷三 16 章,㊾迈蒙尼德梳理了反
对上帝全知的各种哲学论据。他指出,哲人们在"上帝的知识"(divine
knowledge)这个问题上表达了"一种脱离常规的(aberrant)意见",驱使他们
陷入这种意见的"首先是乍看上去人类个体所处的缺乏秩序的境遇"及好人
遭殃、恶人亨通的"事实":

> 他们{引按:哲人们}说,这两件事中必有一件是真的:要么上帝完全
> 不知道这些个人的境遇且不理解它们,要么祂知道也理解它们。这是一
> 个必然的区分。因此他们说:如果祂理解也知道它们,这三件事中必有
> 一件是真的:要么祂对它们施以秩序,按照最好、最完善且最能完成的秩
> 序安排它们;要么祂既没有能力为它们建立秩序,也对它们无能为力;又
> 或者,祂知道也有能力建立出类拔萃的秩序和统治,但由于祂的不屑和
> 轻蔑或由于祂的嫉妒而疏于这样做。㊿(卷三 16 章,420/461-462)

可以看到,这里的第一层区分涉及上帝是否知晓并理解个人的境遇,
第二层区分则以上帝知晓个人境遇为前提。在第二层区分里面,虽然迈蒙
尼德提到的是三种不同的可能性,但事实上只有后面两种是与其前提相契

㊽ James A. Diamond, "'Trial' as Esoteric Preface in Maimonides' *Guide of the Perplexed*: A
Case Study in the Interplay of Text and Prooftext," *The Journal of Jewish Thought and
Philosophy*, vol.7(1997), 21-24.

㊾ Rabieh 极为敏锐地指出,卷三 16 章占有一个特殊的地位:如果按施特劳斯的提示,迈蒙尼
德有关神意的论述始自卷三 8 章终于卷三 24 章,那么此章恰好位于正中间。见 Linda
R. Rahieh, "Maimonides's Treatment of Providence," in *Recovering Reason*: *Essays in Honor
of Thomas L. Pangle*(Lanham, Maryland: The Lexington Books, 2010), 162.

㊿ 正是在这个关键地方,迈蒙尼德藉"哲人们"的意见暗示了这样的观点,神意问题既涉及神
的全知亦涉及神的全能,他本人亦是从这两个维度出发论述神意的:对《约伯记》的解读(卷
三 22-23 章)对应神的全能,"考验"问题和对捆绑以撒故事的解读对应神的全知。

的,因为第一种可能——上帝对人类个体的境遇施以最完善的秩序——似乎已经由于前面提到的人间失序的**事实**予以否定。无论如何,从这两层区分里可以看到,世界的有序与否跟上帝的**知识**、**能力**及**意愿**相关。他接下来说:

> 在确立起这种区分后,他们明确地断定,就上帝——愿祂得享尊崇——而言,三种情况——对每一个有认识能力的人来说,其中一种必定是有效的——中的两种是不可能的;也就是说,祂会没有能力这种情况,以及他有能力却不照料祂所知道的事物这种情况。因为这会引发祂的恶或无能,而祂是高于这两者的。因此,在整个区分里,只留下下述情况:要么祂对这些境遇什么也不知道,要么祂知道它们,而且在它们中建立了最出类拔萃的秩序。但无论如何,**我们**发现它们{引按:人类个体的种种境遇}没有秩序,不遵循类比法则,且在诸如它们应当具有连续性的地方没有连续性。因此,这就是祂不管以哪种方式或由于何种原因都不知道这些境遇的一个论据。(卷三 16 章,421/462)

看上去,这三种情况像是前述引文中的两层区分的逆推:前者先一分为二,再对其中之一提出三种可能性,后者先提三种可能性,再对其中之一作出二分。通过这样的逆推,作为世界完善秩序前提的上帝的知识,悄然变成了需要去论证的一种可能性。

从上下文看,迈蒙尼德在这里只是复述"他们"即某些哲人有关神的知识的意见,但他有些突兀地在其中使用了"我们"——尽管这个"我们"只是确认人类个体境遇**失序的事实**,看上去并未认同那些推论,甚且,他不时表明这种推论是"错误的",但这个"事实"恰恰是"他们"亦即某些哲人整个推论的出发点。可以看到,对"这些哲人"而言,将"恶或无能"归于上帝是不对的,因此,鉴于人间失序的事实,只能说上帝"不知道"那些个人的境遇。迈蒙尼德随后向他的读者(拉比约瑟夫及其同类)⑤表明,阿芙洛狄西阿的亚历山大(Alexander of Aphrodisias)在《论神意》(On Governance)中已经阐明了这种区分

---

⑤ 对于这个《迷途指津》的典型读者,施特劳斯的观察是,约瑟夫尽管有各种优点,却"多少有点缺乏耐心",而且"似乎尚未学习自然科学",因为"他不知道亚里士多德的《物理学》和《论天》"。施特劳斯指出,"按照恰当的次序,自然科学先于神学",正是由于缺乏自然科学的知识,导致约瑟夫及其同类的种种困惑。见 Leo Strauss, "Introduction to the *Guide of the Perplexed*," in *Leo Strauss on Moses Maimonides*, ed. Kenneth Hart Green (Chicago, London: University of Chicago Press, 2013),438-441。

和这个观点的错误。

迈蒙尼德指出,让人惊奇的是,某些哲人陷入这样的错误,是因为他们想避免将"疏忽"(negligence)归于神,在迈蒙尼德看来,为此断言上帝无知是更严重的错误。接下来,他列举了哲人们认为神不可能知道个别事物所持的几种理由。这些理由中的一种是:个别事物仅仅通过感觉而非理智来领会,但神并不借助感觉来领会,从而无法得知个别事物;第二种理由是:个别事物的数量是无限的,可无限的东西不能通过知识得到理解;再一种理由是:事物在时间中的变化必然导致对该事物的知识的变化,倘若神拥有关于个别事物的知识,那就会使祂的知识受制于这种变化,从而否定上帝的不变性(卷三16章,421-422/463)。

令人惊讶的是,迈蒙尼德并没有像很多情况下那样,马上对这些"理由"进行驳斥。不过,他继而指出,哲人们的想法有时候彼此对立:

> 有人说神知道的只是物种而非个体;另有人说,祂除自身之外根本什么都不知道,因此,按照这种意见,在那里没有认知的多样性。也有一些哲人像我们一样相信,祂——愿祂得享尊崇——知晓一切,没有什么秘密向祂隐藏。这些是亚里士多德之前的伟人们{的意见},亚历山大也在他的那部论著中提到过他们。不过他拒绝他们的意见,说这种意见已经因这样的事实——即好人遭殃、坏人得好处——在原则上被驳倒了。(卷三16章,422/463)

揭示哲人们之间的相互矛盾显然可以作为对他们的意见的某种驳斥,迈蒙尼德心仪的伊斯兰哲人法拉比曾写过一本书——《两位贤哲之两种意见的相契:神样的柏拉图与亚里士多德》,[52]专门致力于调和柏拉图与亚里士多德之间的意见分歧,以此来为哲学本身进行辩护,迈蒙尼德不可能不知道这本书及其背后的意图。他在这里凸显哲人之间的矛盾意见,可能有几个用意。首先,他试图表明,哲人们中也有与"我们的意见"相一致者,因而,并非所有哲人都与"我们的律法"对立;其次,虽然他没有指明亚里士多德之前的哲人

---

[52] 见阿尔法拉比,《两圣相契论——神圣者柏拉图与亚里士多德意见的一致性》,《柏拉图的哲学》,程志敏译(上海:华东师范大学出版社,2006),93-142。关于法拉比此文,参 Leo Strauss, "Farabi's Plato," *Louis Ginzberg Jubilee Volume: On the Occasion of His Seventieth Birthday*(New York: American Academy for Jewish Research, 1945),357-393。中译"法拉比的柏拉图"(张缨译)见《论法拉比与施特劳斯——施特劳斯讲演与论文集:卷三》(北京:华夏出版社,2023),187-229。

的名字，但熟悉希腊哲学的人不难猜出“那些人”里包括柏拉图。(53)从另一个角度看，迈蒙尼德在同一章里两次提及亚历山大，先是让他作为哲人意见的批评者出现，继而又让他作为“我们的意见”的拒绝者出现，这难免会令人有前后相左的印象。熟悉迈蒙尼德隐微笔法的读者会推想，他制造这样的“表面矛盾”是为了让细心的读者进一步深思其真正意图。在这个地方，迈蒙尼德事实上藉亚历山大之口再次强调好人遭殃、坏人亨通的**事实**，并进而暗示“上帝知晓一切”这种意见难以成立。在此章最后，迈蒙尼德明确指出，关于上帝的知识的讨论与神意问题相联（卷三 16 章，422/464）。

4 先知与哲人的分歧

如前文所述，迈蒙尼德关于神意的理论探讨集中于卷三 17-18 章，他在其中指出，神意是神的理智流溢（divine intellectual overflow）所致，物种与这种流溢相结合就被赋予理智，从而得到神意的照看（卷三 17 章，429/471-472），进而，神意也通过理智的流溢企及每个个人，但神意并非均等地施及所有个人，而是根据每个人的理智的完善程度来分等级（卷三 18 章，433/475）。

随后，迈蒙尼德进一步讨论了**先知们**有关上帝的知识的意见。他首先表明，

> 毫无疑问，这是一个首要的概念，即在上帝那里必定存在着所有好的事物，且就祂而言，所有不足都必须得到否定。这**几乎**是一个首要的概念，即对任何事物的无知无论如何是一种不足，而祂——愿祂得享尊崇——无所不知。（卷三 19 章，434/477）(54)

在这里，迈蒙尼德看上去明确肯定了“上帝无所不知”亦即“全知”的概念，但在表述中，他对这个概念没有使用全称判断，而是加了一个不易察觉的“几乎”，这让人感到，他的肯定不是毫无保留。

接下来，他援引《诗篇》73 来说明先知们对“恶人亨通”的“事实”的解释。他说，先知们认识到，事情应该从它们的最终结果而非从其开端来考量。他继而藉《诗篇》作者大卫的名义反驳了 16 章所列举的各种哲人们的意见。针对上帝并非通过感觉而是通过理智来领会事物，因而不拥有涉及个别事物的

---

(53) 参 Shlomo Pines，“Translator's Introduction：The Philosophic Sources of The Guide of the Perplexed，” Moses Maimonides，*The Guide of the Perplexed*，lxv。

(54) 引文中的强调为笔者所加。

知识这种意见,迈蒙尼德质问道:

> 难道被赋予理智的某个人能够设想,泪腺(humors),视网膜和眼神经——众所周知,它们被安排得如此协调,所有部分都将看的举动这个最终目标作为其目的——是偶然产生的吗？当然不是。但正如每位医生和每位哲人所指出的,**这是经由自然的目的而必然产生的。**按哲人们的一般共识,自然没有被赋予理智和统驭的能力。相反,按｛某些｝哲人的意见,**这种工匠般的统驭源于一种理智的原则**(an intellectual principle);而按我们的意见,这是一位理智存在者的作为,他将所有相关的官能(faculties)置入所有其中存在一种自然官能的事物。然而,倘若那种理智不领会或知晓相关的事物,按照那种意见,他如何使它们得以存在,或者说,他怎么会对源于他的、朝向一个目的的一种自然不具有知识呢？(卷三 19 章,435-436/479)

在这段话里,哲人之间似乎出现了分歧,"哲人们的一般共识"与"｛某些｝哲人的意见"不一致,前者认为,自然的作为背后没有理智和意志的作用,后者则相信自然的背后有一种"理智的原则"。那么,什么是"理智的原则"？在前文,迈蒙尼德曾经指出,"要知道,自然事物中终极目的的存在必然引导哲人们相信,自然之外有一种原则,亚里士多德称之为**理智的或神性的原则**(the intellectual or divine principle),即某一事物为另一事物之故而存在"(卷三 13 章,410/449)。由此可见,认为自然的运行依据"理智的原则"这种看法跟亚里士多德的目的论相联。但从上述引文看,迈蒙尼德显然认为,哲人们之间对亚里士多德式的目的论并不持一致的看法。

进一步而言,从这里可以看到,一般而言的哲人们与先知们的分歧在于,哲人们认为,自然事物的有序存在是"经由自然的目的而必然产生的",但先知们则认为,这是出于一个理智存在者的"设置"亦即出于某种意志的行动。这段话中,"某些哲人"的意见介于两者之间,从"工匠般的统驭"这个措辞,读者可以意会这里是在暗示柏拉图。[55]

接下来在卷三 20 章,迈蒙尼德进一步指出,哲人们的错误在于,他们在"我们的知识"与"上帝的知识"之间建立起一种等同关系,仿佛对我们来说不可能的知识对上帝也同样不可能。他说,哲人们要比其他任何人为这个问题

---

[55] 迈蒙尼德熟悉柏拉图的《蒂迈欧》,"工匠"(δημιουργός)正是柏拉图《蒂迈欧》中创世者的名称。参《迷途指津》卷二 13 章,263。

受到更强烈的指责,因为正是哲人们证明了上帝的本质不是多而是一,而且上帝在其本质之外别无属性,相反,"上帝的知识即是其本质,上帝的本质即是其知识"(卷三20章,438/481)。迈蒙尼德小结道:"在我们的知识与祂的知识之间毫无共同之处,正如在我们的本质与祂的本质之间毫无共同之处一样"(卷三20章,439/483)。与此相呼应,在解释《约伯记》体现的神意时,迈蒙尼德曾指出:

> 他的神意(providence)的概念并不与我们的神意的概念相同;他对他所创造的事物的统驭(governance)的概念,也不与我们对我们所统驭的事物的统驭的概念相同……这两者之间除了名字以外,并无共同之处。(卷三23章,451/496)

显然,迈蒙尼德试图通过建立上帝与人在**知识**、**意图**和**能力**方面的截然差异来消除人们对神意是否照料人类个体的疑问,从而为对律法的正确信仰奠定坚实的基础。在迈蒙尼德看来,"神意照看每个被赋予理智的人,以他的理智的程度按比例照看他",由于人的理智的最高完善在于获得有关上帝的知识,因此,能全神贯注于上帝知识的人能获得最高程度的神意的眷顾(卷三51章,575/624)。

5 面对律法与哲学之分歧的取舍

在探究全知问题的理论部分的最后,迈蒙尼德说:"这些伟大而崇高的概念根本就不能证明,无论是我们——那些律法遵循者的共同体——的意见,还是哲人们的意见——尽管有人考虑到后者在这个问题上的种种分歧。"不过他同时指出,"就所有无法证明的问题而已,我们在这个问题上所使用的方法应该得到遵循"(卷三21章,441/485)。

"我们在这个问题上所使用的方法"究竟是什么呢? 在此,我们可以参照迈蒙尼德讨论创世问题时的说法。在《迷途指津》卷二,迈蒙尼德曾表示,对于天体(the heavens)究竟是创生的("我们律法"的观点)抑或恒在的(亚里士多德的观点)这个问题,无论律法的观点还是亚里士多德的观点都无法得到理性的证明,因而两者都只能作为假设存疑,要在两种都无法证明的对立意见之间作出选择,应当选择疑问较少的那种。他表示亚氏的观点"有更多疑点且更有害于关于神应当持有的信仰",故律法的观点较为可取(卷二22章,295/320)。

对照迈蒙尼德关于全知和神意的理论探讨与他对《圣经》中的"考验"和捆绑故事的解读，我们可以看到，他一方面通过驳斥传统"考验说"内涵的上帝无知的概念，力图巩固律法的根基，从而确保"我们的信仰共同体"对律法的坚实信仰。另一方面，在对上帝的知识的理论论述中，他似乎并非毫无保留地认同上帝全知的立场。不过，他并没有藉理性的力量伸张他的保留，通过承认人的理性既无法证明哲人们反对全知的意见亦无法证明律法赞同全知的意见，迈蒙尼德止步于对理性和推理证明的滥用，从而同时保护了律法与哲学。

第七章　预言及其真实性

一　信与疑

在《迷途指津》讨论神意问题的最后部分,迈蒙尼德解读了《创世记》22 章亚伯拉罕捆绑以撒的故事。他指出,这个故事包含两个要点,一个涉及上帝对人的所谓"考验"(trial),另一个涉及"预言的真实性"。按迈蒙尼德的说法,捆绑故事有意让人们知晓"爱上帝及敬畏上帝的限度"(《迷途指津》卷三 24 章,455/500),它并不是上帝对先知亚伯拉罕的考验或试探。在前一章,我们已经表明,迈蒙尼德提出的第一个要点与神的知识(divine knowledge)这个问题相关,从而也涉及神意的本性(the nature of providence)。[①]在本节中,我们将讨论的是迈蒙尼德就捆绑故事提出的第二个要点:

> 〔捆绑故事的〕第二个要点在于让我们知晓这样的事实,即先知们将上帝通过预言式启示(prophetic revelation)传达给他们的东西**当做是真实的**。因为,不能因为预言式启示**在一个梦里及在一个视像里**(*in a dream and in a vision* {vision 或译"异象"})产生,以及——正如我们已经表明的——**藉想象能力**(the imaginative faculty)**为中介**,就认为他们所听见或在寓言(parable)里向他们显现的东西是不确定的,或者说,是混杂了幻觉的。与此相应,《《圣经》》希望让我们知晓,一位先知在预言

① See Ying Zhang, "Trial', Divine Knowledge, and Providence: A Reading on the First Part of Maimonides' Interpretation of the Binding of Isaac," in *Honoring the Past*, *Looking to the Future*: *Essays from the 2014 International Congress of Ethnic Chinese Biblical Scholars*, *Hong Kong*, edited by Gale A. Yee and John Y. H. Yieh (Hong Kong: The Chinese University of Hong Kong Press, 2016), 471-494. An earlier version of this paper was presented at 2014 SBL International Meeting, Vienna.

的视像(a vision of prophecy)里看到的一切,**在这位先知的意见里,都是确定的真实,这位先知无论如何对此没有任何怀疑**,而且,在他的意见里,它{这种视像}的地位与所有藉助感官与理智理解到的所有现存事物的地位是同样的。(卷三 24 章,456/501)

这段文字的微妙之处首先可以从其中的希伯来语部分(即引文楷体部分)看出。通常来讲,《迷途指津》里,希伯来语是用来表示圣经引文的。但在这里,希伯来语被用来强调这样的事实,即先知们所接收到的预言式启示,"仅仅出现在一个梦里或出现在一个视像里,绝无其他"(卷二 41 章,353/386)。按照常识,梦与视像的地位**并不**被认为具有与"藉助感官与理智理解到的所有现存事物"的同样地位;可迈蒙尼德在这里却说,先知在梦里或视像里看到的一切与"所有现存事物……**是同样的**"。不过,读者可能会注意到,迈蒙尼德对这一点添加了限定——"在这位先知的意见里"。就此而言,我们可以看到这段话的第二个微妙之处在于,对于"先知当作是真实的"东西是否确实为真实的这一点,迈蒙尼德没有以自己的名义表态,也就是说,他对这个论断保持一个开放的态度。他用隐晦的方式不断强调,预言的"真实性"来自"先知的意见",从而,他本人很可能并不把这种意见"当真"。此外,迈蒙尼德在这段话里并举对立的意见,将诸如"不确定的""混杂了幻觉的"以及"藉助想象力为中介"等与先知对梦和视像的真实性的确定对立起来,从而暗示读者不要将先知的意见视为理所当然的真实意见加以接受。这恐怕是这段话的第三个微妙之处。

接下来,读者可能会对上述引文之后的那段话感到困惑:

对此{引按:即这位先知对预言式启示不会有任何怀疑}的一个证据是这样的事实,即当亚伯拉罕一经得到命令,他就急于杀死(hastened to slaughter)他的儿子,他仅有的儿子,他所爱的儿子[创 22:2],**即便这个命令是在一个梦里或在一个视像里到来**。因为,如果一个预言之梦对先知们来说是模糊的,或者说,如果他们对他们所理解的预言的视像感到怀疑或不确定,他们不会急于去做令[人的]本性反感之事,而**若是对此有一丝怀疑**,[亚伯拉罕的]灵魂也不会同意完成如此重大的一个行动。(卷三 24 章,456/501-502)

读者在这里**可能**会感到困惑,因为就在之前不远的地方,在有关捆绑故事的第一个要点的结论部分,关于亚伯拉罕急于杀了他的儿子以撒这一点,迈蒙尼德是这样表述的：

> 然而，因为他{亚伯拉罕}敬畏祂，因为他对实施祂的命令的爱，他觉得自己的爱子微不足道，他放弃了对他{以撒}的全部希望，**在一段几天的旅程之后急于杀了他**{以撒}。因为若是他选择一收到命令就立即这样做，那将会使这一举动因缺乏深入的反思而显得像是一种麻木和失调之举。但是，他{亚伯拉罕}在那命令临到他几天之后才做此事，这表明，这一举动源自思考、正确的理解、对祂（愿祂得享尊荣）的命令的真实性的考虑、对祂的爱以及对祂的敬畏。（卷三 24 章，455/500-501）

对比一下后面这两段引文，我们应该会看到前一段引文（原文里位于"第二个要点"里）里蕴含了与后一段引文（原文里位于"第一个要点"里）不同的——甚或是恰恰相反的一个观点。诚然，初看上去，这两段话似乎并无重大的矛盾，两段话都有"急于杀了他{以撒}"这个短语，所以看上去相当一致。可若是读得仔细些，我们就会注意到，在后一段引文里，亚伯拉罕的"急于"得到了"在一段几天的旅程之后"的修饰或限定，而在前一段引文里，不仅没有这个修饰，反而有"当亚伯拉罕一经得到命令"时间状语来肯定亚伯拉罕这个行动的迅捷性。换言之，在迈蒙尼德所说的第二个要点里，亚伯拉罕毫无反思地"急于杀了"他的爱子以撒，因为他对上帝的话语丝毫没有怀疑。

进一步看，后一段引文（第一个要点）里说，亚伯拉罕的行动经过了反思、正确的理解和深思熟虑，并非在"一种激情状态里"，可在陈述捆绑故事的第二个要点时，迈蒙尼德明确说，所有预言都**藉想象力为中介**，亚伯拉罕当然也不例外（456/502）！也就是说，按迈蒙尼德的说法，在亚伯拉罕的意见里，这种"出现在一个梦中或一个视像里"，"藉想象力为中介"的预言具有跟通过感官和理智对所有现存事物的认识具有同样的真实性。那么，问题来了：这两段话之间的矛盾，是迈蒙尼德故意设置的吗？如果是的话，迈蒙尼德自己关于预言的真实性的立场何在呢？进而，他设置这样的矛盾说法的用意何在呢？

第一个问题并不是很难回答。因为，不仅迈蒙尼德自己很明确地说过，"本书的遣词绝非随意选取，而是带有高度的准确性和极度的精确，小心避免疏于解释任何隐晦的观点"（本论章指南，15/15），而且，他还详尽地解释过一个文本里出现矛盾之处的"七种原因"（导言，18-19/19-20）。因此，读者在迈蒙尼德自己的著作里发现矛盾之处并不是特别奇怪的事，可以说，这些矛盾就是他故意设置的。

接下来，让我们来考察迈蒙尼德如何看待"预言的真实性"这个问题。

二　预言如何运作?

1　"视像"与"梦境"

在《迷途指津》卷二 32-48 章,迈蒙尼德集中讨论了预言问题。他指出,"除了我们的导师摩西之外,预言都是通过一位天使临到每一位先知的"(卷二 34 章,338/367)。换言之,预言或曰"预言式启示"并不是从上帝直接而来,而是借助一个被称为"天使"的中介临到先知的。

迈蒙尼德曾在《迷途指津》卷二 6-7 章以词典式释义的方式说明过"天使"一词的希伯来语原文 *mal'āk* 的含义。照他说,像《圣经》里的很多词一样,*mal'āk* 是一个多义词,它可以指分离的理智(separate intellect),自然元素,个体的自然的或灵魂的力(individual natural and psychic forces)。他还指出,有时候想象力(*quwwah*)也被称为"一个天使"(卷二 6 章,247/263-264)。关于天使在预言式启示里扮演的角色,迈蒙尼德这样说:

> 天使们没有被赋予身体,它们是与质料相分离的理智……在心智之外,它们没有固定的肉身般的外形(corporeal shape),相反,所有这类外形都仅仅是作为**想象力**的行动的结果,在预言的视像里得到感知的,正如{本论章}将在与**预言的真实性**(true reality)有关的讨论中会提到的那样。(卷一 49 章,104/108-109)

这段话让我们想起前面所引卷三 24 章的第一段引文,两者都关心"预言的真实性",与此同时,这段话同样强调了先知们的"想象力"和"先知视像"在预言的接收中的重要性。关于预言的真实性,迈蒙尼德还指出:

> 预言的真实性及其特性在于,它是溢自上帝(愿祂得享尊荣)的一种流溢(an overflow),这流溢经由能动理智(Active Intellect)的中介,首先流向理智能力(rational faculty),随后流向想象能力(imaginative faculty)。(卷二 36 章,340/369)

很清楚,对迈蒙尼德来说,预言是源自上帝、经过能动理智并借助想象力来传递的。我们在这里需要小心一点,在这段话里,作为分离理智之一种的能动理智和人的想象力,在卷二6-7章里都曾被迈蒙尼德称为"天使"。②然而,显然能动理智和人的想象力是不同的存在物,它们各自承担的功能也不同。在迈蒙尼德将想象力称为"天使"之后,他指出,"**每一种**天使能被看见的**形式**,都存在于预言的视像里"(卷二6章,248/265)——这句话或许就是架构能动理智(卷二36章)与想象力(卷二6章)之间联系的关节点。预言运作的这种原理还得到不止一次的强调(卷二41章,353-354/386)。对迈蒙尼德来说,分离理智是上帝与人之间的一个中介或**使者**,正是在这个意义上,分离理智亦被称为"天使"。

但是,在何种意义上,想象力被称为"天使"? 想象力是人获取知识的一种能力,在迈蒙尼德那里,它也被直接称为想象(*al-ḥayāl*)。按迈蒙尼德的说法,作为一种能力(capacity)或官能(faculty)或力(force),想象力低于理智,而理智能力是人所独有的。正如迈蒙尼德所言,理智有能力"分开合成的事物、分辨其不同部分,且对之加以抽象,并按其真正的实在及其原因对其加以再现",而"这些举动无一属于想象力",从而"在想象力中不可能存在**批判的检审**(critical examination)"(卷一73章,197/209)。既然对迈蒙尼德来说,"个人的种种自然动力或灵魂动力(psychic forces)被称为**种种天使**",那么,想象力作为人的一种重要的灵魂动力也被称为**一个天使**。

无论如何,我们应该留意到,迈蒙尼德通过一次又一次引用《民数记》里的一句话——"你们中间若有先知,我——圣主必**在视像[异象]中**向他显现,**在梦中**与他说话"③——不断地强调,只有通过"一个天使"并且"在梦中"或"在视像中",先知才能收到预言。按迈蒙尼德的说法,译作"视像"的希伯来词 *mar'eh* 源自动词 *rā'ōh*,意为"看",由此,他指出:

> 这说明,想象能力达成了如此巨大的完善之举,以致它**看到**某事物就好像该事物就在外面,好像该事物的来源可以归于它藉助外在感官来显现的那般。(卷二36章,341/370)

这段话向我们表明,对迈蒙尼德来说,一位先知在某个视像里看到的东西——更不消说在某个梦里看到的东西——并不是就外在感官而言**实实在**

---

② 在论及个体的自然能力(官能)被称为"天使"时,迈蒙尼德藉 Midrash Qoheleth 里的一句话指出,想象能力被称为"一个天使"(an *angel*),而理智则被称为"一个基路伯"(a *cherub*)。见《迷途指津》卷二6章,247/264-265。这一点有助于理解"神车论"的奥秘。

③ 见《迷途指津》卷二36章,341/370;另见卷二41章,352-353/385-386;卷二42章,357/391;卷二44章,362/395;卷二45章,365/400、367/402、368/403。

在真实的或确定的。**它的真实性只在先知自己的意见里**——他以为这是真的。就此而言,先知的视像并不像通过理智获得的知识那样**客观上有效或真实**(参卷一 73 章)。④

在讨论质料问题的部分,迈蒙尼德还指出:"一切在预言的视像里得到理解的东西,都只是为某个概念的缘故而出现的**一则寓言**"(卷三 9 章,399/437),也就是说,尽管不能从字面上说先知的视像是"真实的",可作为一个寓言,这种视像承担了某种教育的目的,或者说,具有某种教育上的意义。事实上,这样的寓言对于人的**行动**(actions)亦即实践生活具有重要的价值。

2 从"观点"到"行动"

按施特劳斯对迈蒙尼德《迷途指津》的谋篇布局的厘析,卷三 24 章是迈蒙尼德讨论"观点"(Views)的最后一章,此书剩下的部分处理的是"行动"(Actions)。⑤也就是说,《迷途指津》的第一部分(卷一 1 章-卷三 24 章)致力于理论问题,而第二部分(卷三 25-54 章)致力于实践问题。某种程度上可以说,卷三 24 章恰是《迷途指津》两个部分之间的一个关键枢轴。这一点可以从此章的结论部分看到:

> 实际上,这么说是恰当的,即这个故事——我指捆绑{故事}——应当在亚伯拉罕之手发生并涉及某个像以撒这样的人。因为我们的先祖亚伯拉罕是第一位使{上帝}单一性(Unity)的信仰为人所知的人,{他是第一位}建立预言、使这种观点长存,并将人们引向它的人。……因此,正如他们遵循他的正确而有用的各种观点,亦即他们**从他那里听说的观点**,人们也应当遵循**源自他的行动**——尤其是源自他的**这个行动**——的观点,藉助这个行动,他证实了肯定预言的真实性这个{律法的}根本原则,并让我们知晓敬畏上帝和爱上帝所朝向的终极目的。(卷三 24 章,456/502)

这段话里同时出现"观点"和"行动"并非偶然,一方面,这是一个全书将要从讨论各种"观点"转向讨论"行动"的标志,另一方面,读者可能会留意到,迈蒙尼德在这里区分了两种"观点":

其一,**从亚伯拉罕那里听说的观点**;其二,**源自他的行动的观点**。第一种

---

④ 参 Eliezer Goldman, "Rationality and Revelation in Maimonides' Thought," in *Maimonides and Philosophy*, 19。

⑤ Leo Strauss, "How To Begin To Study *The Guide of the Perplexed*," §1, xi-xiii/140-142.

观点"正确而有用",指的是前文所说的信仰上帝的单一性"这种观点",这种信仰本身是《托拉》的最根本的原则之一;第二种观点与行动相关,尤其与捆绑以撒这个行动相关,这行动是个示范,让人们知晓预言的真实性或有效性以及敬畏上帝和爱上帝的限度。这两种观点的区别既在于其确定性的程度不同,也在于它们得到理解的方式不同。如迈蒙尼德所言:

> 因为这两个原则,我指的是神的存在和祂是一,惟独通过人的思辨获知。……至于其他诸多诫命,它们属于广为接受的各种意见的类别……不属于各种理智的类别(the class of intellecta)。(卷二 33 章,335-336/364)

如果我们借助卷二 33 章的这段话来理解卷三 24 章的结论部分,就能清楚看到,对迈蒙尼德来说,第一种观点,即"获悉上帝单一性的信仰",是可论证的(参卷二 1-2 章),从而属于理智的类别,这种观点关心的是"关于真与假的知识";而第二种观点作为广为接受的意见,关心的是"关于善与恶的知识"(参卷一 1-2 章)。

让我们再来看一下《迷途指津》卷三 24 章的最后一段:

> 考验(trial)的意义正应该以这种方式得到理解。不应该相信上帝(愿祂得享尊荣)想要试探和试察某件事为的是知道祂此前并不知道的某事。上帝多么伟大,祂远比无知的愚人在他们的邪恶思想中想象的东西高得多! 知晓这一点。(卷三 24 章,456-457/502)

从这段话里,我们可以更清楚地看到此章的转折特征。一方面,这段话呼应了迈蒙尼德提出的捆绑故事的第一个要点,即《圣经》作者无意让这个故事表达通常意义上的"考验"——也就是通过试探某人来获悉他是否经得起考验;另一方面,这段话暗示,考验与神的知识之间的张力具有理论的特征,并不是普通人能够理解的。

从捆绑故事的第二个要点或许可以推断,在解释亚伯拉罕捆绑以撒这个寓言的第二部分,迈蒙尼德暗示了预言的不确定性和非真实的状态,由此含蓄地否认了预言可以通过理智来理解,继而从理论层面否认了预言具有真实知识的地位。然而另一方面,迈蒙尼德绝没有否认预言的价值或意义。在他看来,神的预言对于人类的**行动**至关紧要,尽管人的行动可能不如智性追求那么高贵,但在社会或政治领域,行动或曰实践的重要性绝不比理论更低。这一点在迈蒙尼德对摩西预言的论述中可以看得更清楚。

三　摩西预言

毫无疑问,在犹太教传统里,摩西是最重要的先知,因为犹太教的根基《托拉》——它又被称为摩西律法——是摩西预言的产物。在迈蒙尼德笔下,摩西当然也是最独特的先知。在《重述托拉》第一部《知识书》的第一卷"论托拉的根基"里,迈蒙尼德曾阐明摩西预言与其他先知预言的区别。他指出,首先,所有其他先知在梦中或在一个视像(vision)里接受预言,可摩西站在那里醒着,听到"那个声音"(the Voice)对他说话。其次,所有其他先知以天使为中介收到预言,他们接收到的是寓言(希语 *māšāl*,阿语 *miṯāl*,parable)或谜,也就是说,他们接收到的内容不能按字面去理解,然而摩西预言却无需天使作中介,摩西接收到的预言非但不是寓言,而且清楚明白。再次,所有其他先知收到预言时都充满惧怕和惊愕,摩西却平静如旧。此外,只有摩西能随心所欲发预言。⑥

在《迷途指津》里,表面上看,迈蒙尼德重申了摩西预言与他之前和之后的所有其他先知的预言之间的差异。⑦他多次引用《民数记》12 章 6 节与 8 节作为这一差异的依据:

> 圣主说:"你们且听我的话:你们中间若有先知,我——圣主必在视像(in a vision)中向他显现,在梦中(in a dream)与他说话。我的仆人摩西不是这样;他是在我全家尽忠的。我要与他口对口说话,乃是明说,不用谜语,并且他必见我的形象。"(民数记 12:6-8a)⑧

尽管如此,愿意深究的读者会发现,这个问题远比表面能看到的复杂得多。首先,若是如迈蒙尼德所坚持,上帝是无形体的、是不带任何感觉和情感的,那么向摩西发预言的"那个声音"来自哪里? 如果说"那个声音"来自天使,何以他要说摩西预言无需天使的中介? 其次,悉心的读者会留意到,在

---

⑥　Moses Maimonides, "Fundamental Principles of the Torah," VII. 6, in *Mishneh Torah*, *The Book of Knowledge*, New, Corrected Edition, trans. Moses Hyamson(Jerusalem, New York: Feldheim Publishers Ltd., 1981), 43a.中译见:摩西·迈蒙尼德,《论知识》,董修元译(济南:山东大学出版社,2015), 33-34。

⑦　例如,参《迷途指津》卷二 34、39 章等。

⑧　迈蒙尼德在《迷途指津》里反复引述《民数记》里这几节经文,参卷一 3, 4, 5, 54 章;卷二 24, 36, 41, 42, 43, 44, 45 章。

《迷途指津》卷三 45 章,在论及律法及预言何者为先时,迈蒙尼德看似不经意
地说:"只是经由天使的中介先知才收到预言⋯⋯即使是我们的导师摩西,他
的预言使命也经由一个天使来开启(inaugurated)。"⑨可以觉察出,迈蒙尼德
这里的说法跟他在卷二 34 章和 39 章所说的摩西预言无需天使为中介的**绝
对例外论**显得自相矛盾。以上两种说法里,究竟哪种说法更代表迈蒙尼德本
人对摩西预言的认识呢?

1 摩西与"西奈山集会"

摩西预言的至尊地位,首先来自他接收的"预言式启示"即"西奈启示"的
至尊地位。在《迷途指津》论述"预言"的部分(卷二 32-48 章),迈蒙尼德专门
用两章的篇幅讨论西奈启示,或者说,用他的语言——"西奈山集会"(希语
ma'ǎmad har sînay,*Gathering at Mount Sinai*)。⑩西奈山集会正是上帝向摩
西传授"十诫"和律法的场合。⑪

在论述"预言"的头一章,迈蒙尼德就指出,"每一个传递某种秘密的知识
的人——无论此人是藉助占卜和预测还是藉助真实的梦,都同样被称为先
知"(卷二 32 章,334/363)。也就是说,异族的预言者跟以色列的预言者一样
具有"先知"的身份。接下来,迈蒙尼德并没有就此论及在《圣经》里极为重要
的如何区分真假先知的问题,而是直接提起了"西奈山集会":

> 至于说西奈山集会,尽管藉助一个神迹(a miracle)所有人都看到大
> 火(great fire),听到令人惊骇的、恐怖的声音(voices),只有那些合适的
> 人才达到预言的级别,甚至在他们中间,也有**不同的等级**。(卷二 32 章,
> 334/363)

这句话有三个要点。首先,西奈山集会是一个**神迹**。⑫其次,这句话的关
键在"看到大火,听到令人惊骇的、恐怖的**声音**"。如果这"火"和"声音"都像
《圣经》的读者通常认为的出自上帝,那要如何解释这个现象与迈蒙尼德坚持
的上帝没有形体、没有属于人或动物的感觉器官之间的矛盾? 如果这"火"和

---

⑨ 迈蒙尼德,《迷途指津》,卷三 45 章,528/576。
⑩ 希伯来语词组"西奈山的集会"及其简称"集会"在《迷途指津》里一共出现了 10 次,分别位
于卷二 32、33、34 章,卷三 9、24 章。
⑪ 从《希伯来圣经》的角度,严格来讲,以色列人在西奈山的集会仅出现《出埃及记》(19-
20 章,34 章),但在《迷途指津》里,迈蒙尼德将主要出现于《申命记》的"何烈山集会"也统一
归入"西奈山集会"。
⑫ 关于迈蒙尼德对"神迹"尤其是摩西预言中的神迹的讨论,详见下一小节。

"声音"不是出自上帝,那么,它们从哪里来? 换言之:关于西奈山集会上"火"和"声音"的描述,是字面上为真的么? 最后,这里很重要的一点是,仅少数人才能列为先知的行列,而且先知们的预言之间也有不同的等级——接收预言时藉助的介质的清晰度越高,该先知预言的等级越高。⑬

现在让我们循着"西奈山集会"这个"章回标题",看看迈蒙尼德究竟如何看待摩西预言,尤其是其中的"声音"。卷二 33 章一开始,迈蒙尼德就指出,在西奈山集会中,"言辞惟独诉诸摩西;正因如此,整个十诫用的是第二人称单数"。他藉此推论,其他以色列人听到的只是"各种声音(voices),而非言辞的清楚表达(not the articulations of speech)"(卷二 33 章,364)。这似乎意味着,摩西听到了上帝的言辞并将之传递给以色列民众。然而,迈蒙尼德说,这是《托拉》文本的外在含义。——言下之意,这里还有一种"内在含义"。

迈蒙尼德接着便藉先贤对《出埃及记》20 章 1 节的注疏提出:

> 这两项原则——我指的是神的存在和祂是一——惟独通过人的思辨(naẓar)获知。(卷二 33 章,336/364)

迈蒙尼德所说的两项原则对应的是"十诫"的第一诫(我是圣主你的神)和第二诫(除了我以外,你不可有别的神)。迈蒙尼德解释说,在一切由证明而得知的事物面前,先知与其他每一位知晓该证明的人是平等的,"没有人比另一个人更优越"(卷二 33 章,364)。这显然与迈蒙尼德之前所说的《托拉》文本的"外在含义"——惟独摩西听到了上帝的言辞并将之传递给以色列民众——相冲突。当然,这并不意味着,所有西奈山下的以色列人都"听到了"上帝的"言辞",或更具体说,这并不意味着西奈山下的所有以色列人都"听到了""十诫"中的前两诫。

毋宁说,迈蒙尼德在这里就预言问题提出了一个极为重要的观点:在证明及思辨这一类理智的能力上,先知——哪怕是摩西这样的超乎寻常的先知——与常人或曰非先知无异。换言之,**在获取最高类别的知识或智慧的能力上,**⑭**先知并不必然优于非先知**,对此迈蒙尼德的说法是:"这两条原则{按:亦即"上帝存在"和"上帝是一"}并不仅仅通过预言得到认识"(卷二 33 章,336/364)。这里隐含的一个推论是:在这个问题上,摩西并不必然优于其他先知——比如亚伯拉罕——因为在迈蒙尼德笔下,亚伯拉罕正是依

---

⑬　参卷二 45 章。
⑭　参《迷途指津》卷三 53、54 章。亦参本书第八章第 3 节。

靠自己的思辨认识到上帝存在和上帝是一这两项摩西律法的至高原则的。甚至可以说，迈蒙尼德这句话原本就是对亚伯拉罕如何获得关于上帝存在及其单一性的呼应。⑮

迈蒙尼德接下来说，

> 就其他**诫命**而言，它们属于**广为接受的意见**和采纳自**传统**的东西这个类别，而不属于**理智**的类别。（卷二 33 章，336/364）

在这里，迈蒙尼德再次对理智性知识与意见性知识作出区分——在《迷途指津》头两章，作者就曾明确指出，"关于善恶的知识"低于"关于真假的知识"，前者属于"广为接受的意见"、后者属于"理智"（卷二）。现在，迈蒙尼德进一步将"采纳自传统的东西"归于"意见"的类别。这句话非常重要，因为在援引先贤的话语讨论西奈山下所有人都听到的"那个声音"后，迈蒙尼德称：

> 要知道，就那个声音来说，他们｛按：以色列民众｝的等级也不等同于我们的导师摩西的等级。我将引导你注意这个秘密，我还将让你知道，这是一件在宗教共同体里通过**传统**传递下来的事，而且这一点为其知识人所知。（卷二 33 章，337/365）

在这里，尽管迈蒙尼德强调，摩西听到"那个声音"——即《申命记》文本里归于上帝的声音——的等级不同于以色列民众听到"那个声音"的等级，然而，他明确指出，这样一个观点来自传统，因而属于"广为接受的意见"的类别，而非属于普遍有效的理智的类别。

关于西奈山集会中的"那个声音"，迈蒙尼德进一步指出，摩西与所有以色列人都听到的是第一诫中的"我"以及第二诫中的"你不可有｛别神｝"，这两条诫命中的其余部分，是摩西用自己的言辞将文字清楚表达出来让以色列人听到的（卷二 33 章，336/364-365）。然而，迈蒙尼德接下来就指出，以色列人

---

⑮ 在疏解迈蒙尼德在《迷途指津》卷二 33 章对"西奈山集会"的讨论时，Howard Kreisel 留意到，"迈蒙尼德坚持，'那个声音'（the voice）无论清晰与否都被人们听到了，且只涵盖头两条诫命"，他还敏锐地指出，"要是这意味着整个民族的所有成员都获得了上帝存在和上帝的单一性的可加论证的证明，那显然太奇怪了。然而，这不是迈蒙尼德的立场。"不过，Kreisel 没有提到，迈蒙尼德在这里的说法隐隐指向他对亚伯拉罕的描述，即亚伯拉罕凭自己的思辨认识到上帝的存在和单一性。见 Howard Kreisel, *Prophecy：The History of an Idea in Medieval Jewish Thought*（Dordrecht，2001），231-232。关于这一点，详见本节第三部分《迷途指津》中的亚伯拉罕与摩西"。

在听到这"第一个声音""从火中出来"后，⑯他们就如《申命记》中摩西所转述的，全都被这事吓坏了，他们深深恐惧自己因为再听到上帝的声音而死，就叫摩西走近去听上帝的话。于是——

> 他{摩西}再次上山去接受其余的**诫命**，然后下到山脚，在大聚会中让他们听见这些诫命。在此期间，他们{以色列人}看到火、听到各种声音，我指的是那些被称为**声音与闪电**[出埃及记 19:16]的，诸如雷声和**巨大的角声**。你发现文本中提到的所有被听到的诸多声音——比如这句话：**所有人都看到声音**，等等[出埃及记 20:18]⑰——都仅仅指角声、雷声以及诸如此类。至于说**圣主的声音**（the voice of the Lord），我指的是从中[上帝的]言辞得到理解的被造的声音（the created voice），按《托拉》的说法以及照我所引你留意的先贤的文本所表明的，他们{以色列人}只听到一下（only once）。这就是那让他们魂不附体的声音[《米德拉释·雅歌》5:6]，经由这声音**头两条诫命**得到领会。（卷二 33 章，336-337/365）

这段话集中小结了西奈山集会中以色列人所听到的"声音"。这些声音被分为两种，一是"角声、雷声以及诸如此类"，另一种是所谓"圣主的声音"。我们先来看"圣主的声音"。在《迷途指津》第一卷讨论上帝的非形体性的部分，迈蒙尼德专门引述过这里引用的《出埃及记》20 章 18 节，他在那里指出，如同所有器官与感觉，在《圣经》里，"看"与"听"都以比喻的方式用于上帝，其含义是一般而言的领会（apprehension）或曰理解。由此，"所有人都看到上帝的声音"并不意味着他们听到实在的"声音"，而是指所有人都领会了被归于上帝的言辞（卷一 46 章，95-96/99-100）。

在卷二 33 章，迈蒙尼德对西奈山集会中以色列人听到的"声音"作出进一步的区分，前者他归于自然的或人为的声音：雷声或角声，从而与上帝无关，后者他按照《托拉》的文本和先贤的说法，称之为"圣主的声音"，然而与此同时，他一方面明确表示这是一个"被造的声音"，另一方面，他暗示读者，关于"那个声音"他的真实想法需要参考**他所提醒读者留意的先贤作品**。在此章里，迈蒙尼德不止一次援引先贤的作品，究竟哪个片段才是他这里所指的需要留意的拉比文献呢？

---

⑯　见《申命记》5:24。

⑰　此节在其他译本中为《出埃及记》20:18。值得留意的是，迈蒙尼德未作区分地将《出埃及记》19-20 章以及《申命记》4-5 章共同归入"西奈山集会"这个最重要的启示事件。

215

　　照例,迈蒙尼德的暗示都留有提示。在上引的这段话里,他提醒读者:"至于说**圣主的声音**,我指的是从中{上帝的}言辞得到理解的被造的声音,**按《托拉》的说法以及照我所引你留意的先贤的文本所表明的**,他们{按:以色列人}只听到一下。"这句话给出的线索是,他提及这个先贤的文本时,同时提到了《托拉》的相关片段。在此章里,迈蒙尼德同时征引《托拉》片段和先贤文本的地方有三处,但论及所谓"圣主的声音以色列人只听到一下"且明确指出拉比文献篇目的仅有一处——"他们在《米德拉释·哈茨塔》(*Midrash Ḥazith*)开头处表明,他们{以色列人}没有听到另一个来自祂的声音"(卷二 33 章,336/365)。

　　那么,以色列的先贤在《米德拉释·哈茨塔》开头处究竟说了什么?《哈茨塔》是《雅歌》的《米德拉释》义疏,在解释第一章第 2 节的开端处,的确有一段话提到了西奈山上"上帝的言辞":

> 另一种解释:"让他用口与我亲吻"(雅歌 1:2)。拉比约哈南(Johanan)说:**有一位天使**(*mal'āk*)[在西奈山]从圣者(愿祂得享称颂)那里获得言辞(*had-dibbûr*),依次带着每一句,将之带给每一个以色列人,对他说:"你接纳这个诚命么? 如此这番许多法则附着于它、如此这番许多处罚附着于它、如此这番许多警告措施附着于它、如此多的律例和或宽大或严格的适用[条款]附着于它、如此这般的一个奖励附着于它。"这以色列人会回答他说:"是的。"他随后说:"你接受这圣者(愿祂得享称颂)的神性吗?"他会答曰:"是的、是的。"于是他用口亲吻他;于是经上说,"要向你显示,使你可以知道"[申命记 4:35],亦即,通过一个[天上的]使者(*šālîah*)。⑱

　　这段话的意思不难看出:**在西奈山上,上帝通过一位天使来传递他的言辞**——或者说,传递他的诚命和律法。这意味着,即便是摩西的预言,也是通过一位天使来完成的,换言之,摩西的预言跟其他先知的预言在这一点上并无区分。迈蒙尼德提到这段拉比文献却没有直接引用,显然他不想在此明言,摩西的预言也是藉助天使为中介的。无论如何,同样值得留意的是,在这段先贤文本里,拉比约哈南没有对头两条诚命与其余诚命作出区分,他一股脑地将诚命的传达归于"一位使者"。然而对迈蒙尼德来说,有一些知识——可以证明的**具有普遍性的知识**——是人凭自然理智就可以知晓的,无需先知

---

⑱　见"Midrash Rabbah, Song of Songs," trans. by Maurice Simon, in *Midrash Rabbah*, Volume IX, *Esther*, *Song of Songs*, 3rd edition(London, New York: The Soncino Press, 1983), 21-22. 引文方括号中的内容为原文所有。
此段引文原文见 *Midrash Rabbah*, *Shir HaShirim Rahbah* 1:2, https://www.sefaria.org/Shir_HaShirim_Rabbah.1.2?lang=bi,征引于 2021 年 8 月 16 日。

的**特殊的**预言。

让我们回到前文所引的段落：关于西奈山集会中以色列人所听到的"声音"中的另一类，迈蒙尼德说，"在此期间，他们{按：以色列人}看到火、听到各种声音，我指的是那些被称为声音与闪电[出埃及记 19：16]的，诸如雷声和巨大的角声"——迈蒙尼德称，这些声音"都仅仅指角声、雷声以及诸如此类（*the voice of the trumpet*，the thunderings，and the like）"（卷二 33 章，336/365）。

这个结论看上去有些奇怪，迈蒙尼德用希伯来语表示"角声"，却用阿拉伯语表示"雷声"，这是为什么呢？在《托拉》有关"西奈山集会"的相关文本里，严格来讲并没有出现"雷声"这个词，英译本或中译本里译作"雷声"的希伯来词 *qôl* 原本只表示"声音"。那么，如何理解这个结论的隐含意味呢？

希伯来语"角声"（*qôl šōpār*）在《迷途指津》里只出现了两次，两次均在卷二 33 章即上引的段落里。也就是说，迈蒙尼德没有在其他文本里解释"角声"的含义。因此，"角声"只能从其最直接的意义中得到理解——"角声"是人吹奏出来的声音，不同于雷声，"角声"是一种非自然的、人为的声音。可以说，迈蒙尼德在这里是要强调，在"西奈山集会"中，以色列民众听到的声音既有出于自然的雷声，也有人为的"角声"。这两种声音背后真正的隐含意味，或许要在迈蒙尼德对神迹的讨论中才能略见一二。

2 摩西预言与神迹

摩西预言——尤其是与之紧密相关的西奈山启示——显然离不开神迹。在《托拉》里，从摩西与上帝"相遇"开始，"神迹"就紧紧与他相伴：当摩西在何烈山与上帝的使者相遇，他看到燃烧而不会烧毁的荆棘丛（出埃及记 3：2 以降）；当圣主要求摩西回去带领受奴役的以色列人离开埃及、摩西却担心他们不信他的话时，上帝向摩西施行神迹，将杖变成蛇再变回去、使摩西的手像染了麻风一样变白再变回去。此后，在法老面前、在过红海时，"神迹"一路帮助摩西带着以色列人逃离埃及。那么，迈蒙尼德究竟如何看待一般而言的神迹以及发生在摩西身边的神迹呢？

(1) 神迹：从律法到自然的转折

在《迷途指津》里，迈蒙尼德对神迹的讨论集中于卷二 29 章及卷三 29 章。实际上，卷二对神迹的讨论始于卷二 25 章，[19]从卷二 25 章到卷二 29 章，尽管没有一章的直接主题是神迹，但神迹问题始终隐含在其中，而且

---

[19] Leo Strauss，"How To Begin To Study *The Guide of the Perplexed*，"§29/36，xxxviii/165-166.

从卷二 25 章到卷二 29 章,迈蒙尼德对神迹的态度可以说发生了一个巨大的转折。

《迷途指津》卷二 25 章回答了这样一个问题:**何以当"世界的恒在"与"上帝从无中创造世界"这两种意见同样尚未得到论证时,迈蒙尼德没有像确定**上帝的无形体性那样,指出《托拉》关于上帝创世的内容是比喻性质的,进而**肯定世界是恒在的**。——此前在卷二 22 章,迈蒙尼德藉阿芙洛狄西阿的亚历山大(Alexander of Aphrodisias)的观点指出,当两种对立的意见都不可能得到证明时,应该接受疑点较少的那种意见;他进而表明,"世界是恒在的"这种意见"有更多疑点且**更有害于关于神应当持有的信仰**"(卷二 22 章,295/320)。

迈蒙尼德说,有两个原因使他没有肯定世界的恒在。其一,上帝无形体这一点可以并已经得到论证,故而一切与此意见不同的《圣经》文本就"必然要作比喻式解释";然而世界是恒在的并未得到论证,与此相反的文本就"不应当被否定并作比喻式解释"(卷二 25 章,302/328)。其二,

> 我们的信仰即神不具有一个形体丝毫不会摧毁律法的根基、不会让任何先知的宣称不成立。……另一方面,以亚里士多德的方式相信｛世界的｝恒在性——亦即,据此相信世界依据必然性而存在、没有任何自然{本性}会改变、种种事件的惯常之道(the customary course of events)不能就任何事物得到修改——从其原则上会摧毁律法、必然让**每一种神迹都不成立**、且使律法所坚持的所有希望和威胁变得荒唐,除非——凭上帝!——有人像伊斯兰内在论者所做的那样以比喻的方式解释神迹;然而,这会导致某种疯狂的想象。……
>
> 要知道,信仰世界{从无中}的创造,所有的神迹就变为可能的且律法也变为可能的,所有关于{神迹}这个主题的问题就消失了。(卷二 25 章,3002-303/328-329)

这段话对于理解迈蒙尼德的思想至关重要。借助创世问题,迈蒙尼德明确表示,**哲学与律法在根本上是势不两立的**。哲学意味着"相信世界依据必然性而存在"、事物的自然本性不会改变,从而打破这种自然的必然性的神迹就没有可能存在。与之相反,整个律法的根基立足于神迹:"世界从无中被造"显然是一个巨大的甚至可以说最大的神迹,相信"世界从无中被造"意味着相信上帝无所不能——或者说,相信**上帝的全能**。立足于上帝全能这一信仰,所有其他神迹就变为可能的,从而上帝向摩西显现(启示),上帝向摩西颁

授律法也就变得可能且可信。正是在这个意义上,迈蒙尼德一针见血地指出,对神迹的怀疑和否定会摧毁律法。

　　哲学与律法之间的这种对立,从理论上看,乃是事物的自然本性之不可变与神迹可以随意改变自然进程之间的对立。然而,从实践的层面看,在迈蒙尼德的时代,摧毁律法等于摧毁离散中有信仰的犹太人生存的根基、等于瓦解犹太共同体,这显然不是写过洋洋十四卷《重述托拉》的拉比迈蒙尼德愿意看到的。

　　当然,写作《迷途指津》的是哲人迈蒙尼德。因此,在上述引文之后,迈蒙尼德提出了柏拉图式的创世模式作为犹太传统"从无中创世"与亚氏"世界恒在"之外的第三种方案。[20]简言之,柏拉图的创造模式是,创世神德穆革(Demiurge)凭藉现有的质料创造世界,[21]迈蒙尼德说,柏拉图的创造模式不会摧毁律法,也让神迹变得可接受(卷二 25 章,304/328)。看上去,柏拉图模式是对处于极端对立关系的亚里士多德式"世界恒在"与律法的"世界从无中被造"的综合或调和。

　　然而,就在下一章,迈蒙尼德藉《拉比埃利艾泽章句》(*Chapters of Rabbi Eliezer*)中的"天问",对"从无中创世"的模式提出了质疑:

　　　　他{按:拉比埃利艾泽}说:"诸天(*šāmayim*)从哪儿被造?从祂外袍的光中。祂取一些{光},将之展开如衣裳,故而它们持续地扩展,如经上所说:'谁为你披上光如披外袍,铺张诸天如铺帐幔'[诗篇 104:2]?地从哪儿被造?从祂荣耀的宝座之下的雪中。祂取一些{雪}扔出去,如经上说:'因祂对雪说,成为(*hěwē'*)[22]地'[约伯记 37:6]"[《拉比埃利艾泽章句》III]。这是作出那个主张的文本。但愿我知道那位先贤所信的。难道他相信某物从无中生成是不可能的、且必然要有质料——从中才能制造生成之物?难道是因为这个理由,他才孜孜于寻求从哪儿诸天与

---

[20]　关于"创世抑或世界恒在"问题的三种方案,详见《迷途指津》卷二 13 章。

[21]　见柏拉图《蒂迈欧》28a-29d。

[22]　希伯来语 *hěwē'* 是 *hāwāh* 的祈使式,*hāwāh* 既指"是、成为、得到、有"(to be, become; to get, have),也指"降下"(fall on),故绝大部分圣经译本将《约伯记》中的 *hěwē'* 译作"降"。如和合本作:"他对雪说:要降在地上。"英文 English Standard Version(ESV):For to snow he says,"Fall on the earth"; Jewish Publication Society(JPS):He commands the snow,"Fall to the ground!"见 F. Brown, S. Driver, and C. Briggs, *The Brown-Driver-Briggs Hebrew and English Lexicon*(BDB)(Peabody, MA: Hendrickson Publishers, 2003/1906), 217; 及 Ludwig Koehler and Walter Baumgartner, *The Hebrew and Aramaic Lexicon of the Old Testament*, Study Edition, Vol.1, trans. and ed. under the supervision of M. E. J. Richardson(Leiden, Boston: Brill, 2001), 241-242.

地被创造?(卷二 26 章,304/330)

迈蒙尼德没有以自己的名义去提出"从无中生成是不可能的"这个主张。他知道,事物的生成必须要有质料。他引述广为人知的先贤著作,间接质疑"无中生有"的创世观。显然,这样的主张跟律法的意见相冲突。上述引文之后,迈蒙尼德进一步追问,埃利艾泽所说的"外袍之光"和"荣耀宝座之下的雪"究竟是否被造之物呢? 如果不是的话,迈蒙尼德说:

> 他{埃利艾泽}由此就得承认世界的恒在——**即使只是照柏拉图的意见来构想的**[世界的恒在]。(卷二 26 章,304/330-331)

在论及"世界恒在"的这个语境中,迈蒙尼德提到柏拉图而非亚里士多德,看似突兀实则意味深长——他以一种顺带提及的不经意方式指出:在"创世抑或世界恒在"选项所凸显的律法与哲学的对立中,**柏拉图的立场并非第三条道路**,柏拉图跟亚里士多德站在一起,支持世界的恒在性,拒斥从无中创世的主张。

随后,迈蒙尼德解释说,拉比埃利艾泽的那段话指明,"诸天"——即各天球——由同一种质料构成,而地以及地上事物(或曰"月下事物")亦由同一种质料构成,然而,构成"诸天"的质料与构成地上事物的质料并不相同(卷二 26 章,305/331-332)。继而,顺着先知书和先贤的观点即上帝"荣耀的宝座"——迈蒙尼德曾将"宝座"(kissē')诠解为"天"(卷一 9 章,36/34)——将永远存在,迈蒙尼德讨论了"[创世]之后的恒在"(eternity a parte post)。㉓

迈蒙尼德指出,有人认为以色列的智慧君王所罗门持"世界恒在"的观点,因为在归于所罗门的《传道书》里有支持该观点的言论,可是,在迈蒙尼德看来,《传道书》中没有任何文本主张"[创世]之前的恒在"(eternity a parte ante),"然而,其中有些文本暗示{创世}之后的恒在,这一点属实"(卷二 28 章,307/334)。迈蒙尼德认为,《圣经》里只有 'ôlām wā-'ēd[恒久永远、永永远远]真正表示[创世]之后的永恒,就此而言,所罗门在《传道书》1 章 4 节所说的"地却永远长存(lə-'ôlām)"在表示创世后世界恒在的程度上不如大卫的诗句:"所以它{地}永永远远('ôlām wā-'ēd)不会被动摇"(诗篇 104:5)(卷二 28 章,308/334-335)。对于这样一种恒在的含义,迈蒙尼德进一步说:

㉓ 见《迷途指津》卷二 26-28 章,304-309/330-336。

　　大卫(愿他安息)同样清楚表明诸天在{创世}之后的恒在,以及它们的律例和诸天中所有事物之不可变的状态的持久性。因为他{按:大卫}说:你们要赞美来自诸天的圣主,等等。因为祂发令、它们就被造。祂确立起它们{天上的天和天上的水},永永远远;祂制订一个律例,就不能被违背[诗篇 148:1, 5, 6]。他{按:大卫}的意思是,祂所订立的各种律例永不能被改变。因为律例(ḥōq;statute)这个词暗示天与地的诸律例(statutes of heaven and earth)[耶利米书 33:25],如之前所提及的。(卷二 28 章,308/335)

这段话可以说构成了**从律法到自然的转折**。希伯来语 ḥōq 是一个典型的摩西律法用词,其复数形式 ḥuqqîm 常与 mišpāṭim 一起使用,表示摩西律法的"律例"和"典章"。㉔在这段话里,迈蒙尼德说:"ḥōq 这个词暗示天与地的诸律例"——"暗示"这个词意味着,对 ḥōq 作这样的解读并非《圣经》文本的字面意思,这是迈蒙尼德对先知耶利米的言辞的寓意式解读。由于在犹太传统中,"天与地"就相当于整个实存世界,因此,这个解读不啻赋予 ḥōq "自然法则"的意味。更重要的是,ḥōq 在这里指代的是"不能被改变",也就是说,天与地的律例或曰法则如同摩西律法那样不能被改变。迈蒙尼德随后指出,

　　所罗门本人也主张,神的这些作品(these works of the deity)——我指的是世界及其中之物——即便它们是被造的,也恒久地依循它们的自然本性永远得到确立。(卷二 28 章,335)

　　支持这一点的《圣经》文本是"上帝一切所做的都必永存,无所增添、无所减少"(传道书 3:14)。迈蒙尼德解释说,这句经文的意思是,"世界是神的作品(a work of the deity),并且这世界是{创世}之后恒在的",因为,"上帝的种种作品是最完美的,……因此,它们必然恒久地被确立为它们所是之物,因为不可能有某物要求它们改变"(卷二 28 章,309/335)。显然,在这里,不可能被改变的不是各种事物的外形、颜色等等偶性,而是使某物是其所是的此物的自然本性,无数多事物的本性构成了作为整全的世界的自然法则。正是在这个意义上,"{创世}之后的恒在"就不仅是指物质世界的恒在,而更是指自

㉔　见《出埃及记》15:25;《利未记》18:26;19:37;20:22;26:46;《民数记》9:3, 14;27:11;35:29;《申命记》4:1, 5, 8, 14, 45;5:1, 31;6:1, 21;7:11;11:1, 32;12:1;26:16;30:16 等。

然法则的恒在和不变。

如果自然法则不能被改变,如果每一事物的自然本性不能被改变,神迹还行得通么?

沿着从卷二 25 章以降悄然转折的暗线,我们来到了《迷途指津》讨论神迹的第一个关键章。

> 我说过——仅仅为了对种种神迹谨慎些——一事物不会以恒久改变的方式改变其自然本性。因为,尽管没有自然的原因必然使杖变成一条蛇、水变成血、纯洁而高贵的手变白{引按:参《出埃及记》4:2-9},这些及类似的事物{的变化}并非恒久的、它们也没有变成另一种自然本性。相反,如他们(愿他们蒙福得铭记)所说:世界按其惯例运行(‘ôlām kə-minhāgô hôlēk, the world goes its customary way)[《巴比伦塔木德·异教崇拜》{B.T., ‘Abodah Zarah}, 54b]。㉕这是我的意见,且这是应当被相信的。……所有其他的神迹可以用类比的方式得到解释。(卷二 29 章,317/345-346)

在前一章,迈蒙尼德藉所罗门的言辞肯定世界及其中之物的自然本性一经确立即不可改变,在这里,迈蒙尼德进一步断言,发生在摩西身上的神迹——杖变成蛇、水变成血、手像染了麻风那样变白——都是暂时性的,故而这些所谓"神迹"并未真正改变事物的自然或曰本性。藉先贤的话语,迈蒙尼德肯定**世界的"惯例"**(希语 *minhāg*)**就是自然之道**,并且他特别强调,这是他本人对神迹的观点,而且这一点"应当被相信"。值得留意的是,迈蒙尼德这里所举的例子,都发生在最独一无二的先知摩西身上。

诚然,在上引这段文字之后,迈蒙尼德又一次引出亚里士多德的观点与律法的观点间的对立,并且表明,尽管上帝的智慧要求祂创造万物,且祂造就

㉕ 值得留意的是,迈蒙尼德这里对《塔木德》句子的引用有所删减,《塔木德》原文为 ‘ôlām kə-minhāgô nôhēg wə-hôlēk[世界按其惯例例行并运行],迈蒙尼德略去了第一个动词 nôhēg[例行,遵循],该动词与表示"惯例"的名词是同根词,仅采用了第二个动词 hôlēk[行走,运行]。有意思的是,在写于《迷途指津》之后的书信体作品《复活论》(*Treatise on Resurrection*)里,迈蒙尼德多次引述此句先贤话语,而且引述的方式跟他在《迷途指津》里的方式一样,略去了此句原文中的第一个动词。见 *Maimonides' Treatise on Resurrection* (*Maqala fi Teḥiyyat ha-Metim*), *The Original Arabic and Samuel ibn Tibbon's Hebrew Translation and Glossary*, ed. Joshua Finkel (New York: American Academy for Jewish Research, 1939), 24a-b。另见 Moses Maimonides, *Treatise on Resurrection*, trans. by Hillel G. Fradkin, in Ralph Lerner, *Maimonides' Empire of Light: Popular Enlightenment in an Age of Belief* (Chicago, London: University of Chicago Press, 2000), 154-177; 168-169。

的事物不应被灭绝、其自然本性也绝不能被改变,然而,当上帝的意志要求改变某些特殊事物的自然本性时,这样的例外会发生;不过,迈蒙尼德紧接着强调,"这是**我们的意见**,而且它是我们的律法的基础"(卷二 29 章,318/346)。

也就是说,在关于神迹的问题上,迈蒙尼德悄然在"我的意见"与"我们的意见"之间作出区分:尽管"我的意见"并不简单地等同于亚里士多德的意见,但这区分至少表明,关于神迹,迈蒙尼德并不认同"我们的意见"或者说律法的意见。㉖

(2) 萨比著作《奈伯特农事》中的"神迹"

萨比人的两种"狂言"

《迷途指津》讨论神迹的第二个关键章是卷三 29 章。这一章论述的是萨比人(ṣābah;the Sabians)的信仰及其著作。萨比人之所以重要,首先因为"亚伯拉罕我们的父……是在萨比人的宗教共同体里被养育的,他们的教义是,星辰之外没有神"(卷三 29 章,468/514)。这样一句开场白表明,他这里所说的萨比人是古代的巴比伦人——按《创世记》的说法,亚伯拉罕出生于迦勒底人所住的吾珥(Ur of the Chaldeans)(创 11:31;15:7 等),而迦勒底人是《圣经》对古巴比伦人的称呼。事实上,关于亚伯拉罕在萨比人中成长这一点,迈蒙尼德之前提到过(卷一 63 章,144-145/153)——那是《迷途指津》第一次提到萨比人。

此后,在关于"骑"(希语 rākōb[或简写为 rakhob])字的词典式释义中,迈蒙尼德第二次提到萨比人:"萨比人的某些教派想象神是天球的灵(rūḥ al-falak,spirit of heavenly sphere)"㉗——借此迈蒙尼德想要说明,在他们看来,上帝既非天体本身,亦非其中的某种力(卷一 70 章,162/172)。

有意思的是,当萨比人第三次出现在《迷途指津》,它成了"萨比人的狂言(haḏayān;ravings)"这个词组㉘的部分,而且迈蒙尼德将之与坚持"世界恒在"的亚里士多德联系在一起:

㉖　关于迈蒙尼德《迷途指津》里的"我"与"我们"之间的差异,参 Leo Strauss,"How To Begin To Study *The Guide of the Perplexed*,"§30/41,xli/169。

㉗　Pines 将 al-falak 译作 the heaven,他的理由是,《迷途指津》里还有一个表示天球的词 kurah[Pines 转写为 kurra],由于他将 kurah 译成 sphere,为示区别,他就把 falak 译作 heaven——但是他承认,可能 falak 更好的译法是 heavenly sphere。见 Moses Maimonides,*The Guide of the Perplexed*,172,n.11。然而,正如我们在第五章所指出,迈蒙尼德仅在"四天球"模式下使用阿拉伯语 kurah[球]来表示"天球"。

㉘　"萨比人的狂言"还出现在卷二 39 章(349/381)。

223

> 如果他[亚里士多德]参考萨比人的狂言来支持他{关于世界恒在}的意见,我们怎会不参照摩西和亚伯拉罕的言辞以及所有随之而来的东西来支持我们{关于世界从无中创造}的意见呢?(卷二23章,297/322)

将亚里士多德这位哲人与“萨比人的狂言”相关联,初看特别令人困惑。但至少在这里,我们看到,“萨比人”在《迷途指津》里并不仅仅指古巴比伦人,正如萨拉·斯钟萨(Sarah Stroumsa)所言,迈蒙尼德所说的“萨比人”并非任何特定的民族,而是一个“种称”(generic name),指“过去和现在所有的偶像崇拜式宗教”。㉙也就是说,“萨比人”在《迷途指津》里就是“异教徒”的统称。

无论如何,关于萨比人的以上这些要素——亚伯拉罕成长于萨比人中;萨比人相信世界恒在,在这一点上萨比人跟哲人亚里士多德一致;萨比人是“异教徒”的统称——都在卷三29章重现了。

初初来看,卷三29章充满了奇怪的、含糊的,甚至看上去自相矛盾的主张。此章开头,在指出“萨比人的教义是:星辰之外没有神”后,迈蒙尼德转述了萨比传说中亚伯拉罕的故事:亚伯拉罕因不同意萨比信仰而被逐出其地盘。他指出,这个故事记载于一本题为《奈伯特农事》(al-Filāḥ ah al-Nabaṭiyyah,The Nabatean Agriculture)的书中。随后,迈蒙尼德突然说,**那些进行哲思的人**在想象中认为,“神是天球的灵(rūḥ al-falak),而天球和星辰是神的体”(卷三29章,469/515)——之前他说过,“**萨比人的某些教派**想象神是天球的灵”(卷一70章,162/172),这里的**重复**有增有变,非常值得推敲。随后他还特地点明,伊本·阿尔-萨义赫(Abū Bakr ibn al-Ṣāʾiġ;亦名 Ibn Bāǧǧah)在为亚里士多德的《物理学》(Akroasis)写的注疏里提到这一点。迈蒙尼德的结论是:“因此,**所有的萨比人**都信仰世界的恒在,因为在他们的意见中,天球是神。”(卷三29章,469/515)

当迈蒙尼德说“所有萨比人都信仰世界的恒在”时,他似乎将萨比人归类为拥有共同信仰的人,然而这种共同性其实仅在于“萨比人”不相信世界是由神从无中创造的,即他们并非一神教的信徒。

这里值得留意的是,迈蒙尼德又一次在论及萨比人时,将“世界恒在”与亚里士多德这位哲人及其著作联系到一起。更值得引起关注的是,卷三29章重复“神是天球的灵”时,点明了“萨比人的某些教派”就是“那些进行哲思的人”,并且,重复中悄然增添内容的“不规则”引出了一个不易察觉的问

㉙ Sarah Stroumsa, “‘Ravings’: Maimonides’ Concept of Pseudo-Science,” *Aleph* No.1(2001),141-163;142.

题:究竟萨比人信仰的神是**有形体的**天球和星辰,抑或**无形体的**天球和星辰的**灵**? 在这个地方,迈蒙尼德的闪烁其词逃过了绝大多数人的眼睛,施特劳斯(Leo Strauss)则敏锐地洞察到迈蒙尼德在这里设置的机关:

> 要特别注意页 62b 底部对"所有萨比人"与萨比时期的"哲人们"之间的区分:惟有后者才将神与天球的灵(spirit of the celestial sphere)等同起来,绝大多数人显然将神与天球的形体(the body of the celestial sphere)等同起来。㉚

对迈蒙尼德来说,萨比人之所以重要,更关键之处在于:

> 通过对萨比人的种种教义、意见、实践及崇拜的研究, 诸多律法的含义才对我变得清楚、其原因也变得为我所知晓。 (卷三 29 章,472/518)

在《迷途指津》里,卷三 29 章位于讨论"各种诫命的原因"的那个部分(卷三 25-50 章)。这句话看似跟他在前文论及"萨比人的狂言"给人留下的负面印象有所抵触。如果萨比人是崇拜偶像的异教徒,那么,他们的"种种教义、意见、实践及崇拜"应该与一神信仰的犹太律法倡导的"教义、意见、实践及崇拜"不同乃至针锋相对,何以对萨比人信仰和实践的研究会让他领悟到"诸多摩西律法的含义"? 难道他的领悟来自两者之间的差异? 迈蒙尼德接下来说:

> 关于{各种诫命的原因}这个主题,最重要的书是伊本·瓦赫施亚(Ibn Waḥshiyya)所译的《奈伯特农事》(*The Nabatean Agriculture*)。……这本书充满了偶像崇拜者们的狂言(the ravings of the *idolaters*),充满了俗众的灵魂所倾向且紧紧抓住他们的概念:我指的是住在沙漠的施法术者(talismans)——他们的作为着眼于使诸灵(spirits)下降、着眼于精灵和恶鬼的行动。这本书里也(*aidan*)包括令聪明人大笑的不同寻常的狂言(extraordinary ravings),这些狂言被认为贬低了各种昭彰的神迹,正

㉚　Leo Strauss, "The Law of Reason in the *Kuzari*," *Persecution and the Art of Writing* (New York: The Free Press, 1952), 125, n.97. 重点为原文所有。中译见 "《卡札尔人书》中的理性法",《迫害与写作艺术》,刘锋译(北京:华夏出版社,2012),119,注释②。施特劳斯引文中的页码指 Munk-Joel 编校的《迷途指津》犹太-阿拉伯语编校本页码(Moshe ben Maimon [Maimonides], *Dalālat al-Ḥāʾirīn*, eds. Salomon Munk and Issachar Joel[Jerusalem: Azrieli, 1929])。

是通过这些神迹,地上的人才知道有一个神统驭着地上的人。如它{经书上}所言:好叫你知道这地是属圣主的[出埃及记 9:29];以及:好叫你知道我是地中间的圣主[出埃及记 8:18]。③(卷三 29 章,472/518-519)

这一段又是迷雾重重。如果《奈伯特农事》这书充满了"狂言",何以迈蒙尼德通过研究它才获知各种律法的含义及其原因? 萨拉·斯钟萨(Sarah Stroumsa)指出,在《迷途指津》里,"狂言"(hadayān)"几乎是一个专业用词(technical term)",它指"伪科学(pseudo-science)及立足于伪科学的哲学"。② 无论如何,从上引的段落可以觉察出,这里有两种不同的"狂言"——两者的不同体现于那个不易察觉的"也"(aidan)字:其一是"偶像崇拜者的狂言",那是"施法术者"搞的各种迷信活动;其二是"令聪明人大笑的不同寻常的狂言":不同于偶像崇拜者的"狂言",这第二种"狂言""**被认为贬低了各种昭彰的神迹**"。从迈蒙尼德随后引述的两句《出埃及记》经文看,他似乎是要表明"正是通过这些神迹地上的人才知道有一个神统驭着地上的人",可熟悉这两节经文的语境的读者会想到,在摩西跟法老斗法的故事中不止有出自以色列上帝的神迹,也出现了埃及的"行法术者"施行的"法术"。③

在《出埃及记》第 7-8 章,埃及的行法术者想要施行的是跟摩西一样的"神迹"。迈蒙尼德所引述的两节《出埃及记》文本出现在摩西和亚伦为埃及人带去的"十灾"的第七和第八灾的部分(虮灾 8:16-24,雹灾 9:22-30),然而,在之前的各灾中,每当摩西和亚伦施行圣主的"神迹"时,埃及的"行法术者"也能够施行同样的"法术",例如:

> 圣主晓谕摩西说:"你对亚伦说:'把你的杖伸在埃及所有的水以上,就是在他们的江、河、池、塘以上,叫水都变作血。在埃及遍地,无论在木器中,石器中,都必有血。'"摩西、亚伦就照圣主所吩咐的行。亚伦在法老和臣仆眼前举杖击打河里的水,河里的水都变作血了。河里的鱼死了,河也腥臭了,埃及人就不能吃这河里的水;埃及遍地都有了血。**埃及行法术的,也用邪术照样而行**。法老心里刚硬,不肯听摩西、亚伦,正如

---

③ 这里《出埃及记》8 章 18 节在《希伯来圣经》现代语文各译本(包括中译和合本)中为 8 章 22 节。

② Sarah Stroumsa, "'Ravings': Maimonides' Concept of Pseudo-Science," 142. 关于《迷途指津》里"狂言"这个词的含义,另见 J.I. Gellman, "Maimonides' 'Ravings,'" Review of Meta-physics 45(1991):309-328;以及董修元,"迈蒙尼德论萨比教",《宗教学研究》,2015 年第 2 期,272-279,尤见 274-276。

③ 见《出埃及记》。

圣主所说的。(出埃及记 7:19-22)

> 圣主吩咐摩西说:"你进去见法老,对他说:'圣主这样说:容我的百姓去,好事奉我。你若不肯容他们去,我必使青蛙糟蹋你的四境。河里要滋生青蛙;这青蛙要上来进你的宫殿和你的卧房,上你的床榻,进你臣仆的房屋,上你百姓的身上,进你的炉灶和你的抟面盆,又要上你和你百姓并你众臣仆的身上。'"圣主晓谕摩西说:"你对亚伦说:'把你的杖伸在江、河、池以上,使青蛙到埃及地上来。'"亚伦便伸杖在埃及的诸水以上,青蛙就上来,遮满了埃及地。**行法术的也用他们的邪术照样而行,叫青蛙上了埃及地**。(出埃及记 8:1-7)

可以说,直到最后几灾,埃及的"行法术者"才跟不上摩西和亚伦的"法力",比如迈蒙尼德的引文所在的"虱灾"和"雹灾",在其中,"行法术的也用秘术要生出虱子来,**却是不能**"(出埃及记 8:18)。

表面上看,这些"法术"与摩西和亚伦施行的"神迹"并无不同。这表明,严格来讲,不像对真假先知的区分,[34]使"法术"不同于"神迹"的不是意欲实施的行动成功与否。当然,无论是区分真假先知还是区分"法术"与"神迹",真正的关键在施行者背后的神是谁。

回到迈蒙尼德所说"萨比人的狂言"。看上去,迈蒙尼德提到萨比人两种"狂言"时都带着贬义,用他所引的《出埃及记》叙事为例,法老及他手下的行法术者当然都是"偶像崇拜者",他们虽然想作法来对抗摩西带来的灾瘟,却没能力做到。另一方面,圣主藉摩西和亚伦所施行的是"昭彰的神迹",说贬低这些神迹的人满口"狂言"完全说得过去。然而,埃及人成功施行的"法术"与摩西和亚伦成功实行的"神迹"在内容上的一致,仍然令人困扰。迈蒙尼德不可能不知道这一点。在那么多的《圣经》神迹里,他为什么偏偏要挑上帝向埃及降灾的神迹为例?

《奈伯特农事》中的亚当传奇:烧着却不会燃烬的植物

紧接着前文,迈蒙尼德转述了一个《奈伯特农事》里的故事:

> 与此相应,他在他的书《奈伯特农事》里详细记载了与第一个人亚当相关的{传奇}:在印度有一棵树,其枝干如果取下并扔到地上,它会移

---

[34]　参《列王纪上》18 章。

动,像蛇一样爬动(kamā tasʿā al-ḥayyātu);此外,在那里还有另一棵树,其根有人的形状;此根被听到在咆哮并发出一个个的词。他还记载,若是一个人取下草上的一片叶子——他描述了这草的样子,把它放在自己胸上,他就能从人群中隐匿自己,无论他来去哪里都不会被看到。若是这草在敞开的天空下得到燃熏,烟升起的时候,人们会在大气中听到一个响声及令人恐惧的各种声音(a sound and fearsome voices)。在这本书里,在提出种种植物的神奇之处(marvels in plants)和农事的奇特特性(the properties of agriculture)的讯息的过程中,有许多这类的传奇(ḫurāfāt,fables);以这样的方式,神迹遭到批评,⌊此书⌋提出的假设是,这些神迹是⌊人⌋通过种种花招(tricks)做出来的。(《迷途指津》卷三 29 章,472/518-519)

正是在这里,迈蒙尼德点明,《奈伯特农事》揭示了所谓"神迹"的由来:那些看上去反自然或超自然的现象,实为精通植物和农事的人通过花招或曰诡计制造的,也就是说,**所谓"神迹"是人为而非由神造就的**。有意思的是,迈蒙尼德在此引述的关于亚当的故事涉及蛇和两棵树,这很难不让人联想到《圣经》的伊甸园故事:据《创世记》第 2 至 3 章,伊甸园里有两棵与众不同的树——知识树和生命树,而且那里的蛇会说话。

与此同时,这个亚当传奇里的另一些部分,被熏的草引起的烟会"发出响声和令人恐惧的各种声音",则不由会让人想到《圣经》记载的**西奈启示**:"西奈全山冒烟,因为圣主在火中降于山上。山的烟气上腾,如烧窑一般,遍山大大的震动"(出埃及记 19:18),"众人见雷轰、闪电、角声、山上冒烟,就都发颤,远远的站立"(出埃及记 20:18)。

西奈启示无疑是《圣经》里最大的神迹,迈蒙尼德在指明《奈伯特农事》对神迹的批判时引述这则亚当传奇,究竟是要为《圣经》中的神迹辩护,还是别有深意? 这样的联想会带我们回到前文提出的问题:在讨论"西奈启示"时,迈蒙尼德为什么强调在"西奈山集会"中以色列民众听到的声音既有出于自然的雷声也有人为的"角声"?[35]他会不会在以极隐晦的方式暗示,像《奈伯特农事》里描述并批判的"神迹"一样,摩西律法也可能具有属人起源?

在《奈伯特农事》里,这则故事的前半部分是这样的:

他提到在印度的土地上有一种植物,这种植物**烧着却不会燃烬**(lā

---

taḥruqu-hū al-nāru），并且，在那里有一棵树，如果从其枝干上砍下点什么并扔在地上，它会移动，仿佛**像蛇一样爬动**（*kamā tas'ā al-ḥayyātu*）、并像爬行动物那样爬行。（《奈伯特农事》）㊱

对照迈蒙尼德的转述和《奈伯特农事》原文，可以看到两个文本里"像蛇一样爬动"（*sa'ā kamā tas'ā al-ḥayyātu*）的文字一模一样。这段故事里那棵"点燃却不会燃烬"的树，自然又让人想到摩西第一次面对上帝启示时看到的"烧着却不会燃烬"的荆棘（出埃及记 3：2）。更有意思的是，这一段文字里提到的"烧着却不会燃烬"的植物，迈蒙尼德在卷三 29 章也提到了！然而，迈蒙尼德没有把这两则归于亚当的传奇放在一起讲述。如前所述，卷三 29 章始于对萨比人信仰的描述，接下来迈蒙尼德就提到，在萨比人的著作里有关于亚伯拉罕的故事，正是在讲述那些亚伯拉罕的故事中间，他不仅插入伊本·阿尔-萨义赫关于亚里士多德《物理学》的注释，而且转述了萨比人笔下的亚当、赛特和挪亚的信仰：

> 关于亚当他们说，当他离开印度附近的热带气候来到巴比伦气候带时，他随身带着一些神奇的东西：其中有一棵有叶子有枝干会生长的金子的树（a golden tree），还有一棵石头的树（a stone tree），还有一棵带绿叶的树，**烧着却不会燃烬**（*lā taḥruqu-hū al-nāru*）。（《迷途指津》卷三 29 章，469/516）

我们可以再一次看到，迈蒙尼德笔下的"烧着却不会燃烬"跟《奈伯特农事》里的用词完全一样。可为什么迈蒙尼德要将原本连在一起的亚当轶事拆散在同一章的不同部分？因为在"卷一导言"里迈蒙尼德说过，他不会以清楚有序的方式写作此书，而是会以分散和无序的方式论述某个论题。对某论题的分散可能是在不同的卷章，也可能是在同一章的不同位置。

无论如何，可以肯定的是，"烧着却不会燃烬"的树，在《圣经》里同样出现了且同样属于"神迹"。如果对照《圣经》里关于这些"神迹"的叙事，《奈伯特农事》归于亚当的这些神奇之事——不会燃烬的树、像蛇一样爬行的树枝、被熏的草冒出的烟里会发出响声等等，在《圣经》里都以类似的方式发生在先知

㊱ *L'agriculture nabatéenne. Traduction en arabe attribuée à Abū Bakr Aḥmad b. 'Alī al-Kasdānī connu sous le nom d'IBN WAḤŠIYYA*（*IVᵉ / Xᵉ siècle*），I-III ed. by Toufic Fahd（Damas：Institut Français de Damas 1993-1998），355. 参 Jaakko Hämeen-Anttila, *The Last Pagans of Iraq: Ibn Waḥshiyya and His* Nabatean Agriculture（Leiden，Boston：Brill, 2006），323-324.

摩西身上。迈蒙尼德在上面这段话之后说：

> 奇怪的是，认为世界是恒在的人会同时相信**这些在自然中不可能的事**，因为**那些人具有关于自然的思辨知识**。他们提到亚当及所有归于他的{传奇}的目的在于巩固他们有关世界之恒在的教义，以便人们可以遵循星辰和天球是神{的信仰}。（卷三 29 章，469/516）

这段话对于理解迈蒙尼德自己的神迹观至关重要。表面上看，他是要指出，萨比人讲述亚当传奇是为了强调自己的信仰，即星辰和天球是神。然而，这里真正重要的是迈蒙尼德在其中看到的奇怪之处：**萨比人关于亚当的传说**——如果他们把这些神奇之事当真的话，**跟他们对自然的认识不符**，因为所有那些神奇之事，诸如金子的树会生长、带绿叶的树烧着却不会燃烬，都是反自然的亦即"在自然中不可能的事"。

那么，在何种意义上，萨比人讲述这些关于亚当的传奇，目的在于巩固世界恒在的教义？迈蒙尼德在这里没有解释这一点，但在卷三 29 章再次提到萨比著作里记载的亚当轶事时，他明确指出，《奈伯特农事》提出的假设是，植物的种种神奇之处，亦即"这些神迹，是{人}通过种种花招（tricks）做出来的"（卷三 29 章，472/519）。如果所谓"神迹"是那些拥有气象、矿物、农事等知识的人通过各种机巧或花招制造出来的，那他们造就的这些变化就不是超自然的，因为人力根本无法改变自然事物的本性。相信世界恒在，某种程度上就是相信世上万物的本性恒常不变。在上述引文里，迈蒙尼德无疑将相信"世界恒在"与具有自然知识相联。具有自然知识意味着知道什么是在自然中可能的，什么又是在自然中不可能的。由此，这段话的隐含意味是，萨比人之所以认为世界恒在，因为他们知道"从无中创世"是"在自然中不可能的"。

"神迹"与"不可能性"

在《迷途指津》卷三 15 章，迈蒙尼德专门讨论过"不可能事物的本性"，他开门见山地说：

> 不可能之事有一种稳定的本性（a stable nature），这种稳定性是恒常的且并不由一个制造者造就；以任何方式改变这一点都是不可能的。因而，造就不可能之事的权能就没有归于神。这一点没有任何思辨者（阿语 *ahl nazar*）会以任何方式不同意。并且，只有那些不理解可理知事物的人才对此无知。（卷三 15 章，418-419/459）

从这段话不难看出,迈蒙尼德认为存在着不可能的事物,其不可能性是稳定且恒常的,**即便神也没有能力对不可能性加以改变**。所有"思辨者"都同意这一点。在这个地方,我们并不能辨认出哪些人属于"思辨者"的行列,在"律法遵循者"与"哲人"之间,"思辨者"属于哪个阵营也不清楚。他只是提到,在哪些事物属于"可能的"这一点上,不同的思辨者有不同的意见。在同一章里,迈蒙尼德专门提到:

> 至于说这个问题,是否祂能够使一种不附着于实体的偶性生成,一部分思辨者即穆泰齐勒派想象这是可能的,而其他人断言这不可能。诚然,那些断言一种偶性可以无基质而存在的人,并非仅由思辨得出这种肯定,而是希望由此担保被思辨强行拒斥的律法的某种教义;因而,以上断言对他们来说是一种出路。与此类似,无质料却无论如何使一物体生成,按照**我们的意见**这属于可能的类别,而对**哲人们**来说,这属于不可能的类别。与此类似,哲人们说,使一个正方形的对角线等于它的边长、或者使一个立体角包含四个平面直角以及其他类似的事情,属于不可能之事的类别;而某些对数学一无所知的人只知道关于这些事情的言词而不能设想关于它们的概念,于是认为这些事是可能的。(卷三15章,419/460)

从这段话可以看出,迈蒙尼德在这里不仅将"我们〈律法的遵循者〉"与"哲人"相区别,也对"思辨者"与"哲人"作出区分,他甚至取消了"思辨"与"思辨者"之间的等号——有些"思辨者"并非仅通过思辨来作出判断,而是让思辨迁就教义。这里的"思辨者"指穆泰齐勒派这样的思辨神学家们。实际上,早在"卷一导言"里,迈蒙尼德就说过,"那些思路不清、头脑受到污染,将错误意见和具误导性的方法当作是真知识的人,**视自己为思辨者**,实际上却不拥有任何真正堪称知识的知识"(卷一导言,16-17/16)。可见,从一开始,"思辨者"这个称谓就跟"将错误意见当作真知识"的人联系在一起。相比之下,哲人是仅凭思辨或理智进行思考、作出判断的人。

有意思的是,迈蒙尼德再次提到"思辨者"的时候,正是在全书的中心,在关于世界起源的几种意见的那一章:

> 因为,摩西和我们的先祖亚伯拉罕(*Abraham our Father*)之律法的每位追随者、或者那些走在这两位的道路上的人,他们的目的是相信,没有任何东西以任何方式跟上帝同步地永恒;且他们还相信,使非存在之

物生成为存在之物对神来说绝非不可能，{这}反而是一种义务，正如思辨者(ahl al-naẓar)中的某些人同样认为的那样。(卷二13章，262/285)

在这段话里，一部分"思辨者"跟"律法追随者"一样，认为上帝从无中创世乃是可能的，这进一步表明，"思辨者"这个称谓跟"哲人"差距遥远。这段话同时也呼应了前文引述的卷三29章里那句话：批评神迹的人或者说认为那些神迹"在自然中不可能"的人，相信世界恒在，因为对他们来说，从无中创世是不可能的。

在卷三26章开头，迈蒙尼德说：

> 正如在关于祂的作为(愿祂得享尊崇)究竟是智慧的产物还是根本不诉诸任何目的的纯粹意志的产物这个问题上，**律法遵循者中的思辨者们**(ahl al-naẓar)之间意见不一，同样，在关于我们的律法的问题上，他们也意见不一。(卷三26章，460-461/506)

迈蒙尼德在这里进一步将"律法遵循者"与"思辨者"联系起来，而所谓"律法遵循者中的思辨者们"指的应该就是那些"思辨神学家们"。

至此，我们可以比较有把握地说，在《迷途指津》里，"思辨者"并非想当然与哲人画等号，在某些情况下，"思辨者"反而指律法遵循者中某些"思辨神学家们"——跟常人相比，他们懂一点逻辑，知道如何进行论证，可跟真正的哲人相比，他们将对律法及教义的信仰放在第一位，从信仰出发进行论证而非从现存事物出发进行论证。

尽管如此，在上述讨论"不可能性"的卷三15章引文里，肯定"造就不可能之事的权能没有归于神"的"思辨者"，应该属于哲人之列。迈蒙尼德刻意模糊"思辨者"的边界，在这个地方应该是为了掩饰自己的观点的尖锐和激进——如果上帝没有权能做自然法则"不允许"的事，那么，何来神迹？

《奈伯特农事》中的亚当传奇：蛇与"知识树"

当迈蒙尼德在卷三29章再次提到亚当时，他明确将萨比著作中关于亚当的传奇与《托拉》联系起来：

> 至于他们讲述的亚当和蛇以及{分别}善恶的知识树的故事(qiṣṣah)——该故事同样影射了不同寻常的衣服，要好好留意别让你的理智受其蒙蔽，以至于怀有这样的想法，即以为他们所说的真的曾发生

在亚当或什么其他人身上。因为这绝不是关于某件真事的故事。稍作反思你就会清楚,他们在这个传奇(al-ḥurāfah;the fable)里描述的内容荒诞不堪,这是一个在托拉广为传播之后才炮制出来的故事。因为,托拉已在各宗教共同体里广为人知且他们已知晓开端论{字面义:开端的作品}的外在含义,他们就依其外在含义采用{开端论}的全部编造了这个故事,以便没经验的人会听从它并受其欺骗,会认为世界是恒的,而托拉所描述的故事以他们讲述的方式发生。虽说不必让像你这样的人注意到这一点——因为你已经获得这些知识,这会防止你的头脑沉迷于萨比人的种种传奇(ḥurāfāt,fables)以及迦士底人(the Chasdeans)和迦勒底人的狂言(hadayān),这些人缺乏真正称得上科学的所有科学——我仍要对此提出警告,为的是保护其他人,因为大众往往倾向于把传奇当成真的。(卷三 29 章,473-474/520)

迈蒙尼德在这里没有转述萨比著作中"亚当和蛇以及{分别}善恶的知识树的故事",但是他明确指出,这故事是知晓《托拉》的萨比人编造的,他们从字面上理解"开端论"[37]里的亚当故事,进而在此基础上进行文学加工,编出自己的相应版本。[38]在这里,他两次使用 ḥurāfah[传奇]这个词来表示该故事的虚构性。在《迷途指津》里,ḥurāfah(及其复数形式)仅出现于卷三 29 章及 37 章,而且都用于指源自《奈伯特农事》里的故事,有意思的是,影射"亚当与知识树"故事的"有害的蛇"同样出现在卷三 37 章。[39]

在上面这段引文里,迈蒙尼德强调,他提及这些传奇是为了警告大众,不要像萨比人那样从字面上理解"亚当和蛇以及{分别}善恶的知识树的故事"。在《迷途指津》开头,迈蒙尼德曾解释过,吃了禁果之后,"他们[引按:亚当和夏娃]的眼睛张开了,他们知道自己赤身裸体"(创世记 3:7),这句话里的"张开"并非指"视力"上的不同,并非"有一层膜从眼睛上被揭除,而是说,他们进入了另一种状态……被打开的仅仅是他们的心智的视像(mental vision)"(卷一 2 章,26/25)。也就是说,迈蒙尼德从一开始就表明,《托拉》里的"知识树"故事不能从字面上去理解。那么,究竟萨比人笔下的"知识树"故事是怎样的?

---

[37] 如同在《迷途指津》卷二 30 章,在这里"开端论"与《创世记》第 2-3 章的亚当故事相联。关于迈蒙尼德对"开端论"的讨论,详见本书第四章。

[38] 在《奈伯特农事》里,这则故事并非关于亚当而是由亚当讲述。见 Jaakko Hämeen-Anttila, *The Last Pagans of Iraq:Ibn Waḥshiyya and His* Nabatean Agriculture(Leiden, Boston: Brill, 2006), 336-342。

[39] 《迷途指津》卷三 37 章,494/542。

在《奈伯特农事》里有这样一则故事。在远离巴比伦的地方,各地的人们以不同的豆类、谷物、兽皮、兽骨等等为食(这些食物里没有包括大麦和黑麦),"不同的食物带来不同的营养价值和损害",在作者看来,这些食物"根本不利于人的自然本性(ṭibāʿ)"。尽管人们能够逐渐适应这些食物,但吃这些食物的人都"很瘦,他们身上没什么肉,他们的理性能力遭到损坏从而有限"。在印度人们以大米为主食。而太阳气候带(the clime of the Sun)[40]的人仅以肉、葡萄和葡萄干为食,"由于其饮食,这些人身体强壮,比印度人和中国人的身体更胖"。接下来的故事由亚当讲述:

> 亚当还说,在这个国家,小麦和大麦长得像树一般高,有两到三个人的高度。不过,那里的人们并没有培植和收获它们,因为在他们国家**有像鸟一样会飞的有翼的蛇**。它们身形巨大,有最大的隼那么大。这些蛇在小麦和大麦植被中寻求庇护,吃它们的谷物。这些蛇也吃肉并捕食和吞食小动物。
>
> 这些蛇使人们远离绝大多数树和果子,因为它们有致命的剧毒:它们的毒液一触即亡,而且它们通过吐出毒液来杀[人]。……然而,他们的确有治疗这些蛇的蛇毒的药,这药必须立即喝下,但它极其恶心,有些人就宁死而不愿喝药。
>
> 由于他们对亚当有感情,就不许亚当靠近那些小麦和大麦树,因为蛇把(它们的毒液)吐得到处都是;这些蛇也下蛋并孵化它们。……
>
> 亚当说,当我告诉他们,在我的国家,我吃的是小麦和大麦烘焙的面包,我的灵魂驱使我沿袭我的习惯,若是我对他们的食物变得习惯,我的身体就不再强壮了,他们不许我(没有任何预防措施就)靠近这些树。他们告诉我,我得试着自己想办法拾取这些小麦。
>
> 我说,我会向他们展示这如何做到。我伏击蛇,用一支我自己做的箭射击其中一条蛇。箭击中了蛇腹,蛇掉下来,扭动着死去了。这些蛇从来没有经历过自然死亡。当这条蛇死了,我拿出箭射向另一条蛇,它也掉下来,扭动着死去。由于击中两条蛇的腹部,箭吸了蛇毒,它变得墨黑墨黑。
>
> 我取下箭埋了它。然后我拿出另一支箭,射中了第三条蛇,它跟其他两条一样[死去]。然后,我从一棵生长在他们的国家的棕榈树上取下一些海枣,并采掘他们的[矿]石。我燃烧并研磨它们,用他们的油润湿

---

[40] 按迈蒙尼德的说法,太阳气候带毗邻印度。见《迷途指津》卷三 29 章,469/516。

[海枣和石头拌起的]糊糊。我用这东西涂抹在三条蛇的身上,让它们变得漆黑。随后,我把这些蛇用三根树茎钉在十字架上,[我的手]没有碰到蛇。我把它们摆在小麦树外面。

活的蛇远远逃离这些死蛇,这些钉在三根十字树茎上的黑蛇,因为它们从未看到自己族类的死亡和被钉十字架。在一块有很多(平方)帕拉桑(parasangs)的区域内,有许多这种小麦和大麦在生长,无数的谷物从这些树上落下。人们惊奇地看着蛇逃离这个地方。他们也非常高兴,甚至当我们在路上或哪里遇到我时,开始拜倒在我面前。

我耐心地等了一段时间,直到有一场大雨洗刷干净这些树和散落的谷物。现在,蛇不再出没在那里也不再靠近(小麦树)或吃其谷物。三天后,土地和树开始变干,我告诉他们可以拾取谷物了。尽管他们害怕蛇毒,还是拾取了好大一堆[谷物],不过我向他们保证没事并鼓励他们这么做。随后,我告诉他们在他们的磨坊研磨谷物,并为他们造了一个很大的烤炉。我揉了一个面团,加入酵母,烘烤面包并和他们一起吃。他们欣喜若狂、高兴不已,他们把这一天当作节日,并将永远享用这个节日。

此后,他们甚至更多地拜倒在我面前,做所有我做过的事:他们用箭射蛇,杀了很多蛇。他们学会了如何在雨后拾取谷物,并且,在我教给他们之后,他们也知道如何播种。小麦成为他们的(部分)主食,他们喜欢小麦,**他们的理性重返他们;此前他们曾变得像动物一样疏忽大意。但他们开始食用小麦面包,他们的理性能力成长起来,他们的思想变得更清晰。** 他们曾经赤身裸体,可现在他们面对彼此感到羞愧,他们的理性能力曾受制于过去的饮食结构,现在他们的理性能力得到改变。(《奈伯特农事》)[41]

这个故事有点长,但为了弄明白迈蒙尼德对这个故事所做的点评,我们有必要了解其原委。迈蒙尼德表示,萨比人讲述的关于亚当、蛇、知识树的故事不能仅从字面上理解,也就是说,不可以当作真正发生过的事。从上面所引的《奈伯特农事》文本看,这个故事并没有明确提到"知识树",吃了让人意识到赤身裸体并为此感到羞愧的只是小麦做的面包,不过,在该故事里,小麦

---

[41] Jaakko Hämeen-Anttila, "Text 52," in *The Last Pagans of Iraq: Ibn Waḥshiyya and His Nabatean Agriculture*, 336-340. 圆括号里的内容为译者所加,方括号里的内容为笔者所加。按此书作者 Hämeen-Anttila 的说法,这个故事里亚当曾帮助引入小麦和大麦种植的国家为迦士底(al-Kardāniyyūn,该词为 al-Kasdāniyyūn 的变体),见上引书,43, n. 113, 313。

以及大麦的确被说成是树。在《奈伯特农事》的故事里,人的理性能力的增长和衰退跟人的营养结构相关——这可以说是一个颇有科学色彩的观点。亚当在这个故事里是一个从农业上"先进"的地区旅行到农业上"落后"的地区,并帮助当地人学会用人工方法培植小麦和大麦的人。这个故事里的蛇有点奇幻色彩,它们有翼、会飞且剧毒无比,可是,它们并不会像伊甸园里的那条蛇那样讲话,也没有超自然的能力,是箭能够射死的,就此而言,这故事里的蛇属于有生命的自然存在物。

真正有意思的是,这个萨比传奇里,当地人吃了"小麦树"制成的食物后意识到自己赤身裸体进而感到羞愧,这与伊甸园故事里亚当、夏娃吃了知识树的果子后的反应一样。《奈伯特农事》的作者将当地人食用小麦制品带来的变化视为理性能力提升的表现,这也跟伊甸园故事里知识树带来的变化近乎相同。

在《迷途指津》卷一 2 章,迈蒙尼德曾明确反对对伊甸园故事的字面理解,他指出,知识树带来的变化不是人的认识能力的"提升",恰恰相反,人(亚当)原本拥有辨别真假的理智——这是人在创造之初被赋予的"上帝的形象"。理智是人的最高自然禀赋,吃了知识树的果子后,人失去了那种理智能力,获得了辨别好坏或善恶的能力。由于好坏或善恶属于"广为接受的事物"而非仅凭理智能够认识的确定知识,因此在迈蒙尼德的解释中,人在吃了禁果以后的理性能力是下降了。那么,当迈蒙尼德在卷三 29 章强调,这个萨比故事不该从字面上去理解,他仅仅是在维护自己对伊甸园故事的寓意解释么?恐怕没有那么简单。

(3) 摩西律法与"神迹"

要理解迈蒙尼德对这个亚当传奇的点评,我们或许应该结合同样出现了 *hurāfah*[传奇]一词的卷三 37 章。这一章讨论的是涉及"偶像崇拜"的《托拉》诫命,其中也提到了萨比人的信仰以及《奈伯特农事》,此章在论及"萨比人施行巫术将狮子、蛇等等有害的动物逐出村庄"时,影射了前文所引的《奈伯特农事》里亚当驱蛇的故事。[42]在卷三 29 章里,当提到萨比著作中记载的种种"意见和实践"时,迈蒙尼德说,其中的部分实践现在仍然广为人知:

> 我指的是神殿的建造、其中设立的用金属锻造石头筑就的形象、祭坛的建造、祭坛上用动物或各种食物进行的献祭、节日的制度,为了祈祷和各种崇拜活动{人们}集合在神殿里——那些神殿位于受人尊崇的高处,

---

[42] 《迷途指津》卷三 37 章,494/542。

他们称之为"理智形式的神殿",还有在高山上设立的形象等等、对那些亚舍拉(希语'ǎšērōt)的崇敬、碑石(*monumental stones*)的设立以及其他种种,在我让你留意的书里你会得知这些事情。**有关这些意见和实践的知识在详述种种诫命的理由的那章极为重要。** 因为,我们整个律法及其根基(阿语'aṣl)以及它所围绕的枢轴,在于从头脑里抹去这些意见以及从实存中抹去这些纪念碑。 ……这两个目标在诸多《圣经》段落里重申。因为,这是扩展到整部律法的首要意图(first intention),正如他们{先贤们}(愿他们蒙福得铭记)在解释祂(愿祂得享尊崇)的言辞——就是圣主藉摩西之手吩咐你们的一切——时向我们表明的。因为他们说:自此你可以了解,每个宣称信奉偶像崇拜的人都不信托拉的全部;而每个不信偶像崇拜的人,都宣称信奉托拉的全部。(卷三 29 章,474-475/521-522)

迈蒙尼德在这里重申,关于萨比人的各种"意见和实践"的知识对于理解**《托拉》**的各种诫命的理由很重要。这段话的核心直指"整部律法的根基",关于这一点,他在卷三 37 章以更精练的方式表达为:

整个律法的意愿(*rawm*,intent)以及它所围绕的枢轴就是终结偶像崇拜,抹去其痕迹。(卷三 37 章,494/542)

可以看到,这两个文本都提到"整个律法",都出现了"它所围绕的枢轴",都指向消除偶像崇拜,区别仅在于,前者用的是更带有源始意味的'aṣl[源头、根基],后者用了更带有愿望色彩的 *rawm*[渴望、意愿]。由此可见,"偶像崇拜"问题的确是迈蒙尼德论述萨比信仰及其著作《奈伯特农事》的要核,也是联结卷三 29 章和 37 章的焦点。我们需要继续追问的是:"偶像崇拜"跟"神迹"有什么关系?

如前所述,在提到萨比人的"狂言"时,迈蒙尼德以极其微妙的方式指向两种不同类别的"狂言":其一是"偶像崇拜者们的狂言",其二是"**令聪明人大笑的不同寻常的狂言**,这些狂言被认为**贬低了各种昭彰的神迹**"(卷三 29 章,472/518-519)。这两种"狂言"间的密切关联首先不容忽略。对日月星辰、草木山川的所谓"偶像式崇拜"常常离不开各种巫术和占星术,如《奈伯特农事》所载,那些巫术等往往会造就超逾日常经验和自然知识的"神迹"。在《迷途指津》里,迈蒙尼德不遗余力地批评偶像崇拜,进而藉《奈伯特农事》揭示偶像崇拜者信奉的"神迹"乃人为的"花招",他真正的用意应该是让他的读者由此反思《圣经》中的"神迹"的真伪。

进一步看,迈蒙尼德对两种"狂言"一明贬一暗褒的区分事实上对应了《奈伯特农事》等萨比著作的一个重要特征:混杂古代的巫术、占星术等各种"偶像崇拜"方式以及地理、气象、农作物培植等自然科学。正是各种自然科学知识帮助人认识到,所谓超自然的"神迹",无非是人通过各种诡计花招造作的。

与萨比著作中的第一种"狂言"相关,迈蒙尼德强调指出,各种形式的"偶像崇拜"是摩西律法大力反对和废除的,但可以说,在废除偶像崇拜这件事上,迈蒙尼德比《托拉》全书乃至犹太教先贤们的力度更大。他清楚看到:

> 由于从一方向对立面的突然转化是不可能的,因此,人依其自然本性没有能力突然放弃他所习惯的事物。因此,上帝派我们的导师摩西来为我们建立一个祭司王国和圣洁民族[出埃及记 19:6]——藉助祂(愿祂得享尊崇)的知识,与此相应,祂解释道:这是显给你看,要使你知道,等等[申命记 4:35];今日你要知道,也要记在心上,等等[申命记 4:39]——从而我们会投身于对祂的崇拜,按照祂所说的:尽心事奉祂[申命记 11:13],及:你们要事奉圣主你们的神[出埃及记 23:25],及:你们要事奉祂[申命记 13:4];并且,由于在那个时代,整个世界广为接受和习惯的生活方式以及我们成长于其中的普遍礼拜仪式,是在设有种种形象的神殿中献祭各个物种的生灵,并且崇拜这些形象,在它们前面焚香——正如我们解释过的,在那个时代,虔诚的人和禁欲者,那些献身于神殿的礼拜仪式的人将星辰奉为神明——祂的智慧(愿祂得享尊崇)以及祂的狡计(ruse)并不要求祂给我们一个律法,规定拒斥、放弃和废除这类的崇拜。因为,考虑到总是喜欢自己所习惯的事物的人的自然本性,他那时不可能设想去接受{这样的律法}。在那个时代,这就类似于在现今的时代呼唤人们崇拜上帝的一个先知,他会说:"上帝给予你们一个律法,禁止你向祂祈祷、禁止你禁食、禁止你在不幸中祈求祂的帮助。你的崇拜将仅限于冥思而绝非任何作为(in meditation without any works at all)。"因此,祂(愿祂得享尊崇)只能容忍上述种种的崇拜活动继续存在,只是将它们从受造的或想象的或不真实的事物转化到祂自己的名字(愿祂得享尊崇),命令我们为祂(愿祂得享尊崇)践行这些崇拜。由此,他命令我们为祂建一座圣殿。(卷三 32 章,478-479/526)

这段话表明,迈蒙尼德反对的不仅是异教的"偶像崇拜",而且是摩西律法中类似于"偶像崇拜"的残留,比如动植物献祭、圣殿崇拜、向圣主祈祷好运等等。他藉虚拟的"现今时代的一个先知"的名义指出,如果现在上帝给予律法,上帝会不需要也不允许人祈祷、禁食、祈求祂的帮助,所有的崇拜活动仅限于冥思。然而,在"那个时代"即确立《托拉》的摩西时代,人们还沉浸在异教式"偶像崇拜"的习俗中。迈蒙尼德指出,正因为要人突然间改变习惯是不可能的,所以上帝的或《托拉》的狡计(ruse)不是让人马上放弃一切献祭祈祷等等外在的崇拜形式,而是先将对星辰、山川草木等等"偶像"或曰"形象"的崇拜,转向对圣主的独一崇拜。也就是说,摩西律法在废除偶像崇拜方面只走了第一步,即去除对其他神祇或偶像的所有崇拜。

从摩西律法的角度看,只要去除了任何崇拜形式中的"形象",对圣主的献祭和祈祷等活动是应当允许乃至值得鼓励的。但是,在迈蒙尼德看来,摩西律法在献祭等外在崇拜方面的各种诫命是一个"让步",[43]这个让步基于对摩西时代人的信仰习惯以及人难以轻易改变自己的本性的认识。对迈蒙尼德来说,"现今的时代"不同了,如今,"地上的大多数人"都是亚伯拉罕的后裔,都信仰他认识到的独一神,[44]所以,那种偶像崇拜的遗迹应该"从人的头脑里"并且"从实存中"彻底消除。

在迈蒙尼德时代,这样的观点简直石破天惊。迈蒙尼德对摩西律法的维护事实上隐含了他对摩西律法的批评。对犹太人来说,《托拉》或摩西律法是他们的生存基石,是他们的生活方式,现在迈蒙尼德告诉他们,摩西律法受其时代局限,其中有些部分不适合我们如今的时代,这意味着什么?这意味着摩西律法的权威性在隐然受到质疑和动摇,而迈蒙尼德在以自己的方式确立权威:诚如施特劳斯所言,"迈蒙尼德披着权威的外衣引入理性(Maimonides introduces Reason in the guise of Authority)"。[45]对迈蒙尼德来说,理性是扫除一切偶像崇拜的真正利器。在这个意义上,迈蒙尼德思想较之摩西的律法有巨大的进步,这种进步是"理解力上的进步"。[46]

由此,我们能够更好地理解迈蒙尼德所指的萨比著作中的第二种"狂言",那种"贬低了各种昭彰的神迹的""不同寻常的狂言"。当迈蒙尼德引述《奈伯特农事》中跟《托拉》中的"神迹"高度相似的事例——扔在地上"像蛇一

---

[43] Leo Strauss, "How To Begin To Study *The Guide of the Perplexed*," §28/32, xxxv/163.

[44] 在《迷途指津》卷三 50 章,迈蒙尼德明确说,"我已经告诉过你,萨比人的教义如今已经远离我们。"见 Pines 英译本,615;另参《迷途指津》卷三 29 章(515),卷三 49 章(612)。

[45] Leo Strauss, "How To Begin To Study *The Guide of the Perplexed*," §17, xxiii/152.

[46] 参 Leo Strauss, "How To Begin To Study *The Guide of the Perplexed*," §4, xiv/142;§30/41, xlii/170。

样爬动的树枝"、能让人隐身的草叶、"发出响声和令人恐惧的各种声音"的燃熏的草——来指出该书作者对"神迹"之真相的揭示,即这些现象不过是人"通过种种花招做出来的",他难道不是在藉此隐然批评《圣经》中的各种"神迹"?

迈蒙尼德当然不会明说《圣经》里的"神迹"都不是真的。可是,他一方面从始至终在《迷途指津》里强调,那些诉诸上帝的"脸""手""脚""声音"的《圣经》语句都是比喻,亦即它们不是字面上真实的,要以寓意方式来理解,并借此确立上帝的"无形体性",从而排除因"上帝有形体会像人一样说话"的《圣经》效应带来的超自然"神迹"的真实性。另一方面,迈蒙尼德不止一次指出,《托拉》中的"神迹"并不改变事物的自然本性:摩西手中的杖变成蛇以后,还会变回杖,杖的本性并不随"变蛇"的"神迹"而改变,如此等等。可以说,除了"西奈启示"之外,迈蒙尼德事实上或明或暗地否认了绝大部分《圣经》"神迹"的字面上的真实性。因为"西奈启示"事关摩西律法作为整体的有效性,作为一名负责任的犹太拉比,迈蒙尼德不可能亲手拆毁犹太教的根基。⑪

3 《迷途指津》中的摩西与亚伯拉罕

就迈蒙尼德对摩西预言的论述而言,有一个问题极少有人提出:摩西真的是迈蒙尼德心目中无与伦比的、最完善的先知吗?

在《迷途指津》最后一章,迈蒙尼德解释了希伯来词 *hokmāh*[智慧]的四种不同含义,并根据哲人们的观点相应地提出人的四种不同类型的完善:所有物方面的完善、身体构成和外形方面的完善,诸道德德性的完善,以及诸理性德性的完善。迈蒙尼德在人的完善这个论题上赞同哲人们的观点,他并且特别指出,理性德性的完善是"个人的真正完善"且是人的"终极目的"(卷三54章,585-586/632-635)。

按照迈蒙尼德本人关于人的最高完善的标准,上述问题的答案似乎一目

---

⑪ 即便迈蒙尼德倍加审慎地行文,《迷途指津》还是在他去世后不久(据推测于 1232 年 12 月在蒙彼利埃[Montpellier])遭到焚毁。14 世纪在普罗旺斯等地区对迈蒙尼德著作的禁令包括《迷途指津》和《重述托拉》的第一部《知识书》;而在东方的巴格达,关于迈蒙尼德的争议主要集中在"死后复活"的问题上。见 Daniel Jeremy Silver, *Maimonidean Criticism and the Maimonidean Controversy, 1180-1240*,Ch. IX,"The Actual Controversy"(Leiden:Brill,1965),148-198;Nina Caputo, Nahmanides in Medieval Catalonia:History, Community and Messianism, Ch.1,"The Maimonidean Controversy,"(Notre Dame, Indiana:University of Notre Dame, 2007),19-51。另见 Sarah Stroumsa,"Twelfth Century Concepts of Soul and Body:The Maimonidean Controversy in Baghdad," in *Self, Soul and Body in Religious Experiences*, eds. by Albert I. Baumgarten, et al.(Leiden:Brill, 1998),313-334。

了然:当然是的。如前文所述,摩西是为以色列带来律法的最重要的先知,摩西是惟一能与圣主"口对口说话,不用谜语",并且"必见圣主的形象"的人。⑱迈蒙尼德在他所有重要著作里都强调过摩西预言的至尊及独一无二性。

在《迷途指津》里,对《出埃及记》里上帝对摩西讲的话——"我[从前]向亚伯拉罕等等显现,但我的名——圣主(YHWH),我不曾告知他们"(出6:3),迈蒙尼德有这样的解释:"这告诉我们,他[摩西]的理解力不像先祖们,而是更高——不,尤有甚者,他的理解力不像他之前的任何人。"(卷二35章,339/367)进而,迈蒙尼德还在《迷途指津》结语部分,将犹太先贤关于摩西与他的兄长亚伦和姐姐米利暗"死于一吻"的传说,解释为他们"以诗艺的方式表达的"摩西等人在"对上帝的激情之爱的强度中企及对上帝的理解"。⑲在这两个情形中,迈蒙尼德就表明,摩西的优越性在于他有更高的"领会"。换言之,"领会"或者更确切说"理智的灵魂"是衡量一位先知及其预言的等级的标准。所有这些似乎表明,摩西是最接近上帝、最出类拔萃的先知。然而,如果我们把"谁是最完善的先知?"这个问题放在《迷途指津》所确立的知识等级以及迈蒙尼德自相矛盾的特殊修辞笔法中考察,那么,摩西的至高地位就不像看上去那样一目了然了。为了回答"谁是迈蒙尼德心目中最完善的先知?"这个问题,我们首先要考察迈蒙尼德在《迷途指津》里如何刻画摩西及其预言。

(1) 何以迈蒙尼德给予摩西及其预言至尊性?

在《迷途指津》里,迈蒙尼德提示读者参考他在《重述托拉》里提出的摩西预言与所有其他先知的预言之间的差异(卷二3),他将这些差异归结为以下几点:

> 所有先知都在梦中或在视像中接收他们的启示性讯息,摩西却在醒着和站着时[接收他的讯息]。……所有先知都通过天使的中介接收他们的讯息,……摩西并不通过天使接收他的讯息;向摩西启示的不是寓意,相反,他能清楚地认识预言的讯息,不用谜语和寓言;所有先知[在接收讯息时]都充满畏惧和惊恐,变得体弱。我们的导师摩西不是这样。……他在所有时间发出预言。⑳

⑱ 《民数记》12:7-8。当然,从上帝的无形体性出发,迈蒙尼德不会认可对这句话的字面解读。
⑲ 《迷途指津》卷三51章,578/628。见本书第八章相关讨论。
⑳ Maimonides, Moses Maimonides, "Fundamental Principles of the Torah(Yesodei ha-Torah)," VII.6, in *Mishneh Torah*, *The Book of Knowledge*, New, Corrected Edition, trans. Moses Hyamson, 43a.中译见迈蒙尼德,《论知识》,董修元译,33-34。

摩西及其预言的特殊性同样体现于迈蒙尼德在《〈密释纳〉义疏》中提出的"律法的十三项根本原则",居于这些根本原则核心的第七条是"摩西我们的导师的预言:我们要相信,他是在他之前和之后的所有其他先知的首领,他们都次于他"。[51]

有意思的是,摩西及其预言的至尊性在迈蒙尼德之前的犹太传统中并非一个共识。在《拉比埃利艾泽的教诲,或三十二条解释法则》(*Mishnat Rabbi Eliezer or The Thirty-Two Rules of Interpretation*)中,加利利的拉比埃利艾泽(Rabbi Eliezer ben R. Jose ha-Gelili)提出:

> 先祖们,不需要向他们解释那个特定的名字,而对其他先知,那个特定的名字需要向他们解释。……证据是摩西我们的导师之言:"上帝对摩西说,'我将是我所将是者[出埃及记 3:14]'",尽管至圣者(愿祂蒙福)对他说,"'我向亚伯拉罕等等显现,可我的名——圣主——我不曾告知他[出埃及记 6.3]',不像对你那样"。[52]

这段话显然将先祖们——亚伯拉罕、以撒、雅各——视为先知中的更卓越者,因为他们直接知晓上帝的四字母圣名,他们不需要上帝向他们解释四字母圣名的意思。然而,摩西却向上帝询问祂的名字,上帝用"我将是我所将是者"回答了摩西的提问——在迈蒙尼德那里,这句话构成了上帝之单一性的圣经明证。[53]就此而言,甚至摩西也无法超越以亚伯拉罕为首的先祖们的等级。这里最关键的是加利利的拉比埃利艾泽对《出埃及记》6 章 3 节的解释——如我们在《迷途指津》里会读到,此节恰是迈蒙尼德用来说明摩西高于先祖们的圣经依据。

加利利的拉比埃利艾泽知晓此节对于他的论点即先祖们作为先知更为尊贵的挑战,可他特意引述上帝向摩西解释自己名字的经文(出 3:14),有针对性地化解了这里的争议。某种程度上可以说,圣经文本本身的种种矛盾为这样的解释预留了空间。在加利利的拉比埃利艾泽看来,先祖们知晓上帝的"权能和力量以及祂的伟大和祂的卓绝",因此他们不需要上帝向他们降下诸

---

[51] Maimonides, *Commentary on Mishnah*, Helek: Sanhedrin, Chapter X, trans. Arnold J. Wolf, in *A Maimonides Reader*, ed. Isadore Twersky(Springfield, NJ: Behrman House, Inc., 1972), 417-423, 419.

[52] *The Mishnah of Rabbi Eliezer*, or *The Midrash of Thirty-Two Hermeneutic Rules*, ed. H.G. Enelow(New York: The Bloch Publishing Company, 1933), 112.

[53] 见《迷途指津》卷一 63 章(144/154)。参本书第三章相关讨论。

如"闪电、雷声或声音"的各种神迹。⑭总之,相比其他先知,先祖们对上帝的认识更真切,他们也更接近上帝。

无独有偶,在中世纪犹太思想家犹大·哈列维(Judah Halevi)的对话作品《哈扎尔人书》里,拉比也向寻求正确信仰的哈扎尔王表达过与加利利的埃利艾泽相似的观点,即上帝没有向亚伯拉罕等先祖解释袖的四字母圣名,也没有像对摩西那样向他们施行神迹,"不是因为他们[按:指摩西和与之在一起的以色列人]比亚伯拉罕、以撒、雅各更卓越",而是由于"先祖们是拥有最坚定信仰和纯洁内心的人",因此,上帝没有必要向他们展示神迹。⑮

无论按照加利利的拉比埃利艾泽还是按照哈列维的说法,上帝在《出埃及记》6 章 3 节对摩西所说的话——"我的名——圣主——我不曾告知亚伯拉罕等等"——并非如迈蒙尼德所言是摩西胜过先祖们的标志。恰恰相反,他们声称,由于先祖们的纯洁信仰,根本不需要向他们解释上帝之圣名的含义。

除此以外,还有其他事例也表明,摩西及其预言的至尊性绝非犹太先贤的共识。⑯在解释《出埃及记》6 章 3 节时,《米德拉释》的作者们就指出,先祖们"没有批评'我[上帝]的诸品性'(middôtay)"或"对'我[上帝]'的品性'嘟嘟囔囔",他们也没有像摩西身边的以色列人那样"抱怨"上帝,因此,他们没有问"我[上帝]的名字是什么"。⑰《米德拉释》先贤的解释呼应了加利利的拉比埃利艾泽对同一节经文的理解。有意思的是,他们使用 middôtay[我的诸品性]这个措辞来表示先知们对上帝的坚定信仰,如我们在讨论上帝的"行动属性"的部分已经看到的,在迈蒙尼德对摩西所拥有的上帝知识的解释里,middôt[诸品性]这个词极为重要。

那么,问题来了:既然犹太传统并没有视摩西为最高的先知,何以迈蒙尼德会提出并强调摩西独一无二的至尊地位? 施特劳斯(Leo Strauss)在 20 世纪 30 年代的研究中认识到,迈蒙尼德是出于政治考量才这么做的。也就是

---

⑭ *The Mishnah of Rabbi Eliezer*, *or The Midrash of Thirty-Two Hermeneutic Rules*, 111.

⑮ Judah Halevi's *Kitab Al Khazari*, trans. Hartwig Hirschfeld(London: George Routledge & Sons, Limited; New York: E.P. Dutton & Co., 1905), 86. 参 Leo Strauss, "Marginalien im Handexemplar von Leo Strauss," *Leo Strauss Gesammelte Schriften* Band 2: *Philosophie und Gesetz*—Frühe Schriften, Zweite Auflage, heraus. Heinrich Meier (Stuttgart, Weimar: Verlag J.B. Metzler), 162. 此眉批是为"简评迈蒙尼德和法拉比的政治科学"(Quelques re-marques sur la science politique de Maïmonide et de Fârâbî)一文的相关注释而写,详见后文。

⑯ 参 Nahum N. Glatzer, "A Study of the Talmudic-Midrashic Interpretation of Prophecy," in *Essays in Jewish Thought*(Tuscaloosa, Alabama: The University of Alabama Press, 2009/1978), 23f.

⑰ *Midrash Rabbah* Vol.III: Exodus, trans. Rabbi Dr. S.M. Lehrman(London, New York: The Soncino Press, 1983), 107f.

说,迈蒙尼德将摩西视为独一无二的**立法式先知**即带来神法的那位先知:由于摩西律法的至高地位,带来律法的先知摩西在一众圣经先知里当然就要被视为至尊。[58]由此,迈蒙尼德在他所有重要著作里,都力主摩西的至尊地位。尽管施特劳斯认同 Michael Guttmann 的观点,即《拉比埃利艾泽的教诲》是迈蒙尼德处理先知问题的思想资源——这一点尤其体现在迈蒙尼德将摩西预言与其他所有先知的预言相对照的做法,[59]可他留意到:

> 在迈蒙尼德的这份[思想]资源里,紧接着那一段之前的段落肯定了先祖们的预言比摩西和其他先知的预言更优越。迈蒙尼德并没有从这一段中借用什么东西。相反,他的预言学暗示了对主导《拉比埃利艾泽的教诲》(*Mishnat R. Eliezer*)的观点的原则的批评:迈蒙尼德明确地肯定摩西的预言比先祖的预言更优越。[60]

施特劳斯洞察到,迈蒙尼德并没有在先知论上彻底跟随加利利的拉比埃利艾泽。在一个决定性的节点上,他甚至反其道而行之,将摩西提升到无人能及的高度,尤其是将摩西置于先祖们之上。按施特劳斯的说法,迈蒙尼德突出摩西预言的至尊地位,因为"**惟有摩西预言是立法性的**",且"**惟有摩西才是柏拉图意义上的哲人-立法者**",即便"迈蒙尼德没有明确说出这一点"。[61]

令人惊讶的是,"摩西是柏拉图意义上的哲人-立法者"这个观点并非施特劳斯在此问题上的定论。在其写于 1960 年的经典长文"如何着手研读《迷途指津》"里,施特劳斯提出,当迈蒙尼德在卷一 8-18 章并举《出埃及记》33:20-23 与《以赛亚书》第 6 章相关文本,他在引导我们去相信,"以赛亚在对上帝的认识上比摩西更高一筹,或者说,以赛亚的视像标志着一种超越摩西[视像]的进步"。[62]施特劳斯进一步指出,由于"复活只

---

[58] Leo Strauss, "Quelques remarques sur la science politique de Maïmonide et de Fârâbî," *Leo Strauss Gesammelte Schriften* Band 2: *Philosophie und Gesetz*—Frühe Schriften, 143ff.此文中译"简评迈蒙尼德和法拉比的政治科学"(程志敏译,庄奇校)见刘小枫编《论法拉比与迈蒙尼德:施特劳斯文集卷三》(北京:华夏出版社,2023),46-92。

[59] Michael Guttmann, "Zur Quellenkritik des Mischneh Thora," *Monatsschrift für Geschichte und Wissenschaft des Judentums* Jahrg. 79(N.F. 43),H.2(1935):148-159;150-152.

[60] Leo Strauss, "Quelques remarques sur la science politique de Maïmonide et de Fârâbî," 144. 中译采用程志敏、庄奇译文,前揭,页 75。施特劳斯在这段文字之后给出的注释是:"尤其参见迈蒙尼德的思想资源(Michnat R. Eliezer, Enelow 编,[纽约 1933],112,行 20-23)与迈蒙尼德本人《迷途指津》卷二 35 章,77a[页 367])对《出埃及记》6 章 3 节的相反解释。"施特劳斯在此注释旁写下一则眉批:"参《哈札尔人书》(Cusari)II 2。"

[61] Leo Strauss, "Quelques remarques sur la science politique de Maïmonide et de Fârâbî," 144.

[62] Leo Strauss, "How To Begin To Study *The Guide of the Perplexed*," §26/30, xxxiii/161. 重点为笔者所加。

在《但以理书》里得到清晰的教导","至少在这一方面,……那位晚期且等级很低的先知但以理(卷二 45 章)标志着超越摩西之《托拉》的巨大进步"。⑥

施特劳斯藉此提醒我们,他早年的观察即"摩西预言的至尊性——摩西的知识甚至胜过先祖们的知识的优越性——与它是惟一的立法性预言有关"依然成立,"但是"——"经过二十五年频频中断却从未放弃的研究"⑭后,施特劳斯迈出了重要的一步,他继续说——

> 正因为他［摩西］的预言臻于法的顶峰,它反映了法的限度。 律法更关注行动而非思想(卷三 27-28 章;卷一导言)。⑥

正是基于施特劳斯的这个洞见,我们提出这样的问题:尽管迈蒙尼德强调摩西及其预言的至尊性,可对他而言,摩西真是《迷途指津》里最完善的先知么? 在进一步探究这个问题之前,需要细致考察两个先行的问题:(1)摩西预言是否真的具有例外性,以及(2)摩西与在他之外最突出的先知亚伯拉罕在理智理解力上究竟孰高孰低?

(2) 摩西预言有多"例外"?

迈蒙尼德在《迷途指津》卷二 32-48 章讨论预言问题。对摩西与其他先知之间的区分,迈蒙尼德在《迷途指津》里一笔带过。他说自己不会在讨论预言的那些章回里触及摩西预言,"哪怕是一个字,既不会以明确的方式也不会以一闪而过的方式"提到它(卷二 35 章,338/367)。不过,他还是忍不住指出,"先知"是一个在运用于摩西和运用于其他先知时"模棱两可的"(mušakkak,amphibolous)词,他还说,在他看来,同样的模棱两可也适用于摩西施行的神迹与其他先知施行的神迹(卷二 35 章,338-339/367)。在"卷一导言"里,迈蒙尼德曾解释过,"模棱两可的"一词指"有时候这些词是单义的(univocal),有时候则是多义的(equivocal)"(卷一导言,5/5)。⑥他用来说明

---

⑥　Leo Strauss,"How To Begin To Study *The Guide of the Perplexed*,"§26/30, xxxiii/161.

⑭　Leo Strauss,"How To Begin To Study *The Guide of the Perplexed*,"§1, xi/140.

⑥　Leo Strauss,"How To Begin To Study *The Guide of the Perplexed*,"§27/31, xxxiii-xxxiv/162. 重点为笔者所加。

⑥　关于 *mušakkak*［模棱两可的］一词的含义及其与 *muštarak*［多义的］和 *musta'ār*［单义的］等词在《迷途指津》里的差异,见 Steven Harvey,"Key Terms in Translations of Maimonides' *Guide of the Perplexed*," in *Maimonides' Guide of the Perplexed in Translation*:*A History from the Thirteenth Century to the Twentieth*, eds. Josef Stern, James T. Robinson, and Yonatan Shemesh(Chicago:University of Chicago Press, 2019),305-329;309-314.

这种"模棱两可"的是《托拉》中的例子：

> 我从前向亚伯拉罕等显现，至于我的名——圣主，我未曾让他们知道[出埃及记6:3]。
>
> 以后以色列中再没有先知兴起像摩西的，他是圣主面对面认识的[申命记34:10]。（卷二35章，339/367-368）

这两个例子似乎清楚地表明了摩西较之亚伯拉罕及所有其他先知的优越地位。然而，按照迈蒙尼德在《迷途指津》特别强调的《托拉》的原则，上帝是无形体的，所以《申命记》34章10节不能从字面上去理解。迈蒙尼德曾明确指出，《托拉》里所有用于上帝的"身体器官"都是"以比喻的方式"归于上帝的（卷一46章，96/99），他由此将上帝与摩西之间的"面对面"解释成"一个在场者没有中介地面对另一个在场者"（卷一37章，83/86）。[67]在《迷途指津》讨论预言的部分，迈蒙尼德再度重申其他先知运用天使作为中介而摩西是个仅有的例外，他进而指出：

> 要知道，事实就是如此，在这些事例中，作为中介的是想象力。因一位先知只能在预言之梦境里听到上帝对他说话。另一方面，我们的导师摩西则从约柜之盖上面、从两个基路伯中[出埃及记25:22]听到祂，无需想象力的作为。（卷二45章，368/403）[68]

这里，迈蒙尼德进一步将先知们获得预言的中介——天使——定性为想象力。[69]熟悉《迷途指津》的读者都知道，想象力在迈蒙尼德的知识等级里是次于理智的认识能力。值得深思的是，迈蒙尼德用来为摩西能够无需中介直接听到上帝言辞的例外性所举的例子里带上了"基路伯"——在《圣经》里"基路伯"就是"天使"的一种，这也是迈蒙尼德自己在《重述托拉》里加以肯定的。[70]

---

[67] 《迷途指津》卷一37章是关于希语 *pānîm*[面/脸]一词的词典释义章。在那里，迈蒙尼德用来说明上帝与摩西"面对面"的是《出埃及记》33:11而非《申命记》34:10。

[68] 关于摩西预言无需天使为中介这一点，另见《迷途指津》卷二34章结尾（页338/367）。

[69] 这种说法当然提醒我们留意"天使"这个概念在《迷途指津》里的高度复杂性。在卷二，迈蒙尼德明确表示，希语"天使"一词具有多义性，其含义包括"理智、天球、（四）元素"等。见《迷途指津》，卷二7章，248/266。在这里，迈蒙尼德又将作为上帝与先知之中介的天使界定为"想象力"。

[70] 见《重述托拉·知识书·论作为托拉之根基的律法》2.7. Ralph Lerner 英译见 *Maimonides' Empire of Light：Popular Enlightenment in an Age of Belief*，145. 中译见迈蒙尼德，《论知识》，14-15。

迈蒙尼德用这个例子仿佛是想让人将摩西预言跟天使联系起来,而非割裂开来。

关于想象力与先知预言的关系,迈蒙尼德在卷二 47 章进一步指出,"绝大多数的先知预言通过寓言来做出",而寓言是"想象力的行动",与此类似的是"比喻的运用和夸张"。换言之,在迈蒙尼德看来,比喻、寓言等修辞都是想象力的产物(卷二 47 章,371/407)。他继而举例为证:

> 由此,他〈摩西〉把某个片段设为一个寓言,就如这个片段:**牛的奶油、羊的奶**等等[申命记 32:14]。对语言的这种比喻式用法在预言书里极其频繁。对其中的一些,大众能够意识到这是比喻,而对另一些,他们则认为不是比喻。因为没人怀疑这句话——**圣主必为你开天上的府库**,等等[申命记 28:12]——是比喻,因为上帝没有储存雨的府库。(卷二 47 章,372/408)⑦

迈蒙尼德在这里没有提及摩西的名字。可是,各种先知书里那么多比喻,他根本没必要挑出《托拉》里摩西的言辞作为例证来说明预言的比喻性质。按迈蒙尼德的说法,寓言和比喻对先知预言来说是同一性质的事,就此而言,他所引述的例证显然首先否定了他在《重述托拉》里宣称的摩西预言"不用谜语和寓言"这一点,进而,当迈蒙尼德指出对寓言的使用是想象力的作为时,他难道不是暗示摩西预言同样受制于想象力?

这样的理解并不出格。在解释各种律法的理由时,迈蒙尼德指出,"对预言的相信先于对律法的相信是个根本原则,因为若是没有先知,就不会有律法"。在该语境中,他又一次强调,"所有先知都仅仅通过天使的中介接收预言",不过,他接着又说:

> 甚至在我们的导师摩西的情形中,他的预言任务也是经由一位天使发起的:圣主的使者从荆棘里火焰中向摩西显现[出埃及记 3:2]。(卷三45 章,528/576)

显然,迈蒙尼德这里的说法跟他之前所坚持的摩西预言不同于其他先知的预言这个说法有矛盾,用看似不经意的方式,迈蒙尼德在这里点出摩西预言也

---

⑦　迈蒙尼德没有引用的《申命记》28 章 12 节的后半句是:"按时降雨在你的地上。"《申命记》32 章是诗体的"摩西之歌",其中运用了大量的比喻。

是由天使为中介获得的。

说到摩西的神迹与其他先知的神迹之差异时,迈蒙尼德表示,其他先知施行的神迹"仅为少数人知晓",然而,摩西的神迹是"在所有以色列人的眼前"。他就此所举的例子是《申命记》最后的几节:

> 以后以色列中再没有兴起先知像摩西的。他是圣主面对面认识的。圣主打发他在埃及地向法老和他的所有臣仆,并他的全地,行各样神迹奇事,又在所有以色列人眼前显大能的手,行一切大而可畏的事。(申命记34:10-12)⑫

这段话是摩西律法(或狭义的《托拉》)的结语,也是表明先知摩西的独特地位的圣经例证。迈蒙尼德解释说,这句话——

> 确立了这两个概念之间的关联和联结,即:既不会兴起某人像他{摩西}那样去**领会**(have an apprehension)、也不会有人像他那样去**行动**(perform actions)。由此,它{经文}明确说,这些神迹在**法老和他的所有臣仆、并他的全地**面前施行——这些人对他并无好感,同时{这些神迹}也在所有以色列人面前{施行}——他们是他的追随者:在所有以色列人眼前。这是从不曾在任何他之前的先知身上发生过的事。(卷二35章,339/368)

这里提到的两个概念——"领会"(*idrāk*)与"行动"(*fi'l*)——及其区分,对于理解《迷途指津》极为重要。在迈蒙尼德那里,"领会"或者说"理解"与"理智"基本上是同义词,而他对"理智"与"行动"作出的区分源自亚里士多德那里"理论"与"实践"的区分。可以看到,《迷途指津》从始至终都坚持认识真假的"理智"与攸关善恶的"行动"之间的区分。⑬在上面这段引文里,迈蒙尼德可谓从理智和行动两方面赋予摩西的神迹最高的肯定。

然而,迈蒙尼德作出这个判断的依据却显得可疑。看上去,摩西的神迹之所以较之其他先知的神迹更有效,是因为他的神迹有更多的见证者:这些见证者不仅有"所有以色列人",也有"法老和他的臣仆等等",也就是说,看上

---

⑫ 需要指出的是,迈蒙尼德并没有完整引述这3节经文,他甚至没有在引文中提到摩西的名字。他的引述是"以后以色列中再没有兴起先知,等等,行各样神迹奇事,等等,在所有以色列人的眼前"。见《迷途指津》卷二35章,339/368。

⑬ 见《迷途指津》卷一1-2章,卷三53-54章。参本书第二、八两章的相关讨论。

去,摩西神迹的见证者既有自己人,也有"敌人",从而神迹的"客观性"似乎有了担保。可是,恰恰按照迈蒙尼德本人的原则,严格来说只有可论证性才能担保一事物的真实性,且真理只能经由理智来获得。[74]就此而言,被更多人见证根本不能担保某种"神迹"的真实性。在上面的引文中,当迈蒙尼德以强调的方式重申摩西的神迹施行"在所以以色列人眼前",他毋宁说是在强调,**摩西是以色列的特定律法的先知,他是这个特定民族的先知**。

迈蒙尼德在《重述托拉》里的另一个断言,即在接收上帝的启示讯息时惟有摩西摆脱了"畏惧和惊恐",同样也疑点重重。首先,《圣经》的文本并不支持这个论断:摩西第一次见上帝或上帝的使者时有各种畏惧逃避。[75]其次,迈蒙尼德本人在《迷途指津》里藉犹太先贤的观点指出,当先知身体虚弱或情绪不好(比如"悲伤或愤怒")的时候,预言就不会降临他们。他还表明,"想象力毫无疑问是一种身体能力"(卷二 36 章,340/369)。迈蒙尼德举例说,以为失去了爱子约瑟的雅各在悲恸中,就无法收到预言式启示;而在接到探子事件的灾难发生之后,直到旷野中的以色列一代死去之前,摩西也无法像平时那样收到的启示,因为——

> 见到以色列人所犯之罪的巨大,他{摩西}为此事饱受痛苦。这就是如此,即便想象力没有进入他的预言(愿他安息),因理智未经想象力为中介流溢到他,因为,如我们几次提到的,他不像其他先知那样藉助寓言发预言。(卷二 35 章结尾,340/369)[76]

尽管迈蒙尼德忙着撇清摩西跟想象力的关系,可他以摩西为例本身难道不是在暗示,摩西跟其他先知一样,也会因情绪不佳亦即身体的虚弱而无法收到上帝的启示? 这个例子同样反证了迈蒙尼德在《重述托拉》里的另一个断言,即摩西"在所有时间发出预言"。

总之,尽管迈蒙尼德不断强调摩西的"领会"和"行动"的"超常品格",[77]他的各种自相矛盾的断言和例证为摩西预言本身的局限留出了余地,也使得

---

[74]《迷途指津》卷一导言,17/16,卷一 2 章,25/25。

[75] 见《出埃及记》3:11-4:17。

[76]"探子事件"指上帝指示摩西派 12 个以色列人(每个支派 1 人)去迦南侦察,探子们回来说迦南各族人强壮伟岸,以色列人在他们面前根本不是对手,就此引发以色列人不如返回埃及的怨念。上帝见状发怒,让以色列人在旷野流浪四十年,甚至让迦南人来攻击以色列人,直至发怨言的一代人死后才让他们离开旷野。见《民数记》13-14 章。相关论述见《迷途指津》卷二 36 章,342/372。

[77]《迷途指津》卷二 35 章结尾,340/369。

他所强调的摩西的"例外性"并不绝对。

(3) 亚伯拉罕有何独特之处?

在《迷途指津》里,亚伯拉罕以不经意的方式出现在所有《圣经》人物之前——《迷途指津》每卷的卷首题记都是一句跟亚伯拉罕有关的《圣经》经文:"凭圣主——世界的神——之名。"(创世记21:33)⑦⑧这句经文对迈蒙尼德来说如此重要,以至他所有的重要著作——《〈密释纳〉义疏》《重述托拉》以及《迷途指津》都以此句为开端。可以说,亚伯拉罕是我们在《迷途指津》里遇到的第一个人。

更重要的是,这节经文似乎预设了,对迈蒙尼德来说"指示了上帝之本质"的四字圣名(the tetragrammaton)⑦⑨即 YHWH 是为亚伯拉罕所知的。关键是,迈蒙尼德究竟如何看待这一点?

亚伯拉罕是否知晓"圣主"之名?

在《迷途指津》表明摩西预言之与众不同时,迈蒙尼德引用过上帝对摩西说的这句话:

> 律法中证明他{摩西}的预言不同于他之前的所有人的证明是祂的言辞:我从前向亚伯拉罕等等显现,至于我的名字——圣主(*YHWH*,the Lord),我没有让他们知道[出埃及记6:3]。由此,这句话告诉我们,他的领会不像先祖们(*Patriarchs*)一样,而是更高——不仅如此,也不像在他之前的其他人。(卷二 35 章,339/367)⑧⑩

迈蒙尼德在引述《出埃及记》相关经文时把以撒和雅各的名字略去了,这使得摩西与先祖们之间的差别突出为摩西与亚伯拉罕之间的差别。像在其他大多数地方那样,迈蒙尼德在这段话里强调摩西比以色列先祖们更优秀,这种优秀表现在摩西有更高的领会或曰理解力。显然,在迈蒙尼德那里,理解力永远是衡量人之完善的尺度。在这里,理解力表现为对上帝的认识程度。

然而,正如施特劳斯所指出的,迈蒙尼德没有解释《出埃及记》中的这节经文,他没有明确指出,究竟有哪些上帝的属性是摩西知道而亚伯拉罕等先

---

⑦⑧ 关于这句题记,参本书第二章相关解读。
⑦⑨ 《迷途指津》卷一 61 章,138-141/147-149;140/148。
⑧⑩ 《出埃及记》6:3 的全文是:"我从前向亚伯拉罕、以撒、雅各显现为全能的神(El Shaddai),至于我的名字圣主,我没有让他们知道。"

祖们不知道的。㉛甚而,迈蒙尼德没有直接面对《出埃及记》6 章 3 节跟《创世记》21 章 33 节在字面上的矛盾,这一点也显得可疑。㉜他原本可以用他惯用的寓意解经法化解两者之间的张力,比如,他可以说,亚伯拉罕知道"圣主"这个名字的途径跟摩西知道这个名字的途径不同,但他没有。

单纯从迈蒙尼德将《创世记》21 章 33 节中的表述"以圣主——世界的神——之名"列为其所有著作的卷首题记来看,我们还无法判断他是否将此短语跟亚伯拉罕紧密联系在一起,因为这个短语完全可以抽离其《创世记》的语境成为一句纯粹赞美圣主的颂词。因此,我们需要考察《迷途指津》正文如何处理该短语。

在《迷途指津》最中心的位置,迈蒙尼德讨论了世界究竟是从无中创造抑或恒在的三种不同意见。他指出,第一种意见是相信"这个世界作为整体是由上帝从纯粹、绝对的非存在生成的",这是信仰摩西律法的所有人的意见;第二种意见跟哲人相关,迈蒙尼德首先表明,"所有哲人"都认为从无中生成存在物是荒诞的,并且他们都认为,"某物会消亡于无是不可能的"。继而,"他们相信存在着跟神一样永恒的某种质料",神离不开质料、质料也离不开神,进而,神将该质料塑造成天、地和万物。迈蒙尼德最后指出,第二种意见是柏拉图在《蒂迈欧》中的观点。说到第三种意见,迈蒙尼德直接说那是"亚里士多德及其追随者和注疏者"的意见。亚里士多德认为,天绝不受制于生成与衰亡(generation and passing-away),进而,时间和运动也是持存且不受制于生成和衰亡的,就此而言,这个存在的世界是恒在的(卷二 13 章,261-264/281-285)。

正是在讨论上述第一种意见的最后,迈蒙尼德指出:

> 这是{三种}意见之一。无疑,这是**我们的导师摩西**(愿他安息)律法的根基(qā'idah)。它仅次于信仰[上帝的]**单一性**(Unity)这个{律法的}根基。除此以外,你头脑中不该有别的。正是**亚伯拉罕我们的父**(愿他安息)开始**在思辨的引导下**公开宣称这种意见。出于这个理由,他宣称以**圣主——世界的神——之名**;他还以这种说法——**天与地的制造者**[创

㉛　Leo Strauss, "How To Begin To Study *The Guide of the Perplexed*," §27[31], xxxiv.

㉜　圣经学者 Umberto Cassuto 解决这个问题的角度很有意思,他认为《出埃及记》6 章 3 节不是要启示一个新的上帝之名,从近东文献中,他认识到,东方人常会给每个神很多不同的名字,每个名字都与某个特定的概念或特性相联,由此,他这样解释 6 章 3 节:"我向亚伯拉罕、以撒、雅各启示在 Shaddai 这个名字里表达的我的方面,我使他们富足、生养众多,给他们儿孙,可是,我的名字 YHWH[圣主]所表达的我的品性,我没有让他们知道。"见 Umberto Cassuto, A Commentary on the Book of Exodus (Jerusalem: Magnes Press, 1997), 78-79。

世记 14:22],明确表示了这种意见。(卷二 13 章,262/282)

这段话非常重要。首先,迈蒙尼德表明,严格来讲,"上帝从无中创世"并非律法的首要根基,真正首要的是"上帝的单一性"。那么问题来了:为什么"上帝从无中创世"不具有"上帝的单一性"的地位? 这很可能是因为,在迈蒙尼德那里,"上帝的单一性"是一个从哲学上可以得到证明的观点,而"从无中创世"无法得到证明。⑧但马上还有第二个问题:为什么迈蒙尼德在这里专门要点出"上帝的单一性"? 整个这一章都在讨论"从无中创世"抑或"世界恒在"的论题,何以突然冒出个"单一性"问题? 事实上,这个问题的答案就在此段后面那句话:"亚伯拉罕开始在思辨的引导下公开宣称这种意见"——几乎每个读者都会认为,"这种意见"指此前讨论的"上帝从无中创世",后面一句的圣经引文"天与地的制造者"也似乎能印证这一点。⑭然而,"单一性"这个问题的插入恰恰使这一点变得模糊。

在《迷途指津》的后续章回,迈蒙尼德不止一次提及亚伯拉罕"在思辨的引导下公开宣称"上帝的"单一性":

> 接收到更大的流溢的那个人,比如**亚伯拉罕**,召集民众并用教导和训诲召唤人们坚持他所把握的真理。由此,**亚伯拉罕**教导民众并**藉助种种思辨的证据**向他们解释,这个世界只有一个神,祂创造了除祂自己之外的所有事物,没有什么形式和一般而言的受造物应当得到崇拜。(卷二 39 章,348/379)

在这里,亚伯拉罕"藉助思辨的证据向"民众"解释"的是上帝的单一以及偶像崇拜的错误。需要留意的是,尽管这里迈蒙尼德除了上帝的单一性也提到了创世,但他没有强调"从无中创世"这一点。无论如何,我们暂且可以说,在卷二 13 章提及亚伯拉罕的呼唤"以圣主——世界的神——之名"时,上帝的单一性作为迈蒙尼德的伏笔隐含在亚伯拉罕的认识中。在卷二 39 章的引文里,迈蒙尼德所说的亚伯拉罕"接收到更多的流溢"是指亚伯拉罕相较他的祖先,获得了更高的认识。在迈蒙尼德这里,"流溢"($fayḍ$, overflow)是一个用来描述分离理智(separate intellect)如何作用于人的概念,因此,"接收到更

---

⑧ 参《迷途指津》卷二 1-2 章(227-237/245-252);22 章(295/320)。

⑭ 上述《迷途指津》卷二 13 章引文的中译标点符号依据 Pines 英译本。英译者绕有深意地在"出于这个理由,他宣称以圣主——世界的神——之名"与"他还以这种说法——天与地的制造者[创世记 14:22],明确表示了这种意见"之间用了分号而非逗号。

大的流溢"意味着获得更高程度的理智。[35]更重要的是,迈蒙尼德在这里说,"亚伯拉罕藉助种种思辨的证据"向他的时代的人们解释,世界上只有一个神,这个神创造了世界,惟有这个神应当得到崇拜。可以说,亚伯拉罕所"把握的真理"就是后来摩西所颁布的"十诫"中的前两诫的内容,换句话说,亚伯拉罕已经认识到摩西律法最核心的"真理"。在前文讨论"西奈山集会"时,我们已经指出,在迈蒙尼德看来,"这两项原则——我指的是神的存在和祂是一——惟独由人的思辨(*naẓar*)获知"(卷二 33 章,336/364),这意味着,**远在摩西之前,亚伯拉罕完全靠自己的思辨即已获知最重要的关于上帝的真理。**

在论述萨比信仰和萨比著作的卷三 29 章,迈蒙尼德进一步指出:

> 当**世界的支柱**(希语 *'ammūdô šel 'ôlām*){引按:亚伯拉罕}成长起来,他开始明白,有一位{与这个世界相}分离的神,他既非一个有形体(a body)亦非某个有形体中的力,并且,所有的星辰和天球都由祂制造,他理解到,陪他长大的那些传奇(fables)是荒诞的,他开始拒斥他们{引按:萨比人}的教义,开始指出他们的意见是错误的;他公开彰显他跟他们的分歧,并且呼唤以圣主——世界的神——之名(*'ēl 'ôlām*)——那个呼唤由神的存在以及世界由神创造{这两点}构成。(卷三 29 章,470/516)

这段话可以说是对上引卷二 39 章中内容的一个呼应。尽管在这里,与亚伯拉罕的"呼唤"或迈蒙尼德著作的题记"以圣主——世界的神——之名"相关的内容变成上帝的存在及创世,可重要的是,迈蒙尼德再次明示,"圣主"这个名字为亚伯拉罕所知。

亚伯拉罕关于上帝的知识

关于亚伯拉罕成长其中的萨比人,迈蒙尼德还讲述了他们如何为太阳、月亮等星辰设立金银神像,如何为这些神像建造神殿,他说萨比人认为行星的力或行星的灵会流溢到相应的神像或特定的树,从而该神像或树会对人发预言。他说这些都记载在萨比人的书里,他继而指出:

> 我们已经在我们的大型编著《重述托拉》里表明,我们的先祖亚伯

---

[35] 《迷途指津》卷二 12 章,259/279。需要指出的是,尽管迈蒙尼德在同一语境中说,"上帝使关于祂的知识流溢给先知们"(前揭),但他同样一再表明,先知接收预言的程度跟他们的自然禀赋即理智能力的高下相关,见《迷途指津》卷二 32 章,333-334/362-363。

拉罕开始用论证和微弱的传道拒斥这些意见,⑧他用好处安抚民众,导引他们服从。随后,**先知们的导师**{引按:摩西}**收到预言式启示**;随之他完善了这个目的,他命令杀掉这些人,抹去他们的痕迹,拔除他们的根源:**你们要拆毁他们的祭坛,等等**[出埃及记 34:13],⑧他还禁止任何他们的{崇拜}方式:**并且,你们不可以随从那民族的各种惯例**[ḥuqqōt],**等等**[利未记 20:23](卷三 29 章,470-471/517)

这段话讲得很清楚,亚伯拉罕先于摩西认识到星辰崇拜等各种偶像崇拜的错误,更重要的是,摩西是收到预言式启示之后才着手完善根除偶像崇拜的诫命,而亚伯拉罕并非受到启示才拒斥偶像崇拜。

在这段话提到的《重述托拉》相关片段里,迈蒙尼德关于亚伯拉罕如何获得关于上帝和世界的正确认识有更详尽和直白的描述:

世界以这样的方式运行,直到**世界的支柱**(希语 ʿammūdô šel ʿôlām)——先祖亚伯拉罕——出生。在这位大能之士断奶可仍是孩童时,他的头脑开始反思。夜以继日地,他思考并疑惑:"这如何可能:天球将持续地指引这个世界,没有谁去指引它,也没有谁去使它旋转;因为,它不可能自己就那么旋转。"**他没有老师,也完全没有谁教导他。** 他在迦勒底的吾珥(Ur of Chaldees),沉浸在愚昧的偶像崇拜者中间。他的父亲、母亲以及所有人都崇拜偶像,他跟他们一起崇拜。但是,他的心智忙碌地工作和反思,直到他获得了真理之道,理解了正确的思想路线,知晓有一位上帝,祂指引着天球并创造了一切,并且,在所有的存在物中,除了祂没有别的神。他认识到整个世界都错了,他们错误的原因在于他们崇拜星辰和各种形象,由此,真理就在他们的头脑里消亡了。**亚伯拉罕 40 岁时认出了他的创世者。** 获得这个知识以后,他开始反驳迦勒底的吾珥的居民们,他与他们争辩,对他们说:"你们所追随的道路不是真理之道。"他打破各种形象,开始教导人们:事奉别的神而非世界之神是不对的,应当向之拜倒、向之献祭和奠酒的惟有这位神,从而未来所有人都会知晓祂;同时,应当摧毁打破所有的形象,从而那些以为只有那些形象而没有

---

⑧　参《重述托拉·论有关星辰与偶像崇拜的律法》I, 3。引文中亚伯拉罕所拒斥的那些意见指以星辰为神、崇拜星辰和其他偶像的各种意见。中译见迈蒙尼德,《论知识》,董修元译,104-105。

⑧　此句引文采用第二人称复数,《出埃及记》34:13 为第二人称单数。另参《申命记》7:5,《士师记》2:2。

神的人不会再犯错。当他用他的论证赢得他们时,那里的王想要杀他。他神迹般地得救,迁移到哈兰。随后,他向整个世界大力宣告、教导人们,这整个世界只有一位创世神,只应当崇拜祂。他从一城到另一城,从一国到另一国,召唤并聚集当地居民,直到他到达迦南地。他在那里也宣告他的讯息,如经上所言:"他在那里呼唤:凭圣主——世界的神——之名"[创世记 21:33]。(《重述托拉·知识之书》卷四:"论偶像崇拜及外邦习俗的律法"1.3)⑧⑧

《重述托拉·知识之书》里的这段话无疑对亚伯拉罕如何获得关于上帝的正确认识进行了更详尽且更显白的描述。迈蒙尼德在这里没有躲躲闪闪,而是直截了当地说,亚伯拉罕没有老师,没有人教给他关于上帝的任何知识。尽管他从孩提时起就具有思辨能力,可起初他像其他人一样,跟从他的父母和周围人的信仰习俗,然而,亚伯拉罕天生的好奇心促使他反思这个世界产生和运行的终极原因,逐渐地,他凭自己的理智认识到,星辰并不具有神性,世界由一位神创造,除此别无他神。迈蒙尼德非常清楚地指出,亚伯拉罕在40岁时才获得关于上帝的真正知识。⑧⑨结合他后来在《迷途指津》里的相关论述,我们可以说,这种知识包括了上帝存在、上帝的单一性以及上帝创世这几点。

诚然,可能有人会质疑说,按《迷途指津》中有关"流溢"的观点,亚伯拉罕的理智理解力本身也来自分离理智的流溢,最终也来自上帝,从而亚伯拉罕是否凭自己的理智"独立"获得关于上帝的知识成为一个问题。但事实上,在迈蒙尼德那里,人的理智理解力是上帝赋予人的一般能力,每个人获得的理智理解力可以说是人的一种"自然"或曰"天赋",而作为先知获得的上帝的预言或曰"预言式启示"则是某种特定的能力。就迈蒙尼德笔下的亚伯拉罕而言,他作为一个人"独立"认识到的是上帝的存在、上帝的单一性及这个世界

⑧⑧ Maimonides, *Mishneh Torah*, *The Book of Knowledge*, "Laws concerning Idolatry and the Ordinances of the Heathens," trans. by Moses Hyamson(Jerusalem, New York: Feldheim Publisliers, 1981), 66b-67a. 中译参迈蒙尼德,《论知识》,董修元译,104-105。

⑧⑨ 特别有意思的是,哲人们开始其哲学生活也往往在40岁(或稍过40岁的年纪)。见卢梭,《一个孤独漫步者的遐想》,"第三漫步",袁筱一译,上海:上海人民出版社,2007, 37-49。[Rousseau, *Les rêveries du promeneur solitaire*, trans. Yuan Xiaoyi, Shanghai: Shanghai People's Publishing House, 2007, 37-49.]参迈尔(Heinrich Meier),《论哲学生活的幸福——对卢梭系列遐想的思考两部曲》,陈敏译,北京:华夏出版社,2014,第二章,57-59。[Heinrich Meier, *Über das Glück des philosophischen Lebens*: *Reflexionen zu Rousseaus Rêveries*(München Verlag C. H. Beck, 2011), 74-77.]

有一位创世者等思辨性知识;而他从上帝那里得到的诸如"捆绑以撒"这样的"预言"则是他作为先知获得的特定启示。正如上述《迷途指津》卷三 29 章的引文所示,摩西预言恰恰是后者意义上的预言。

值得留意的是,迈蒙尼德在《知识之书》里称亚伯拉罕为"世界的支柱"。这个称呼在本节所引述的《迷途指津》卷三 29 章的第一个片段里也出现了——在整部《迷途指津》里,"世界的支柱"仅出现了一次。进而,就在卷三 29 章的这个片段,迈蒙尼德也提到亚伯拉罕对上帝的呼唤:"凭圣主——世界的神——之名。"

现在我们可以很有把握地说,在迈蒙尼德看来,亚伯拉罕对圣主之名的"呼唤"跟他对上帝的真正认识紧密相关,并且,迈蒙尼德在所有重要著作中以此"呼唤"为题记,绝非一种脱离该句语境的对上帝的抽象赞颂,而是与他对亚伯拉罕这位先知的解释相联系。值得一提的是,同样在《迷途指津》卷三 29 章,迈蒙尼德指出,亚伯拉罕凭一己之力反对他生长其中的萨比信仰、与人辩论、受到迫害等等轶事,都记载于萨比著作《奈伯特农事》里。当然,这并不意味着,迈蒙尼德只是照搬了《奈伯特农事》对亚伯拉罕的刻画。[90]他对亚伯拉罕的解释服务于《迷途指津》整体上的理论框架。

从整体而言,迈蒙尼德的《迷途指津》拥有一个亚里士多德式的理论框架:从人的认识能力来说,理智高于想象力;从人的认识对象来说,能凭理智分辨真假并加以论证的知识高于共同体内广为接受的意见;从人的诸德性来说,理智德性(智慧)高于道德德性(慈爱、正义、审判);从人的完善程度来说,个人在理智理解力上的完善是人的最高程度的完善。就这样一个框架而言,亚伯拉罕拥有最高的理智理解力,并且,他属于迈蒙尼德心目中最完善的那类人。

(4)《迷途指津》中的亚伯拉罕与摩西

现在回到我们起初的问题:摩西真的是迈蒙尼德心目中无与伦比的、最高等级的先知吗? 如果通过上一小节的论述,这个问题的答案不再像一般认为的那么一目了然,那么,在何种程度上,《迷途指津》里的亚伯拉罕可能比摩西更完善呢?

摩西与亚伯拉罕的称谓

让我们先来看看迈蒙尼德在《迷途指津》里如何称呼亚伯拉罕和摩西。

---

⑩ 参见 Jaakko Hämeen-Anttila, *The Last Pagans of Iraq*:*Ibn Waḥshiyya and His* Nabatean Agriculture,174-175。

如前述引文所示,在大多数情况下,按犹太教传统,亚伯拉罕被称为"亚伯拉罕我们的父[或译:我们的先祖]"('abrāhām 'ābînû, Abraham our Father),⑨¹而摩西则被称为"摩西我们的导师"(Mošeh rabbênû, Moses our Master)。⑨²有一次,身为《托拉》的作者,摩西被称为"知者中的导师"(the Master of those who know)。⑨³

或许最有意思的是,如上一小节的两段引文所示,在卷三 29 章里,迈蒙尼德称亚伯拉罕为"世界的支柱",这个称谓意味着,亚伯拉罕不仅是"我们〈以色列人〉的父",而且在更宽泛的意义上,是"所有民族之父"或者说是"人类之父"——实际上,亚伯拉罕的名字本身就指"多国的父"(创世记 17:4)。在同一章的另一个片段,在论述亚伯拉罕与摩西以不同方式认识到偶像崇拜的错误时,迈蒙尼德称摩西为"先知们的导师"(the Master of the prophets)。⑨⁴"世界的支柱"与"先知们的导师"这两个称谓之间的区分,是否隐含了这样的意思:摩西及其律法是独属犹太人的,而亚伯拉罕则超逾了犹太人的界限?

除了以上那些不同的称谓,亚伯拉罕和摩西这两位先知还共同被称为"人类福祉的[两根]支柱"(the pillars of the well-being of human species)(卷二 23 章,296/321)。"人类的福祉"这个措辞有点含混,究竟这种福祉指向人类个体的完善(从而与理智德性相关)还是指向人类共同体的完善(从而与道德德性相关)? 这个称谓出现在迈蒙尼德讨论《迷途指津》的中心问题——创世或世界恒在——的结论部分,在该语境中,两位先知作为"我们的"律法有关世界从无中创造这种意见的权威出现:就在前一章,迈蒙尼德指出,"时间中创世是亚伯拉罕我们的父以及我们的先知摩西的意见"(卷二 22 章,295/320)。

在讨论"创世抑或恒在"这个主题的结论部分,迈蒙尼德警告他的读者说,对创世这种意见的怀疑蕴含了"对律法之根基的摧毁"。在此意义上,"人类的福祉"中的"福祉"指向的应是相信并遵循摩西律法的那类人的"福祉",也是在此意义上,当迈蒙尼德称亚伯拉罕和摩西为"人类福祉的[两根]支柱"时,这两位先知共同拥有的是犹太律法的先驱者和奠基者的身份。

对我们的问题——摩西是否迈蒙尼德心目中最完善的先知——而言,

---

⑨¹　见《迷途指津》卷二 13、17、22、30、39、41 章,卷三 24、29、45、49 章。

⑨²　见《迷途指津》卷一 21、37、54、59、63 章,卷二 13、17、26、28、32、33、34、35、39、45 章,卷三 17、25、26、27、31、32、45、46、47、50、51、54 章。值得一提的是,在某些章回,迈蒙尼德在律法名义下论及该称呼:"摩西我们的导师的律法。"(the Law of Moses our Master)(见卷二 13、28 章,卷三 17、25、27 章)

⑨³　《迷途指津》卷三 12 章,408/448。

⑨⁴　《迷途指津》卷三 29 章,468/515,470/517。

还需要厘清一个重要的问题,那就是摩西是否拥有亚伯拉罕所有的思辨性的知识。

摩西关于上帝的知识

可以说,在迈蒙尼德的《迷途指津》和《重述托拉·知识之书》里,亚伯拉罕最独特的形象在于他独自凭藉思辨获得有关上帝的理论性知识——上帝存在以及上帝单一;与此形成鲜明对照的,恰恰是迈蒙尼德对摩西如何获得关于上帝的知识的刻画。在本书第三章,我们已经从"上帝的行动属性"这个角度,较为细致地考察过"摩西拥有怎样的上帝知识"这个问题,这里通过《迷途指津》的相关文本,择其要点再作勾勒。

在《迷途指津》卷一 54 章,迈蒙尼德描述了摩西对上帝的两次恳求——"求你将你的诸道指示我,使我可以认识你[出 33:13]"以及"求你向我显示你的荣耀[出 33:18]",按他的解释,"诸道"指向上帝的属性,"荣耀"指向上帝的本质。[35]也就是说,摩西想要获悉上帝的"本质和真实"以及祂的"属性"。

迈蒙尼德表示,对摩西的两个恳求,上帝仅给了一个答允,即摩西仅可以认识上帝的"诸道"亦即仅可以认识上帝的属性:

> 祂(愿祂得享尊崇)对两个恳求给他{摩西}的答案在于,祂应许让他知晓**祂所有的属性**,让他知晓那些是祂的行动,并且教导他,**祂的本质是不能够如其所是被把握的**。(卷一 54 章,117/123)

迈蒙尼德将摩西所求的上帝的"诸道"诠解为"源自上帝的行动"。此后,他借助先贤们的解经将"上帝的行动"等同于"十三种品性",即"有怜悯、有恩慈、不轻易发怒……追讨他的罪,自父及子,直到三、四代"[出 34:5-7]等等"品性"。迈蒙尼德指出,先贤们用于表示"诸品性"的希伯来语词 middōt 意为"诸道德{品性}(阿语 al-'aḥlāq,moral qualities)"。由此,他将上帝的属性通过"上帝的行动"关联到"道德品性",从而进一步将摩西从上帝那里求得的关于上帝的知识限于上帝的"行动属性"而非上帝的本质。

尽管迈蒙尼德看似以直截了当的方式"限制"了摩西关于上帝的知识,可穿插其中的还有另一种声音:

㉟　关于上帝的"荣耀"与上帝的本质间的关系,进一步见《迷途指津》卷一 64 章,147-148/156-157。

不过,祂引导他留意一个思辨的主题,藉此他能够获得对人来说最大程度的领会。因为,[摩西](愿他安息)所领会到的东西,不曾为他之前的任何人所领会,也不会为他之后的任何人所领会。(卷一 54 章,117/123)⑯

也就是说,迈蒙尼德依然试图使读者相信,摩西获得了某种独一无二的领会,而且这种领会涉及"一个思辨的主题"。这样的说法会让读者认为,摩西拥有思辨的知识,拥有迈蒙尼德所说的最高知识。这另一种声音表明,迈蒙尼德并不想让读者一眼就看出他当真认为摩西的知识有所局限。在此语境中,他甚至将上帝对摩西所说的"我要显我一切的好,在你面前经过[出 33:19]"解释为上帝在摩西面前"展示的**一切存在事物**",并表示——

> 关于它们{这些事物}的展示,我指的是,他｛**摩西**｝将领会它们的自然**本性**,它们相互关联的方式,从而他将认识到祂如何在一般意义上及在细节方面统驭它们。

这段话赋予摩西的知识涉及存在事物的自然本性,由于在迈蒙尼德那里,认识自然事物的本性及其运作是仅有的通达认识上帝本质的途径,⑰因此可以说,若是摩西被赋予对自然事物的这种知识,那么他就位于知识等级的最高阶段。这显然冲淡了此前迈蒙尼德所说的——上帝只答应让摩西领会祂的"诸道"即行动属性。然而,对卷一 54 章文本的进一步辨析表明,迈蒙尼德最终还是暗示:

> 《圣经》仅限于提及那十三种特性,尽管［摩西］领会祂一切的**好——我要说的是祂所有的行动**——因为这些是源自祂(愿祂得享尊崇)的行动,就为人类带来生存并统驭他们而言。这就是[摩西]的恳求的终极目标,其结论在他的言说中:使我可以认识你,目的是好让我在你眼前寻到恩惠,使你想到这民族是你的民(*this nation is Thy people*)[出埃及记 33:13]——此即我需要实施各种行动来统驭的民,为此我必须寻求类似于你在统驭他们时的行动。(卷一 54 章,118-119/124-125)

---

⑯ 值得留意的是,这段引文紧接在上述引文之后。

⑰ 见《迷途指津》卷一 46 章,99/103。确切说,迈蒙尼德在这里说的是通过"被造事物"认识上帝的本质。

最终,迈蒙尼德还是将"祂一切的好"解释为上帝创造人类并统驭人类的**行动**——也就是说,归结为事关人事的实践知识而非关于自然事物的理论知识。按迈蒙尼德的说法,摩西寻求认识上帝的终极目的在于:为了统治民众,他需要施行各种奖惩行动,为此,他必需寻求摹仿上帝统驭人类的各种行动。

尽管迈蒙尼德用各种含混的修辞试图维系摩西最高等级先知的形象,但他的确借助《出埃及记》33章,将摩西对上帝的认识局限于上帝的属性亦即上帝的行动,进而局限于上帝所展现的供先知摹仿的诸道德品性。可以说,迈蒙尼德致力确立的摩西形象是律法共同体的领袖,这样的领袖需要关于"统驭"的实践知识更胜过关于上帝本性的更高级的思辨知识。

亚伯拉罕:最完善的先知

就亚伯拉罕与摩西的终极高下这个问题而言,《迷途指津》里一直有一条伏线,暗示亚伯拉罕才是迈蒙尼德心目中最接近完善的个人。在卷一63章,当迈蒙尼德强调摩西是仅有的上帝亲自授予"使命"的先知时,他特别提到亚伯拉罕等先祖们"并非那种召唤民众或正确引导他人而非自己"的先知,并且,先祖们收到的预言都"仅仅事关他们的私人事务,我指的是仅仅事关他们的完善、他们关于自己行动的正确指引,以及关于他们的后裔会获得的地位的种种好消息。他们用思辨和教诲诉诸民众"(卷一63章,145/154)。

与亚伯拉罕相对,迈蒙尼德笔下的摩西身负领导共同体、为其颁布律法的"使命"。这一点在《迷途指津》卷二39章描述摩西与其他先知的区别时得到更明确的证实。正如前面的引文所述,"亚伯拉罕召集民众并用教导和训诲召唤人们坚持他所把握的真理,……可他从来没说过:上帝派我到你们这里来,给予我诫命和禁令"(卷二39章,348/379)。按照迈蒙尼德自己对人的四种完善的界定,人的最高完善是个人的理智完善,就此而言,《迷途指津》中的亚伯拉罕较之摩西更完善。

《迷途指津》对亚伯拉罕与摩西的刻画事实上体现了此书兼顾哲学与律法的双重性。对迈蒙尼德来说,这两位先知分别代表了他心目中不同类型的人的完善:摩西是接收和颁布律法的先知,是摹仿上帝的统驭方式以各种"道德品性"统治一个民族的伟大的实践者,就律法对犹太人而言的至关重要性而言,摩西当然是最重要的先知。另一方面,尽管作为先知亚伯拉罕在接收特定预言方面其等级不如摩西,[38]可是,作为个人亚伯拉罕凭自身的思辨认

---

[38] 参《迷途指津》卷二45章,367-368/402-403。

识到上帝的存在和单一性这样的思辨真理,他知晓圣主的名字,他教导人们信仰圣主这个独一上帝,先于律法的确立反对异族崇拜方式。可以说,迈蒙尼德对亚伯拉罕的描述符合他所说的个人的最高完善——理智的领会的完善。正是在此意义上,在《迷途指津》的尾声部分,迈蒙尼德将亚伯拉罕等三位先祖放在跟摩西同一等级的位置,宣告由于"他们的理智通过领会上帝"而结合,上帝与他们每一位都立下持久的"约"。[99]

---

[99] 尽管在这里与摩西并列的是亚伯拉罕、以撒、雅各三位先祖而非亚伯拉罕一人,但迈蒙尼德特别强调,"祂的名字由于他们而为世界所知",显然,他用"先祖们"的名义指向的还是亚伯拉罕。见《迷途指津》卷三 51 章,574/623-624。

第八章　下降：《迷途指津》的终结
（从哲思到律法的践行）

一　终 而 未 结

如果将《迷途指津》正文的头两章（卷一 1-2 章）视为此书的开端，那么最后两章（卷三 53-54 章）可以被看作是对此开端的一种呼应：最后两章又回到了对《圣经》里有歧义的关键词的词典式释义，①从而首先在文体形式上呼应了《迷途指津》的头两章。当然，从义理上看，最后一章对"智慧"的释义同样呼应了头两章对"真假知识高于善恶知识"的结论。

初看之下，这两章不太像一本书的"结论"意义上的终结：迈蒙尼德自己说，卷三 51 章是此书的"某类结论"（šibh al-ḥātimah）（卷三 51 章，569/618），他还在该章结尾声称，"就本书的目的而言，此章{有关人类的完善以及有关智性崇拜（intellectual worship）}的这个指南……已经很充分"（卷三 51 章，578/628）。由此，总有学者认为卷三 51 章是《迷途指津》的真正结论。②可是，从形式上看，结束《迷途指津》的终究是最后两章，就此而言，卷三 53 章和54 章才是该书的真正"终结"。无论如何，我们需要思考这个问题：何以迈蒙尼德没有将《迷途指津》终结于卷三 51 章这个"结论"？③一个临时的解答可

---

① 值得指出的是，这两章是《迷途指津》卷三仅有的词典式释义章。

② 例如，见 David Shatz，"Worship, Corporeality, and Human Perfection: A Reading of *Guide of the Perplexed*，III: 51-54," in *Jewish Thought in Dialogue*: *Essays on Thinkers*，*Theologies*，*and Moral Theories*（Boston, MA: Academic Studies Press，2010），50。

③ 卷三 51 章与卷三 54 章之间的张力某种程度上可以通过将《迷途指津》的最后四章视为一个整体来化解，但这样的主张并不必然使人忽略迈蒙尼德给予卷三 51-52 章与 53-54 章两个次部的不同侧重。见 Leo Strauss，"How To Begin To Study *The Guide of the Perplexed*，" in *The Guide of the Perplexed*，xiii；Ralph Lerner，"Maimonides' Governance of the Solitary," in *Perspectives on Maimonides*: *Philosophical and Historical Studies*，edited by Joel L. Kraemer（London, Portland: The Littman Library of Jewish Civilization，1996），33，41。

能蕴含在界定"结论"的修饰词 šibh 上。šibh 这个词指"半(点)""类似的""某类",也就是说,这个"结论"并非斩钉截铁。迈蒙尼德在卷三 51 章开头说,该章不过是"在本书其他各章已经涉猎的内容"的一个摘要或"**某种结论**"。

在卷三 51 章,迈蒙尼德杜撰了一个王宫寓言,借助对这个寓言的多层次解读,迈蒙尼德**似乎**只是在此章重申了他关于人的完善与人的理解力的等级相关这个观点,从而**似乎**只是呼应了他对预言(prophecy)和神意(providence)问题的讨论。然而,恰恰在此章的中心,迈蒙尼德说:"就在刚才,有个最非同寻常的主意涌现出来……"这看上去完全像个**即兴的**而非重复的想法(卷三 51 章,575/624)。④此外,此章的特别论题——作为一种"领会之后"(after apprehension)的完善状态的"智性崇拜"的概念——本身就是个新概念。在我们理解最后两章的重要性之前,这些问题并不容易回答。

二　实践德性:"慈爱""正义""审判"

《迷途指津》卷三 53 章解释的是与遵循律法——或者说与**实践生活**——相关的三个词:ḥesed[慈爱],mišpāṭ[公正/审判],以及 ṣədāqāh[正义/正直]。迈蒙尼德首先指出,他已经在《〈密释纳〉义疏·论祖辈训言》(the Commentary on Aboth)里说明,ḥesed 这个词意指"过度"(excess),尤指善行(beneficence)方面的"过度"。迈蒙尼德解释道,善行分为两种,一种施与完全不配的人,另一种则施与配得此善行的人,但在这种情况下,所施仍然大于配受。通常,先知书里将源自上帝的善行称为 ḥesed,因为上帝所给予的总是远远大于人所配得的。迈蒙尼德说:"因此,作为整全的实在——我指的是,祂(愿祂得享尊荣)使之生成的〈实在〉——就是 ḥesed。"(卷三 53 章,581/631)这里,迈蒙尼德想要表明的是,并非每个得到上帝的 ḥesed 的人都配得到它。

迈蒙尼德用以例示这个观点的《圣经》引文是《诗篇》89 篇 3 节的一句:"世界('ôlām)在慈爱中建造",从而"世界的建造就是 ḥesed"——当然,那是出自上帝的"丰盛的慈爱"[出埃及记 34:6](卷三 53 章,581/630-631)。值得留意的是,在这里,在论及上帝对于世界所施的"善行"时,迈蒙尼德没有使用专门用于上帝的 bārā'[创造]一词,而是藉《诗篇》89 篇里的诗句用了 bānāh

---

④　参见 David Shatz, "Worship, Corporeality, and Human Perfection: A Reading of *Guide of the Perplexed*, III: 51-54," 55-56。

[建造],甚而,迈蒙尼德把此节中通常被读作"永恒"的词 ·ôlām 当作后圣经时代更常见"世界"来处理,⑤从而某种程度上改变了对该诗节的解读。

可能令人感到奇怪的是,若是联系迈蒙尼德所熟悉的亚里士多德伦理学,如此解释的 ḥesed 未必有正面的意义,毕竟,在亚里士多德伦理学中,"过度"与"不足"一样,有违"中道",是在情感和行动亦即实践生活中应加以避免的东西。⑥不消说,ḥesed[慈爱],mišpāṭ[审判]和 ṣədāqāh[正义]这三个词就其与遵循律法的关联而言,都属于行动(actions)或实践生活。

接下来,迈蒙尼德没有按照前文的顺序解释 mišpāṭ,而是先解释 ṣədāqāh;他这是为了表明这两个词是可互换的么?⑦迈蒙尼德指出,ṣədāqāh 这个词源自表示"正义"的 ṣedeq,在他看来,正义指"授予每个人他有权获得的东西,或是按每个存在物的长处给予其应得之物"(卷三 53 章,581/631)。显然,这是一种对正义的古典式理解,跟柏拉图笔下的苏格拉底在《理想国》中对正义的界定相当一致。"不过",迈蒙尼德话锋一转,继而说明,"在先知书里,实现施加于你的对他人的职责并不被称为与第一种含义相符的 ṣədāqāh"(卷三 53 章,581/631)。在这个地方,"第一种含义"指的是将"正义"理解成"给予每个人其应得的东西"。⑧迈蒙尼德解释说,只有跟"道德德性"(moral virtue)相关的"实现你对他人的职责"才被称为 ṣədāqāh[有义]。比如说,把穷人的抵押品归还他,在《圣经》里被称为 ṣədāqāh[申命记 24:

---

⑤ ·ôlām 一词既指"世界",在圣经里更多地方表示"永恒",《诗篇》89 章 2-3 节属于赞美颂诗,故第 3 节(这里第 3 节指希伯来原文中的节数,中英文译本里此节为第 2 节)一般译作"[你的]慈爱会永远得以建立"。

⑥ 参亚里士多德,《尼各马可伦理学》1006b25,亦见 1006a-1009b,廖申白译注(北京:商务印书馆,2003),53-57。迈蒙尼德在不同著作里多次讨论"中道"概念,例如,《八章集》里的第四章(见 Ethical Writings of Maimonides,edited by Raymond L. Weiss with Charles Butterworth[New York:Dover Publication, Inc., 1975],67-74);以及《重述律法·论作为托拉之根基的律法》1.3-7,尤其 1.4,在其中,迈蒙尼德明确指出,"人的性格特征里的每一项的正确之道都是中道……这种中道是智者之道"。见 Ethical Writings of Maimonides,29。

⑦ 在柏拉图的《会饮》中,由于轮到阿里斯托芬发表赞颂爱若斯的讲辞时,他恰好在打嗝,所以厄里克希马库斯就与阿里斯托芬互换了讲辞的位置,按施特劳斯的解读,这表明,厄里克希马库斯与阿里斯托芬的两篇讲辞"在某个重要方面有某种对等性(identical)","可以互换"。参 Leo Strauss, On Plato's Symposium, ed. Seth Benardete(Chicago and London:University of Chicago, 2001), 95-96。《会饮》中译见《柏拉图四书》,刘小枫译(北京:华夏出版社,2015),193-194。

⑧ 柏拉图,《理想国》434a,亦见 433a-434a。在一个更特定的场合,迈蒙尼德用这种特定的正义观(即"正义者是使每样东西物得其所的人")来解释《箴言》里所罗门的道德教导。见《迷途指津》卷一 34 章,Pines 译本,76。不过,我们不应将这种正义观与常见于圣经的(神的)报应式正义(divine retributive justice)相混淆,那种赏善罚恶的正义观带来"好处或惩罚",在迈蒙尼德看来属于 mišpāṭ[审判]的范围。见《迷途指津》卷三 53 章,631。

13]。继而,迈蒙尼德特别指出,亚伯拉罕之所以被称为"有义"[创世记 15:
6],乃因为他有"信仰这种德性"(卷三 53 章,581/631)。

在这一段里,迈蒙尼德没有提到"适度"和"过度",有心的读者可能会回
想起,在前文解释《申命记》里的措辞"正义的律例和审判[4:8]"时,迈蒙尼德
说过:"'正义的'(ṣaddîqîm)在这里指'均衡的'(equibalanced)。因为有各种
崇拜样式,其中既没有负担和**过度**(excess)……也没有必然导向贪婪和不可
自拔地沉溺于食欲的一种**不及**(a deficiency)"(卷二 39 章,349/380)。这句
话强调了摩西律法的完善,在迈蒙尼德看来,该律法是"均衡的且有智慧的"
(同上)。

在《迷途指津》卷三 53 章,迈蒙尼德似乎返回到对正义的古典式理解,他
表示,"当你行走在道德德性的道路上,你就公正地对待了你的理性灵魂(ra-
tional soul),给了她{灵魂}⑨她有权得到的份额"。那么,什么是"理性灵魂"
呢? 在专门解释 nepēš[灵魂]的卷一 41 章,迈蒙尼德说过,"理性灵魂"指
"人的形式"(the form of man)(卷一 41 章,88/91),在迈蒙尼德这里,这种
"人的形式"就是"理智"(intellect)或曰"理智的领会"(intellectual apprehen-
sion),亦即上帝造人之初,人从上帝那里获得的上帝的"形象"(卷一 1 章,22/
22)。乍一看,卷三 53 章提及"理性灵魂",并将之与属于道德或曰实践领域
的"道德德性"相提并论,似乎显得有些突兀。不过,仔细回想的话就能明白,
迈蒙尼德并没有在理论生活与实践生活之间设置鸿沟,对他来说,"道德德性
是对理论德性的预备",也就是说,对于获得理智的领会——其最高目标乃是
认识上帝——而言,道德德性是必要的预备(卷一 34 章,74/76-77;卷三
54 章,585/636)。

在后面概述 ḥesed[慈爱]、mišpāṭ[审判]和 ṣədāqāh[正义]这三个词的
含义时,迈蒙尼德表示,ṣədāqāh 代表的善行及其背后的道德德性,能帮助人
完善自己的灵魂。从另一方面看,这里对"理性灵魂"的提及,很可能是在暗
示,迈蒙尼德没有忘记与"道德德性"相对应的、在亚里士多德那里更高的"理
论德性"。重要的是,迈蒙尼德把"信仰"和"谨守律法"(申命记 6:25)都归入
"道德德性"的范畴,没有给予它们至高的地位。不过,从他对 ṣədāqāh 的解
读里,我们还是可以看到,如果严格意义上的"正义"指"各人获其应得之份",
那么,《圣经》所倡导的 ṣədāqāh[有义]这种"道德德性"其实是一种超过"适
度"从而超逾正义的要求。

对 mišpāṭ,迈蒙尼德只是简单地解释道,这个词就代表无论奖惩意义上

⑨　"灵魂"一词在阿拉伯语(nafs)和希伯来语(nepēš)中均为阴性名词。

的裁断(judgment)(卷三 53 章,581/631)。此章最后,迈蒙尼德提醒读者,他曾经说过:

> 先知书里描述的上帝的每种属性都是一种行动属性(an attribute of action)。由此,祂被描述为 ḥāsîd[慈爱者],因为祂使万物生成;{祂被描述}为 ṣaddîq[有义者],因为祂对弱者的怜恤(mercy)——我指的是藉助其各种力(forces)对生灵的统驭(governance of the living being);{祂被描述}为 šōp̄ēṭ[审判者],因为世上相对来说的好事和相对来说的灾祸,都是源自智慧的审判的必然结果。(卷三 53 章,582/632)

在这里,特别需要留意的是中间那句:"我指的是藉助其各种**力**对生灵的**统驭**。"那么,什么是统驭生灵的"各种力"(forces)呢?

有心的读者会记得,迈蒙尼德曾经在为讨论创世问题作预备的卷二 10 章提到,与四种星体相联的四层天球对应着水、火、气、土四种元素,而在背后推动星体运行的是四种力:分别使矿物、植物灵魂、动物灵魂和理性灵魂得以生成的四种力(卷二 10 章,252/270-271)。迈蒙尼德进而指出,

> 这就是"**自然**"的含义,据说{自然}有智慧、会**统驭**,凭一种类似于工匠的**技艺**照料各种动物(animals)的生成,也照料它们的维系和持存——{既}通过生成形式性的力,它们是诸存在物{得以存在}的原因,也{通过}营养性的力,这是{各种动物}尽可能维系其存续的原因。(卷二 10 章,253/272)

卷二 10 章关于"自然"的这个界定,某种程度上可以被视为理解《迷途指津》的**一把钥匙**。迈蒙尼德在这里暗示,使万物——尤其是其中有生命之物——得以生成、维系和持存的**力**,或者说"统驭"万物的力,源自"自然"。藉这段话来理解卷三 53 章解释 ṣaddîq[有义者]的那句——"我指的是藉助其各种**力**对生灵的**统驭**",可以看到,迈蒙尼德所说的"力"指使生灵得以生成和维系的"自然力",而"统驭"同样源自"自然"。读到这里,我们或许可以回答前面的问题——何以迈蒙尼德要把对 ṣədāqāh 的解释放在此章中间位置:如果说自然秩序或宇宙秩序对于万物的生成和维系是必需的,那么,对于保持人类共同体的秩序,ṣədāqāh[正义]也是必需的。在卷三 53 章最后,迈蒙尼德说,解释这几个词是为下一章的讨论所做的准备(卷三 53 章,582/632)。

三　理智德性:"智慧"

卷三 54 章是《迷途指津》全书的终结所在,在这一章里,迈蒙尼德详尽地讨论了 ḥokmāh［智慧］这个词的各种含义。选择"智慧"作为《迷途指津》的终结,看上去有从"慈爱""正义""审判"的实践层面到理论层面的**上升**,实际情况如何呢?

该章伊始,迈蒙尼德就指出,ḥokmāh［智慧］一词有四种含义:其一,"对真正的实在的理解",其目的是理解上帝;其二,"各种技艺的获取";其三,"道德德性的获取";其四,"策略或狡计方面的资质"(aptitude for stratagems and ruses)。随后,他表示,与此相应,ḥākām［有智慧者］也有四种含义,分别指"有理智德性者"(one possessing the rational virtues),"有道德德性者""精于实践技艺的每个人",以及"拥有作恶和恶行的狡计的人"(one possessing ruses in working evil and wickedness)(卷三 54 章,582-583/632-633)。

从迈蒙尼德对"智慧"和"有智慧者"两个相关词的词典式解释可以看出,"理智德性"——即亚里士多德意义上的"理论德性"——对应于"对真正的实在的理解",在他那里,这种理解的最高阶段或最高目的是对上帝的认识。显然,这个意义上的"智慧"是最高的"智慧"。那么,智慧的这四个层次如何从《圣经》的角度来理解呢? 毕竟,解释"某些有歧义的词在先知书里的含义"(卷一导言,5/5),才是《迷途指津》的首要目的。迈蒙尼德首先表明,就对整体而言的律法的真正实在的认识而言,可以从两个方面认出"智慧者":他们拥有"建构律法的理智德性"以及"包含在律法内的道德德性"。"但是,"迈蒙尼德接着说:

> 由于律法中的理性事物乃通过传统而非经由思辨方法的证明得到接受,先知之书里确立的有关律法的知识以及先贤的话语就是一个单独的种类(one separate species),而**不受限制的意义上的智慧**则是另一个种类。正是通过这种**智慧**,以一种不受限制的方式,我们通过传统从律法中接受的理性事物,才得到证明。(卷三 54 章,583/633)

正如英译者在注释里说明的,无论这里的"智慧"一词源自希伯来语 ḥokmāh 还是阿拉伯语 ḥikmah,迈蒙尼德心里所想的是"哲学"。[⑩]对他来说,

---

只有哲学这种对最高智慧的探求活动才提供从实在出发,真正纯粹的"经由思辨的证明方法"。[11]然而,何以迈蒙尼德要称这种智慧为"不受限制的"?无论如何,哲学式智慧在这里得到称颂并被给予最高地位。尽管如此,在这儿,"哲学"隐身在"智慧"背后。

藉先贤之口,迈蒙尼德说,应该要求人的首先是获得有关《托拉》的知识,其次是"获得智慧",随后是依照律法学来获悉人应当做什么。与之相应,他认为求学行事应该遵循的次第是:从传统那里取得与律法有关的问题的"各种意见";随后"证明"这些意见;接下来,则是"精确界定"使自己的生活方式变得崇高的"种种行动"(actions)(同上,583/633-634)。在这个地方,迈蒙尼德用了两套不同的说法,目的仍是说明"有关《托拉》的科学"跟"智慧"分属两个种类,不是一回事(同上,584/634)。如果连涉及律法的科学也不属于他所谓的"智慧",那么,他显然把"智慧"的称号给了哲学:"证明"无疑是属于哲学的方法。

这两套说法虽然不同,但可以看到,其中的走向是一致的:从广为接受的意见**上升**到经证明的确定知识,然后再凭这知识**下降**到实践领域。这是苏格拉底为言说中的城邦(city in speech)里的哲人所定的走向。[12]迈蒙尼德对这种"上升-下降"主题的熟悉可以从他对《创世记》里"雅各之梯"(创世记28:10-17)的解读看出来:

> **上去并下来**[创世记28:12],说得多么好,在其中,**上升**先于**下降**。因为,在**上升**并获得可以得知的梯子的某种阶梯之后,到来的是伴随先知被告知的无论什么法令的下降——其目的是统驭并教导地上的人。(卷一15章,42/41)

这段话以及解释 *yārōd*[下降]和 *'ālōh*[上升]的《迷途指津》卷一10章,

---

[11] 迈蒙尼德,《迷途指津》卷一71章,165-173/175-184。

[12] 见柏拉图,《理想国》519c8-d6。苏格拉底在这里告诉格劳孔,"作为城邦的**创建者**,我们的最大任务就是逼迫那些具有最优秀本性的人走向我们在前面所说的那种学习,看到那美好的东西,**登上那一高地**,当他们上了那处,得到了充分的观察,我们不可让他们……停留在那个地方,不愿意**走下来**,重新回到那些被锁链绑住的人中,不管他们的种类低级或高级"。当格劳孔质疑这种"逼迫"是对"本性最优秀的人"行不义时,苏格拉底解释道,"法律所关心的并不是如何让城邦中的某一阶层过上与众不同的幸福生活,而是如何设法让这种幸福分布在整个城邦中,用说理或用强制的手法使公民们和睦共处,使他们相互之间分享他们每一人能向社会提供的利益。"《理想国》中译引自王扬译本,256-257。另见 Leo Strauss, "The Literary Character of the *Guide for the Perplexed*," in *Persecution and the Art of Writing*, 89-90。

为我们理解迈蒙尼德在全书最后一章对"智慧"的释义铺平了道路。[13]在这段引文里,迈蒙尼德清楚表明,上升之后跟着下降,其目的是"统驭和教导地上的人",也就是说,下降的目的在于行动或实践。我们会看到,"统驭"这个词在最后一章还将出现。尽管迈蒙尼德不见得会真的持有这样的观点,即获得对知识的最高理解是**为了**"统驭和教导地上的人",[14]也就是说,他会更加认同,知识本身是求知的目的,但无论如何他还是提出,律法要求获得真正的理论知识的人**下降**到实践生活中。

让我们回到《迷途指津》最后一章,迈蒙尼德接下来详述了古今**哲人**对人的完善的看法。他说,在哲人眼中,人的完善有四种:首先,人的最低层次的完善在于其所拥有之物的完善,这种完善是外在于人自身的;其次,人的完善在于身体机能和外形方面的完善,他指出,这种肉身的完善并非人之为人的完善,而是人的动物性的完善;第三,人的完善在于道德德性方面的完善,大部分的诫命都服务于人的这种完善,可是,道德德性的完善是用于处理人际关系的,因而这种完善还不是个人自身的完善的目的;第四种完善在于理智德性的获得,在于教导有关神的事物的真正意见(卷三 54 章,585/634-635)。

何以理智德性的获得构成了人的最高的或者说真正的完善呢? 对迈蒙尼德来说,其中的理由是双重的:一方面,只有通过理智德性,人才能企及关于神的事物的真正知识,这是人之为人的"终极目的";另一方面,这种完善是仅属**个人**的完善,也就是说,一个人可以无需求助于任何其他人而持久地获得这种完善。可以看到,按迈蒙尼德笔下哲人的看法,人可以**自足地**获得理智德性。

在概述哲人关于人的完善的意见之后,先知的预言登台亮相:

---

[13] 见《迷途指津》卷一 10 章(页 36-38/页 35-37),在那里,迈蒙尼德解释说,"上去"与"下来"这两个词的其中一个含义是"思辨的一种状态"。对"雅各之梯"与《迷途指津》最后一章的解释,见 Ralph Lerner, "Maimonides' Governance of the Solitary," 44; Steven Harvey, "Maimonides in the Sultan's Palace," in *Perspectives on Maimonides*:*Philosophical and Historical Studies*, 61-63;及 James T. Robinson, "On or above the Ladder? Maimonidean and anti-Maimonidean Readings of Jacob's Ladder," in *Interpreting Maimonides*:*Critical Essays*(Cambridge, UK, Cambridge University Press, 2018), 85-98.

[14] 在论及人的最高完善时,迈蒙尼德指出:"因此很清楚,在领会之后,要达到的目标应当是彻底献身于袖,将理智的运用于持久地爱袖。极大程度上,这要在孤独和离群索居中达成。因而,每位卓越者都经常处于孤独中,除非有必要,不见任何人"(卷三 51 章,621)。另见《迷途指津》卷三 54 章,636。对这种孤独状态,Ralph Lerner 从柏拉图式政治哲学视角出发探究过非常微妙而彻底的探究。跟绝大部分研究者不同的是,Lerner 认为,"在整部《迷途指津》里,迈蒙尼德从未将孤独者与他人打交道刻画为一种'职责'(duty)"。见 Ralph Lerner, "Maimonides' Governance of the Solitary," 44.

圣主如此说:"让智慧人不因他的智慧得荣誉,让勇士不因他的勇力得荣誉,让财主不因他的财物得荣誉。让这样的人得荣誉:他理解且认识我。"[耶利米书 9:22-23a](卷三 54 章,586/636)⑮

迈蒙尼德没有在这里引述《耶利米书》紧随其后的半节,可是这半节对于理解《迷途指津》的最后两章至关重要:

"我是圣主,在地上施行慈爱(ḥesed)、审判(mišpāṭ)和正义(ṣəḏāqāh),这些是我喜悦的。这是圣主说的。"(耶利米书 9:24b)⑯

迈蒙尼德所引述的《耶利米书》里的这句话成了此章后续部分讨论的核心。熟悉《圣经》的读者会意识到,后半句里出现的三个词——ḥesed,mišpāṭ 和 ṣəḏāqāh,正是前一章的论题! 可以说,先知耶利米的这两句话串起了《迷途指津》的最后两章。

迈蒙尼德解释说,先知的观点其实跟哲人的观点是一致的:就人的完善而言,有财富者低于有力量者,有力量者低于有智慧者——他特地说明,耶利米口中的"智慧"指"拥有道德德性",而上帝要求的是对祂的"理解"和"认识"(卷三 54 章,586/636)。用迈蒙尼德自己的话说,"**智慧这个词,在不受限制的意义上使用并作为目的的话**,在每个地方都指**对祂的领会**"(卷三 54 章,586/636)——现在,我们可以明白,迈蒙尼德前文称"哲学式智慧"是"不受限制意义上的智慧",正是为了区别于这里先知书里提到的"智慧"。本章开始,迈蒙尼德就表明,"智慧"这个词有多种含义,"道德德性"与"理智德性"都是"智慧"的题中之义。这里,即便在耶利米的完善序列里没有用到哲人那里最高意义上的"理智德性"这样的词,然而,如迈蒙尼德所言,这个序列本身的次第跟哲人意见中的次第是完全一致的。事实上,当迈蒙尼德说,耶利米那里的"智慧"仅指"道德德性"时,他已经将"理智德性"跟"对上帝的领会和认识"对应起来了。

有人可能会注意到,哲人关于人的完善的次序跟《耶利米书》里提到的次序不同:最为终极完善的理智德性的完善在哲人的序列里位于最后,而在前文所引的《耶利米书》的相关章节里,先知并没有把"理智上认识上帝"放在最后。有鉴于此,迈蒙尼德对耶利米书 9 章 23 节作出了进一步的解读——直

---

⑮ 在《圣经》的中英译本里,此节在《耶利米书》9:23-24。引文中的章节号依据《希伯来圣经》。
⑯ 迈蒙尼德在后面提到了这半节经文的内容,详见后文论述。

到这时,他才引述《耶利米书》9 章 23 节的后半部分。他说,这节经文包含了一些"神奇的概念",先知没有止步于对上帝的"领会和认识",没有止步于**认识到**上帝的存在、上帝是一,以及上帝无形体等属于理论领域的要求,而是进一步提出要**认识**并**效仿**上帝的"属性"(attributes)或曰"祂的各种行动"(His actions),即"慈爱、审判及正义"——在此语境中,迈蒙尼德特地引述了摩西的话语"求你将你的诸道指示我,等等[出 33:13]",来说明上帝的行动与其属性乃是一回事(卷三 54 章,587/637)。在这里,迈蒙尼德藉先知预言重申,企及最高完善的个人不能停留于理智德性的获得,而是需要**下降到实践领域**,关注源自神法的道德德性的施行。

可以看到,迈蒙尼德藉助《耶利米书》这两节经文将《迷途指津》最后两章的主题——"慈爱、审判及公义"与"智慧"——完美地结合在一起。不仅如此,由于经文里说,效仿上帝的"慈爱、审判和公义"要施行"在地上",迈蒙尼德于是进一步提出,这一点是"律法的枢轴"(卷三 54 章,587/637)。这表明,关于上帝的神意(providence)终止于月亮所在的天球的"过分大胆的意见"⑰并不正确,他指出:

> 祂的神意以与后者{地}之所是(what it is)相应的方式,同样延及地,正
> 如祂的神意以与它们{诸天}之所是(what they are)相应的方式延及诸
> 天。(卷三 54 章,587/637)

神意问题是《迷途指津》卷三里一个非常重要的论题,迈蒙尼德在相关讨论中曾指出,在他看来,神意的确延及人类个体,但却是按人的**理智的完善程度**来照看人,换言之,一个人凭(自然的)天性拥有越高的理智完善,就越得神意的青睐。⑱在这里,他不再提及理智的完善与神意之间的关系,只是强调,神意延及"地",从而当然也延及"在地上"的人。值得留意的是,迈蒙尼德在这里的用词"如其所是"(what it is/what they are),属于哲学所探寻的有关自然的知识。

在此章最后,迈蒙尼德对《耶利米书》9 章 22-23 节小结道:

> 很清楚,能在其中得到真正的荣誉的人的完善是由这样的人取得的:他

---

⑰　有意思的是,迈蒙尼德同样引述圣经里的先知话语"上帝已弃绝我们"(以西结书 9:9)作为这种他似乎归于亚里士多德的意见的代表。见《迷途指津》卷三 54 章,637。

⑱　参《迷途指津》卷三 18 章,433/475;卷三 51 章,575/624-625。另参本书第六章关于这个问题的详细论述。

能凭相应于他的才能的方式达到对祂——愿祂得享尊崇——的领会，他能认识到，祂的神意延及祂的造物，就如在{祂}使它们生成的行动中（in the act of bring them into being），以及在{祂}使它们如其所是的统驭中（in their governance as it is）显明的那样。在他达到这样的领会后，这样一个个人的生活方式将总是经由对祂的行动——愿祂得享尊崇——的同化，着眼于**慈爱**、**公义**和**审判**，正如我们在此书中几次解释过的那样。（卷三 54 章，587/638）

这段话结束了《迷途指津》卷三 54 章，同时也结束了此书的全部正文。[19] 在其中，迈蒙尼德再次强调了从"领会"到"行动"的转折或**下降**的必要，同时将"人的完善""神意"以及"行动"联系起来。在迈蒙尼德看来，达到对上帝的理解和认识是人达到理智完善的标志，这种最高意义上的"真正完善"是"仅属于个人的"（卷三 54 章，585/635）。但他在此章里又一再强调，达到理智完善的个人不能独善其身，而是要着眼于"慈爱、正义和审判"等与他人打交道所需的**道德德性**。对一部"由一个犹太人为其他犹太人所写的犹太著作"来说，[20] 这样结尾似乎很恰当。

不过，这还不是故事的全部。在最后这段，迈蒙尼德提到"神意"时，并没有提到神意企及人类个体，而仅仅说，神意与自然事物的生成和上帝对自然事物的"统驭"相关，换言之，就地上世界而言，神意照看的是**物种**（species）的生成及其按照自然规律的有序运行——按迈蒙尼德自己的分类，这是亚里士多德的意见。[21] 这会是迈蒙尼德有关神意问题的定论吗？

四 爱 与 理 解

现在，我们或许站到一个较好的位置，可以尝试反思这些问题：何以迈蒙尼德将卷三 51 章称为"某种结论"？何以他没有让《迷途指津》结束于卷三 51 章？从卷三 54 章回溯，我们可以更清楚地看到，通观全书，迈蒙尼德在某

---

[19] 《迷途指津》的其余部分（页 638）应被视为一个相应于"导言"的尾声，不属正文。

[20] Leo Strauss，"How To Begin To Study *The Guide of the Perplexed*，"§4，xiv/142；idem，"Notes on Maimonides' *Book of Knowledge*，"in *Studies in Platonic Political Philosophy*（Chicago and London：University of Chicago Press，1986），192. 对施特劳斯的这个论断，Warren Zev Harvey 作过极精彩的辨析，见氏著"Why Maimonides was not a Mutakallim，"in *Perspectives on Maimonides*：*Philosophical and Historical Studies*，106-107.

[21] 参《迷途指津》卷三 17 章，430/464-465。关于神意问题的讨论，详见本书第六章。

一点上始终如一：人能够企及的最高完善在于理智的完善。在很大程度上，卷三 51 章用"理智性崇拜"（intellectual worship）这个概念将这个观点提到了一个新的高度。对此概念及相关论述的清晰理解应该有助于我们回答上述问题。按迈蒙尼德的说法，

> 这类的崇拜仅仅应当在智性构想达成之后再进行。然而，若是你已经根据理智的要求理解了上帝及其行动，那么，你随后应该完全将你自己投身于祂，致力于更接近祂，加强你与祂——即理智——之间的联结。（卷三 51 章，571/620）

首先需要指出的是，这种崇拜，无论它是对理解力的再"进一步"（further step）[22]抑或是"本体论上不同于理解力的一种智性活动"，[23]按迈蒙尼德本人在后文的界定，它都是纯粹"理智性的"（intellectual）（卷三 51 章，573/623）。[24]换言之，这是一种理论活动，从而，这种"崇拜"跟一般的崇拜活动或道德实践无关。另一方面，尽管迈蒙尼德描述这种理智性崇拜的语言颇具神秘主义色彩，但事实上它跟神秘的修道实践（mystical practice）亦无关。[25]进一步而言，在卷三 54 章即《迷途指津》最后一章，迈蒙尼德曾提及"获悉并摹仿上帝的行动"（587/637），从此章角度来回看卷三 51 章，我们将获得对"理智性崇拜"的更好理解。

按迈蒙尼德的说法，上帝的真正实在不在祂的行动，在他看来，上帝的行

---

[22] Steven Harvey, "Maimonides in the Sultan's Palace," 66-67；66.

[23] Josef Stern, *The Matter and Form of Maimonides' Guide*（Cambridge, London：Harvard University Press, 2013），314-330；324.

[24] 可能正是由于 David Shatz 没能抑或拒绝承认这种"崇拜"的纯粹"智性的"或曰"个体的"性质，他坚持认为《迷途指津》"卷三 54 章让随便的读者留下两个错误的印象：其一，智性理解力是人的[最高]目的，其二，对企及理智完善的人而言，诫命在他们的生活中不起任何作用"。见氏著，"Worship, Corporeality, and Human Perfection：A Reading of *Guide of the Perplexed*, III：51-54," 61. 事实上，迈蒙尼德非常清楚地表明"当……你独自一人、没有旁人在身边时，当你清醒地躺在床上时，你应当高度留意，在这些珍贵的时刻，不将你的思维指向智性崇拜以外的任何其他东西，而智性崇拜正在于接近上帝，并在祂的临在中进入我告知你的那种真正的实在，不要用想象力的情感方式[进行这种崇拜]"（卷三 51 章，623）。另一方面，如我们已经表明的，卷三 54 章要求获得理智完善的个人"通过同化上帝的行动，总是着眼于慈爱、正义和审判"，从而当然包括了诫命。见《迷途指津》卷三 54, 638.

[25] Josef Stern 指出，尽管迈蒙尼德"运用神秘的语言"论及这种智性崇拜，但他"赋予这种言辞非神秘的（nonmystical）、哲学的内容。"见 Josef Stern, *The Matter and Form of Maimonides' Guide*, 324. 另见 Ralph Lerner, "Maimonides' Governance of the Solitary," 45；及 Steven Harvey, "Maimonides in the Sultan's Palace," 64, n.64.

动不过是上帝的属性。㉖人能够获悉的上帝的本质在于上帝的存在、单一性和无形体性。迈蒙尼德认为,哲人也认为上帝是一:"哲人们关于上帝的下述说法……众所周知……即祂既是理智,也是凭理智进行认知的主体,以及凭理智被认知的客体……{是}其中没有多样性的单一概念(one single notion)"(卷一68章,154/163)。㉗在前文所引的卷三51章的段落里,迈蒙尼德直接将上帝称为"理智",难道他不是在暗示,通过在最高层面上**摹仿**上帝,人可以使自己成为他思考或认知的对象,从而企及他的自我认识?㉘在上面那段话里,迈蒙尼德进一步要求人尽可能"接近"上帝,加强与上帝之间的"联结"。借助这些诗艺的或比喻式的表述,迈蒙尼德真正的要求或许是,人应当尽可能接近和联结的是理智,从而,在最高层面摹仿上帝将导向人的自我思考或自我认识。如果我们的这个推断成立,那么,迈蒙尼德名之为"理智性崇拜"的这种孤独的理智活动——它要求全神贯注思考自身并尽可能使自身摆脱身体的需求——将无异于进行哲思(philosophizing):毕竟,"**认识你自己**"是真正的哲人们的座右铭。

在卷三51章,迈蒙尼德指出,纯粹的思的获得或理智完善的获得会将人导向对上帝的"激情之爱"(passionate love)(577-578/627-628)——尽管这种爱被他称为"一种过度的爱"(an excess of love),㉙我们仍然可以将之视为哲人对知识的**爱欲**(eros)。㉚对迈蒙尼德而言,"爱与领会成正比"(卷三51章,

---

㉖ 见《迷途指津》卷一52章,113/119。

㉗ 见 Leo Strauss, "How To Begin To Study *The Guide of the Perplexed*," §39/51, 1/178;及 Shlomo Pines, "Translator's Introduction: The Philosophic Sources of *The Guide of the Perplexed*," xcvii-xcviii。

㉘ 见 Shlomo Pines, "Translator's Introduction: The Philosophic Sources of *The Guide of the Perplexed*," cxv。

㉙ 《迷途指津》卷三51章,页577/627。需要指出的是,这种"过度的爱"跟"过度的ḥesed[慈爱]"在地位上不同。迈蒙尼德将"激情之爱"与对上帝的智性理解相联,从而表明这种爱属于理论领域,所以跟作为道德德性从而属于实践领域的"慈爱"不同。在迈蒙尼德看来,对道德德性而言,中道(the mean)是需要遵循的正道,道德德性之恶"在于过度或不足",但理智性之恶在于"这些[德性]的反面或对立面"(《八章集》之"第二章"),见 *Ethical Writings of Maimonides*, 65。

㉚ 例如,见柏拉图《会饮》209e8-212a10。试对勘《会饮》211e5-212a10 的第俄提玛讲辞——

> 难道你不认为……如果某个世人对[美本身]那儿**瞧上一眼**,并与它在一起,[他过去的]生命会变得低劣吗?难道你没意识到……惟有在这儿对他[爱欲者]才会发生这种事情,即由于这美的东西对用此[灵魂能力]去看它的人是可见的,他才不会孕生**德性的虚像**——因为他没有被某个虚像缠住,而是孕生**真实的德性**——因为他被真实缠住。于是,基于他孕生和哺育的是真实的德性,他才成为**受神宠爱**的人,而且,如果不死对任何世人都可能的话,他就会成为不死的?

——以及迈蒙尼德对智性崇拜的以下这段话:(转下页)

571-72/621),从而一个人理解得越深入且越真实,他就爱得越激情且越持久。迈蒙尼德以拉比们笔下摩西、亚伦(Aaron)以及米利暗(Miriam)"死于一吻"的传说来例证这种激情之爱的强度。按先贤们的说法,"'上帝的仆人摩西死在摩押地,死于上帝之口[申命记34:5]'指的是他死于一吻",先贤们也将同样的说法给予摩西的兄长亚伦和他的姐姐米利暗。[31]迈蒙尼德将这个吻解释为"以诗艺方式表达的——在对上帝的激情之爱的强度中企及的——对上帝的**领会**"(卷三51章,578/628)。

如果我们照迈蒙尼德自己的暗示将"上帝"等同于"理智",那么,这个摩西等人"死于[上帝之]一吻"的图景难道不是在提醒我们回想起**典范哲人**苏格拉底的最后时刻?——在柏拉图笔下,临死的苏格拉底说:进行哲思就是"践行去死和在死"(to philosophize is to practice dying and being dead),这句话甚至让因他的将死而忧愁得无以复加的西姆米阿斯(Simmias)**笑了**。在我们看来,苏格拉底的这句话与迈蒙尼德对"摩西及其兄姊死于一吻"的拉比说法的解读之间具有某种相关性,[32]这一点不仅可见于两个文本接下来都提到了灵魂与身体的分离,[33]更重要的是,迈蒙尼德对"理智性崇拜"的理解可以说呼应了哲人苏格拉底的**自我理解**![34]在苏格拉底看来,"真正的哲人建构的

　　(接上页)在我看来,它{理智性崇拜}在于将思维安置于直接的可感事物(first intelligible),在于尽己所能将自身完全投入这个⋯⋯《历代志上》28章9节大卫对所罗门的教诲)指的一定是**理智性领会**(intellectual apprehension)而非想象力,因为涉及想象力的思不被称为知识,而是被称为**出现在你头脑中的东西**。由此,这一点很清楚,即在领会之后,人所致力的目标在于完全投入于祂,**将理智的思考运用于对祂的持久的爱**(《迷途指津》卷三51章,571/621)。

　　应当指出,这两个文本都可被视为对最高意义上的理论(*theôria*)或曰沉思生活的一种诗艺的表达。柏拉图《会饮》中译依据《柏拉图四书》,刘小枫译(北京:华夏出版社,2015),250-251。

③① 这个传说出自拉比文献《巴比伦塔木德》Baba Bathra,17a。见《迷途指津》卷三51章,578/627-628。方括号中的插入为笔者为顺通文意而酌加。

③② 迈蒙尼德至少可能通过法拉比的《柏拉图的哲学》知晓柏拉图的著作(包括《会饮》和《斐多》)。见 Alfarabi, *Philosophy of Plato and Aristotle*, translated with an introduction by Muhsin Mahdi, revised edition(Ithaca, NY: Cornell University Press, 2001),59-63。

③③ 对勘《迷途指津》卷三51章(页578/628)——"对他们所有人[先知们]而言,在[灵魂与身体]分离时,他们的理智的领会将变得更强,这一点甚好"——及柏拉图《斐多》64c4:"死该不会不过就是灵魂从身体脱离吧?"值得指出的是,《迷途指津》始终对灵魂不朽问题保持沉默,见 Shlomo Pines, "Translator's Introduction: The Philosophic Sources of *The Guide of the Perplexed*," lxxvii。同样,法拉比在其《柏拉图的哲学》里也未论及灵魂不朽。见 Leo Strauss, "Farabi's Plato," in *Louis Ginzberg Jubilee Volume*(New York: American Academy for Jewish Research, 1945),371-372。

③④ 我们无意在柏拉图的苏格拉底对话与迈蒙尼德的《迷途指津》之间建立历史上的关联。毋宁说,本节力图呈现的是,对于"什么是哲学"这个问题,古典哲人与中世纪犹太哲人的观点有共通之处。

对'纯粹的存在者'(pure beings)的理解被认为与纯粹的灵魂(pure psychē)相似",而"若是[纯粹的存在者与纯粹的灵魂]两者之间这种假定的亲缘关系得以实现,哲人的**灵魂**将与他的**认识对象**不可分"。㉟就此而言,在迈蒙尼德那里有意被理解为最高的个体性理智活动的理智性崇拜,完全可以被视为哲思(philosophizing)。

如许多学者所言,当迈蒙尼德说卷三51章是《迷途指津》的"某种结论",他是在提醒读者留意此章的重要性及其隐含意味。㊱不过,即便迈蒙尼德声称自己"宁可只为**那一个人**写这本书,也不会介意**许多人**的责难",㊲他心里其实非常清楚,他的读者不是铁板一块的。㊳一部写成后会公开发布的著作,可能被各种有阅读能力和对其主题有兴趣的读者阅读,在这些读者中,当然会有迈蒙尼德属意的像他的写作对象约瑟夫的那类人,他们因犹太律法与哲学之间的冲突感到困惑,需要此书来指点迷津。但这本书也会有并不属于那类人的读者,鉴于其读者的这种双重化特征,将《迷途指津》结束于高度晦涩和抽象的卷三51章显然并不合适。

进而,作为一本教导其读者"如其所是"(as what they are)地认识并理解各种存在物的书,《迷途指津》本身需要一个对其整体的教导更全面的结尾。因此,卷三51章高调彰显的"爱上帝"的**真正意见**需要由"敬畏上帝"来补足,也就是说,需要"律法所规定的所有**行动**"来补足(卷三52章,579-580/629-630)。

借助这一**下降**,㊴迈蒙尼德提出了律法的双重目标:其一,通过爱上帝来获得对上帝的真正理解;其二,通过敬畏上帝来遵循上帝的所有诚命。当然,

---

㉟　Ronna Burger,*The Phaedo:A Platonic Labyrinth*(New Heaven and London:Yale University Press,1984),39。

㊱　例如,见 Steven Harvey,"Maimonides in the Sultan's Palace," 63-64。

㊲　这里的"那一个人"(that single man)指"一个有德性的人",是迈蒙尼德心目中的理想读者。有人或许会将这个人等同于《迷途指津》的写作对象拉比约瑟夫,但从上下文可以清楚看到,这里的单数是为了与"千千万万个无知者"(ten thousand ignoramuses)或"许多人"(those many creatures)形成截然的对立,因此,不应当从字面上理解"那一个人"。见《迷途指津》,本论章指南,16/16。

㊳　见 Leo Strauss,"How To Begin To Study *The Guide of the Perplexed*," §20/21,xxvi/154;亦见 Ralph Lerner,"Averroes and Maimonides in Defense of Philosophizing," *The Trias of Maimonides/Die Trias des Maimonides:Jewish,Arabic,and Ancient Culture of Knowledge/Jüdische,Arabische und antike Wissenskultur*,edited by Georges Tamer(Berlin:Walter de Gruyter,2005),230。

㊴　尽管 David Shatz 坚持说卷三51章是《迷途指津》"真正的结尾"这一点并不算太牵强,但他说卷三54章"在概念上先于卷三51章",从而"关于迈蒙尼德对人的完善的看法,卷三54章展现了一个高度简化且具有误导性的图景"是不可接受的。见 David Shatz,"Worship, Corporeality, and Human Perfection, A Reading of the *Guide of the Perplexed*,III:51-54," 50,59。

较高的目标是为有能力实现的人准备的。正是出于这样一个视角，我们认为，重新回到词典式释义的最后两章以一种更全面且更容易理解的方式，不止补充了卷三 51-52 章，而且完美地结束了此书。

五　首尾呼应

如果把《迷途指津》全书正文的头两章与最后两章对照起来读，明显可以看到某种呼应。首先，如果说整个第一部分（卷一 1-70 章）都以词典式解经为主要形式——当然头两章也不例外，那么，卷三 53 和 54 两章恰恰又回到了这种词典式解经的**文体形式**。在《迷途指津》头两章里，迈蒙尼德解释了《创世记》前几章里上帝造人时所依据的上帝的 ṣelem［形象］和 dəmût［样子］，究竟指什么，以及 ʾělōhîm［上帝／天使／统治者］和 pānîm［面／脸］等词在那里的特殊含义；他这么做，一方面当然是为了确立起上帝的无形体性，另一方面则是要确立哲学式真理的至上地位。在《迷途指津》的最后两章里，通过仔细辨析并详尽阐明 ḥesed［慈爱］，mišpāṭ［审判］，ṣədāqāh［正义］，以及 ḥokmāh［智慧］的具体内涵，迈蒙尼德得以澄清，无论在先知还是哲人那里，道德德性与理智德性之间都具有差异，而且理智德性的获取是人之为人的最高目的或终极目的。

其次，这一头一尾的四章，贯穿了对哲学或者说哲学式智慧的礼赞。在第一章，迈蒙尼德即通过将人所分有的上帝的"形象"诠读为人的自然形式或理智的领会，将理智奉为人的最高的认识官能。进而，通过将第一个人在偷吃禁果后丧失的知识解释为有关真与假的知识，迈蒙尼德表明，对真的追求高于对好或善的追求。换言之，他认为理论生活高于道德或实践生活。通过将先知们的智慧界定为道德德性，从而将之与哲人的智慧即理智德性相区分，迈蒙尼德进一步确认了哲思的更高地位。

最后，需要特别说明的是，尽管迈蒙尼德强调理智的领会、理智德性以及作为一种生活方式的哲思的至高地位，他在《迷途指津》开端和终结的这几章里，从未忽略实践生活的重要性。对迈蒙尼德而言，关于何为善何为恶的众所公认的意见是人类共同体因而也是"我们犹太"共同体所必需的；进而，有能力获得理智完善的个人应当下降到共同体中，以他所认识到的有关神与人的知识教导人们正确地生活。换言之，道德德性或对《托拉》中的诫命的遵从具有与理智德性或进行哲思同样的重要性。正如迈蒙尼德自己所言，"尊贵程度更高的东西"未必或并不总是等同于在性质和时间上更优先的东西（卷三 27 章，464/510）。

结语 《迷途指津》的任务

迈蒙尼德的《迷途指津》犹如一幅被精心绘制又刻意打散的复杂拼图，作者希望悉心的读者有能力自己循着文本内隐含的线索——那些引起注意的"导言"、祈使动词（"要知道""想一想"等等）或"章回标题"——找到他隐伏在字里行间的各种难题或谜题的答案，自己完成拼图。这些难题由犹太律法与异族智慧尤其是哲学的遭遇所引发：哲学要求探究自然事物之不易的本性，崇尚区分真假的理论生活，这样的生活从根本上与律法所要求的以"听从"或遵循诚命为要务的实践生活形成张力乃至发生冲突。遵循诚命未必需要对诚命之本性的理解，但试图理解诚命之本性的思辨活动却可能引发对诚命的怀疑，从而危害对律法的信仰。迈蒙尼德像亚里士多德及伊斯兰哲人那样认为，理论生活在尊贵程度上高于实践生活，可他同时认为，实践生活对区分善恶的知识及道德德性的要求在信仰共同体中具有更大的紧迫性。因此，对迈蒙尼德来说，《迷途指津》的任务具有**双重性**：一方面，他要从思辨神学中**澄清**什么是真正的哲学证明方法，**支持和保护哲学**，进而为对上帝及对律法的正确理解奠定基础；另一方面，他同时要**捍卫犹太律法**，巩固犹太共同体实践生活的凝聚力。

迈蒙尼德对哲学的捍卫体现在这样几方面。首先，在《迷途指津》的开端，迈蒙尼德将人所分有的上帝"形象"解读成作为人的"自然形式"的"理智"或曰"理智的领会"。他指出，创造之初，人拥有分辨真假的完善的理智，但在伊甸园里，第一个人违背上帝的禁令，吃了知识树的果子，从而遭到惩罚，丧失了分辨真假的理智知识。知识树的果子让人获得分辨善恶（或好坏）的道德知识，但在迈蒙尼德看来，这种与"广为接受的意见"相联的道德知识低于理智知识，后者跟确定的真理相联。通过区分理智知识与道德知识、区分理智的领会与想象力，并将理智完善视为人的最高完善，迈蒙尼德完成了他礼赞哲学的第一步。

其次，在《迷途指津》卷一的最后部分至卷二的开端，迈蒙尼德通过揭示伊斯兰和犹太思辨神学各学派在论证神学命题时对哲学证明方法的误用和滥用,进一步捍卫了原初意义上的哲学的尊严。迈蒙尼德明确指出,思辨神学家们有意无意地混淆"想象力"与"理智",从而将虚假的幻象视为真实的,他们将哲学证明视为确立神学命题诸如"上帝存在"等等的工具,将"现存事物"视为意志的产物而非"自然的必然性"的产物,等等。所有这些在迈蒙尼德看来都导致错误的认识,因为用错误方法建立的信仰既危害哲学论证的方法,同时也会危及信仰本身。迈蒙尼德本人从作为"自然必然性"的现存事物出发来进行证明,因而最大程度担保了证明本身的真实性和有效性。

此外,在关于"上帝的本质及属性""预言"和"神意"甚至在"创世"等主题的讨论中,迈蒙尼德无不以或明或暗的方式,坚持理智的至尊地位,用自然之道和异族传奇隐约拒斥预言中的神迹,用"人间失序的事实"悄悄质疑"上帝的全知",并且暗示上帝的意志受限于事物的可能性,从而"理智"较之"意志"更能彰显和代表"上帝的本质"。

最后,在《迷途指津》结尾部分,迈蒙尼德既借助卷三 51 章提出的"智性崇拜"及"激情之爱"等概念高度肯定理论活动与人的最高完善密不可分,又通过最后一章对"智慧"一词的释义,将哲学式智慧置于律法的智慧之上,从而再次肯定哲学的至高地位,形成与全书开端的呼应。

尽管如此,迈蒙尼德从未因对哲学的礼赞而忽略律法的重要性。从《迷途指津》与《〈密释纳〉义疏》及《重述托拉》在写法上的巨大差异可以看到,迈蒙尼德充分认识到,读者对象的不同亦即读者认识能力的高下对一部作品的谋篇和笔法极为重要。在《迷途指津》第一章,迈蒙尼德在释义 ṣelem[形象]和 dəmût[样式]时特别否认两者在用于"上帝的形象和样式"时具有可见外形的含义,正是为了确立对犹太教而言至关重要的上帝的无形体性,而上帝的无形体性又跟《圣经》竭力根除的"偶像崇拜"紧密相关。可以说,迈蒙尼德对《圣经》措辞及寓言的理性化或寓意式解读,带有明确的捍卫律法的意图。

在《迷途指津》里,迈蒙尼德在论述上帝是否全知、预言具有怎样的真实性、神意是否能企及人类个体,乃至创造究竟是"从无到有"还是出自恒在的质料等问题时,都表现出一种审慎和节制,他承认在这些问题上,律法遵循者的观点或哲人的观点都无法得到恰切的证明,因此我们只能选取疑问较少并对信仰无危害的那种观点。通过承认人的理性在这些问题上的限度,迈蒙尼德止步于对理性和推理证明的滥用,从而同时保护了律法与哲学。

迈蒙尼德对律法与哲学的双向保护可以非常清晰地在《迷途指津》最后一章看到。迈蒙尼德在那里明确指出,拥有最高意义上的"智慧"从而达到理智完善的个人,应当"下降"到实践领域,效法上帝的行动,在共同体中施行"慈爱"、"正义"和"审判",教导普通人正确地实践律法和诫命要求的生活。

迈蒙尼德借助其"既揭示又隐藏"的精妙笔法,成功地完成了《迷途指津》**同时捍卫律法与哲学的双重任务**。《迷途指津》成书以来遭遇的种种争议,历代学者对《迷途指津》作出的大相径庭的解读,正体现了作者的双重修辞手法的魅力。

本书从迈蒙尼德的自然概念出发,对《迷途指津》中哲学与律法的张力进行了较为全面的研究和梳理。但《迷途指津》里有待深入探究的问题还有不少,迈蒙尼德在卷三 25 至 50 章讨论了各种诫命的理由,对这个特别的问题,本书着墨不多。另外,"神车论"里还有进一步细究的空间,而对《迷途指津》中的"特殊导言"以及其他"重复""省略""自相矛盾"等笔法的继续探索,都会带出对不同论题的新的理解。

《迷途指津》是一部异乎寻常、令人着魔的作品,它游走于自然(哲学)与律法之间的张力正是它的魅力之源。我们对《迷途指津》的探究还有很长的路要走,好在《迷途指津》是一部有耐心等待并陪伴读者一点点成长的巨著。

附录一

《迷途指津》的谋篇①

施特劳斯（Leo Strauss） 著

张 缨、庄 奇 译

在下文呈现的图示（scheme）中，每一行起首的罗马（和阿拉伯）数字表示
《指津》的各部分（及子部），而括号中的数字则表示书中的卷目与章数。

A. 观点（VIEWS）（I 1-III 24）

A′. 关于上帝和诸天使的观点（I 1-III 7）
I. 用于上帝的圣经措辞（I 1-70）

假设上帝（和诸天使）具有形体的措辞（I 1-49）

1. 《托拉》（the Torah）中似乎假设上帝有形体的最重要的两个段落
（I 1-7）

2. 表示位置（place），位置的改变、人类位移（locomotion）所用器官
等等的措辞（I 8-28）

3. 表示愤怒和吞噬（或进食）的措辞，这些措辞若用于种种神的事
物（divine things），一方面指偶像崇拜（idolatry），另一方面指人
的知识（I 29-36）

4. 表示动物［身体］的各部分和各种行动的措辞（I 37-49）

假设上帝多数性（multiplicity）的措辞（I 50-70）

5. 鉴于上帝绝对地独一（God is absolutely one）且无可比拟，这些用

---

① 译自 Leo Strauss, "How To Begin To Study *The Guide of the Perplexed*"［如何着手研读《迷
途指津》］（前揭）（张缨、庄奇译）第 1-2 段。全文收入《论法拉比与迈蒙尼德——施特劳斯
讲演与论文集：卷三》，刘小枫编（北京：华夏出版社，2023），301-303。感谢此卷主编刘小枫
教授慨允使用此"谋篇"。
［译按］译文方括号中文字为顺通文意而酌加。

于上帝的措辞在非比喻式言辞中(in nonfigurative speech)是什么意思?(I 50-60)

6. 上帝的种种名字和关于上帝的言说(utterance)(I 61-67)

7. 从祂的知识、祂的因果性和祂的统驭(governance)所推断出的上帝表面上的多数性(I 68-70)*

II. 对上帝的存在、单一性和无形体性的各种证明(demonstrations)(I 71-II 31)

1. ⟨141⟩引言(I 71-73)

2. 对思辨神学(Kalām)的各种证明的驳斥(I 74-76)

3. 各种哲学式证明(II 1)

4. 迈蒙尼德的证明(II 2)

5. 诸天使(II 3-12)

6. 世界的创造,即针对哲人们[的观点]为从无中创造的信仰辩护(II 13-24)

7. 创造和律法(the Law)(II 25-31)

III. 预言(II 32-48)

1. 作为预言诸必要前提(prerequisites)的自然禀赋(natural endowment)和训练(II 32-34)

2. 摩西的预言与其他先知的预言的差异(II 35)

3. 预言的本质(II 36-38)

4. (摩西的)立法性预言与律法(II 39-40)

5. 对摩西以外诸先知的预言的律法式研究(legal study)(II 41-44)

6. 预言的诸等级(II 45)

7. 如何理解神的种种行动和作为(the divine actions and works),以及先知们所述的神所命令的种种行动和作为(II 46-48)

IV. 神车论(The Account of the Chariot)(III 1-7)

A″. 关于各种有形体的存在者(bodily beings)尤其关于人的生成和消亡的观点(III 8-54)

V. 神意(Providence)(III 8-24)

1. 陈述问题:质料(matter)为所有的恶的根据,然而质料由绝对善的上帝所创造(III 8-14)

2. 不可能之事的自然本性或[上帝]全能的意义(The nature of the

---

* [译按]1968 年版此处括号里为(I 67-70),应为印刷错误,据 1963 年版,改为(I 68-70)。

impossible or the meaning of omnipotence)（III 15）

3. 反对[上帝]全知的各种哲学式论证（The philosophic arguments against omniscience）（III 16）

4. 关于神意的诸观点（III 17-18）

5. 对于[上帝]全知的诸犹太观点及迈蒙尼德对这个主题的论述（III 19-21）

6.《约伯记》作为对神意的权威处理（III 22-23）

7.《托拉》关于[上帝]全知的教诲（III 24）

B. 行动（ACTIONS）（III 25-54）

VI. 上帝命令的行动和上帝所做的行动（III 25-50）

1. 一般而言上帝的行动的合理性（rationality），以及特别而言祂的立法的合理性（III 25-26）

2.《托拉》种种诫命中明显合乎理性的部分（The manifestly rational part of the commandments of the Torah）（III 27-28）

3.〈142〉《托拉》种种诫命中表面上非理性的部分的理由（III 29-33）

4.《托拉》种种诫命在合理性上的不可避免的局限（III 34）

5. 对种种诫命的类别的划分及对每类[诫命]的适用性的解释（III 35）

6. 对所有或几乎所有诫命的解释（III 36-49）

7.《托拉》中的种种叙事（narratives）（III 50）

VII. 人的完善（Man's perfection）和神意（III 51-54）

1. 关于上帝本身的真正知识是神意的必要前提（III 51-52）

2. 关于人类个体自身由何构成的真正知识是认识神意运行方式（the workings of providence）的必要前提（III 53-54）

《指津》因而包含七个部分，或三十八个子部（subsections）。但凡可行，每个部分都分为七个子部；惟一不容细分出子部的部分正好分为七章。

附录二

施特劳斯如何识读迈蒙尼德的
《迷途指津》

引　子

在解释阿里斯托芬（Aristophanes）的《蛙》时，施特劳斯（Leo Strauss）提出，"只有诸神能够知晓某个存在者是不是一个神"，为了凸显这个主张，施特劳斯还以拉丁文重复了此句的核心意思。①如果把这句话稍微改变一下——"只有哲人能够知晓某个人是不是一位哲人"——它也完全成立。在施特劳斯本人成为哲人的过程中，他开始认识到，迈蒙尼德（Moses Maimonides）是一位真正的哲人。晚年施特劳斯在《剖白》（A Giving of Accounts）中表示：他"逐渐"开始"理解……整部《迷途指津》"。②这样的理解使施特劳斯对迈蒙尼德的独到解释具有特殊的重要性，以致此后所有认真的迈蒙尼德研究者都无法绕开他的相关著述。③

在其著名的《斯宾诺莎的宗教批判》（Spinoza's Critique of Religion）英文

① Leo Strauss, *Socrates and Aristophanes*(New York and London：Basic Books，1966)，245. 中译见施特劳斯，《苏格拉底与阿里斯托芬》，李小均译（北京：华夏出版社，2011年），257-258。

② "A Giving of Accounts：Jacob Klein and Leo Strauss," *The College* 22，No.1（April 1970）：3. 中译见施特劳斯，《剖白》，何子建译，收入《苏格拉底问题与现代性——施特劳斯讲演与论文集》（第三版），刘小枫编，刘振、叶然等译（北京：华夏出版社，2022），684。值得一提的是，就在上文所引的话之后，施特劳斯继续说："迈蒙尼德从未称自己为哲人；他将自己展现为哲人们的对手。他使用的写作类型可以准确地称为：显白的。"

③ 参约瑟·斯特恩（Josef Stern），"迈蒙尼德哲学的当代研究进路"，曹泽宇译，《学海》2016年第5期，92-99。斯特恩此文提出，当代研究迈蒙尼德有三种不同路径，第一种"试图调和哲学和律法"，第二种认为《迷途指津》不是哲学著作而是释经著作，第三种"旨在考察迈蒙尼德如何把《托拉》作为具有自身特点之哲学的独特作品来解读"，斯特恩坦承，他本人持第三种进路（页 94-95）。显然，尽管施特劳斯的迈蒙尼德研究影响深远，可学界对他理解的迈蒙尼德是否真正的迈蒙尼德始终有争议。本文仅限于尽可能切近地呈现施特劳斯"如何着手研读《迷途指津》"一文对迈蒙尼德的理解。

版自传式前言里,施特劳斯曾提到,他在 1930 年代早期曾经历了一场"思想转变"(change of orientation),在此之前,他曾认为"重返前现代哲学已然不复可能"。④这场"思想转变"与施特劳斯著名的解释学原则以及他对"隐微-显白"的哲学写作艺术的重新发现紧密相关。如果说,施特劳斯 1932 年的文章"施米特《政治的概念》评注"(Anmerkungen zu Carl Schmitt, *Der Begriff des Politischen*)⑤标志着这场"思想转变"的开端,那么,其最终的突破正是 1938 至 1939 年间他对古典和中世纪思想家的"隐微-显白"的写作艺术的发现:写于 1938 年的《迷途指津》的文学特征"(The Literary Character of *The Guide for the Perplexed*)⑥以及 1939 年完成并发表的"斯巴达精神与色诺芬的品味"(The Spirit of Sparta and the Taste of Xenophon)⑦可以说是这一发现的最初成果。施特劳斯从未再版他为色诺芬的《拉刻岱蒙政制》(*Constitution of the Lacedemonians*)所写的解读文章,可他不仅在 1952 年出版的文集《迫害与写作艺术》(*Persecution and the Art of Writing*)中重版"文学特征"一文,还将之置于全书的中心。⑧事实上,迈蒙尼德是施特劳斯终生研读并贯穿他一生著述各阶段的思想家之一。在施特劳斯成为哲人的道路上,迈蒙尼德是他最重要的"指津者"。⑨而在施特劳斯向现代读者引介"显白-隐微"写作

---

④ 施特劳斯,"英译本前言",《斯宾诺莎的宗教批判》,李永晶译,(北京:华夏出版社,2013年),57。

⑤ 此评论最初发表于 *Archiv für Sozialwissenschaft und Sozialpolitik* 67,No.6,1932,S.732-749。

⑥ 见施特劳斯 1938 年 1 月 20 日、2 月 7 日、16 日及 7 月 23 日致克莱因的书信。见施特劳斯等,《回归古典政治哲学——施特劳斯通信集》,朱雁冰、何鸿藻译(北京:华夏出版社,2006 年),264-275。参迈尔(Heinrich Meier),《哲学的更新与启示宗教的挑战——论施特劳斯〈思索马基雅维利〉的意图》,《政治哲学与启示宗教的挑战》,余明锋译(北京:华夏出版社,2014 年),29 注 8。

⑦ 见施特劳斯 1939 年 2 月 16 日、28 日、3 月 10 日、4 月 13 日、5 月 29 日即 7 月 25 日致克莱因的书信。《回归古典政治哲学》,290-298。中译见施特劳斯,《斯巴达精神与色诺芬的品味》,陈戎女译,《苏格拉底问题与现代性》(第三版),58-90。

⑧ "《迷途指津》的文学特征"最初于 1941 年发表在 S.W.Baron 编辑的《论迈蒙尼德文集》(*Essays on Maimonides*,New York,Columbia University Press),此后收入施特劳斯文集《迫害与写作艺术》(*Persecution and the Art of Writing*,37-92),于 1952 年再版。中译见施特劳斯,《迫害与写作艺术》,刘锋译(北京:华夏出版社,2012),31-91。值得一提的是,在施特劳斯的自选文集《什么是政治哲学?》(*What Is Political Philosophy? And Other Studies*,New York:The Free Press,1959)以及《古今自由主义》(*Liberalism Ancient and Modern*)里,关于迈蒙尼德的文章也同样位于全书的中心。

⑨ W.Z. Harvey 精辟地指出:"身为一名西方人、一名犹太人以及一位哲人,施特劳斯曾困惑于'耶路撒冷与雅典'这个问题,他向之寻求指津者正是迈蒙尼德而非任何其他人。"见 Warren Zev Harvey,"The Return of Maimonideanism," *Jewish Social Studies*,Vol.42,No.3/4,Summer 1980,254。

艺术的努力中,迈蒙尼德更是最突出、最典型的范例。因为,在《迷途指津》的"导言"中,迈蒙尼德公开宣称,"本书的措辞绝非随意选取,而是带有高度的准确性和极度的精确性",与此同时,他公开承认《迷途指津》包含"意见分歧"和"自相矛盾"。⑩《迷途指津》以极度的晦涩著称——正因为迈蒙尼德几乎在每个重要论题上都自相矛盾,他的读者对《迷途指津》的理解往往南辕北辙。实际上,施特劳斯对迈蒙尼德的理解在 1920 年代后经历了调整甚至重大修正。例如,在《斯宾诺莎的宗教批判》里,他说迈蒙尼德是"一位虔诚的犹太人"。差不多 5 年后,在《哲学与律法》里,他称迈蒙尼德是"中世纪理性主义"的"经典"。⑪几年后,就在"《迷途指津》的文学特征"即将动笔之际,他这样对自己的挚友克莱因(Jacob Klein,1899-1978)说:"迈氏从其信仰看绝非犹太教徒。"⑫正是在"《迷途指津》的文学特征"(The Literary Character of *The Guide for the Perplexed*)里,施特劳斯不仅初次讨论了隐微论(esotericism)问题及其在迈蒙尼德著作中的特征,他本人也在其中初次践行了"隐微-显白"的写作艺术。

关于写作艺术,或者说关于文本解释,施特劳斯有一个著名断言:"内在于诸事物表面、且仅在事物表面的问题,是诸事物的核心。"⑬这个断言往往令他的读者深感困惑:什么是施特劳斯所谓的"表面"? 如果我们把这个断言中的"诸事物"理解为过往思想家们的著作,那么,"表面"很可能就是一部著作的形式。就此而言,"内在于诸事物表面的问题"——用施特劳斯自己的措辞——就会是该著作的"文学特征"或"谋篇"(the plan)。

在其关于迈蒙尼德《迷途指津》的最全面也最费解的文章"如何着手研读《迷途指津》"(How To Begin To Study *The Guide of the Perplexed*)里,施特劳斯图示并讨论了《迷途指津》的"谋篇"(plan)。此文的第一句话是:"我相信,经过约二十五年频频中断却从未放弃的研究,我对《迷途指津》的谋篇已

---

⑩ Moses Maimonides, *The Guide of the Perplexed*, trans. Shlomo Pines(Chicago and London: University of Chicago Press, 1963), 15, 20. 中译见摩西·迈蒙尼德《迷途指津》,傅有德等译(济南:山东大学出版社,2004)。以下引用《迷途指津》,随文注明卷数(以罗马数字表示)、章数(以阿拉伯数字表示)及 Pines 英译本页码。

⑪ 施特劳斯,《斯宾诺莎的宗教批判》,李永晶译(北京:华夏出版社,2013),252。另见施特劳斯《哲学与律法——论迈蒙尼德及其先驱》,黄瑞成译(北京:华夏出版社,2012),3。

⑫ 见施特劳斯 1938 年 2 月 16 日致克莱因书信,收入《回归古典政治哲学——施特劳斯通信集》,朱雁冰、何鸿藻译(北京:华夏出版社,2006),270。楷体部分是原文重点,粗体内容为笔者所加重点,下同。

⑬ Leo Strauss, *Thoughts on Machiavelli*(Glencoe, Il., The Free Press, 1958), 13. 中译见施特劳斯,《关于马基雅维利的思考》,申彤译(南京:译林出版社,2003),6。

经了然,若我直接将其表述于此,将并无不妥。"⑭迈尔(Heinrich Meier)提醒我们:"在施特劳斯写于 1960 年 5 月 19 日至 8 月 13 日的['如何着手研读'一文]的手稿中,他起初写的是'36 年',这会带我们回到他发表'柯亨对迈蒙尼德圣经科学的分析'(Cohens Analyse der Bibel-Wissenschaft Spinozas)的 1924 年。施特劳斯随后将之改为'25 年'并在下面划了红线,这就把他开始研究《迷途指津》的谋篇的时间定于出版《哲学与律法》之后的时期。"⑮换言之,"36 年"对应的是施特劳斯开始研读《迷途指津》的时间,而"25 年"则指向他开始研读《迷途指津》的"谋篇"的时间。在 1939 年 8 月 18 日写给克莱因的信中,施特劳斯提到"谋篇"对于理解某部作品的重要性:"我现在毕竟完全理解了[色诺芬的]《回忆》(Memor[abilia]),如果完全理解这类书等于:理解其谋篇(Aufbau)。"⑯因此在 1960 年,"对《迷途指津》的谋篇已经了然"的施特劳斯为迈蒙尼德《迷途指津》的读者们写下他的"迷途指津"。

一　对显白论的全新理解及其践行

"How To Begin To Study *The Guide of the Perplexed* [如何着手研读《迷途指津》]"有一个奇怪的标题:它不仅为迈蒙尼德的书名提出了新的英译,还非同寻常地使两个介词 to 的首字母以大写形式出现。在施特劳斯之前,迈蒙尼德的《迷途指津》在英语世界通常被译作"The Guide *for* the Perplexed",这也是施特劳斯本人在之前的作品中采用的译法。这其中最显著的例子

---

⑭　施特劳斯的"如何着手研读《迷途指津》"是为迈蒙尼德这部巨著的全新英译本所写的导读。《迷途指津》这个新的英译本在施特劳斯提议和主持下,在施特劳斯的学生 Ralph Lerner 协助下,由施特劳斯青年时代的友人、精通中世纪犹太-伊斯兰哲学的学者 Shlomo Pines (1908-1990)主译。施特劳斯这篇文章初版于 Moses Maimonides, *The Guide of the Perplexed*, trans. by Shlomo Pines, Chicago and London: The University of Chicago Press, 1963, pp.xi-lvi。1968 年,施特劳斯将之收入自己的文集《古今自由主义》(*Liberalism Ancient and Modern*, pp.140-184)再版。此句出自第 1 段,140。下引此文,标题缩写为"如何"并随文注明其在 1968 年版即 *Liberalism Ancient and Modern* 中的段落及页码。

⑮　Heinrich Meier, "How Strauss Became Strauss," trans. Marcus Brainard, in *Reorientation: Leo Strauss in the 1930s*, eds. Martin D. Yaffe and Richard S. Ruderman(New York: Palgrave Macmillan, 2014), 28, n.26. 重点为原文所有。

⑯　见《回归古典政治哲学——施特劳斯通信集》,305。译文据原文(Leo Strauss, *Gesammelte Schriften*, Band 3: *Hobbes' politische Wissenschaft und zugehörige Schriften—Briefe*, 2nd, revised edition, eds. Heinrich and Wiebke Meier, Stuttgart—Weimar, Metzler, 2008, S.579-580)略有改动(以下提及此卷,简称 *LSGS* 3)。朗佩特将这里的 Aufbau 译作 plan。见 Laurence Lampert, "Exotericism Exposed: Letters to Jacob Klein," in *The Enduring Importance of Leo Strauss*(Chicago and London: The University of Chicago Press, 2013), 21。

是他写于 1938 年的"The Literary Character of *The Guide for the Perplexed*[《迷途指津》的文学特征]",当施特劳斯 1952 年在《迫害与写作艺术》里再版此文时,这个标题未作改动。⑰为什么施特劳斯在 1960 年要改变主意? 两个英文标题之间的差异何在? 就《迷途指津》的阿拉伯语原文标题 *Dalālat al-ḥā'irīn* 来说,英译为 for 或 of 都是可以接受的,只不过 of 显得更暧昧;⑱**of** 的译法假设了"迷途者"(the perplexed)既包括此书的读者也包括此书的作者,而 **for** 的译法仅将"迷途者"指向读者。换言之,The Guide *of* the Perplexed 这个标题假设,这是由"一位曾经的迷途者"写给"现在和将来的迷途者"的作品,或者说,这是一部为寻找同类天性的读者而写的作品。尽管施特劳斯在"《迷途指津》的文学特征"里使用了《迷途指津》更常见的英译标题 The Guide *for* the Perplexed,写作此文时,他已经认识到,迈蒙尼德那里的"迷途者"实际上是"哲人们"。这一点在他完稿第二天(1938 年 7 月 23 日)写给克莱因的信中展现得淋漓尽致:"'迷途者的指津'或'迷途者的指导'是**为迷途者亦即为哲人们**所作的 Torah(=指导[Weisung])的一种重复——亦即,是对 Torah 的摹仿,只是这种摹仿带有一些惟有行家才察觉得出的'细微的''添加',其中包含着一种对 Torah 的彻底批判(radikale Kritik)。"⑲通过将"迷途者"与"哲人们"相等同,施特劳斯表明,《迷途指津》的真正写作对象是哲人们:只有哲人才会带着教育未来哲人的意图写作。很可能,正是对

---

⑰ 不仅是 1952 年再版的"《迷途指津》的文学特征",甚至在出版于 1959 年的"迈蒙尼德论政治科学"(Maimonides' Statement on Political Science)里,施特劳斯仍然沿用 *The Guide for the Perplexed* 这个书名。见 Leo Strauss, *What is Political Philosophy? And Other Studies*, 157. 有意思的是,《迷途指津》第一个完整英译本的译者 Michael Friedländer 起初为英译本起的标题就是 *The Guide of the Perplexed*(3 vols., London: Trübner & Co., Kudgate Hill, 1885)。可是这个三卷本被认为"过于详尽,没有满足普通读者的需求",所以 1904 年出版的第二版"删除注释减为一卷",而此卷的标题也被改为 *The Guide for the Perplexed*。此后半个多世纪,这个标题就成为迈蒙尼德《迷途指津》近乎标准的英译。见 M. Friedländer, "Preface," in Moses Maimonides, *The Guide for the Perplexed*, trans. M. Friedländer, 2nd ed.(London: G. Routledge & Sons, Ltd.; New York: E.P. Dutton & Co., 1904), v. 按 Josef Stern 的说法,"从 1904 直至 1963 年——即直至 Shlomo Pines 的英译本出版,这个(用 Friedländer 自己的话说)'廉价版'就是《迷途指津》最标准的版本,它也是盎格鲁-美利坚听众进入迈蒙尼德的哲学世界的入口"。见 Josef Stern, "Introduction," in *Maimonides' Guide of the Perplexed in Translation*: *A History from the Thirteenth Century to the Twentieth*, eds. Joseph Stern, James T. Robinson and Yonatan Shemesh(Chicago and London: University of Chicago Press, 2019), 12.

⑱ "在 *Guide of the Perplexed* 的构成中蕴含的模棱两可⋯⋯正是某些人想要避免的"。见 Daniel Davis, "Note on References," in *Method and Metaphysics in Maimonides'* Guide for the Perplexed(Oxford: Oxford University Press, 2011), 161.

⑲ 见《回归古典政治哲学——施特劳斯通信集》,274-275. 译文据原文(*GS* 3, 553)略有改动。

《迷途指津》乃是一位哲人写给潜在哲人们的作品这一点的理解，施特劳斯在1960年为《迷途指津》的英语标题采用了更微妙的介词 *of*。[20]

　　然而，施特劳斯几乎从未公开宣称《迷途指津》是一部哲学著作。相反，在"《迷途指津》的文学特征"里，他不仅强调而且论证"《迷途指津》不是一部哲学著作"，[21]进而，他在"如何着手研读《迷途指津》"中宣称，这是"一部犹太书(a Jewish book)：一部由一位犹太人为诸多犹太人所写的书"（"如何"第4段，142）。[22]不过，这个宣称不见得完全出自施特劳斯的本意，这体现在他晚期文章"评迈蒙尼德的《知识书》"的第一句话："如果(if)《迷途指津》当真不是一部哲学书而是一部犹太书，它显然跟《重述托拉》(*Mishneh Torah*)是一部犹太书不可同日而语。"[23]这里，施特劳斯很可能希望他的读者将"if"[如果]读作"even if"[即便]，从而为这句话增添含混的色彩。可以说，公开宣称《迷途指津》乃犹太著作是施特劳斯克制自己不"从犹太教那里夺走迈蒙尼德"的独特努力，因为"从犹太教那里夺走迈蒙尼德"相当于"夺走犹太教的根基"。[24]而《迷途指津》的文学特征"发表后那些彼此冲突的评论，正好反映了施特劳斯显白写作艺术的成功。[25]

　　"《迷途指津》的文学特征"体现了施特劳斯对"隐微-显白"写作艺术的新

---

[20]　尽管施特劳斯并非1963年版《迷途指津》英译本的主译，他在此译本中扮演了一个决定性的角色。在1959年6月18日致他的学生 Seth Benardete 的书信里，他说："这个夏天我的主要活动将是研读迈蒙尼德的《迷途指津》（这与此书的新英译本相关，此译本在我的督导下[under my supervision]正在进行中）。" Leo Strauss Papers, Box 4, Folder 20, Special Collection, University of Chicago Library.

[21]　施特劳斯，《迫害与写作艺术》，35-39。

[22]　Leo Strauss, "Notes on Maimonides' *Book of Knowledge*," in *Studies in Mysticism and Religion Presented to Gershom G. Scholem on His Seventieth Birthday by Pupils*, *Colleagues and Friends*, eds. E. E. Urbach, R. J. Werblowsky and Ch. Wirszubski(Jerusalem, Magnes Press, The Hebrew University, 1967), 269. 此文再版于施特劳斯生前编定、身后出版的文集：Leo Strauss, *Studies in Platonic Political Philosophy*(Chicago and London: University of Chicago Press, 1983), 192-204. 中译见施特劳斯，"迈蒙尼德《知识书》疏释"（Notes on Maimonides' *Book of Knowledge*），张缨译，《柏拉图式政治哲学研究》(*Studies in Platonic Political Philosophy*)(北京：华夏出版社，2012)，257-279。

[23]　施特劳斯，"迈蒙尼德《知识书》疏释"，257。

[24]　见《回归古典政治哲学——施特劳斯通信集》，270。

[25]　一方面，评论者称赞此文具有"启蒙性"(Solomon Zeitlin)，"有点拐弯抹角和重复不过非常有智慧"且"具有挑衅性"(Quirinus Breen)，另一方面，有人从此文看到施特劳斯认为《迷途指津》根本不是一部哲著作"，而是"属于思辨神学(the kalâm)的作品，且'思辨神学'的学问的意图是尤藉反对哲人们的意见来捍卫律法"(E. A. M.)。见 Solomon Zeitlin, "Review," in *The Jewish Quarterly Review* 32, no.1, 1941, 107; Quirinus Breen, "Review," in *The Journal of Religion* 22, no.3, 1942, 327; E. A. M., "Review," in *The Journal of Philosophy* 38, no.21, 1941, 583. 显然，部分评论者过于从字面上去理解施特劳斯此文。这也从侧面印证，"《迷途指津》的文学特征"一文具有相当的显白特征，就此而言，此文不可避免带有"误导性"。

理解，这种新理解本身反映了施特劳斯思想在 1935 年至 1938 年期间的重大转折。尽管早在 1931 年，施特劳斯就论及"隐微"与"显白"之间的区分，但他当时强调这组概念的重点与后来相比有显著差异。在《哲学与律法》第三章，"律法的哲学奠基：迈蒙尼德的预言学说及其来源"（写于 1931 年），施特劳斯声称：

> 如果考虑到不同于中世纪启蒙的现代启蒙一般而言**公开化**其教诲，人们就不会反对这样的断言，即**中世纪启蒙本质上是隐微的，而现代启蒙本质上是显白的**。㉖

在此，"显白"指的是现代启蒙对哲学教诲的公开化，从上下文看，施特劳斯显然认为这样一种"显白"路向是不妥的，从而可以说，"显白"在这里是个贬义词。然而，在写于 1938 年的"《迷途指津》的文学特征"里，施特劳斯一方面在中心段落指出《迷途指津》"致力于对一个隐微文本的隐微解释"，另一方面又在后文追问：

> 迈蒙尼德教导真理的方法曾受到某个哲学传统的影响吗？这种方法是某个特定哲学著述的特征吗？按照哲学传统的术语，《迷途指津》难道不该被描述成一部显白著作么？㉗

在此，"显白"不再指对哲学教诲的公开化，也不再是个贬义词。相反，"显白"在这里指的是对传统教诲的"公开化"或明确宣告，以及同时进行的以隐微方式对隐秘教诲或曰哲学教诲的传达。就此而言，"隐微"与"显白"不再属于对立阵营，而是同一种"哲学传统"的互补的成分，或者说，"隐微"与"显白"属于同一种哲学式写作艺术，亦即属于同一种"隐微论传统"。㉘施特劳斯在理解"显白-隐微"问题上的思想转折，显然始于他完成《哲学与律法》之后的时期，这

㉖　施特劳斯，《哲学与律法》，黄瑞成译，北京：华夏出版社，2012 年，84。

㉗　施特劳斯，"《迷途指津》的文学特征"，《迫害与写作艺术》，刘锋译（北京：华夏出版社，2012），53 及 63。施特劳斯关于显白论的成熟观点，参见 Hannes Kerber, "Leo Strauss on Exoteric Writing," in *Interpretation：A Journal of Political Philosophy* 46.1（Fall 2019）：1-25。

㉘　施特劳斯，"《迷途指津》的文学特征"，《迫害与写作艺术》，52。对这个论点我们还可以补充一个例证：在"《迷途指津》的文学特征"讨论"省略"这种笔法时，施特劳斯指出，"《迷途指津》的读者知晓'哲人中的君主'（prince of philosophers）[引按：指亚里士多德]的学说，自然会注意到这一省略，并认识到，这句引文所插入的段落只具有流行的或曰显白的特征（popular, or exoteric character）"。施特劳斯在此将"显白的"等同于"流行的"。见施特劳斯，《迫害与写作艺术》，68。"隐微论传统"是施特劳斯的用语，在"显白-隐微"的双重写作艺术中，"隐微论"（esotrricism）就是"显白论"（exotericism）。

刚好可以对应他在"如何着手研读《迷途指津》"开头所说的,他对《迷途指津》的谋篇的研究始于 25 年前:1960 年的 25 年前正是《哲学与律法》出版的 1935 年。

重新发现"显白-隐微"写作艺术不仅让施特劳斯获得了对"过往思想家们"的真正理解——即"像他们理解自身那样"理解他们,㉙它还令施特劳斯本人开始像"过往思想家们"那样写作。在"《迷途指津》的文学特征"及"如何着手研读《迷途指津》"两篇文章里,施特劳斯都辨析并践行了"显白-隐微"的写作艺术。在"文学特征"里,施特劳斯像个高明的侦探般,㉚一一解锁迈蒙尼德如何用他的各种笔法来创造一部隐微作品。㉛而在"如何着手研读"里,他如同迈蒙尼德那样娴熟地运用这些笔法。

二 文章的中心:"什么"(内容)与"如何"(形式)

在"如何着手研读《迷途指津》"的第 19 段,施特劳斯提醒或毋宁说警告

㉙ 关于这一点,施特劳斯的完整表述是:"思想史家的任务是**恰如过往思想家们理解他们自身那样理解他们**,或者说,按照他们本人的解释使他们的思想重生(revitalize)。"见 Leo Strauss, "Political Philosophy and History," *Journal of the History of Ideas* 10, no.1, 1949, p.41. 中译见施特劳斯,"政治哲学与历史",洪涛译,《什么是政治哲学?》,李世祥等译(北京:华夏出版社,2011),56. 重点为笔者所加。值得指出的是,早在 1931 年,在反对柯亨(Hermann Cohen)的康德式"观念化解释"(idealisierende Auslegung)中,施特劳斯即表达了这样的解释学原则,见施特劳斯,"柯亨与迈蒙尼德",李秋零译,《犹太哲人与启蒙——施特劳斯讲演与论文集:卷一》,刘小枫编,北京:华夏出版社,2010 年,127. 参刘小枫,"施特劳斯的路标",《施特劳斯的路标》(增订本)(北京:华夏出版社,2020),92-106.

施特劳斯的这一解释学进路极富挑战性,它要求读者上升到与"过往思想家们"相同或类似的高度来理解他们,而这绝非易事。这一解释学进路实际上与他关于何为哲人的洞见紧密相关,在"法拉比的柏拉图"(Farabi's Plato)一文中,施特劳斯指出:

> 法拉比指出了他关于哲学中的"原创性"和"个人性"的观点:一位哲人能作为"原创的"或"个人的""贡献"被看见的东西,绝对不如他对必然无名的真理那种私人的、真正原创和个人的理解重要。

见 Leo Strauss, "Farabi's Plato," in *Louis Ginzberg Jubilee Volume on Occasion of His Seventieth Birthday* (New York: American Academy for Jewish Research, 1945), 377. 像法拉比那样,哲人施特劳斯也以"注疏家"的面目示人,也以理解和解释"柏拉图式政治哲人"的思想为己任。正是在此意义上,迈尔将施特劳斯上述洞见视为这位哲人的"自陈心迹"(self-explicative statement)或者说自我理解。见 Heinrich Meier, "The History of Philosophy and the Intention of the Philosopher: Reflections on Leo Strauss," in *Leo Strauss and the Theologico-Political Problem*, trans. Marcus Brainard(Cambridge, Cambridge University Press, 1996), 71-73.

㉚ 见 Steven J. Lenzner, "A Literary Exercise in Self-Knowledge: Strauss's Twofold Interpretation of Maimonides," *Perspective on Political Science* 31, no.4(Fall 2002):225.

㉛ 施特劳斯,"《迷途指津》的文学特征",《迫害与写作艺术》,54-55, 60-67.

我们,当我们习惯于迈蒙尼德在《迷途指津》开始几章解释各种圣经措辞的方式时,"读者们……变得专注于题材(the subject matter),[专注于]'什么'(the What),却不会去留意'如何'(the How)"。"然而",施特劳斯继续说,"那个富批判性的读者(the critical reader)将发现有许多理由[令他]感到惊异"("如何"§19,152-153)。用施特劳斯的语言来说,富批判性的读者会惊异于《迷途指津》中的"不规则""带细微变化的重复""自相矛盾"等各种修辞笔法。借助这样的提醒,施特劳斯同时将我们的注意力吸引到"如何"或者说"形式"对于理解他自己的文章的重要性。

不少学者认为,"如何着手研读《迷途指津》"一文"结束于[《迷途指津》]卷 II 24 章"。[32]然而,如果将施特劳斯文章里所有观点的文本出处考虑进去,我们会得出完全不同的结论。统计显示,对《迷途指津》正文的 178 章及各卷导言,施特劳斯的文章没有提及的仅六分之一,如果考虑到他所提到的构成《迷途指津》各部分(section)及其子部(subsections)的多章集合,那么没有提及的章数还会更少。更重要的是,施特劳斯文章的核心要旨在于指出《迷途指津》的首要目标是解释"开端论"(the Account of the Beginning)和"神车论"(the Account of the Chariot),而这两者都在《迷途指津》下半部得到处理,也就是说,这两个主题很大程度上都在卷 II 24 章之后得到处理。此外,施特劳斯此文的意图之一是为理解《迷途指津》里"迈蒙尼德的秘密教诲"提供各种暗示,而既然迈蒙尼德的秘密教诲隐含于遍布全书的不同主题里,施特劳斯的文章当然不可能结束于《迷途指津》的"中间点"。

那么,究竟什么才是施特劳斯心目中迈蒙尼德的"秘密教诲"的主题呢?"秘密教诲"(the secret teaching)是施特劳斯文章的关键词之一,检索该词出现时的上下文,我们会发现"秘密教诲"与"律法的诸多秘密"相关。施特劳斯没有在"如何着手研读《迷途指津》"里点明哪些论题属于"律法的秘密",不过,在"《迷途指津》的文学特征"里,他曾指出,《迷途指津》包含了有关《托拉》的秘密的两个列表:其一位于卷 I 35 章,由"神的属性(divine attributes),创造、神意(providence),神的意志和神的知识、预言、上帝的诸多名字"组成,其

---

[32] Aryeh Tepper, *Progressive Minds, Conservative Politics: Leo Strauss's Later Writings on Maimonides*(Albany: SUNY Press, 2013), 128. 在一篇不乏睿见的晚近文章里,Warren Zev Harvey 称"如何着手研读《迷途指津》"一文的"显著之处在于施特劳斯的阐释仅覆盖了半部《迷途指津》"。当然,人们的确可以如 Zev Harvey 所说:"施特劳斯的逐章的、逐个子部的阐释在卷 II 24 章这儿突兀地中断了。"见 Warren Zev Harvey, "How to Begin to Study Strauss's 'How to Begin to Study the *Guide of the Perplexed*,'" in *Interpreting Maimonides: Critical Essays*, eds. Charles H. Manekin and Daniel Davies(Cambridge, UK: Cambridge University Press, 2018), 245.

二在卷 II 2 章,由"开端论、神车论(以西结书 1 章、10 章)、预言和上帝的知识(knowledge of God)"组成。㉝所有这些论题都出现在施特劳斯的"如何着手研读《迷途指津》"里,并且成为这篇文章的"什么"或"内容"的主体。在这些论题中,与迈蒙尼德的"秘密教诲"相关的首先是"开端论"和"神车论",随后是"神的属性"以及"神意"。在"如何着手研读"一文中,"《迷途指津》的秘密教诲"还将我们引向一个额外的重要主题:萨比主义(Sabianism)。字面上看,萨比主义指的是萨比人(the Sabians)的生活方式乃至他们的特定宗教信仰。不过,从《圣经》角度看,萨比主义就是偶像崇拜。在迈蒙尼德看来,《圣经》中对有形体的上帝的描述是一个萨比信仰的遗迹。施特劳斯则暗示我们,"他的秘密教诲的任务之一,就是在萨比文献的帮助下重新发现《圣经》中的萨比遗迹"("如何"§21,155)。施特劳斯对迈蒙尼德在《迷途指津》里如何克服萨比主义的讨论,隐含了"如何着手研读"这篇文章的一个重要主题,即迈蒙尼德超越摩西(Moses)以及其他圣经先知和后圣经的犹太先贤的"进步"(progress)。

开端论(希伯来语 *maʿăśeh bərēšît*)和神车论(希伯来语 *maʿăśeh merkābāh*)是与《圣经》的秘密教诲相联的拉比犹太教术语。按照《密释纳》(*Mishnah*)的说法:

> 被禁止的人际关系[这个论题]不能当着三个人的面加以阐释,开端论不能当着两个人的面加以阐释,神车论不能当着一个人的面加以阐释,除非这人是个贤人,能靠自己来理解。㉞

传统上,*maʿăśeh bərēšît* 与《创世记》第 1 章或上帝的创世相联,因而某些学者将其译作"创造论"(the account of creation)。另一方面,*maʿăśeh merkābāh* 则跟《以西结书》第 1 章和第 10 章里先知以西结有关神车的视像(visions)相联。在《迷途指津》里,迈蒙尼德不止一次声称,他这部论章(Treatise)的"首要目的"就是"解释开端论和神车论里可以解释的部分"(《迷途指津》卷 III 导言;卷 II 2 章)。迈蒙尼德还称,"开端论等于自然科学,神车论等于神的科学"(《迷途指津》卷 I 导言)。然而,这两个等式究竟如何成立,远非一件清楚明白的事。正如施特劳斯所言:"《迷途指津》的最大秘密"就在于迈蒙尼德"究竟在什么意义上将哲学的核心(自然科学和神的科学)与律法

㉝ 施特劳斯,"《迷途指津》的文学特征",《迫害与写作艺术》,34-35。

㉞ 《密释纳·节仪》(*Mishnah*,Ḥagigah)2.1。

的最高秘密(开端论和神车论)相等同,随之,他究竟在什么意义上将思辨的主题跟解经的主题相等同"("如何"§8,145)。可以说,施特劳斯"如何着手研读《迷途指津》"一文的首要目的正在于解释这个《迷途指津》的最大秘密。

那么,施特劳斯究竟如何进行他的解释?如同迈蒙尼德,施特劳斯此文从谋篇到措辞都带着"极度的精确性"("如何"§6,143),如同迈蒙尼德,施特劳斯对迈蒙尼德的秘密教诲只给出提示和暗示("如何"§43,172);如同迈蒙尼德,施特劳斯的文本由于各种"变化"和"不规则"而显得晦涩。他时明时暗地提醒我们,某部作品或其某部分的中心值得我们的特别留意(参"如何"§26,158;§29,160;§42,171)。"如何着手研读《迷途指津》"作为《迷途指津》的全新英译本(译者 Shlomo Pines)的一个导读,初版于 1963 年,这个版本总计 43 段。可当施特劳斯 1968 年在其文集《古今自由主义》(*Liberalism Ancient and Modern*)中再版此文时,他将总段落数从 43 改为 58。这一改变造就的最显著差异是文章中心的转移。如果以 1968 年的再版为准(本文提及的施特劳斯文章的段落数均以此版为基准),初版的中心位于再版的第 26 段(即初版的第 22 段),而再版则将文章的中心移到第 29 和 30 段——这是一个双中心。

现在让我们来看看施特劳斯文章的这两个不同版本的中心段落的要旨。第 26 段是初版的中心段落,此段位于施特劳斯讨论《迷途指津》第二个子部(卷 I 8-28 章)的语境中。按施特劳斯的说法,《迷途指津》的整个第一部分——卷 I 1-70 章——致力于解释"假设上帝的有形体性和多数性(God's corporeality and multiplicity)的圣经措辞"("如何"§1,140);第一部分第二个子部的论题是迈蒙尼德对"位置(place)以及某些显著的位置……以及用于改变位置的器官"的词典式释义(lexicographic explanation)("如何"§25,157)。在第 26 段,施特劳斯洞察到,《迷途指津》卷 I 14 和 17 章构成了某种"中断"(interruption)或曰"不规则",因为这两章的话题——分别是"人"和"自然科学"——并不属于《迷途指津》第二个子部的论题。施特劳斯指出,"藉助这种不规则,我们的注意力被某种**数字象征**(numerical symbolism)所吸引:**14 代表人或人事**(man or human things)而 **17 代表自然**(nature)"("如何"§26,158)。他进而指出:

> 26 是圣主(the Lord)——以色列的上帝——的秘密名字的数值对应(numerical equivalent);26 因此也可以代表祂的《托拉》。顺便一提,可以留意到,14 是希伯来语"手"的数值对应;卷 I 28 章致力于"脚":《迷

途指津》中没有一章致力于人所特有的器官"手",而迈蒙尼德却用一章即第四个子部居于中间的那章(the central chapter)致力于"翼"(wing),这是用来迅捷下降和上升的器官。("如何"§26,158)

按施特劳斯在全文开头提供的《迷途指津》的结构图,"第四个子部居于中间的那章"是卷 I 43 章——通过将自己的文章分为 43 段,通过在讨论"数字象征"的中心段落(初版第 22 段)看似不经意地,甚至未点名地提到某个子部的中心章,施特劳斯在提示我们特别留意卷 I 43 章。此章是个词典释义章,解释的是希伯来语圣经措辞"kanaph"或"翼"。在圣经里,"翼"不仅与飞行动物相关,而且涉及天使。按迈蒙尼德在卷 I 43 章的解释,"在所有涉及天使的情形中,'翼'都指隐匿之物"(《迷途指津》卷 I 43 章,94)。迈蒙尼德为之举例引用的圣经经文是《以赛亚书》6 章 2 节:"用一双[翼]他遮盖他的脸,用{另}一双[翼]他遮盖他的脚"。施特劳斯的评注提醒我们注意到,出现在《迷途指津》卷 I 43 章的《以赛亚书》6 章 2 节同样出现在迈蒙尼德讨论神车论的卷 III 6 章(《迷途指津》卷 III 6 章,427)。在施特劳斯的文章里,被他称为"以赛亚式神显"(the Isaian theophany)的《以赛亚书》第 6 章扮演了一个极为重要的角色。在全文第 30 段——再版版本的双中心之一——施特劳斯并举《以赛亚书》第 6 章与《出埃及记》第 33 章,从而引入"以赛亚式神显"与"摩西式神显"(the Mosaic theophany)的差异以及前者较之后者的"进步"。此后,施特劳斯在第 38 段提到,"神车论出现在《以西结书》,并且,其最高级形式恰恰出现在《以赛亚书》第 6 章"("如何"§38,167-168)。某种程度上,在施特劳斯的文章里,《以赛亚书》第 6 章贯通了神车论、预言以及"超越摩西的进步"这些主题。

回到施特劳斯在其文章的初版中心段落指向的"翼"这个措辞,我们留意到,"翼"是先知以西结的神车视像(即神车论)中的重要成分。换言之,通过暗暗地指涉《迷途指津》卷 I 43 章,施特劳斯将我们的注意力引向散落《迷途指津》各章、但对理解迈蒙尼德关于神车论的秘密教诲至关重要的一块拼图。此外,在将"翼"描述为"用来迅捷下降和上升的器官"时("如何"§26,158),施特劳斯一方面暗示了迈蒙尼德称之为"天使"的气、火、水、土四元素的"下降和上升"(《迷途指津》卷 II 6,262;卷 II 10 章,272),另一方面又遥遥指向 Shekhinah[〈上帝的〉居所]的"下降和上升"——Shekhinah 与神意(providence)的关联问题正是第 29 段亦即施特劳斯此文再版版本的双中心之一的论题。最后,43 恰好是 26 与 17 之和,这一点绝非偶然。

在初版的中心段落,施特劳斯强调了数字在《迷途指津》里的重要性。在他提到的几个数字里,17 因缺乏与圣经的联系而显得独特。㉟据施特劳斯所言,"17 代表自然":在《迷途指津》卷 I 17 章,迈蒙尼德解释了"对公开教授自然科学的禁令"("如何"§26,158)。自然科学对迈蒙尼德来说很重要,不仅因为他将自然科学等同于开端论,而且因为,在施特劳斯看来,迈蒙尼德规划《迷途指津》谋篇的着眼点,在于其"典型讲述对象"(the typical addressee)缺乏自然科学知识这一点。

在初版的中心段落的最后,施特劳斯看似顺带地说道:"在所有这些事物上,研习约瑟夫·阿尔博(Joseph Albo)的《根荄之书》(Roots)可以令人获益匪浅。阿尔博生活在一位伟大君王的宫廷中,是这位伟大君王最喜爱的一位友伴(favorite companion)"("如何"§26,158)。查阅这位 15 世纪的犹太哲人阿尔博的生平会让我们认识到,阿尔博从未曾生活于任何宫廷:施特劳斯提到的伟大君王其实是哲人王迈蒙尼德!㊱

1968 年再版重组段落后,新的中心段落的要旨又是什么呢?就双中心的第一部分即第 29 段而言,无论其讨论焦点何在,它通过"翼"这个词与初版的中心(《如何》第 26 段)相关联。在这个段落,施特劳斯看似顺带地提及,"致力于'翼'的那章只字未提 Shekhinah[上帝的居所]"㊲(《如何》第 29 段,160)——他再度论及卷 I 43 章而未指明其位置。进而,此段中出现的"Merkabah"[希伯来语"车"]及其英译 Chariot[〈神〉车]又是一个对神车论核心地位的提示。除了这些微妙细节外,后圣经时代的用词 Shekhinah[上帝的居所]在第 29 段出现了 16 次之多,而且该词仅出现在第 29 段,这似乎意

㉟ 在"如何着手研读《迷途指津》"第 29 段末尾,施特劳斯指出:"不只 Shekhinah,'神意'和'统驭'也都不是圣经措辞。"(p.161)在这里,他没有提的是,"自然"也并非圣经措辞,这个省略不可能是疏忽,从而就更加意味深长。在《〈迷途指津〉的文学特征》里,在论及提供暗示的"迈蒙尼德的笔法"(Maimonidean devices)时,施特劳斯指出,"另一种笔法是沉默,即对某些内容的省略,惟有那些有学识的人,或有能力凭自己来理解的有学识的人才会发觉。"见《迫害与写作艺术》,67。重点为笔者所加。

㊱ 对施特劳斯所称的"伟大君王",M. J. Sharpe 提出了一种不同的然而富有启发性的解释,他提示参考迈蒙尼德在《迷途指津》卷 III 51 章为解释人的认识能力的等级而虚构的"王宫寓言",并指出:"人的最高的完善或生活方式让他们在伟大君王的王宫里有一席之地(《迷途指津》III 51,施特劳斯文,第 26 段末尾,157[引按:应为页 158]),而这样的生活是理智的生活(《如何》第 36 段,166)。"见 Matthew Joel Sharpe,"'In the Court of a Great King':Some Remarks on Leo Strauss' Introduction to the *Guide of the Perplexed*,"(Second Part),*Sophia* 50(March 2011):413。此文的上半部分发表于同一刊物:"'In the Court of a Great King':Some Remarks on Leo Strauss' Introduction to the *Guide for the Perplexed*,"*Sophia* 47(January 2011):141-58。有意思的是,上、下两文对《迷途指津》标题的译法不同。

㊲ 希伯来语 shekhinah 字面义"居所",在后圣经时代的拉比犹太教中,该词一方面指"上帝的居所",另一方面直接指代上帝。

味着 *Shekhinah* 是此段的核心论题。然而，更深入的考察表明，此段的论题更可能是"Shekhinah""神意"以及"统驭"（governance）三者之间的关联与差异。施特劳斯注意到，在《迷途指津》里，迈蒙尼德一方面将 Shekhinah 与"统驭"相提并论，另一方面则将之与"神意"相提并论。他指出：

> 《迷途指津》的典型特征在于，在书中，作为神学论题的 *Shekhinah* 为"神意"所取代，而"神意"某种程度上又为"统驭"所取代，而如 I 70 所示，"统驭"本身又仿佛是 *Merkabah*（"神车"[Chariot]）的转译。（《如何》第 29 段，160）

在施特劳斯那里，"Shekhinah""神意"以及"统驭"这三个概念究竟意指什么？要找到这个问题的答案，我们需要考察施特劳斯在文中所提示参考的所有《迷途指津》的相关章回。这样的考察让我们认识到，在《迷途指津》里，*Shekhinah* 的"下降"与"上升"分别指上帝对以色列的保护与祂对这种保护的取消或者说对以色列的惩罚，"神意"（阿拉伯语 ʿ*ināya*）则指来自上帝的保护或照料。至于"统驭"（阿拉伯语 *tadbīr*），施特劳斯在第 29 段告诉我们，迈蒙尼德专门有一章论"统驭"，那是《迷途指津》解释希伯来语"*rûaḥ*"[本义：气]的卷 I 40 章。对迈蒙尼德来说，*rûaḥ* 首先是四元素之一的"气"，他为这个释义提供的圣经引文是《创世记》1 章 2 节："上帝的气（*rûaḥ*）运行在[水面上]"——此句中的 *rûaḥ* 通常在各种圣经译本里译作更有神学色彩的"[上帝的]灵"。按迈蒙尼德所言，当 *rûaḥ* "用于上帝，它指该词的第五种意义"亦即"指向先知们流溢的神的理智流溢（intellectual overflow）"——由此，迈蒙尼德悄悄地将"对如其所是的存在事物的统驭"与"神的理智流溢"扣在一起（《迷途指津》，卷 I 40 章，90）。换言之，在《迷途指津》里，"统驭"指神的理智对自然秩序的统驭。按施特劳斯对《迷途指津》的解读，神的理智截然不同于神的意志（divine will），后者是所有神迹的来源。在施特劳斯所暗示的论"统驭"的那章，迈蒙尼德本人提示我们，后面还有"专门处理祂的统驭（His governance）的一章"。那章是卷 III 2 章，这是处理神车论的核心章回之一。进一步看，在施特劳斯文章的第 29 段，他将 *Merkabah* 即"神车"与《迷途指津》卷 I 70 章相联，从而暗示我们，对迈蒙尼德来说，神车论指的是上帝借助"天"对"实存世界"的统驭（卷 I 70 章，173）。对于迈蒙尼德为"既揭示又隐匿"神车论的秘密而故意打散的拼图，施特劳斯在这段为我们完成这幅拼图提供了极关键的一块。关于这一点，他在后文中表达得更清楚："按照《迷途指津》的说法，神车论处理的是上帝对世界的统驭（God's governance of the world）"

("如何"§38，167)。可以说，在本文新版的第一个中心段落，施特劳斯带我们串联起迈蒙尼德故意打散的"章回标题"——按先贤的教导，这是传授神车论秘密的仅有方式。与此同时，他向我们表明，迈蒙尼德关于神车论的秘密教诲对于理解《迷途指津》具有核心意义。在初版的中心段落即第 26 段，施特劳斯同时触及开端论和神车论，而在再版或曰新版的第一个中心段落，他的重点几乎完全转移到神车论或者说神的科学这个论题。某种程度上，这既与亚里士多德那里神的科学较之自然科学有更高的地位相符，又与神车论较之开端论有更高的秘密性相契：根据《密释纳》的口传律法，向一个人讲述开端论是可以允许的，可神车论不能向哪怕一个人讲授，除非这个人有智慧靠自己去理解。通过改变"如何着手研读《迷途指津》"一文的段落数，施特劳斯将文章的中心转向迈蒙尼德《迷途指津》更秘密的部分：关于上帝的知识。

三 "萨 比 主 义"

那么，"如何着手研读《迷途指津》"1968 年新版的第二个中心段落的要旨又落在何处呢？第 30 段开头，施特劳斯就指出《迷途指津》第二个子部（即卷 I 8-28 章）中的两个圣经段落的中心地位，从而开启了一个新的话题。这两个圣经段落是《出埃及记》33 章 20-33 节以及《以赛亚书》第 6 章开头，两者分别与摩西与以赛亚"看到"上帝的视像相关，或者，用施特劳斯在第 38 段的说法，两者分别与"摩西式神显"与"以赛亚式神显"相关（"如何"§30，161；§38，167）。在圣经里，上帝对摩西说："没有人能看到我且活着"，并且摩西只能看到"〔圣主的〕荣耀经过"（出埃及记 33：19-20，22），可是以赛亚宣称他的眼睛"看到这君王，万军之圣主"（以赛亚书 6：5），从这两个文本看，以赛亚能更清晰地看到上帝。对"以赛亚式神显"较之"摩西式神显"有进步这一点，施特劳斯令人惊讶地没有指涉《迷途指津》第二个子部——从第 25 段以来，他始终在讨论这个子部，他提示参考的反而是《迷途指津》卷 I 5 章以及阿尔博《根荄之书》卷 III 17 章（"如何"§30，161）。阿尔博第一次出现在第 26 段即初版中心段落的末尾，这里我们可以看到初版中心与新版中心的又一处关联。

阿尔博在卷 III 17 章讨论了施特劳斯提到的两个圣经段落，他问道：难道我们不该把以赛亚关于上帝的视像看作比摩西的视像更优越么？㊲有鉴于

㊲ Joseph Albo, *Sefer Ha-ʿIkkarim / Book of Principles*, vol.3, trans. Isaac Husik（Philadelphia：The Jewish Publication Society of America，1930），154.

此,在第 30 段的中心,施特劳斯提出了一个新的论题:"我们于是受引导去相信,以赛亚在对上帝的认识上比摩西更优越,或者说,以赛亚的视像标志着一种超越摩西[视像]的进步(progress beyond Moses')。"施特劳斯马上承认,"乍听起来",这种想法是"荒谬的(preposterous),甚至可谓亵渎",因为"否认摩西预言的至尊性(supremacy)似乎将导致否认摩西律法的终极性"("如何",§30,161)。那么,"超越摩西的进步"在迈蒙尼德那里又如何可能呢?施特劳斯诉诸迈蒙尼德的《复活论》(Treatise on Resurrection)来展开这个问题。迈蒙尼德在其中指出,在圣经内部,"复活"只出现在晚期的《但以理书》,却显然没有出现在摩西律法里。关于迈蒙尼德对这个"奇怪的事实"的解释,施特劳斯总结道:

> 在《托拉》被授予的时代,所有人——从而也包括我们的祖先——都是萨比人(Sabians),[他们]相信世界之恒在(eternity of the world),因为他们相信上帝是天球之灵(the spirit of the sphere),并且他们拒绝启示和神迹的可能性(possibility);于是,需要很长一段时间的教育与习养(habituation),我们的祖先才能勉强考虑去相信那所有神迹中最伟大的神迹——死者的复活(《Treatise on Resurrection》26,18-27,15 和 31,1-33,14 Finkel[编订本])。("如何" §30,161)[39]

这是"萨比人"这个词第一次出现在施特劳斯的文章里。此前,作为形容词的"Sabian"[萨比人的]在第 21 段出现过三次,都与"偶像崇拜者的"(idolatrous)及"异教的"(pagan)一并提及,好像这几个词乃是同义词。施特劳斯继而假设:"通过萨比文献的帮助来重新发现(recovery)圣经中的萨比残余正是他的秘密教诲的任务之一"("如何" §21,155)。按施特劳斯的说法,"圣经中的萨比残余"指的一方面是涉及上帝有形体的圣经篇章,另一方面是某种献祭律法("如何" §32,163-164)。施特劳斯在这篇文章里没有明确萨比文献是什么。不过,在初版于 1943 年的文章"《哈扎尔人书》中的理性法"(The Law of Reason in the *Kuzari*)里,施特劳斯曾不止一次提及萨比文献《奈伯

---

[39]　施特劳斯在第 30 段提示参考的是 Joshua Finkel 为迈蒙尼德《复活论》做的校勘本: *Maimonides' Treatise on Resurrection* (*Maqala fi Teḥiyyat Ha-Metim*): *The Original Arabic and Samuel ibn Tibbon's Hebrew Translation and Glossary* (New York: American Academy for Jewish Research, 1939),此文英译见: Moses Maimonides, *Treatise of Resurrection*, trans. by Hillel G. Fradkin, in Ralph Lerner, *Maimonides' Empire of Light: Popular Enlightenment in an Age of Belief*, Chicago and London: University of Chicago Press, 2000, 169-170, 172-174。

特农事》(*Nabatean Agriculture*),并称"在迈蒙尼德看来,《奈伯特农事》是萨比文献中最重要的记录"。⑩

正如前文所指出的,施特劳斯"如何着手研读《迷途指津》"一文的主要任务是解释迈蒙尼德的秘密教诲或用种种暗示为读者指点迷津。这里,在此文新版的第二个中心段落即第 30 段,施特劳斯专门挑出萨比人及其文献作为理解迈蒙尼德笔下的摩西预言及他本人提出的"超越摩西的进步"这个论点的钥匙。在施特劳斯对萨比人的描述中,看上去比较奇怪的有两点,一是他们对"世界恒在"的信仰,二是他们"否认启示与神迹的可能性"的立场与哲人们的观点和立场如此接近。在《迷途指津》里,迈蒙尼德将世界恒在的学说归于亚里士多德这位"哲人中的君主"(《迷途指津》卷 I 5 章,29;"如何"§23,156)。然而,在迈蒙尼德那里,萨比人首先是异教的偶像崇拜者,这些人似乎崇拜形形色色的事物,不过最重要的是,他们崇拜星辰,或者说,他们相信占星术,而从摩西律法的角度看,占星术被认为是偶像崇拜的一种,应当被消除。那么,萨比人及其信仰的真相究竟何在呢?

在施特劳斯提及的《复活论》里,迈蒙尼德对萨比人及其信仰的描述跟施特劳斯所言一样,不过,施特劳斯略去了迈蒙尼德的后面一句:

> 你没看到他们{萨比人}如今带着惊异说"我们如今看到,上帝跟人说话,而这人还活着[申命记 5:24]"吗? 这意味着,**按他们的说法,预言是不可能发生的**。⑪

施特劳斯的这句省略不由让人猜想,他会不会是故意略过这句的? 如果是的话,这句话应该才是他引述《复活论》的重点。毕竟,在"《迷途指津》的文学特

---

⑩ 施特劳斯,"《哈扎尔人书》中的理性法",《迫害与写作艺术》,117。关于迈蒙尼德对萨比信仰的讨论,参董修元,"迈蒙尼德论萨比教",《宗教学研究》2015 年第 2 期,272-279。另见 Sarah Stroumsa, "'Ravings': Maimonides' Concept of Pseudo-Science," Aleph, No. 1 (2001), pp.141-163。两位学者都对《迷途指津》刻画的萨比人提出诸多睿见,Stroumsa 将迈蒙尼德笔下萨比人的"狂言"主要联系到占星术等异教信仰,并将之归于"伪科学"范畴;而董修元的论文则兼顾《重述托拉》与《迷途指津》,留意到"迈蒙尼德在萨比教与古代哲学关系问题上的隐微态度",并分析了《迷途指津》里两类不同的"萨比人"与之相关的"主流的与精英的萨比神学理论",澄清《迷途指津》里"哲学与萨比教的关联"及"哲学与萨比教的分歧"(见上引文页 278 及 274-276)。另参董修元,《迈蒙尼德宇宙生成论思想研究》(上海:上海三联书店,2022),页 114-124, 133-135。本文从施特劳斯对《迷途指津》的解读这个不同视角出发,论证迈蒙尼德在其著作里描述"萨比人"时采用的双重修辞。

⑪ Moses Maimonides, *Treatise of Resurrection*, trans. Hillel G. Fradkin, 173.

征"里,施特劳斯专门讨论过迈蒙尼德在引用时的"省略"笔法。㊷

在施特劳斯称之为"《迷途指津》最本真的注疏"的《复活论》里,迈蒙尼德邀请他的读者去读一下他在《迷途指津》里对萨比人及其文献的解释。㊸在《迷途指津》里,迈蒙尼德讨论萨比人的一个重要片段在卷 I 70 章——这是施特劳斯在前一个中心段落即第 29 段特别提示参考的——在其中,迈蒙尼德说"萨比人想象神是天球的灵"(《迷途指津》卷 I 70 章,172)。译作"灵"的词阿语原文是 *rūḥ*,该词的希伯来语对应词 *rûaḥ* 本义为"气"或"风",正是《迷途指津》卷 I 40 章解释的核心词。施特劳斯曾在新版的第一个中心段落即第 29 段提醒我们,《迷途指津》卷 I 40 章的主题是"统驭",按迈蒙尼德在该章的解释,在用于上帝时,*rûaḥ* 总是指"理智的流溢"(《迷途指津》卷 I 40 章,90)。就此而言,萨比人相信神是天球的理智。这一点对于恰切理解迈蒙尼德关于神车论的秘密教诲至关重要。

施特劳斯讨论"萨比主义"(Sabianism)是为了引出何以"超越《托拉》教诲的进步是可能的,或甚至是必要的"这个问题("如何"§31,162)。对此,他转述迈蒙尼德的观点解释道:"摩西立法与萨比主义(Sabianism)的尚未破除和普遍统治处于同时代"("如何"§32,163)。在施特劳斯看来,尽管"摧毁萨比主义或偶像崇拜是《托拉》的惟一目的",可《托拉》还是屈从于萨比人的习性,因为"人的本性(human nature)不允许从一极直接转向另一极"(同上)。正是在此意义上,"圣经中的[上帝]有形体论(the corporealism of the Bible)"是"一种对萨比人的习性的适应"("如何"§33,163)。熟悉《迷途指津》的读者知道,这正是迈蒙尼德的观点。

施特劳斯继而援引《迷途指津》卷 III 29 章并指出,"根据萨比主义,诸神是诸天体(heavenly bodies),又或,诸天体是形体,上帝是此形体的灵(the body of which God is the spirit)"("如何"§33 段,163)。这句话值得我们特别留意。如前文所引,在第 30 段即新版的第二个中心段落,施特劳斯曾说"萨比人相信神是天球之灵(the spirit of the sphere)"——在第 33 段重复这个观点时,施特劳斯看似不经意地添加了一些东西。按他自己在"《迷途指津》的文学特征"里的说法,"重复传统观点是要**在重复中把对非传统观点的揭示隐藏起来。重要的……是对出现在传统观点中的细微增补或对传统观点的部分省略。**"㊹这里,施特劳斯在第一个陈述中说,"神是天球的灵",而在

㊷　施特劳斯,"《迷途指津》的文学特征",《迫害与写作艺术》,64,71。

㊸　见 Maimonides, *Treatise on Resurrection*, 173.

㊹　施特劳斯,"《迷途指津》的文学特征",《迫害与写作艺术》,57。

第二个陈述中,他说,"诸神是诸天体,又或,诸天体是形体,神是此形体的灵"。这两个陈述间的差异可以从两个角度来看。首先,乍看之下"天球"和"天体"似乎是两回事,可在后文中,施特劳斯明确说,对萨比人而言,"他们的神是天球及其星辰(the sphere and its stars)"("如何"§54,181),因此,"天球"和"天体"在这里可被归为同一类事物。可为什么施特劳斯在第二个陈述中使用"诸天体"而非"星辰"? 其次,第二个陈述不同于第一个陈述的地方还在于其中对第一个陈述的"细微增补"。"又或"的表述暗示我们,萨比人并不具有对神的单一信仰,他们要么信仰诸天体是诸神,从而信仰有形体的神,要么,他们信仰本质上是"灵"的无形体的神。从这个角度看的话,施特劳斯使用"天体"而非"星辰"就变得容易理解了——他是为了强调"(有形)体"(body)与"灵"(spirit)或曰"理智"(intellect)之间的反差。在暗示有两种不同的萨比信仰的同时,施特劳斯提示我们,事实上在《迷途指津》里有两种不同类型的萨比人。对这一点,在早前的文章"《哈扎尔人书》中的理性法"里,施特劳斯说得更明白:那些"将神等同于天球之灵的人"是"萨比时代的哲人";另一方面,萨比人中的"绝大多数明显将神等同于天球之体(the body of the celestial sphere)"[45]。

迈蒙尼德对萨比人和萨比文献的最全面讨论出现在《迷途指津》卷 III 29 章,此章在施特劳斯"如何着手研读《迷途指津》"里出现多达九次,多于任何其他章回。正是在卷 III 29 章,迈蒙尼德引述了萨比文献《奈伯特农事》。据迈蒙尼德,《奈伯特农事》讲述了圣经人物亚当、挪亚、亚伯拉罕等的传奇故事。以间断的方式,迈蒙尼德转述了此书讲述的亚当故事。他告诉我们,当亚当离开印度前往巴比伦时,

> 他随身带着一些神奇的东西:其中有一棵有叶子有枝干会生长的金子的树,还有一棵石头的树,还有一棵带绿叶的树,**烧着却不会燃烬**(《迷途指津》卷 III 29 章,516)。

熟悉《摩西五经》的读者读至此处会想起,在《出埃及记》里,有一棵燃烧的荆棘,烧着却不会燃烬,正是在此荆棘中,上帝向摩西显现,要求摩西将以色列人带离埃及人的奴役(出埃及记 3:2)。在讲完这个关于亚当的故事后,迈蒙尼德评议道:"令人生疑的是,认为世界恒在的人会同时相信这些**自然中不可能的事**,因为那些人具有关于自然的思辨知识"(《迷途指津》卷 III 29

---

⑤　施特劳斯,"《哈扎尔人书》中的理性法",《迫害与写作艺术》,119,注 2。

章,516)。对迈蒙尼德来说,"认为世界恒在的人"要么是哲人,要么同意哲人的观点。而哲人是那些应该知道什么是在自然中不可能的人,这类人不应该相信有违反自然规律的"烧着却不会燃烬"的树。随之,迈蒙尼德指出,萨比作者"提及亚当和他们归于亚当的一切",目的在于"巩固他们关于世界恒在的学说,以便推出星辰和天球是神"的观点(《迷途指津》卷 III 29 章,516)。看上去,迈蒙尼德并不把这个萨比人讲的亚当故事当真,难道他由此暗指摩西面对燃烧的荆棘的圣经叙事也不是真实的?《迷途指津》卷 III 29 章在进一步转述《奈伯特农事》里的亚当故事前,插入了该书所讲的亚伯拉罕如何与信仰天体的萨比人斗争的故事,还插入了摩西如何收到神的启示、颁布禁止偶像崇拜的律法的圣经记载。迈蒙尼德随后转述的亚当故事更加神奇:

> 他在他的书《奈伯特农事》里详细记载了与第一个人亚当相关的[故事]:在印度有一棵树,其枝干如果取下并扔到地上,它会移动,像蛇一样爬动;此外,在那里还有另一棵树,其根有人的形状;此根被听到在咆哮并发出一个个的词。他还记载,若是一个人取下草上的一片叶子——他描述了这草的样子,把它放在自己胸上,他就能从人群中隐匿自己,无论他来去哪里都不会被看到。若是这草在敞开的天空下得到燃熏,烟升起的时候,人们会在大气中听到一个响声及令人恐惧的各种声音。(《迷途指津》卷 III 29 章,519)

不难看出,这部分亚当故事与之前关于"烧着却不会燃烬的树"的部分原本连在一起,迈蒙尼德悄悄地拆开这个故事,将之散布在同一章的不同地方。同样不难看出的是,这个故事里的树与蛇会让人想到伊甸园里的树与蛇。迈蒙尼德承认,关于亚当的萨比故事是"传奇"(阿拉伯语 *kurāfāt*,英译:fables)亦即这些故事乃是虚构的。他断言萨比人讲述亚当的故事意在批评"神迹",或者说意在假设神迹"是人通过种种花招做出来的"(《迷途指津》卷 III 29 章,519)。值得留意的是,在这部分的亚当故事之前有两个看似矛盾的主张:首先,迈蒙尼德承认,"通过对萨比人的种种教义、意见、实践及崇拜的研究,诸多律法的含义才对我变得清楚,其原因也变得为我所知晓"(《迷途指津》卷 III 29 章,518);其次,他宣称,《奈伯特农事》"充满了偶像崇拜者们的狂言(the ravings),充满了施法术者的行动……**也**包括令聪明人大笑的不同寻常的狂言(extraordinary ravings),这些狂言被认为贬低了各种昭彰的神迹"(卷 III 29 章,518-519)。这样的两个陈述会让读者疑惑:那些"不同寻常的狂言"指什么? 它们与"诸多律法"的关系又何在?

卷 III 29 章属于《迷途指津》里最长的那几章,对此章那些令人眼花缭乱的萨比故事,又是施特劳斯为我们提供了理解的思路。在他发表于 1943 年的文章"《哈扎尔人书》中的理性法"[46]里,有一个离题的段落,看似突兀地从哈列维的《哈扎尔人书》转到迈蒙尼德的《迷途指津》,施特劳斯在那里解释道,对迈蒙尼德而言,"狂言"——或用他的措辞"荒谬的胡说"(ridiculous nonsense)——是萨比作者故意设置的,为的是表明圣经中的神迹有多么荒诞。进而,施特劳斯指出,在迈蒙尼德看来,某些萨比故事假设"圣经中的神迹是通过花招(by tricks)施行的"。[47]施特劳斯辨析出,在"萨比人"的标签下有两类人,[48]由此可以推断,迈蒙尼德所说的两种"狂言"应该属于两种不同种类的"萨比人"。实际上,施特劳斯的确暗示读者,在前文所引述的《迷途指津》卷 III 29 章的片段,相同的因素——诸如蛇与杖(树枝)的互相转化、不会烧烬的树,以及"烟升起的时候,人们会在大气中听到一个响声及令人恐惧的各种声音"等——要么出现于圣经叙事里的西奈山(何烈山)启示,从而属于施特劳斯所谓的"摩西式神显"(《出埃及记》第 3,19,20 章,《申命记》第 5 章),要么出现于摩西在埃及施行的神迹(《出埃及记》7:8-13)。"如何着手研读《迷途指津》"的作者预设他的读者会读过他早年的文章"《哈扎尔人书》中的理性法",会已然察觉他在其中就迈蒙尼德对《奈伯特农事》的讨论所提供的暗示。通过将迈蒙尼德对"萨比主义"的讨论置于新版"如何着手研读《迷途指津》"的中心,施特劳斯不仅暗暗地却又成功地将萨比人崇拜偶像的习性与摩西立法、圣经中的神迹以及圣经预言相联,他还为他的论点"超越摩西的进步是可能的"提供了有力的证据。

四 论"进步"

施特劳斯文章里所隐含的"萨比主义"的双重性事实上同样作用于迈蒙尼德笔下的摩西律法。正如施特劳斯所表明,"萨比人的习性"是有形体的上帝以及各种关于献祭的律法出现在《托拉》的原因("如何" §32,163)。而另

---

[46] 迈尔(Heinrich Meier)指出:"'《哈扎尔人书》中的理性法'写于 1941 年 12 月至 1942 年 8 月——多次被长时间打断。"见迈尔,"哲学的更新与启示宗教的挑战——论施特劳斯的《思索马基雅维利》的意图",《政治哲学与启示宗教的挑战》,余明锋译,27,注 6。施特劳斯"《哈扎尔人书》中的理性法"最初于 1943 年发表在 *Proceedings of the American Academy for Jewish Research*,volume XIII。

[47] 施特劳斯,"《哈扎尔人书》中的理性法",《迫害与写作艺术》,118。

[48] 施特劳斯,"《哈扎尔人书》中的理性法",《迫害与写作艺术》,119,注 2。

一方面,偶像崇拜即"严格意义上的萨比主义"恰恰是摩西律法有意摧毁的("如何"§41,170)。施特劳斯对"习性"(habits)的使用提示我们重读《迷途指津》卷 I 31 章,在其中,迈蒙尼德讨论了人类"关于各种事物具有不同意见的诸原因"。他说三世纪的亚里士多德注疏家阿芙洛狄西阿的亚历山大(Alexander of Aphrodisias)为我们归纳了导致人类意见分歧的三种原因,它们分别是人"对主宰和斗争的热爱"、理解一个微妙且隐晦的事物本身的困难,以及"人的无知和他对把握可能领会的事物的无能"。不过,迈蒙尼德接着声称:

> 在我们的时代,还有他[亚历山大]没有提及的第四种原因,因为那在他们那里不存在。那是习性与养成。因为**人就其自然本性而言总是热爱或倾向于他所习惯的事物**。(《迷途指津》卷 I 31 章,66-67)

显然,人从其生养环境所获得的习性和养成是与每个共同体的"意见"息息相关的。迈蒙尼德进一步指明,"各种意见"是人**习惯于**且希望捍卫的东西,而那些意见的来源——诸如上帝的有形体性——是"对其使用得到高度评价且被认为真实的**各种文本**(texts)"(《迷途指津》卷 I 31 章,67)。迈蒙尼德将"各种文本"当作造成人与人之间具有"各种不同意见的"第四种原因,对此,施特劳斯不但更为直接地点明那是"受到尊崇的'各种文本'"(revered "texts"),而且在(首次提示参考《迷途指津》卷 I 31 章的)第 13 段,将之归为"思辨的障碍"("如何"§13,148-149)。换言之,施特劳斯点明了迈蒙尼德所暗示的东西:由"受到尊崇的"或"神圣的文本"所塑造的"习性"是获得真正的知识的障碍。[49]施特劳斯进一步指出,迈蒙尼德认识到习性需要改变,但像他这样有智慧且审慎的思想家会"希望以尽可能少改变习性的方式来推进"他的《迷途指津》("如何"§13,148)。

施特劳斯表明,由于《托拉》里充斥着上帝有形体的言论,迈蒙尼德看到了改变"从字面上理解《托拉》"这种习性的必要性。在施特劳斯的文章里,克服作为一种普遍习性的"萨比主义"是"**超越《托拉》之教诲的进步**"之可能性的三种理由中的第二种("如何"§32 段,163)。施特劳斯解释说,尽管某个圣经措辞字面上假设的上帝有形体论的含义"并非其真正的含义,但却同

---

[49]　参 Heinrich Meier,"The History of Philosophy and the Intention of the Philosopher," in *Leo Strauss and the Theologico-Political Problem*,59,n.7。另参 Timothy W. Burns,"Strauss on the Religious and Intellectual Situation of the Present," in *Reorientation: Leo Strauss in the 1930s*,85-86。

样有意被当作真正的含义……[这]是因为需要教育和引导俗众(the vul-
gar)",这些人"最初完全处于萨比主义魔咒下"("如何"§33,164)。教育
这类俗众的目标是让他们知道上帝存在,"因为俗众的心智不承认……有
任何存在者的实存是非形体性的"("如何"§33,164)。用迈蒙尼德多次引
述的《塔木德》先贤的话说:"《托拉》用人子的语言说话",也就是说,尽管
《托拉》严厉禁止偶像崇拜,可为了照顾无法理解无形体存在者的大众以及
他们"偶像崇拜"习性,摩西不得不在论及上帝时使用拟人的措辞和比喻的
修辞。

在施特劳斯看来,"超越摩西的进步"之所以可能,同样由于广义而言"法
的限度"(the limitation of law),因为,"法更关注行动而非思想":在迈蒙尼德
笔下,摩西律法关注的只是"[上帝的]十三种道德属性"("如何"§31,162)。
换言之,就思想对于行动的优越性而言,摩西律法本身存在局限性。施特劳
斯观察到,迈蒙尼德视亚伯拉罕为一位"思辨者"(a man of speculation),而摩
西则是"用神迹来说服人、用应许和威胁来统治的先知"。继而,他进一步澄
清道,对迈蒙尼德而言,亚伯拉罕的上帝是"超道德的整全之上帝(God of the
transmoral whole)",而摩西的上帝是"赐予律法的上帝(law-giving God)"
("如何"§31,162)。不消说,对迈蒙尼德以及所有古典哲人而言,行动低
于思想,而道德属于行动范畴;一位道德的上帝显然不能免于愤怒等激情,
从而并非古典意义上完善的存在者。在此,施特劳斯隐然用这样的问题挑
战他的读者:迈蒙尼德是否真的像犹太传统观点那样,认为摩西比亚伯拉
罕更优越?

施特劳斯表明,迈蒙尼德那里"超越摩西的进步"的另一个理由体现在他
对神意问题的处理中。在《迷途指津》里,迈蒙尼德声称关于神意的"真正观
点"在《约伯记》里得到传达(《迷途指津》卷 III 22-23 章,486-497)。与此相
应,施特劳斯指出,迈蒙尼德此言的隐含意味在于,"由此他暗示,《约伯
记》……标志着超越《托拉》甚至超越先知书的进步(参《迷途指津》卷 III
19 章)"("如何"§34,164)。然而神意并非施特劳斯在此想要诉诸的重点。
这里的重点是迈蒙尼德通过解读《约伯记》暗示的"关于神意的律法观点
与……关于神意的真正的观点"之间的区分;与之相随,施特劳斯真正指向的
问题是:摩西启示具有何种理智高度,或者说,摩西预言是否属于最高等级的
知识。就此,施特劳斯说道,

正如迈蒙尼德在解释有关西奈山启示的叙事时所指出的,对文本
的**美的考量**(beautiful consideration of the texts)是对它们外在含义的考

量(II 36 末,37)。⑤这一评论出现在论预言的那个部分(section),在其中,他第一次在同一主题的律法式(或解经式)讨论与思辨式讨论间作出明确的区分(参 II 45 开头)。("如何"§34,164)

这段话的第一句串接起《迷途指津》文本里的两句话:在卷 II 32 章末尾,迈蒙尼德说:

> 当我们即将谈论西奈山集会,我们将在单独一章里,对出自诸文本——若其得到美的考量,以及出自先贤的话语中(*min al-nuṣūṣ ʿind al-taʾ ammul al-ḥasan wa-min kalām al-ḥǎkāmîm*),已变得明确的事关集会的事实给出若干提示。(《迷途指津》卷 II 33,363)⑤

在随后的卷 II 33,迈蒙尼德使用极为相似的措辞表示:

> 这就是出自《托拉》文本以及出自绝大多数先贤(愿他们蒙福得铭记)的话语的外在含义{或:字面含义}(*al-ẓāhir min naṣṣ al-tôrāh wa-min ʾ aktar kalām al-ḥǎkāmîm*)。(《迷途指津》卷 II 33,364)

施特劳斯注意到,迈蒙尼德用高度相似的措辞"出自文本的……"以及"出自先贤的话语",将"诸文本的外在含义(或'字面含义')"诠解为"对文本的美的考量"。他的这段话把我们带向迈蒙尼德解释西奈山启示的那章——卷 II 33 章。

　　《迷途指津》卷 II 33 章的主旨是,在"西奈山集会"(the Gathering at Mount

---

⑤　根据施特劳斯关于《迷途指津》的笔记,这里的文本出处"II 36 末,II 37"应为"II 32 末,II 33"。这份笔记收藏于芝加哥大学图书馆"施特劳斯遗著文献特藏",Svetozar Minkov 及 Yonatan Shemesh 两位学者正在对这份逐章评注《迷途指津》的笔记进行誊录整理,笔者感谢两位学者慨允使用他们尚未发表的工作成果。关于此句中"美的考量"一词的出处,详见下注。

⑤　楷体部分原文为希伯来语。下同。需要指出的是,在 Shlomo Pines 的译本里,施特劳斯直译为"美的考虑"的阿拉伯语短语 *al-taʾammul al-ḥasan* 被译作 well examined(全句:As we have come to speak of the *Gathering at Mount Sinai*,we shall give indications,in a separate chapter,concerning what becomes clear regarding that *Gathering* as it was,from the scriptural texts,if they are well examined,and from the dicta of the *Sages*。斜体部分原文为希伯来语[……我们将在单独一章里,从经文——若它们受到良好考察,以及从先贤的话语中,对已变得清晰的事关集会的事实,给出提示。]),从英语角度 Pines 的译法可能更通顺,由于这里分析的是施特劳斯的解读,故从施译。

Sinai)时,上帝的言辞如何企及摩西以及以色列民众。按迈蒙尼德的说法:

> 每次他们{以色列民众}听到所说的言辞,他们听到的是声音,摩西才是那个听到{上帝的}言辞并向他们传达的人。这就是《托拉》文本以及绝大部分先贤言说的外在含义。(《迷途指津》卷 II 33 章,364)

换言之,照顾到传统的说法,迈蒙尼德在先知摩西与所有其他出现于西奈山下的人之间作出区分,并且说,摩西是仅有的清楚听到上帝诸多诫命的人。然而,迈蒙尼德没有停留在"文本的外在含义"上。借犹太传统圣经注疏《米德拉释》(Midrash)及先贤的名义,迈蒙尼德进一步指出,"十诫"中的头两诫不但清楚地传达给摩西,也清楚地传达给其他人:

> 这两项原则——我指的是神的存在和祂是一——惟独由人的思辨获知。就一切能够由证明(by demonstration)而获知的事物而言,先知的地位与其他每一位知晓该事物的人是平等的。(《迷途指津》卷 II 33 章,364)

这句话正是施特劳斯在前述引文所指出的,"在解释有关西奈山启示的叙事时",迈蒙尼德"在同一主题的律法式(或解经式)讨论与思辨式讨论间作出明确的区分":在"十诫"这同一主题上,迈蒙尼德区分了两种讨论方式,按照立法式讨论,摩西是惟一听到上帝的言辞并将之重复给民众的人;而按照思辨式讨论,摩西并非惟一听到上帝言辞的人。在迈蒙尼德那里,"十诫"的第一诫(我是圣主你的神)和第二诫(除了我以外,你不可有别的神)亦即上帝的实存和单一性都是可以通过证明获知的。就此而言,摩西与那些知晓如何进行证明的人之间是平等的,这意味着"没有人比其他人更优越,由此,**这两条原则并非惟独通过预言为人所知**"(《迷途指津》卷 II 33 章,364)。换言之,迈蒙尼德在此暗示,"惟独通过预言"为人所知的并非思辨知识,而是实践性知识。

迈蒙尼德对西奈山叙事所作的解经与思辨的区分带我们回到了施特劳斯那句令人费解的话——"对文本的**美的考量**是对它们外在含义的考量":从外在含义理解《托拉》的话,"摩西才是听到{上帝的}言辞"并向以色列人"传达"十诫的人,突出摩西的重要性当然是一种"美的考量"。

迈蒙尼德的显白论或"美的考量"在施特劳斯的下一个句子里甚至更有启示性:"与此相应,在他[迈蒙尼德]对'神车论'的解释中,至少在表面上,他只谈及这一最秘密的文本的字面意义(卷 III 导言)"("如何"§34,164)。在

《迷途指津》的卷 III"导言",迈蒙尼德称,他愿意这样来解释神车论的秘密:"任何人听到那种解释都会认为,我没有说任何超越文本所指明的东西,可是,我却好像在从一种语言向另一种语言作翻译,或是在概述那些{圣经}言辞的外在含义"(《迷途指津》卷 III 导言,416)。以他所描述的这种方式,迈蒙尼德得以解释神车论的秘密却不曾违背拉比犹太教不许公开传授它的禁令。然而,他马上又补了一句:"另一方面,若是有人——本论章正是为那样的人所写——极尽细致地考察那种解释并且理解了全部相关章回……整件事(the whole matter)……会对他变得清晰"(《迷途指津》卷 III 导言,416)。显然,这"整件事"不可能是他就《以西结书》和《以赛亚书》中涉及神车论的相关文本所作的概述的"外在含义"。通过理解迈蒙尼德的秘密教诲并以迈蒙尼德的方式传达他的秘密教诲,施特劳斯表明,他正是迈蒙尼德的论章为之写作的那些人之一。

在施特劳斯看来,"超越摩西的进步"之所以可能,还因为他辨识出,迈蒙尼德关于摩西预言的理智高度的说法是自相矛盾的。这里问题的关键在于,摩西预言是否运用了想象力。施特劳斯指出,迈蒙尼德的断言"摩西预言完全不依赖于想象力"会"导致一个巨大的难题",因为"正是想象力产生了明喻和……隐喻"("如何" §35,165)。由于在《托拉》里有无数的明喻和隐喻,因此,很难说摩西如迈蒙尼德所断言的那样不使用他的想象力(参《迷途指津》,卷 II 36 章,373)。

施特劳斯留意到,对迈蒙尼德来说,"所有的认知或真正的信仰都根源于人的理智、感官式感知(sense perception)、意见或传统",对"十诫"的认知状况也不例外:"十诫"的部分事关"人的思辨",另一部分则事关"意见或传统"("如何" §36,165;参《迷途指津》卷 II 33 章,363-364)。我们发现,在"如何着手研读《迷途指津》"第 36 段,施特劳斯继续讨论第 34 段的论题:迈蒙尼德对摩西预言的核心——西奈启示——的解释。恰如迈蒙尼德在《迷途指津》中所做的那样,施特劳斯有意将对同一主题的讨论散布在不同段落。他继而指出,在迈蒙尼德看来,人的终极完善是其理智的完善,就此而言,作为道德德性的信仰并不属于人的最高完善("如何" §36,165-166;参《迷途指津》卷 III 53-54 章)。㉜由于"先知言论中的无理性元素(nonrational element)……在

㉜ 另参 Alexander Altmann,"Maimonides' 'Four Perfections',"*Israel Oriental Studies*,c.1, v.2(1971):15-24;Howard Kreisel,"Individual Perfection vs. Communal Welfare and the Problem of Contradictions in Maimonides' Approach to Ethics," *Proceedings of the American Academy for Jewish Research* Vol.58(1992):107-141;Ying Zhang,"Biblical Exegesis as a Way of Philosophizing:The Beginning and the End of Maimonides' *Guide of the Perplexed*," *Interpretation:A Journal of Political Philosophy* Vol.43,Issue 2(2017):255-278。

某种程度上是想象式的(imaginary)",其真实性就成了问题。施特劳斯将这种"无理性元素"称为"次于理性的"(infrarational),在他看来,预言真实性问题的答案在于"神迹的超自然见证(supernatural testimony)"("如何"§36,166)。

在说到"神迹"时,施特劳斯将我们的注意力引回《迷途指津》卷III 29章:正是在此章,迈蒙尼德重述了萨比著作《奈伯特农事》中那些神迹般的超自然故事,并且指出,萨比人认为那是人为的花招的产物。㊾施特劳斯已经帮我们认识到,《迷途指津》论及两类萨比人,这里的关键因而在于,究竟哪类萨比人认为神迹是人为的花招? 如施特劳斯留意到的,迈蒙尼德在卷III 29章直言,"所有的萨比人都相信世界是恒在的"(《迷途指津》,515),这句话将我们引向迈蒙尼德笔下"世界恒在"观点的代表:哲人亚里士多德。无论迈蒙尼德还是施特劳斯,都没有进一步点明,萨比人中的哲人是那些不信神迹的人。

对《迷途指津》内含的"超越摩西的进步",施特劳斯的结论是,既然《托拉》并非总是字面上为真(literary true),"其他先知的教诲在某些点上可能比摩西的预言更优越"("如何"§36,166)。我们可以看到,在这里,预言之优越性的标准是真实(参《迷途指津》卷I 1章,卷III 54章)。

然而,仍然存在的难题是,在《托拉》的"非字面上为真"的部分,如何区分"超理性者"(the suprarational)与"次于理性者"呢? 显然,应当被信仰的只有前者而非后者。施特劳斯认为,"诉诸下述事实即我们通过《圣经》尤其通过《托拉》……所听到的,不是人类而是上帝本身"并不解决这个难题,因为在迈蒙尼德看来,"上帝在任何意义上都不使用言语"——对此,施特劳斯评议道,"这个事实蕴含无限的后果(infinite consequences)"("如何"§37,166-167)。用施特劳斯在其讲演《论〈创世记〉的解释》(On the Interpretation of Genesis)中的假设,这"无限的后果"之一可能是,《圣经》或《托拉》要被视作"人类心智的作品",从而"就得像阅读任何其他作品——像阅读荷马、柏拉图、莎士比亚一样——既对其充满敬意,又得愿意同作者去争论、去反对他,去批评他"。㊿

为了解决这个难题,施特劳斯提出,"圣经中次于理性的部分与超理性部分的区别在于,前者是不可能的,而后者是可能的"。所谓"不可能的",他指

㊾ Maimonides, *The Guide of the Perplexed*, III 29, pp.518ff. 关于迈蒙尼德提到的《奈伯特农事》,参Jaakko Hämeen-Anttila, *The Last Pagans of Iraq: Ibn Waḥshiyya and His Nabatean Agriculture*(Leiden, Boston: Brill, 2006), 323-324, 336-342。

㊿ 施特劳斯,"论《创世记》的解释",张缨译,《犹太哲人与启蒙——施特劳斯讲演与论文集:卷一》,刘小枫编,319。施特劳斯于1957年1月25日在芝加哥大学做此讲演。

的是"各种圣经言说(biblical utterances)若与经自然科学或任何其他形式的理性所证明的[结果]相矛盾的话,就不可能在字面上为真";而"可能的"则指"其相反观点没有得到证明的观点,例如,从无中创造"("如何"§37,167)。施特劳斯紧跟迈蒙尼德的教诲,将"从无中创造"当作"可能的",因为其相反观点即"世界的恒在"并没有得到证明。在这里,施特劳斯提示读者参考的是《迷途指津》卷 I 32 章和卷 II 25 章,在这两章里,卷 II 25 章更契合我们讨论的语境。迈蒙尼德在其中指出:

> 要知道,伴随着对从时间中创造{按:即从无中创造}的信仰,所有的神迹都变得可能,而《律法》也变得可能,所有关于这个主题的问题都会消失……因为,若是从时间中创造得到证明——即便如柏拉图所理解的创造得到证明——在这一点上哲人们向我们作出的所有过于匆忙的论断都会变得无效。以同样的方式,若是哲人们成功地证明了如亚里士多德所理解的那种[世界的]恒在,律法作为整体将会变得无效。(《迷途指津》卷 II 25 章,329-330)⑤⑤

这段话再清楚不过地表明,在迈蒙尼德看来,律法与哲学之间绝无相容的余地。由于律法的有效与否建立在神迹是否为真的基础上,而最大的神迹无异于上帝从无中创世之举,因此,律法与"从无中创造"唇齿相依。另一方面,由于哲人所坚持的"世界恒在"并没有得到理性的证明,故"从无中创造"乃是可能的。

施特劳斯提示参考《迷途指津》卷 II 25 章固然是要挑明律法与哲学绝不相容这一点,可与此同时,他也以间接方式指出,正由于摩西的教诲基于启示从而基于神迹,⑤⑥"超越摩西的进步"乃是必要的。然而,正如施特劳斯所说,迈蒙尼德"迫不得已要对是不是想象力才应当具有[区分可能事物与不可能

---

⑤⑤ 值得一提的是,尽管在这段引文中,迈蒙尼德似乎在"创造抑或恒在"的对立中将柏拉图置于律法那边,但在同一章的前面部分,他说"若是……有人按我们所解释的第二种意见相信[世界]恒在——这是柏拉图的意见——据此意见,诸天同样受制于生成与衰朽,这种意见不会摧毁律法的根基"(《迷途指津》,卷 II 25 章,328;参看 II 26 章,330-331)。迈蒙尼德在这里提到的"第二种意见,是我们从转述中听到并且从他们的著作中看到的**所有哲人的意见**,……他们说,上帝会从无中引发一个实存事物[这种看法]是荒诞的。……**这也是柏拉图的意见**"。(《迷途指津》,卷 II 13 章,282-283)。显然,在柏拉图究竟支持"创造"还是"恒在"的问题上,迈蒙尼德又自相矛盾了。在这个问题上,更可能的情形是,迈蒙尼德将柏拉图归入相信世界恒在的哲人一边。

⑤⑥ 在其"论《创世记》的解释"的讲演中,施特劳斯指出:"启示是一种神迹",见《犹太哲人与启蒙——施特劳斯讲演与论文集:卷一》,319。

事物的]决定权持开放态度"("如何"§38，167)：对迈蒙尼德而言，维护律法与澄清并捍卫哲学同样重要。

与此相联，施特劳斯对迈蒙尼德所谓的"开端论等于自然科学"和"神车论等于神的科学"这两个"谜一样的等式"提出质疑。他提出了一个绕口且令人惊讶的问题：

> 这个谜一样的等式却使得上帝从无中自由创造这个事实的位置（place）或状况变得隐晦：究竟这个事实属于开端论、神车论，还是同时属于两者，抑或不属于两者中的任一方？("如何"§38，167)

要辨识出施特劳斯蕴含在这个问题的提法里的答案可并不容易。如前所述，在犹太传统中，上帝对世界的创造就属于开端论，然而施特劳斯的问题显然切断了开端论与创造之间的关联。若是开端论等于自然科学，上帝从无中创造这个最大的神迹如何能够与自然科学相等同？在同一段，施特劳斯指明："按照《迷途指津》的说法，神车论处理的是上帝对世界的统驭（God's governance of the world），[上帝的统驭]不仅与祂的神意截然不同……也与祂的创造截然不同"("如何"§38，167)。在关于神车论的这则声明中，施特劳斯不仅提示了迈蒙尼德那里"统驭"与"神意"之间的微妙区分，还借此指向《迷途指津》里神的理智（divine intellect）与神的意志（divine will）之间的区分（参§54，180-181）。换言之，施特劳斯暗示，在迈蒙尼德的《迷途指津》里，"统驭"与神的理智相关，而"神意"则与神的意志相关。这里非常清楚的是，按施特劳斯的理解，在迈蒙尼德那里，创造并不属于神车论。至此，施特劳斯前面就"上帝从无中自由创造"所提的问题的答案已经呼之欲出：创造**既不**属于开端论，**也不**属于神车论，即"不属于两者中的任一方"。

在第38段，施特劳斯再度提及开端论和神车论，为的是提出"摩西式神显与以赛亚式神显之间的等级次序的问题"("如何"§38，167)。施特劳斯曾在前文表明以赛亚式神显与神车论之间的关联，而他并置开端论和神车论与两种神显的做法，不由让我们疑心，他是否假设在开端论与摩西式神显之间有某种关联？无论如何，既然从拉比犹太教的传统看，出现在《以西结书》里的神车论比"出现在摩西的《托拉》中"的开端论更优越，那么，"超越摩西的进步"就既是可能的，也是必要的("如何"§38，167)。

不过，这样的结论还不能令施特劳斯满意。他随之提出"后圣经的进步（a postbiblical progress）的可能性"("如何"§39，168)。如同《迷途指津》表明并强调的那样，施特劳斯指出，圣经的阿拉米语译者"外邦人翁格洛斯"（Onqelos the Stranger)⑤⑦以及写作《塔木德》的先贤们,都"比《圣经》更多地摆脱了(freer from)[上帝]有形体论"("如何"§40,169)。进而,既然迈蒙尼德拥有《塔木德》先贤和翁格洛斯不具备的自然科学知识,施特劳斯宣称,"超越外邦人翁格洛斯和《塔木德》的进步变得可能"("如何"§41,169)。这一进步的可能要归于两个理由。其一是宗教的或政治的理由:犹太民族已习惯于《托拉》,而"基督教和伊斯兰教的兴起及其政治上的胜利"使得上帝的实存已获得广泛接受。第二个理由在于,哲学和证明的技艺被引入犹太教,施特劳斯将之称为"一项巨大的进步"。

然而,在施特劳斯看来,迈蒙尼德并没有"视他的时代为智慧的巅峰。他从未忘记可称为'颠倒的萨比主义'(the inverted Sabianism)的力量,它通过无条件服从于圣经的字面意义来使有形体论持存,由此甚至胜过(outdoes)严格意义上的萨比主义(Sabianism proper)"("如何"§41,170)。如果"严格意义上的萨比主义"指萨比人践行的偶像崇拜和占星术等等,那么,施特劳斯所说的"颠倒的萨比主义"就是指对《圣经》里上帝有形体的言论的字面理解的屈从。如同摩西,身为立法者的迈蒙尼德不得不迁就他的时代或他的共同体中的"颠倒的萨比主义"或曰萨比残余。然而,不同于摩西,身为哲人的迈蒙尼德对"受尊崇的文本"作出寓意式解释,为面对《圣经》中的上帝有形体论而感到困扰的大多数读者指点迷津,由此,迈蒙尼德的《迷途指津》迈出了"克服萨比主义"的决定性的一步("如何"§41,170)。换言之,施特劳斯将迈蒙尼德视为"超越摩西的进步"的顶峰,他宣告"为迷途者[而作]的《托拉》(Torah for the Perplexed)由此标志着超越未迷途者的《托拉》(Torah for the Unperplexed)的进步"("如何"§42,171)。⑤⑧在这句话里,前一个 Torah 显然指迈蒙尼德的《迷途指津》,而这里的"迷途者"在施特劳斯心目中是未来的哲人,⑤⑨而后一个 Torah 才是摩西律法意义上的《托拉》。通过将

---

⑤⑦　Aryeh Tepper 指出,施特劳斯用"外邦人"(the Stranger)来称呼翁格洛斯,"微妙地指向柏拉图《法义》中的'雅典外邦人'"。见 Aryeh Tepper, *Progressive Minds*,*Conservative Politics*,56。Shlomo Pines 的《迷途指津》英译本按犹太教传统称翁格洛斯为"Onqelos the Proselyte"[归宗者翁格洛斯]。

⑤⑧　重点为原文所有。

⑤⑨　在希伯来语中,torah 这个词本义为"教导""指导"。在写完《迷途指津》的文学特征》的第二天即 1938 年 7 月 23 日,施特劳斯在致友人 Jacob Klein 的信中说:"迷途者的指津(der Führer der Verwirrten)或迷途者的指导(die Weisung der Verwirrten)是为迷途者亦即为哲人们所作的 Torah(＝Weisung[指导])的一种重复——亦即,是对 Torah 的摹仿,只是这种摹仿带有一些惟有行家才察觉得出的'细微的''添加',其中包含着一种对 Torah 的彻底批判(radikale Kritik)。"见 *Leo Strauss Gesammelte Schriften* Band 3,Zweite Auflage,ed. Heinrich und Wiebke Meier(Stuttgart,Weimar：Verlag J.B. Metzler,2008),553。

迈蒙尼德的《迷途指津》刻画为“迷途者的《托拉》”，施特劳斯将迈蒙尼德命名为“新摩西”。

余　绪

尽管“进步”并非如一些学者认为的那样是“如何着手研读《迷途指津》”一文的“主导性论题”，(60)因为施特劳斯此文的首要意图是为理解迈蒙尼德的《迷途指津》提供“指津”，即通过呈现《迷途指津》的谋篇并细致拆解其内容与形式之间的关联，向读者表明通往恰切理解《迷途指津》的秘密教诲的路径，就此而言，他在初版的中心段落（R26）及再版的第一个中心段落（R29）指向的《迷途指津》中“神车论”的秘密，才是此文真正的重点。然而，“进步”的确是施特劳斯此文的最重要论题之一。该论题的重要性在于，施特劳斯在其中蕴含了解释《迷途指津》之外的他本人对“进步”与哲学之关系的独到思考，这对于理解施特劳斯思想本身具有重大意义。

在“如何着手研读《迷途指津》”一文里，“进步”这个词首次出现于第4段：

> 但是，对它[《迷途指津》]的**理解上的进步**正是对它变得着魔的一种进步。（“如何”，142）。

“理解上的进步”为施特劳斯所讨论的“圣经内超越摩西的进步”以及迈蒙尼德超越摩西和《塔木德》先贤的进步确定了基调。以色列学者 Aryeh Tepper 指出，在施特劳斯此文中，“进步”具有双重性：它既指“‘历史’意义上的进步”(progress in the “historical” sense)，也指“理解上的进步”，且后者意义更重大。(61)不过在笔者看来，就施特劳斯此文而言，“理解上的进步”本身就蕴含在

(60) Aryeh Tepper, “‘Progress’ as a Leading Term and Theme in Leo Strauss's ‘How To Begin To Study *The Guide of the Perplexed*,” in *Homo Homini*: *Essays in Jewish Philosophy presented by His Students to Professor Warren Zev Harvey*, ed. Shmuel Wygoda, *et.al*.(Jerusalem: The Hebrew University Magnes Press, 2018), 127-151. Isadore Twersky, “Review of Moses Maimonides, *The Guide of the Perplexed*, Translated with an Introduction and Notes by Shlomo Pines, with an Introductory Essay by Leo Strauss,” *Speculum* 41(1966), 556.

(61) Aryeh Tepper, “‘Progress’ as a Leading Term and Theme in Leo Strauss's ‘How To Begin To Study *The Guide of the Perplexed*,” 139-147. 当然，Tepper 留意到，history[历史]这个词完全没有出现在施特劳斯的文章里，故而，他非常正确地指出，这篇文章是“一个超历史的文本”(a trans-historical text, p.130)，亦即这是一篇哲学论著。

"'历史'意义上的进步"中：即便涉及历史或时间维度，在施特劳斯的讨论里，诸如外邦人翁格洛斯的阿拉米语译本对于《圣经》原文的进步总也是克服上帝有形体论的"理解上的进步"。施特劳斯用"超越摩西的进步"所指的，首先是从"想象力"到"理智"的进步，这正是一种"理解上的进步"。

施特劳斯从《迷途指津》里辨识出迈蒙尼德克服"内在的萨比主义"即从字面上理解《圣经》的努力，用他自己的话来说："迈蒙尼德认为他在《迷途指津》跨出的一步**在决定性的方面**亦即在克服萨比主义方面是**终极的那步**（the ultimate step）"（"如何" §41，170）。正由于迈蒙尼德迈出的这步是哲学性的，所以它被施特劳斯称为是"终极的"亦即无从超越的。因为，如迈蒙尼德所言：人"凭其理智辨别真与假"，"理智的领会"（intellectual apprehension）是创造之初人被赋予的"上帝的形象"，然而，由于亚当违背禁令偷食禁果，他"受到惩罚被剥夺了那种理智的领会"，亚当随后拥有的"辨别善与恶"的能力被迈蒙尼德称为认识"公认意见"的能力，这种认识能力显然低于"辨别真与假"的知识的能力。(62)在迈蒙尼德看来，"人的真正的完善在于获取理智德性"，(63)而这样一种完善只有通过哲思才能获得。(64)与此相应，对施特劳斯来说，"哲学或科学是尝试**用**关于'所有事物'的**知识取代**关于'所有事物'的**意见的最高的人的活动**"，(65)就此而言，哲学上的进步乃是"终极的"进步。

如前所述，施特劳斯此文的首要目的是解释《迷途指津》的"最大秘密"，即迈蒙尼德"究竟在什么意义上将哲学的核心（自然科学和神的科学）与律法的最高秘密（开端论和神车论）相等同"。为了回答这个问题，施特劳斯首先切断了"上帝从无中自由创造"与开端论及神车论之间的关联，继而暗示，这个问题的终极答案或许隐含在他所假设的摩西预言与开端论的关联中。在困扰几乎所有《迷途指津》的读者的问题——迈蒙尼德是否试图调和律法与哲学？——上，施特劳斯的判断是

> 作为整体的哲人的教诲与作为整体的律法的十三项根本原则（the thirteen roots of the Law）绝不等同，这是迈蒙尼德由始至终所坚持的。（"如何" §8，145）

---

(62) Moses Maimonides, *The Guide of the Perplexed*, I 1-2, 22-25.

(63) *Ibid*., III 54, p.635.

(64) See Ying Zhang, "Biblical Exegesis as a Way of Philosophizing, The Beginning and the End of *The Guide of the Perplexed*," *Interpretation: A Journal of Political Philosophy*, Vol.43, Issue 2(2017):255-278.

(65) Leo Strauss, "On a Forgotten Kind of Writing," in *What is Political Philosophy? And Other Studies*(Illinois: The Free Press of Glencoe, 1959), 221.

既然"作为整体的律法的十三项根本原则"代表律法的整个教诲,那么我们有理由说,在施特劳斯看来,哲学与律法绝不兼容是迈蒙尼德的真正主张。

自青年时代起,施特劳斯就与"神学‐政治问题"(das theologisch-politische Problem)相缠斗,⑥⑥对他而言,迈蒙尼德的《迷途指津》是回应"神学‐政治问题"的最典范的哲学著作。迈蒙尼德知道,在理论上,律法与哲学势不两立,他以极度的审慎将这个观点传递给他的悉心的读者。如果说,从阿维森纳(Avicenna)对柏拉图《法义》的一则评述中,施特劳斯获悉如何解码预言的秘密,⑥⑦那么,正是从迈蒙尼德的《迷途指津》里,他理解了如何深入探究耶路撒冷与雅典的对立。在施特劳斯的哲学生活中,他自始至终坚持这一根本对立。从1946年至1967年,施特劳斯以"耶路撒冷与雅典"(Jerusalem and Athens)为题做过三次讲演。在1946年的讲演中,他一开始就指出:

> 在第二次世界大战中,相当普遍的一种实践是宣称西方文明的统一性(the unity of Western civilization)或是断言其两种主要元素——圣经传统与希腊传统——的基本和谐。……现在是时候提醒我们自己,西方文明立足其上的两大支柱间具有不和谐性、敌对性(antagonism)。⑥⑧

在1950年的讲演中,施特劳斯重申,**耶路撒冷与雅典**"实际上处于冲突中——对此我指的是,这两种势力之间的持续的斗争"⑥⑨。1967年,施特劳斯在纽约城市学院(The City College of New York)最后一次以《耶路撒冷与雅典》为题作讲演。在这个讲演的第一部分的最后,他更为具体地指出,"位于

---

⑥⑥ 施特劳斯,"德文版前言",娄林译,《霍布斯的宗教批评——论理解启蒙》,杨丽等译,黄瑞成校(北京:华夏出版社,2012),184。参施特劳斯,《斯宾诺莎的宗教批判》,1。另见 Heinrich Meier, "The Theologico-Political Problem: On the Theme of Leo Strauss," in *Leo Strauss and the Theologico-Political Problem*, 1-51。

⑥⑦ 施特劳斯,"剖白",《苏格拉底问题与现代性》(第三版),684。

⑥⑧ Leo Strauss, "Jerusalem and Athens(Lecture to be delivered in November 1946 in the General Seminar)," 据迈尔(Heinrich Meier)教授提供的打印稿,特此致谢。

⑥⑨ "Leo Strauss's 'Jerusalem and Athens' (1950): Three Lectures Delivered at Hillel House, Chicago" edited by Laurenz Denker, Hannes Kerber, David Kretz, in *Journal for the History of Modern Theologie/Zeitschrift für Neuere Theologiegeschicht*, Vol.29, Issue 1(2022):133-173, 135. 关于施特劳斯一生就"耶路撒冷与雅典"所做的数次讲演,参 Hannes Kerber, "'Jerusalem and Athens' in America: On the Biographical Background of Leo Strauss's Four Eponymous Lectures from 1946, 1950, and 1967, And an Abandoned Book Project from 1956/1957," *Journal for the History of Modern Theologie/Zeitschrift für Neuere Theologiegeschicht*, Vol.29, Issue 1(2022):90-132。

巅峰的雅典与耶路撒冷的根本对立[在于]哲人们的神或诸神与亚伯拉罕、以撒、雅各的上帝之间的对立,[在于]理性与启示的对立"。⑦这样的对立仅为真正的哲人及其对手所知。当绝大多数学者将迈蒙尼德的《迷途指津》视为犹太教与哲学的调和或综合,施特劳斯从中辨识出迈蒙尼德克服"内在的萨比主义"亦即克服执着于对《圣经》的字面理解的哲学努力。

从思想史的角度看,在一个以反思现代性、追溯乃至否定现代进步观为风尚的时代,施特劳斯对作为一种哲学活动的"理解上的进步"重新加以肯定意味深长。要更全面且深入研究施特劳斯对"进步"的看法,理应进一步考察他1952年在芝加哥大学希勒尔会馆(Hillel House)所作的讲演"进步抑或回归? 西方文明的当代危机",⑦在此讲演中,施特劳斯提出两种"进步"类型,一种是"智识进步"(intellectual progress),一种是"社会进步"(social progress)。在他看来,就"进步观念"(the idea of progress)而言,古典思想家与启蒙后的现代思想家之间的差异在于,在古人看来,智识上的进步不会担保社会的进步,而由于"方法观念"的兴起,由于基本上人人皆可习得的"方法"拉平了人与人之间智力上先天的差异导致的获取智识的能力上的差异,今人——20世纪或20世纪中叶之前——相信,在智识的进步与社会进步之间有一种"同步性"(parallelism)。然而人们逐渐认识到,尽管随着新科学和技术的发展,人控制和征服自然的"力量"大大增强了,可是"智慧与善两者并没有对应的增进",这自然带来了对进步的怀疑,而"对进步的怀疑",在施特劳斯看来,导致了"西方文明作为整体的危机"。⑦限于篇幅,对施特劳斯这个演讲及其中各种问题的深入探究只能留待后文。无论如何,施特劳斯在"如何"一文对哲学式进步的高度肯定,可谓他本人面对现代性危机提出的解决方案:追随先哲,探寻智慧。

在迈蒙尼德的《迷途指津》里,施特劳斯不仅侦查到最高类型的写作艺

---

⑦　施特劳斯,"耶路撒冷与雅典———一些初步的反思"(Jerusalem and Athens: Some Preliminary Reflections),何子建译,《柏拉图式政治哲学研究》,224。

⑦　施特劳斯这个系列讲演共有三场,分别作于1952年11月5日、12日及19日,演讲稿在施特劳斯身后发表,其中前两场讲座记文字稿以原题发表:Leo Strauss, "Progress or Return? The Contemporary Crisis in Western Civilization," *Modern Judaism* Vol.1, No.1(1981):17-45;第三讲以"The Mutual Influence of Theology and Philosophy"为题,发表于 *The Independent Journal of Philosophy* 3(1979):111-118。在20世纪中叶施特劳斯写作"如何"一文的1960年之前,对现代进步观进行追溯和反思的最重要著作是 Karl Löwith 的 *Meaning in History*(Chicago and London: University of Chicago Press, 1949)。限于篇幅,本文无意展开施特劳斯的现代性批判这个论题,但从"进步"角度考察该论题会很有意思。

⑦　Leo Strauss, "Progress or Return? The Contemporary Crisis in Western Civilization," pp.25-27.

术,而且获得了最高类型的哲学教育。"如何着手研读《迷途指津》"正是施特劳斯对后来者的哲学"指津"。在迈蒙尼德"施了魔法"(enchanted)且"令人着魔的森林"(enchanting forest)里,施特劳斯本人成为一位哲人。⑦

---

⑦ Leo Strauss,"How To Begin To Study *The Guide of the Perplexed*," §3, xiii-xiv/142;§43/58, lvi/184.

主要参考书目

迈蒙尼德著作

Maimoun, Moise Ben. 1856-1866. *Dalalat Al Hairin / Le Guide des Égarés*. Puble et traduit par Salomon Munk. 3 Volumes. Paris: G.-P. Maisonneuve & Larose. Reprint: 1964. Osnabrück: Otto Zeller.

Maimon, Moshe ben (Maimonides). 1929. *Dalālat al-Hā'irīn*. Edited by Salomon Munk and Issachar Joel. Jerusalem: Azrieli.

Maimun, Rabbenu Moshe Ben. 1972. *Moreh Ha-Nevukhim / Dalālat al-Hā'irīn: Maqor ve-Tirgum* [Source and Translation]. 3 Volumes. Translated by Joseph Qafih. Jerusalem: Mossad HaRav Kook.

Maimonides, Moses. 1963a. *The Guide of the Perplexed*. Translated by Shlomo Pines. Chicago, IL: University of Chicago Press.

Maimun, Rabbi Moses Ben (RAMBAM). 2000. *Moreh Ha-Nevukhim*. Translated by R. Samuel Ibn Tibbon. Revised and vocalized by Dr. Yehuda Ibn Shmuel. Jerusalem: Mossad HaRav Kook.

_____. 1937-1938. " מלות ההגיון Maimonides' Treatise on Logic (Makālah fi-Ṣinā'at Al-Manṭik): The Original Arabic and Three Hebrew Translations." Edited and translated by Israel Efros. *Proceedings of the American Academy for Jewish Research* 8, 1-197.

_____. 1939. *Maimonides' Treatise on Resurrection (Maqala fi Teḥiyyat ha-Metim), The Original Arabic and Samuel ibn Tibbon's Hebrew Translation and Glossary*. Edited by Joshua Finkel. New York: American Academy for Jewish Research.

_____. 1949-1972. *The Code of Maimonides*. Yale Judaic Series. New Heaven: CT: Yale University Press.

_____. 1949. *The Code of Maimonides: Book Fourteen, The Book of*

Judges. Translated by Abraham M. Hershman. New Heaven，Yale University Press.

————. 1963b. *Letter on Astrology*. Translated by Ralph Lerner. In *Medieval Jewish Political Philosophy*：*A Sourcebook*. Edited by Ralph Lerner and Muhsin Mahdi. Ithaca，NY：Cornell University Press，227-236.

————. 1968. *The Commentary to Mishnah Aboth*. Translated by Arthur David. New York：Bloch Publishing Company.

————. 1972. *A Maimonides Reader*. Edited by Isadore Twersky. Springfield，NJ：Behrman House，Inc.

————. 1975. *Ethical Writings of Maimonides*. Edited by Raymond L. Weiss with Charles Butterworth. New York：Dover Publications，Inc.

————. 1976. *Rambam*：*Readings in the Philosophy of Moses Maimonides*. Selected and Translated with Note and Commentary by Lenn Evan Goodmann. New York：Schocken Books.

————. 1985. *Crisis and Friendship*：*Epistles of Maimonides*. Translated and notes by Abraham Halkin. Jerusalem：The Jewish Publication Society of America.

————. 1995. *Maimonides' Introduction to His Commentary on the Mishnah*. Translated and Annotated by Fred Rosner. Northvale，New Jersey，London：Jason Aronson，Inc.

————. 2000a. *Mishneh Torah*，Introduction and "Book of Knowledge." Translated by Ralph Lerner. In Ralph Lerner，*Maimonides' Empire of Light*：*Popular Enlightenment in an Age of Belief*. Chicago，London：University of Chicago Press，133-153.

————. 2000b. *Treatise on Resurrection*. Translated by Hillel G. Fradkin. In Ralph Lerner，*Maimonides' Empire of Light*：*Popular Enlightenment in an Age of Belief*. Chicago，London：University of Chicago Press，154-177.

————. 2000c. *Epistle to Yemen*. Translated by Joel L. Kraemer. In Ralph Lerner，*Maimonides' Empire of Light*：*Popular Enlightenment in an Age of Belief*. Chicago，London：University of Chicago Press，99-132.

————. 2010. *Mishneh Torah*，*Sefer HaMada*，*The Book of Knowledge*. A New Translation with Commentary and Note by Rabbi Eliyahu Touger. New York，Jerusalem：Moznaim Publishing Corporation.

迈蒙尼德,摩西。2007.《迷途指津》(第 2 版)。傅有德,郭鹏,张志平译.济
    南:山东大学出版社。

迈蒙尼德,摩西.2015.《论知识》。董修元译。济南:山东大学出版社。

其他研究文献

Abelson,J. 1906. "Maimonides on the Jewish Creed," *The Jewish Quarterly Review* 19.1,47-56.

Albo,Joseph. 1930. *Sefer Ha-'Ikkarim / Book of Principles*. 5 Volumes. Translated by Isaac Husik. Philadelphia: The Jewish Publication Society of America.

Alfarabi. 2001. *Philosophy of Plato and Aristotle*. Revised Edition. Translated with an introduction by Muhsin Mahdi. Ithaca,NY: Cornell University Press.

Altmann,Alexander. 1974. "The Religion of the Thinkers: Free Will and Predestination in Saadia,Bahya,and Maimnides." In *Religion in a Religious Age: Proceedings of Regional Conferences Held at the University of California,Los Angeles and Brandeis University in April,1973*. Edited by S.D. Goitein. Cambridge,MA: Associations for Jewish Studies, 25-51.

————. 1998. "Essence and Existence in Maimonides," in *Maimonides: A Collection of Critical Essays*,ed. Joseph A. Buijs. Notre Dame,Indiana: University of Notre Dame Press.

Aristotle,1952. *Meteorologica*. Trans. by H. D. Lee. Cambridge: Harvard University Press.

Baron,Salo Wittmayer. 1941. (Ed.) *Essays on Maimonides: An Octocentennial Volume*. New York: Columbia University Press.

Block,Daniel I. 1997. *The Book of Ezekiel,Chapters 1-24*,The New International Commentary on the Old Testament. Grand Rapids,MI,Cambridge,U.K.: William B. Eerdmans Publishing Company.

Boehm,Omri. 2007. *The Binding of Isaac: A Religious Model of Disobedience*. New York: T&T Clark.

Burger,Ronna. 2013. "Maimonides on Knowledge of Good and Evil: *The Guide of the Perplexed* I 2." In *Political Philosophy Cross-Examined: Perennial Challenges to the Philosophic Life,Essays in Honor of Heinrich*

Meier. Edited by Thomas L. Pangle and J. Harvey Lomax. New York：Palgrave Macmillan，79-100.

Cassuto，Umberto. 1997. *A Commentary on the Book of Exodus*. Jerusalem：Magnes Press.

Clifford，Richard J. 1998. *The Wisdom Literature*. Nashville，TN：Abingdon Press.

Clines，David J. A. 2006. *Job 21-37*. Nashville：Thomas Nelson Publishers.

Crenshaw，James L. 1998. *Old Testament Wisdom*：*An Introduction*. Revised and enlarged edition. Louisville，KY：Westminster John Knox Press.

Crescas，Ḥasdai. 2018. *Light of the Lord*(*Or Hashem*). Translated by Roslyn Weiss. Oxford：Oxford University Press.

Davies，Daniel. 2011. *Method and Metaphysics in Maimonides' Guide for the Perplexed*. Oxford：Oxford University Press.

Diesendruck，Z. 1935. "Maimonides' Theory of the Negation of Privation." *Proceedings of the American Academy for Jewish Research*. Vol. 6：139-151.

Efros，Israel I. 1966. *Philosophical Terms in the Moreh Nebukim*. New York：AMS Press，Inc.(Columbia University Press，1924).

_____. 1974. "Nature and Spirit in Maimonides' Philosophy."[A lecture delivered in 1955]. In *Studies in Medieval Jewish Philosophy*. New York：Columbia University Press，159-167.

Eliezer，ben R. Jose. 1933. *The Mishnah of Rabbi Eliezer*，*or The Midrash of Thirty-Two Hermeneutic Rules*. Edited by H.G. Enelow. New York：The Bloch Publishing Company.

Eliezer，Rabbi. 1916. *Pirkê de Rabbi Eliezer*. *The Chapters of Rabbi Eliezer the Great*，trans. Gerald Friedlander. London：Kegan Paul，Trench，Trubner & Co. Ltd.

Epstein，Isidore. 1938. (Ed.) *Maimonides*，*1135-1204*：*Anglo-Jewish Papers in Connection with the Eighth Century of His Birth*. London：The Soncino Press.

Feldman，R. V. 1938. "Maimonides as Physician and Scientist." In *Moses Maimonides*，*1135-1204*：*Anglo-Jewish Papers in Connection with the Eighth Century of His Birth*. Edited by Rabbi Dr. I. Epstein. London：The

Soncino Press，105-134.

Feldman，Seymour. 1985. "The Binding of Isaac: A Test Case of Divine Foreknowledge." In *Divine Omniscience and Omnipotence in Medieval Philosophy: Islamic, Jewish, and Christian Perspectives*. Edited by T. Rudavsky. Dordrecht, Holland, Boston: D. Reidel Publishing Company, 105-133.

Freudenthal，Gad. 1993. "Maimonides' Stance on Astrology in Context: Cosmology, Physics, Medicine, and Providence." In *Moses Maimonides: Physician, Scientist, and Philosopher*. Edited by Fred Rosner and Samuel S. Kottek. Northvale, NJ: J. Aronson, 77-90.

Freudenthal，Gad. 2007. "Maimonides on the Scope of Metaphysics *alias* Maʿaseh Merkavah: the Evolution of His Views." In Maimónides y su época. Edited by Carlos del Valle, Santiago García-Jalón and Juan Pedro Monferrer. Madrid: Sociedad Estatal de Conmemoraciones Culturales, 221-230.

Funkenstein，Amos. 1997. *Maimonides: Nature, History, and Messianic Beliefs*. Translated by Shmuel Himelstein. Tel-Aviv: MOD Books.

Goldman，Eliezer. 1985. "Rationality and Revelation in Maimonides' Thought." In *Maimonides and Philosophy: Papers Presented at the Sixth Jerusalem Philosophical Encounter, May 1985*. Edited by Shlomo Pines and Yirmiyahu Yovel. Dordrecht: Martinus Nijhoff Publishers, 15-23.

Goodman，Lenn E. 2000. "Maimonidean Naturalism." In *Maimonides and the Sciences*. Edited by R. S. Cohen and H. Levine. Dordrecht/Boston: Kluwer Academic Publishers, 57-85.

Greenhill，William. 1846. *An Exposition of the Prophet Ezekiel*, 3rd ed. London: Henry G. Bohn.

Guttmann，Michael. 1935. "Zur Quellenkritik des Mischneh Thora." *Monatsschrift für Geschichte und Wissenschaft des Judentums*. Jahrg. 79, N.F. 43, H. 2:148-159.

Hadad，Eliezer. 2022. "From 'God of the World' to 'God of the Heavens': From the *Mishneh Torah* to *The Guide of the Perplexed*." *Harvard Theological Review* 115:1, 90-109.

Halbertal，Moshe. 2014. *Maimonides: Life and Thought*. Translated from Hebrew by Joel Linsider. Princeton and Oxford: Princeton University.

_____. 2007. *Concealment and Revelation*：*Esotericism in Jewish Thought and Its Philosophical Implications*. Translated by Jackie Feldman. Princeton and Oxford：Princeton University Press.

Hämeen-Anttila，Jaakko. 2006. *The Last Pagans of Iraq*：*Ibn Waḥshiyya and His Nabatean Agriculture*. Leiden，Boston：Brill.

Harvey，Steven. 1991. "Maimonides in the Sultan's Palace." In *Perspectives on Maimonides*：*Philosophical and Historical Studies*. Edited by Joel L. Kraemer. *Oxford*：*Oxford University Press for the Littman Library*，47-76.

_____. 2008. "Maimonides and the Art of Writing Introductions" *Maimonidean Studies*，vol.5. Edited by Arthur Hyman，Alfred Ivry. New York：Michael Sharf Publication Trust of Yeshiva University Press；Jersey City，NJ：Distributed by KTAV Pub. House，85-105.

_____. 2019a. "Key Terms in Translations of Maimonides' *Guide of the Perplexed*." In *Maimonides'* Guide of the Perplexed *in Translation*：*A History from the Thirteenth Century to the Twentieth*. Eds. Josef Stern，James T. Robinson，and Yonatan Shemesh. Chicago：University of Chicago Press，305-329.

_____. 2019b. "The Author's *Haqdamah* as a Literary Form in Jewish Thought." In *Medieval Jewish Philosophy and Its Literary Form*. Edited by Aaron W. Hughes and James T. Robinson. Bloomington，Indiana：Indiana University Press，133-160.

Harvey，Warren Zev. 1980. "The Return of Maimonideanism." In *Jewish Social Studies* 42. 3/4，249-268.

_____. 1991. "Why Maimonides Was Not a Mutakallim." In *Perspectives on Maimonides*：*Philosophical and Historical Studies*. Edited by Joel L. Kraemer. *Oxford*：*Oxford University Press for the Littman Library*，105-114.

_____. 2007. "Aggadah in Maimonides' *Mishneh Torah*." *Diné Israel*（24），197-207.

_____. 2021. "Maimonides' Critique of Anthropocentrism and Teleology." In *Maimonides'* Guide of the Perplexed：*A Critical Guide*. Eds. Daniel Frank and Aaron Segal. Cambridge：Cambridge University Press，209-222.

Hyman，Arthur. 2009. "Maimonides as Biblical Exegete." In *Maimonides and His Heritage*. Edited by Idit Dobbs-Weinstein，Lenn

E. Goodman and James A. Grady. Albany: State University of New York Press, 1-12.

Ivry, Alfred L. 2016. *Maimonides' Guide of the Perplexed: A Philosophical Guide*. Chicago and London: University of Chicago.

_____. 1988. "Providence, Divine Omniscience, and Possibility: The Case of Maimonides." In *Maimonides: A Collection of Critical Essays*. Edited by Joseph A Buijs. Notre Dame, Indiana: University of Notre Dame Press, 175-191.

Joüon, S.J. Paul, T. Muraoka. 2006. *A Grammar of Biblical Hebrew*. Roma: Editrice Pontificio Istituto Biblico.

Kellner, Menachem. 1998. "Maimonides' Commentary on Mishnah Ḥagigah II. 1, Translation and Commentary." In *From Strength to Strength: Lectures from Shearith Israel*. Edited by Marc D. Angel. Brooklyn, NY: Sepher-Hermon Press, 101-111.

Klein-Braslavy, Sarah. 2011. *Maimonides as Biblical Interpreter*. Brighton, MA: Academic Studies Press.

Klein, Jacob. 1985. *Lectures and Essays*. Edited by Robert B. Williamson and Elliott Zuckerman. Annapolis, MD: St. John's College Press.

Kleven, Terence. 1992. "A Study of Part I, Chapters 1-7 of Maimonides' *The Guide of the Perplexed*." *Interpretation: A Journal of Political Philosophy*, vol.20.1, 3-16.

Kraemer, Joel L. *Maimonides: The Life and World of One of Civilization's Greatest Minds*. New York: Doubleday, 2008.

Kraemer, Joel L., Josef Stern. 1998. "Shlomo Pines on the Translation of Maimonides' *Guide of the Perplexed*." *The Journal of Jewish Thought and Philosophy*, vol.8, 13-24.

Kravitz, Leonard S. 1967. "Maimonides and Job: An Inquiry as to the Method of the *Moreh*." *Hebrew Union College Annual* 38, 149-158.

Kreisel, Howard. 2001. *Prophecy: The History of an Idea in Medieval Jewish Thoughts*. Dordrecht: Kluwer Academic Publishers.

Kreisel, Howard. 2009. "From Esotericism to Science: The Account of the Chariot in Maimonidean Philosophy Till the End of the Thirteen Century." *The Cultures of Maimonideanism: New Approaches to the History of Jewish Thought*. Edited by James T. Robinson. Leiden, Boston: Brill,

21-56.

_____. 2011. *Prophecy：The History of an Idea in Medieval Jewish Philosophy*. Dorfrecht：Kluwer Academic.

_____. 2015. *Judaism as Philosophy：Studies in Maimonides and the Medieval Jewish Philosophers of Provence*. Boston：Academic Studies Press.

Langermann，Y. Tzvi. 2000. "Maimmonides' Repudiation of Astrology." In *Maimonides and the Sciences*. Edited by R. S. Cohen and H. Levine. Dordrecht/Boston：Kluwer Academic Publishers，131-157.

Leavitt，Frank J. 1998-1999. "The Idea of Nature in Maimonides' Philosophy of Medicine：Jewish or Greek?" *Korot* Vol.13，102-121.

Lerner，Ralph. 1968. "Maimonides' Letter on Astrology." *History of Religions*，8/2，143-158.

_____. 1991. "Maimonides' Governance of the Solitary." In *Perspectives on Maimonides：Philosophical and Historical Studies*. Edited by Joel L. Kraemer. *Oxford：Oxford University Press for the Littman Library*，33-46.

_____. 2005. "Averroes and Maimonides in Defense of Philosophizing." In *The Trias of Maimonides/Die Trias des Maimonides：Jewish，Arabic and Ancient Culture of Knowledge/Jüsiche，arabishce und antike Wissenskultur*. Edited by Georges Tamer. Berlin：Walter de Gruyter，223-236.

_____. 2015. "On First Looking into Maimonides' *Guide*." *Naïve Readings：Reveilles Political and Philosophic*. Chicago and London：University of Chicago Press，179-217.

Meier，Heinrich. 2006. *Leo Strauss and the Theologico-Political Problem*. Translated by Marcus Brainard. Cambridge，UK：Cambridge University Press.

_____. 2016. *On the Happiness of Philosophic Life：Reflections on Rousseau's Rêveries*. Translated by Robert Berman. Chicago and London：University of Chicago Press.

Midrash Rabbah. 1939. Translated and edited by H. Freedman，*et al*. London：The Soncino Press.

Pines，Shlomo. 1963. "Translator's Introduction：The Philosophic Sources of The Guide of the Perplexed." In Moses Maimonides，*The Guide of the*

Perplexed. Translated by Shlomo Pines. Vol.One. Chicago and London:
University of Chicago Press, lvii-cxxxiv.

_____. 1985. "The Philosophical Purport of Maimonides' Halachic Works
and the Purport of *The Guide of the Perplexed*." In *Maimonides and
Philosophy: Papers Presented at the Sixth Jerusalem Philosophical En-
counter, May 1985*. Edited by Shlomo Pines and Yirmiyahu Yovel. Dor-
drecht: Martinus Nijhoff Publishers, 1-14.

_____. 1997. *Studies in Islamic Atomism*. Translated from German by Mi-
chael Schwarz. Edited by Tzvi Langermann. Jerusalem, The Magnes
Press, The Hebrew University.

Rabieh, Linda R. 2010. "Maimonides's Treatment of Providence." In *Recov-
ering Reason: Essays in Honor of Thomas L. Pangle*. Edited by Timothy
Burns. Lanham,Maryland: The Lexington Books, 161-178.

Raffel, Charles M. "Providence as Consequence upon the Intellect:
Maimonides' Theory of Providence." *Association of Jewish Studies Review*
12.1(1987):25-71.

Reines, Alvin J. "Maimonides' Concept of Mosaic Prophecy." *Hebrew Union
College Annual* 40/41(1969-1970):325-361.

Robert Eisen, *The Book of Job in Medieval Jewish Philosophy*(Oxford, New
York: Oxford University Press, 2004.

Robinovitch, Nachum L. 1993. "Maimonides and the Making of Modern
Science." In *Moses Maimonides: Physician, Scientist, and Philoso-
pher*. Edited by Fred Rosner and Samuel S. Kottek. Northvale, NJ:
J. Aronson, 67-76.

Robinson,James T. 2003. "Some Remarks on the Source of Maimonides'
Plato in *Guide of the Perplexed* I. 17." In S. Berger, M. Brocke and
I. Zwiep eds. *Zutot*, 49-57.

_____. 2018. "On or above the Ladder? Maimonidean and anti-
Maimonidean Readings of Jacob's Ladder." In *Interpreting Maimonides:
Critical Essays*. Edited by Charles H. Manekin and Daniel Davies. Cam-
bridge, UK: University of Cambridge Press, 85-98.

Rudavsky, T. 1985.(Ed.) *Divine Omniscience and Omnipotence in Medieval
Philosophy: Islamic, Jewish, and Christian Perspectives*. Dordrecht,
Holland; Boston: D. Reidel Publishing Company.

Saadya Gaon. 2002. *Rabbi Saadiah Gaon's Commentary on the Book of Creation*. Translated by Michael Linetsky. Nortbvale, New Jersey; Jerusalem: Jason Aronson Inc.

Sacks, Robert D. 1990. *A Commentary on the Book of Genesis*. Lewiston, NY: The Edwin Mellen Press.

Shatz, David. 2010. "Worship, Corporeality, and Human Perfection: A Reading of *Guide of the Perplexed*, III: 51-54." In *Jewish Thought in Dialogue: Essays on Thinkers, Theologies, and Moral Theories*. Boston, MA: Academic Studies Press, 50-92.

Stern, Josef. 1998a. *Problems and Parables of Law: Maimonides and Nahmanides on Reasons for the Commandments (Ta'amer ha-Mitzvot)*. Albany, NY: SUNY Press.

_____. 1998b. "Maimonides on Education." In *Philosophers on Education: [New] Historical Perspectives*, edited by Amélie Oksenberg Rorty. London, New York: Routledge, 107-121.

_____. 2013. *The Matter and Form of Maimonides'* Guide. Cambridge, MA: Harvard University Press.

Strauss, Leo. 1941. "The Literary Character of the *Guide for the Perplexed*." In *Essays on Maimonides: An Octocentennial Volume*. Edited by Salo Wittmayer Baron. New York: Columbia University Press, 37-91.

_____. 1945. "Farabi's Plato." In *Louis Ginzberg Jubilee Volume: On the Occasion of His Seventieth Birthday*. Edited by Saul Lieberman, *et al*. New York: American Academy for Jewish Research, 1945, 357-393.

_____. 1952. *Persecution and the Art of Writing*. Glencoe. Illinois: The Free Press.

_____. 1953. "Maimonides' Statement on Political Science." *Proceedings of the American Academy for Jewish Research*, 22, 115-130.

_____. 1963. "How To Begin To Study the *Guide of the Perplexed*." In Moses Maimonides, *The Guide of the Perplexed*. Translated by Shlomo Pines. Vol. One. Chicago and London: University of Chicago Press, xi-lvi. Reprint in *Liberalism Ancient and Modern*. New York: Basic Books, 1968, 140-184.

_____. 1986a. "Note on Maimonides' *Letter on Astrology*." *Studies in Pla-*

tonic Political Philosophy. Chicago，London：University of Chicago Press，205-207.

_____. 1986b. "Note on Maimonides' *Treatise on the Art of Logic*." *Studies in Platonic Political Philosophy*. Chicago，London：University of Chicago Press，208-209.

_____. 1995. *Philosophy and Law：Contributions to the Understanding of Maimonides and His Predecessors*. Translated by Eve Adler. Albany：NY：State University of New York Press.

_____. 2001. *On Plato's Symposium*. Edited by Seth Benardete. Chicago and London：University of Chicago Press.

_____. 2004/1937. "The Place of the Doctrine of Providence According to Maimonides." Translated by Gabriel Bartlett，Svetozar Minkov. *The Review of Metaphysics*，57/3，537-549.

_____. 2013a. "Introduction to Maimonides' *The Guide of the Perplexed*." In *Leo Strauss on Maimonides：The Complete Writing*. Edited by Kenneth Hart Green. Chicago and London：University of Chicago Press，417-490.

_____. 2013b. "The Secret Teaching of Maimonides." In *Leo Strauss on Maimonides：The Complete Writing*. Edited by Kenneth Hart Green. Chicago and London：University of Chicago Press，615-618.

Stroumsa，Sarah. 2001. "'Ravings：' Maimonides' Concept of Pseudo-Science." *Aleph* No.1，141-163.

_____. 2009. *Maimonides in His World：Portrait of a Mediterrarian Thinker*. Princeton and Oxford：Princeton University Press.

_____. 2015. "The Father of Many Nations：Abraham in al-Andalus." In *Medieval Exegesis and Religious Difference*. Edited by Ryan Szpiech. Fordham：Fordham University Press，29-39.

Schreiner，Susan E. 1994. *Where Shall Wisdom Be Found？ Calvin's Exegesis on Job from Medieval and Modern Perspectives*. Chicago and London：The University of Chicago Press.

Tirosh-Samuelson，Hava. 2001. "Nature in the Sources of Judaism." *Daedalus* 130.4，99-124.

Wolfson，Harry A. 1916a. "Crescas on the Problem of Divine Attributes." *The Jewish Quarterly Review*. Vol.7，No.1：1-44.

_____. 1916b. "Crescas on the Problem of Divine Attributes, Part II, Part III." *Jewish Quarter Review*. Vol.7, No.2: 175-221.

_____. 1945. "Maimonides on Negative Attributes." In *Louis GInzberg Jubilee Volume on the Occasion of His Seventieth Birthday*. New York: The American Academy for Jewish Rresearch: 411-446.

_____. 1976. *The Philosophy of The Kalam*. Cambridge, Massachusetts: Harvard University Press.

柏拉图。1994。《理想国》。郭斌和、张竹明译。北京:商务印书馆。

柏拉图。2012。《理想国》。王扬译。北京:华夏出版社。

柏拉图。2015。《柏拉图四书》。刘小枫编/译。北京:生活·读书·新知三联书店。

董修元。2021。"迈蒙尼德《迷途指津》中的目的论思想研究",《哲学动态》2021 年第 7 期,94-103。

董修元。2015。"迈蒙尼德论萨比教"。《宗教学研究》。2015 年第 2 期,272-279。

董修元。2022。《迈蒙尼德宇宙生成论思想研究》。上海:上海三联书店。

法拉比。2016。《论完美城邦:卓越城邦居民意见诸原则之书》。董修元译。上海:华东师范大学出版社。

法拉比。2016。《亚里士多德的哲学》。程志敏、王建鲁译。上海:华东师范大学出版社。

傅有德。1999。"迈蒙尼德及其《迷途指津》"。《世界宗教研究》第 3 期,97-106。

傅有德。1995。"迈蒙尼德的先知论及其基本特征"。《世界宗教研究》第 2 期,139-147。

傅有德。1999。"迈蒙尼德及其《迷途指津》"。《世界宗教研究》第 3 期,97-106。

傅有德。2007。《犹太哲学与宗教研究》。北京:中国社会科学出版社。

傅有德。2008。《犹太哲学史》(上、下)。北京:中国人民大学出版社。

黄陵渝。2010。《犹太教》。北京:中国社会科学出版社。

刘小枫。2020。《施特劳斯的路标》(增订本)。北京:华夏出版社。

施特劳斯。2003。《关于马基雅维利的思考》。申彤译,南京:译林出版社。

_____。2012。《柏拉图式政治哲学研究》。北京:华夏出版社。

_____。2012a。《迫害与写作的艺术》。刘锋译。北京:华夏出版社。

_____。2012b。《哲学与律法——论迈蒙尼德及其先驱》。黄瑞成译。北京:华夏出版社。

_____。2019。《古今自由主义》。叶然等译。上海:华东师范大学出版社。

施特劳斯,刘小枫。2023。《论法拉比与迈蒙尼德:施特劳斯讲演与论文集》卷三。刘小枫主编。张缨等译。北京:华夏出版社。

宋立宏,孟振华。2013。《犹太教基本概念》。南京:江苏人民出版社。

夏歆东。2014。"隐与索隐:列奥·施特劳斯对《迷途指津》的文学解读评析"。《国外文学》第 2 期,38-45。

夏歆东。2016。《迈蒙尼德释经思想研究》。上海:上海三联书店。

徐新。2011。《犹太文化史》(第 2 版)。北京:北京大学出版社。

亚里士多德。1959。《形而上学》。吴寿彭译。北京:商务印书馆。

亚里士多德。1982。《物理学》。张竹明译。北京:商务印书馆。

亚里士多德。2003。《尼各马可伦理学》。廖申白译注。北京:商务印书馆。

亚里士多德。2014。《〈范畴篇〉笺释——以晚期希腊评注为线索》。溥林译笺。上海:华东师范大学。

亚里士多德 2003。《尼各马可伦理学》。廖申白译注。北京:商务印书馆。

张平。2011。(译注)《密释纳·第 1 部:种子》。济南:山东大学出版社。

张平。2017。(译注)《密释纳·第 2 部:节期》。济南:山东大学出版社。

赵同生。2016。"迈蒙尼德论律法、智慧与城邦治理"。《世界宗教研究》2016 年第 2 期,144-152。

赵同生。2016。《迈蒙尼德宗教哲学思想研究》。上海:上海三联书店。

后　　记

最初受迈蒙尼德吸引，是因为做博士论文时读到他对《约伯记》的解释——他的解读在古今注疏家中独树一帜，既非同寻常又深奥难解。《迷途指津》融哲思于解经的路数，让我对哲学的念念不忘有了落脚点。完成博士论文后，在施特劳斯的指点下，我渐渐读通了迈蒙尼德藉《约伯记》所暗示的神意观，写了第一篇关于《迷途指津》的文章。从那时到现在，差不多十五年的时光里，阅读和理解《迷途指津》成为我生命的一部分：深陷迷宫的挫败与解开谜团的欣喜反复交织，一点一点增添几无止境的"理解上的进步"。

定稿之际，有许许多多的感谢要表达。

首先要感谢"国家社科后期项目"的资助，同时深深感谢上海三联书店有限公司的黄韬先生和殷亚平女士，没有你们的接纳和敦促，本书或许仍在没完没了修改的路上。

感谢华东师范大学哲学系的各位前辈和同仁多年来的鼓励和支持！感谢陈嘉映、杨国荣、潘德荣、冯棉、郑忆石、郁振华、晋荣东等教授组成的学术委员会当年接纳我成为华师大哲学系这个温暖大家庭的一员，感激教研室同仁张晓林、蔡林波、宋锡同、赵东明多年相互扶持的情谊，同样感谢给予我帮助和关心、亦师亦友的同事们：郦全民、陈赟、刘梁剑、王韬洋、张容南、王柏俊、蔡蓁、何静、王杰、李鑫、蔡彦如、聂磊、刘项梅，以及其他名字未及一一道来的同仁！

藉此书出版之际，感恩在各阶段帮助我成长的吴世英老师、冯德康老师（愿他安息）和潘欣老师。特别感谢在我学术道路上始终支持我的两位导师张庆熊教授和李炽昌教授。对于关心、鼓励和帮助过我的其他师友：冯象、张文江、黄勇、曾庆豹、罗岗教授，以及 Professors Takamitsu Muraoka, Athalya Brenner-Idan, Naomi Steinberg 等等，我也要致以深挚的谢忱。

在研读《迷途指津》的路途中，我要感谢国内犹太哲学和迈蒙尼德研究领域的开创者傅有德教授以及同道董修元教授。同时，特别感谢芝加哥大学哲学系荣休教授 Josef Stern 邀请我于 2014-2015 学年访学芝大，深深感恩在此期间相遇的师友 Professors Ralph Lerner，Nathan Tarcov，Heinrich Meier，James T. Robinson，Laurence Lampert（R. I. P），以及此后结识的 Ronna Berger，Steven Harvey，Sarah and Guy Stroumsa，Moshe Halbertal 及 Peter Ahrensdorf 等：从你们的课堂、著作及与你们的交流中，我拓宽了理解迈蒙尼德思想及其哲学背景的视野。

感谢哈佛燕京学社及其副社长李若虹博士。感谢哈佛大学的 Peter K. Bol 和 David Stern 教授在我访学哈燕学社期间给予的支持。

感谢和我一起长大相互惦念的好朋友们。

此时此刻想感谢的还有我的学生们：你们对求知的热情和期待、你们的鼓励，给我莫大的鼓舞和力量。尤其感谢庄奇、徐圣、郑芊蕙、罗李彤、郑宁宁、何雨洋、蔡添阳及万思哲等在本书写作过程中提供的大力协助。另外，特别致谢对本书写作提供强大后援的闪语专家张泓玮博士。

藉此机会，还要深深感谢引介施特劳斯论著和思想的刘小枫、甘阳两位教授。正是借助施特劳斯的洞见，我才能在理解迈蒙尼德的路上看见那些思想的美景。

最后，向我的家人致以最深的谢意，因为你们的爱、包容和无私支持，我才能安心走在求知的路上。

本书献给在理解之道上引领我前行的指津者。

图书在版编目(CIP)数据

自然与律法:迈蒙尼德《迷途指津》解读/张缨著
.—上海:上海三联书店,2024.7
ISBN 978-7-5426-8340-3

Ⅰ.①自… Ⅱ.①张… Ⅲ.①宗教哲学-研究 Ⅳ.
①B920

中国国家版本馆 CIP 数据核字(2023)第 239193 号

自然与律法——迈蒙尼德《迷途指津》解读

著　　者 / 张　缨

责任编辑 / 殷亚平
装帧设计 / 徐　徐
监　　制 / 姚　军
责任校对 / 王凌霄

出版发行 / 上海三联书店
　　　　　 (200041)中国上海市静安区威海路 755 号 30 楼
邮　　箱 / sdxsanlian@sina.com
联系电话 / 编辑部:021-22895517
　　　　　 发行部:021-22895559
印　　刷 / 上海颛辉印刷厂有限公司

版　　次 / 2024 年 7 月第 1 版
印　　次 / 2024 年 7 月第 1 次印刷
开　　本 / 710mm×1000mm　1/16
字　　数 / 350 千字
印　　张 / 21.5
书　　号 / ISBN 978-7-5426-8340-3/B·874
定　　价 / 88.00 元

敬启读者,如发现本书有印装质量问题,请与印刷厂联系 021-56152633